U0133968

以知为力　识见乃远

# 北宋的改革与变法

## 与变法

梁庚尧 编著

熙宁变法的源起、流变
及其对南宋历史的影响

中国出版集团 东方出版中心

图书在版编目（CIP）数据

北宋的改革与变法：熙宁变法的源起、流变及其对南宋历史的影响 / 梁庚尧编著. 一上海：东方出版中心，2024.5
ISBN 978-7-5473-2419-6

Ⅰ.①北… Ⅱ.①梁… Ⅲ.①政治改革－政治思想史－研究－中国－北宋 Ⅳ.①D691.2

中国国家版本馆CIP数据核字（2024）第103422号

北宋的改革与变法：熙宁变法的源起、流变及其对南宋历史的影响

编　　著　梁庚尧
丛书策划　朱宝元
责任编辑　王欢欢
封扉设计　甘信宇

出 版 人　陈义望
出版发行　东方出版中心
地　　址　上海市仙霞路345号
邮政编码　200336
电　　话　021-62417400
印 刷 者　山东韵杰文化科技有限公司

开　　本　890mm×1240mm　1/32
印　　张　16
插　　页　2
字　　数　352千字
版　　次　2024年6月第1版
印　　次　2024年6月第1次印刷
定　　价　98.00元

谨以本书纪念
对王安石学术思想研究卓有贡献的夏长朴教授

# 序

  本书原是我在台湾大学（以下简称"台大"）历史系讲授"北宋的改革与变法"课的讲稿。讲授这门课，始自1997学年，通常是隔年开授一次。我在2013年7月底退休，退休后，仍然在次年上半年，也就是2013学年下学期，以兼任教师的身份讲授了一次。此后在下学期只开授带领研究生读书的"专题研究"课，不再开讲授课；2014、2015两学年的上学期轮开其他讲授课，至2016学年，我更因身体健康的关系，连讲授课也不再开授，只开"专题研究"课，于是2013学年下学期的那一次，成为"北宋的改革与变法"这门课的最后一次讲授。

  这门课初开授，正值系里调整已实施多年的大学部课程。新的课程规划，在中国史方面，原本一年级必修一学年，由一位教师讲授的"中国通史"课，改为一、二年级必修的"中国史"课，并依上古秦汉、魏晋南北朝隋唐、宋元明清、近现代等各具特色的四个时代划分为四个学期，由四位各具该时代专长的教师来讲授。原本学生在修习过"中国通史"课之后，须选修主要如秦汉史、隋唐史等以朝代划分的断代史若干门，系里虽开有如"中西交通史""中国经济史""中国社会史"等专史课，但为数不多；课程调整后，改为减少断代史课的开设，学生在修习过"中国史"

课后，主要修习以政治法制、思想文化、社会经济来划分的三大范畴课程，课程可以是断代史课，或是专史课，也可以是专题式课程，授课教师视讲授内容分别将课程归属于不同的范畴，一门课也可以同时归属于一个以上的范畴，学生则须选修不同范畴的课程若干门。"北宋的改革与变法"这门课，就是在这样的情况下，以专题式的断代史课开出的，我同时归之于政治法制和社会经济两大范畴，所以如此，是因为庆历改革与熙宁变法是北宋政治史上的重大事件，而这两次政治事件的产生背景与后续影响，除了牵连到国内政争与对外关系之外，又与财政、社会密切相关，因改革与变法而实施的各项政策，也直接或间接地关系到这两个因素，而我在讲授时，则是以国家财政、国内政争与对外关系三者的相互作用，贯串整个课程。自开授以来，这门课始终只在大学部讲授，研究生只有在原非历史系学生而必须补修历史系大学部课程的情况下，才能选读。

当时所以会考虑到用"北宋的改革与变法"为题开一门课，有两方面的原因。一方面是由于这一个问题是历史系学生应有的知识，无论在讲宋元明清史的"中国史三"课里，还是在只讲宋代历史的"宋史"课里，都受到讲授内容与时间的限制，能够讲的有限，对于事件的来龙去脉，或是政策的内容与源起，容易语焉不详，无法让学生有比较清楚的了解；以此一题目来开一门课，很多事情就可以解释得比较清楚。另一方面，也由于我在20世纪80年代撰写并发表过几篇与熙宁变法有关的论文，包括在20世纪80年代初期写的《市易法述》、20世纪80年代后期写的《宋神宗时代西北边粮的筹措》和《北宋元丰伐夏战争的军粮问题》，并且早在20世纪70年代初期念硕士班一年级时，在林伯羽师指导下，详读过李焘《续资治通鉴长编》，包括宋神宗时代的记载；到写《市易法述》时，又再细读了其中有关市易法的部分，因而在论文中有一些自己的看法，和学界自民国初年以来盛行的说法有些不同。此一看法建立的过程，我曾在2007年10月以"市易法述的写作过程"为题，讲于"中央研究院"历史语言研究所办的"年轻学者论文精进班"课堂上，讲稿并刊载于精进班的网站。至于另一篇与讲授内容相关的论文《宋代财政的中央集权趋向》，则撰写并发表于20世纪90年代后期，时间已经在开始讲授这门课之后，是为了应参加学术会议发表论文的需要，把课中所讲的相关内容，加以扩充而写成的。

本书在性质上如同已经出版的《中国社会史》与《宋代科举社会》，是一本编纂的教材。内容虽如上所述，有一部分取材于我自己的研究心得，但大部分仍然是采自学界已有的研究成果。由于庆历改革与熙宁变法是宋代历史上的重大事件，向来是认识北宋历史的主轴，所以在中国通史或宋史的书中都会论及，被视为彼此关联的两件大事，相关研究论著也甚多，特别是针对熙宁变法。本书对于这两件前后关联的重大事件，在讨论时是以熙宁变法为主体，而把庆历改革视为熙宁变法的前奏，同时论及元祐年间以后至宣和末年的后续反复演变。此外，得益于近年来相关研究成果渐多，本书还讨论到过去通史或断代史书籍一般较少论及的新法对南宋历史的影响。由于这门课讲授的对象是大学部的学生，所以在参考书目方面，以中文论著为主，英文与日文论著虽有而甚少，但个人所知、所读均有限，即使中文论著也远未能周全。

我的授课讲稿的出版，出自方震华先生和陈雯怡、吴雅婷两位女士的提议，获任职于台大出版中心的汤世铸先生促成。本书稿送审前的整理，得吴雅婷女士和邹武霖先生的协助。邹先生当时就读于成功大学历史研究所硕士班，研究宋史，他曾在台湾暨南大学历史系受教于吴女士，当时也是吴女士的助理。邹先生为这本书稿的整理耗费了不少时间，吴女士亦曾通阅过书稿全部，于此一并致谢。书稿经吴雅婷女士和邹武霖先生整理后，又经过我自己的修订。

我十分感谢两位认真的审查人。他们详细地阅读书稿全文，并且坦诚而直率地指出书中许多问题，提出他们的修改建议。我尽可能地依照他们的建议修改，但是也有一些观察角度不同之处，或在正文中有所说明，或在参考书目中列出不同观点的论著，供读者参考。我深信在学术上不同观察角度的并存，可以促进学界进一步的思考，且因之而推动学术的进展。本书也由于审查人的坦诚与直率，而有相当幅度的修改，并且由于修改本书，而得以阅读到学界许多过去我未注意到的相关论著，以及近年来的新研究成果，相关知识因此而有相当程度的扩充。修改后的看法或许仍有与审查人不尽相同之处，实由于忠实地将自己的想法写出的缘故。我也很感谢其中一位审查人，在全书的最后一段之下写"南宋对新法的不同评价"几个字，我想他的意思是告诉我在那一段中，不能只说"尽管我们可以从各个不同的角度去评价王安石和新法"，更应提到南宋时期对新法的不同评价。由于我过去对南宋时期如何评价王安石和新法了解十分有限，审查人这一句话启动了我探研的动机，尝试对这个问题获得较清晰的认识，用以充实这份讲稿。原初只想增补一讲来说明，没料到动笔之后，发现应该处理的问题愈来愈多，待写成之后，其篇幅已足以自成一书。这一部分由于尚待审查，所以台大出版中心的汤世铸总编辑建议应该另成一书出版。若能审查通过出版，此书将以《南宋朝野论王安石与新法》的书名，作为本书的续编，实际上可说是本书书名所示熙宁变法对南宋历史影响的一部分。

如今为本书修订稿而修改原书稿的序文，距离当初写原书稿序文的时间，已约五年。用了这样长的时间，自然和修改的幅度颇大有关，这不仅由于为了回应两位审查人的建议，也有部分原因出于自己在这段时间的阅读与思考。修订稿除了内容较原稿颇有增加之外，由于在收到审查意见之后，将修订稿交回给出版中心的时间拖延过久，写作时在心情着急之下，就难免比较匆忙，文字上有许多考虑不够周全之处。吴雅婷女士初步看过修订稿后，决定由她和邹武霖先生再次帮我细读全书，并且提出了修改意见。邹先生取得硕士学位已有一段时间，目前在工作中，工作之余仍然为本书减少错误而尽力，承担之重，可想而知。对吴女士和邹先生，在此表达深挚的谢意。另外，在香港任教的张维玲女士也细读了本书修订稿，并提出了修改意见，我从其中获益甚多，于此一并深致感谢。我也十分感谢台大出版中心的总编辑汤世铸先生，及先后担任本书执行编辑的曾双秀、苏逸婷和游紫玲三位女士，他们四位都耐心地等待我久久未能交出的书稿，信任我终会完成，并未催促，并且以我的身体健康为念。

本书虽然得以在修订之后出版，我仍然要重复原序中的最后几句话。学海无涯，个人所知、才识均有限，书中疏漏错误之处必多，有待读者指正。

在即将结束这篇序文之前，我要对于去年病故的台大中文系夏长朴教授，以哀痛的心情表达深挚的怀念。与长朴兄相识于1971年，当时我们都是台大硕士班一年级的研究生，他就读中文系，我就读历史系，由于一起上齐邦媛教授讲授的"文史高级英文"课而相识，并进而相熟。后来承他先后以硕士论文《两汉儒学研究》和博士论文《王安石的经世思想》相赠，而得知他对宋代学术思想史的问题有很高的研究兴趣，他的这本博士论文，正是本书参考的重要论著之一。尽管在研究领域上，两人有学术思想和社会经济的不同，然而由于对宋代史事同有兴趣，交往因之而加深。往后又陆续读到他的一些与王安石有关的宋代学术思想论著，如较早的《李觏与王安石研究》，以及晚近的《北宋儒学与思想》《王安石新学探微》，还有一些单篇论文。最近这几年，我由于修改"北宋的改革与变法"课的讲稿出版，长朴兄有关王安石学术思想的研究成为我的重要参考著作，虽然持论不尽相同，但是从其中获益甚多。我在退休之后虽仍在系里兼课，但到校的时间已大为减少，和长朴兄碰面的机会也就不像以往那样多；自从四年前我不再兼课后，更是连碰面的机会都没有。这两年由于疫情的关系，我极少外出，和外界少有接触，没想到不久前得知长朴兄已在去年逝世，一时间为之震惊，心想他装置心律调节器已有多年，病故是否由于心脏的问题突然发作；后来从中文系系网上所载的长朴兄事略，才知道他患有癌症，诊断出来时已是第四期。原想在本书出版之后，寄呈一本给精研王安石学术思想的长朴兄，请他指正，如今已无从就教。往事历历在心，长朴兄的论著也依然在目，却已不能再亲聆故友的教益，谨以本书纪念对王安石学术思想研究卓有贡献的长朴兄。

梁庚尧序于 2022 年 7 月 27 日

# 目　录

# 第一编

# 庆历改革的缘起、经过与影响

# 第一讲

# 庆历改革前的情势

北宋的政治史，基本上以两大问题为中心，一个问题是对外关系，另外一个问题是改革运动，而这两大问题又相互关联。改革运动包含了庆历改革和熙宁变法两次事件，庆历改革由于宋仁宗的态度不够坚定，不旋踵而停顿，熙宁变法则在宋神宗的全力支持下，积极地推行。两次事件虽然成败有异，所涉及的范围大小、着重方向也有所不同，却具有连续性。要了解熙宁变法，必须从庆历改革说起。

改革的要求提出，与当时北宋内、外的情势有关。对外的情势是北宋承受着辽、夏强敌的威胁。东北契丹人所建立的辽，在五代时期逐渐强大，契丹君主耶律德光出兵援助石敬瑭建立后晋，取得石敬瑭所割让的燕云十六州，长城沿线的山岭之险落入契丹的手中，往南即是河北平原，后晋本身以及接下来的后汉、后周，还有再往后的北宋，国境东北部的国防门户因此洞开。宋太祖建国之后，由于赵普的建议，采取先南后北的策略，首先致力于统一南方，对辽维持和平关系。宋太宗时，南方已经统一，于是进一步征伐辽所支持的国家北汉。消灭北汉之后，又想乘胜恢复燕、云的土地，于是宋、辽的和平破裂，双方发生多次战争。太平兴国四年（979）的高梁河之战、雍熙三年（986）的歧沟关之战、君子馆之战，宋军都为辽所大败，伤亡惨重。高梁河之战据《辽史》的记载，宋太宗"仅以身免，至涿州窃乘驴车遁去"。宋人笔记又记载，宋神宗曾对从臣谓，宋太宗在兵败时，"股上中两箭，岁岁必发，其弃天下，竟以箭疮发云"（王銍《默记》)，这无疑是奇耻大辱。

宋军连续被辽所败之后，战力受到很大的损伤，从此没有能力再作大规模的北伐。朝廷上的士气也变得低落，主和的议论弥漫。宋遣使向辽求和，为辽所拒绝，双方继续处在敌对的状态。一直到宋真宗景德元年（1004），辽军大举南侵，辽主战派领袖萧挞凛中箭阵亡，宋辽和议的重要障碍消除，于是有澶渊之盟的订立。根据盟约，宋每年赠送辽岁币绢二十万匹、银一十万两，辽退兵，两国互不侵犯。从此之后，两国约为兄弟之邦，两国皇帝互称兄弟。两国间双方互称为南朝、北朝，来往的礼节采取平等的待遇。盟约的表面是平等的，如学者所指出，宋人往往肯定盟约带来了和平，节省了巨量的兵费；但是对宋人尤其是皇帝的心理来讲，即使是平等的盟约也不能没有屈辱之感。在传统内中国而外四夷的观念里，天子君临天下，抚绥四方，如今却是天有二日。岁币对宋朝的经济来讲，也许不算是很重的负担，但却难以摆脱进贡的色彩。王銍《默记》记载宋神宗的话后，又说："盖北虏乃不共戴天之仇，反捐金缯数十万以事之。"这一个"事"字，就很值得玩味。

澶渊之盟订立之后没有几年，宋真宗耗费大量财富于天书、封禅之举。据北宋仁宗朝以后流传的笔记所述，此事起于王钦若的建议。王钦若向宋真宗说，澶渊之盟是城下之盟，又说"以兵取幽蓟，乃可刷此耻”，更进一步建议“陛下苟不用兵，则当为大功业，庶可以镇服四方，夸示戎狄”，而所谓“大功业”，就是封禅。宋真宗所以会接受王钦若的建议，显然是作为“天子”，当他警觉到盟约所带来的耻辱后，原已隐伏于心中的挫折心理油然而兴，需要以夸耀来弥补。天书、封禅等一系列活动，一方面有宋真宗所承受的对辽外交屈辱的背景；另一方面，也源自宋初以来日渐兴盛的神仙道教信仰和谶纬思想，若干朝臣运用宋真宗的挫折心理，结合两者，力图使之实现为国家的政策，而王钦若则为其中的代表人物。王钦若所以会在对宋真宗指出澶渊之盟是城下之盟后，进而建议实施封禅，以镇服四方，夸示夷狄，是由于他看出了宋真宗的心理，借之以达成自己的目的。澶渊之盟确如王钦若所言，是城下之盟，但即使如此，也是在寇准极力坚持之下，宋真宗御驾亲征，鼓舞士气，以及经过曹利用不避艰危，赴敌营折冲，才能换取得来；当时宋真宗如果依照王钦若的建议南迁避敌，后果将不堪设想。

　　澶渊之盟带来了宋、辽之间的和平，而在此之前，西北的夏也逐渐强大，构成宋的困扰。夏是党项人所建立的国家，自宋太宗的时代以来，已经常骚扰宋的边境，并且其首领受辽封为夏国王。宋真宗咸平五年（1002），也就是澶渊之盟的前两年，攻占了宋的西北重镇灵州。景德三年（1006），宋与李继迁的儿子李德明达成和议，赐其姓赵，封为西平王，同意灵州为夏所有，承认了夏的自主地位。于是形成了宋、辽、夏三国并立的局面，而夏的国力较弱，同时受辽、宋两国的册封，并且与辽联姻。和平的局面维持到宋仁宗宝元元年（1038），赵德明之子赵元昊不以称王为满足，进一步称帝，全力侵宋，于是发生了延续四年之久的宋、夏战争。战争爆发之后不久，韩琦、范仲淹均调派到陕西，出任陕西经略安抚副使，主持对夏军事。韩、范两人战略不同，韩琦主攻，而范仲淹主守。战争初期，以韩琦的战略为主，派兵深入夏的境内，结果大败，损兵折将。于是韩琦修正战略，从深讨改为浅攻。而范仲淹一方面继续在沿边广筑堡寨，屯兵固守，另一方面也同意兼采近攻和招纳的策略，两人战略逐渐调和，边防才巩固下来。

宋夏战争使宋受到很大的困扰，给予辽可乘之机。辽在这时向宋提出要求，将后周世宗所收复的关南十县归还于辽，宋因此陷入两面受敌的困境。然而宋很巧妙地运用外交策略，使两方面的压力同时解除。当辽于庆历二年（1042）提出割地的要求后，宋派遣富弼使辽，坚持不肯割地，但是愿意增加岁币，同时因为辽、夏有君臣和婚姻关系，希望辽能够约束夏与宋议和，如果辽能够做到这一点，增加岁币银、绢共二十万，如果做不到，只增加十万。辽贪图岁币，答应了宋的要求，命令夏与宋议和。夏因为国土贫瘠，人口较少，长期作战以后，人力、财力都感到困乏。于是一方面遣使与宋议和，可是不肯称臣，目的只在作缓兵之计，取得喘息的机会，另一方面向辽提出联兵侵宋的要求。辽已经取得了宋的银、绢，拒绝了夏的要求，夏对辽的态度感到不满，因此引发了辽、夏之间的战争。夏为了避免两面受敌，在庆历四年（1044）改变了原来的态度，向宋称臣，迅速完成了和议。宋岁币外交运用的成功，摆脱了两方面的压力，维持住原有的国际地位，也获得了相当长时间的边境安宁。但是在对辽交涉中，增加了岁币银、绢共二十万不说，澶渊盟约中只是说"助军旅之费"，这一次却答应辽的要求，在誓书中称之为"纳"，在宋人心中不能说没有进一层的屈辱之感，后来王安石在宋神宗的面前也说："庆历自是朝廷失节，以致嫚侮。"

当外患急迫的时候让人警觉到内忧。中国对外一向有"修德来远"的主张，认为君主修德，亦即修明内政，即可感召外夷，使之向附。这种态度在消极方面只是维持对外的和平，是对外族让步的一种掩饰，但是儒家思想认为道德是政治的基础，政治是道德扩充的极致，因此在取得对外和平的同时，也有可能进一步从内政上反省致弱的原因，把"修德来远"的意义从消极的维持和平推拓向积极的要求内政的改革。庆历三年（1043）的改革措施，应该就是在这种情况之下提出来的。范仲淹在《十事疏》中说："我国家革五代之乱，富有四海，垂八十年，纲纪制度，日削月侵，官壅于下，民困于外，夷狄骄盛，寇盗横炽，不可不更张以救之。"这清楚地点出了外患与改革之间的关系。

宋朝的内忧，表现得最清楚的是财政的困乏。宋朝的财政，在宋真宗时期，尚称宽裕，但是经过天书、封禅事件的耗费，到宋仁宗初年，已经恶化，宝元（1038—1040）年间以后，由于宋、夏战争的影响，更感困竭。不过除了特殊事件的影响，财政所以困乏，还有更长远的原因存在。李焘《续资治通鉴长编》卷一百"天圣元年（1023）正月壬午"条：

> 自宋兴而吴、蜀、江南、荆湖、南粤皆号富强，相继降附，太祖、太宗因其蓄藏，守以恭俭简易。方是时，天下生齿尚寡而养兵未甚蕃，任官未甚冗，佛老之徒未甚炽，外无夷狄金缯之遗，百姓亦各安其生，不为巧伪放侈，故上下给足，府库羡溢。承平既久，户口岁增，兵籍益广，吏员益众，佛老、夷狄耗蠹中国，县官之费数倍昔时，百姓亦稍纵侈，而上下始困于财矣。

就政府方面来讲，固定开支的增多，出自三个来源：养兵日蕃，任官日冗，以及增加了对夷狄金缯之遗，也就是岁币的支出。至于"佛老之徒"的问题，则比较复杂，虽然也可能牵涉到官府与佛、道两教之间的关系，但是民间佛、道两教的活动也不可忽视，此一问题姑置而不论。官俸、兵费及岁币三项开支之中，岁币支出的数目虽然不小，但是就整个宋代财政支出的结构来讲，所占的比例究竟不大，而且送给辽、夏的银两，两国会用其中一部分在榷场上向宋购买物资，又流回宋的境内。所以财政开支的增大，主要来自兵费和官俸两个方面。

两者之中，又以兵费为主。宋朝实施募兵制，和唐代前期的府兵制不同。兵源既来自招募，养兵的费用就由政府负担。由于北方国界缺乏天然的屏障，所以在东北、西北以及京师开封都驻有大量军队，而且数目一直在增加。根据《宋史·兵志》的记载，宋太祖开宝（968—976）年间，禁、厢军总数共三十七万八千，其中禁军总数十九万三千；宋太宗至道（995—997）年间，禁、厢军总数六十六万六千，其中禁军三十五万八千；宋真宗天禧（1017—1021）年间，禁、厢军总数九十一万二千，其中禁军四十三万二千；宋仁宗庆历（1041—1048）年间，禁、厢军总数一百二十五万九千，禁军八十二万六千。可见军队总数持续在增加，而禁军的增加速度尤其快，厢军增加的速度较慢，占总人数的比例也从开宝年间的近二分之一减少到庆历年间的稍微超过三分之一，但是数目仍然相当可观。厢军没有作战的能力，只是在地方政府做杂役的工作，对宋的国防来讲并不能发挥作用。养这一支庞大的军队，开支要超过政府支出的一半以上。当时人强调"一岁之用，养兵之费常居六七"，甚至说"天下六分之物，五分养兵"，可见负担之重。

冗兵之外，冗官也是一大问题。宋代沿袭唐代，以科举取士，可是录取人数远比唐代多，任官也容易，唐代进士及第之后，尚须通过吏部身、言、书、判的考试，才能任官，宋代则已免除。

除了科举之外，尚有荫补一途，中、高层官员可以经由各种名目，荫补子弟、亲戚，甚至门客任官，十分浮滥。官员人数因此持续增加，根据宋仁宗时包拯所提供的资料，宋真宗景德（1004—1007）、大中祥符（1008—1016）年间文武官有九千七百八十五员，宋仁宗皇祐元年（1049）已增加到一万七千三百多员，而未授差遣京官、使臣及守选人数尚不在内。官俸开支持续增加的趋势，也是很明显的。有关官员的开支，除了俸禄之外，每逢三年一次的郊祀，又有皇帝特殊的赏赐，称为郊赉，也是一笔大数字。

财政开支的增大，一方面固然是政府的一大困扰，另一方面也会为民众带来较从前为重的赋役压力。宋仁宗初年，已有官员上言指出："今天下谷帛之直，比祥符初增数倍矣。人皆谓稻苗未立而和籴，桑叶未吐而和买。""自荆湖、江、淮间，民愁无聊，转运使务刻剥以增其数，岁益一岁，又非时调率、营造，一切费用，皆出于民，是以物价益高，民力积困也。"到了宋、夏战争爆发，为了供应前线军需，对民众的征调更为增加，社会不安的现象于是出现。战争期间，"京东、西盗贼充斥"，其中最大的两伙分别由张海、王伦率领，他们骚扰的范围达到五六路，二三十个州、军，数千里内，杀人放火，肆意横行，如入无人之境。前面所引范仲淹《十事疏》中所谓的"寇盗横炽"，便是指的当时这种情状。盗贼骚扰的各路中，京东、京西邻近首都开封，淮南、江南是生产中心，陕西则是军事前线，对于北宋政府来讲，都是莫大的威胁。

在这样的情况下，内政改革的方向与纾解财政上的困窘产生了关联。财政的困窘有制度上的根源，必须从制度上作改革，以求政府的支出减少而收入增加，同时也必须有一些配合的措施，减少民众的负担而增加他们的生产，来安定民生。更必须增进政府的行政效能，才能推动中央的政令，达成改革的目的。

其实从宋太宗末年以来，政府的一些弊病已经逐渐显现，也有官员提出各种解决问题的主张，但是从宋太宗末年直到宋仁宗前期的主政者，大多持重，不乐于有所更张。宋太宗末年的宰相吕端，宋真宗时期的宰相李沆、王旦，都是当时的名相。吕端"为相持重识大体，以清静简易为务"。李沆不乐更张更是有名，宋真宗曾问李沆"治道所宜先"，李沆回答说："不用浮薄新进喜事之人，此最为先。"又曾经说自己"居重位，实无补万分，惟四方言利事者未尝一施行，聊以此报国尔。朝廷防制，纤悉备具，或徇所陈请，妄有更张，即所伤多矣"。王旦担任宰相，也是"务遵守法度，重改作"。大体上清静无为，爱惜民力是他们施政的指导方针。李沆曾说："为宰相如《论语》中'节用而爱人，使民以时'二句，尚未能行。圣人之言，终身诵之可也。"最足以说明这种观念。宋仁宗前期最受倚重的宰相是吕夷简，他善于运用政治权术，事务能力也强，可是只能守成，为政"以姑息为安"。

不过，也就是从宋仁宗前期开始，朝野之间一股要求转向积极的政风兴起，而范仲淹是这一股政风的代表人物。这一股新政风的兴起，在时间上大致与儒学在宋代的兴起相符合，而范仲淹同样也是宋代儒学兴起的关键性人物。宋仁宗时代儒学的兴起，一方面源自唐代中晚期韩愈所带动，而在北宋前期尚是伏流的儒学复兴运动；另一方面，也由于自宋真宗封禅以来，神仙道教化的谶纬儒学盛行，并从多方面影响到国家政策，这种现象引致了若干士人的不满，从而致力于将儒学经典的解释带回真正的圣人之道。范仲淹将这种呼声，具体化为对朝政的批评与政务的改革。深受范仲淹推许的教育家胡瑗，以经术教授于苏州、湖州，分设经义、治事两斋来教导学生，正反映了当时学术上一种通经致用的要求。这一股新政风与新学风的兴起，大体上不宜以南北地域之分来说明。以范仲淹本人来说，虽然是苏州人，但是生于徐州，幼年丧父后，随母亲改嫁而迁居到淄州，青年时代离家到应天府应天书院读书，都是在北方。后来和他声气相投的一些士大夫，籍贯南北均有，也没有集中于南方。应该是共同的政治理念，而非地域，将这一群人联结在一起。

　　范仲淹在宋真宗大中祥符八年（1015）登进士第，最初在地方上任官，仁宗朝初期，已屡次上书朝廷大臣，言应兴应革之事。最有名的是他在天圣五年（1027）守母丧期间，上书执政，指出要使国家基本磐固，就得"思变其道"，而要旨则在于择郡守、举县令，斥游惰、去冗僭、遴选举、敦教育、养将才、实边备，保直臣、斥佞人（见《范文正公集》卷八）。后来庆历改革中的一些措施，在这一次上书中已经有迹可循。他的上书得到宰相王曾的看重，次年终丧，王曾属意晏殊推荐范仲淹入朝，任职秘阁校理。在朝廷任职，他以刚直敢言著称，也因此导致他三次遭贬，并且和宰相吕夷简发生冲突。其中第三次是在景祐三年（1036），他担任权知开封府期间，上百官图，说明升迁黜降的次序，如何升是公，如何升是私，隐约指责吕夷简用人不当。又上《帝王好尚论》《选贤任能论》《近名论》《推委臣下论》四论（见《范文正公集》卷五），用意也在讥评时政。第一篇讲帝王好尚会影响到国家的治乱；第二篇连着第一篇讲，指出帝王应该勤求人才，而不应该宠用柔讷的人；第三篇讲圣人敦奖名教，爱名是好事，而不是坏事；第四篇则谓人主应以职事委臣下，而自己掌握区别邪正、进退左右之权，如果将用人之权推委于宰相，造成权臣，将会导致国家丧乱。这几篇文字，显然一方面为自己刚直敢言辩护，一方面指向吕夷简培植私人势力。吕夷简因而大怒，向宋仁宗讲范仲淹越职言事、荐引朋党、离间君臣。

　　这一次范仲淹被贬，朝臣余靖、尹洙、欧阳修起而为之辩护，并且欧阳修写信给谏官高若讷，对他不出来为范仲淹说话大加指责，高若讷向朝廷控诉，结果余靖、尹洙、欧阳修都被贬官。另一位官员蔡襄因此写了一首《四贤一不肖诗》，四贤指范仲淹、余靖、尹洙、欧阳修，一不肖指高若讷，这首诗哄传一时。在这场政治风波中，吕夷简指责范仲淹和他的支持者结为朋党，朋党之论自此而兴，这是北宋中期以后党争的伏线。此后几年，范仲淹一直在饶州、润州、越州等处担任知州，直到宋夏战争爆发以后，韩琦以身家性命作担保，推荐范仲淹，范仲淹才再获得重用，参与对西夏的军事。而他和吕夷简之间的旧怨，这时也因为共同对外而解消。由于承担了对夏作战的重任，他后来有进一步的机会，调回朝廷出任执政，推动改革的事务。

　　范仲淹在知饶州的期间，认识了一位士人李觏，对他的才学十分赏识。后来知润州，曾邀请他去担任州学教授。知越州时，又邀请他去州学讲学。李觏是一位深研儒学的学者，对现实的政治也有很多看法。在思想的基础上他和范仲淹有相通的地方，都很受《易经》的影响，主张因时而变，至于具体的政策，则李觏本于《周礼》而立论。他在庆历改革之前已经写成许多讨论时政的文章，后来这些文章的内容大多被吸收到《周礼致太平论》这本书里（见《直讲李先生文集》或《李觏集》）。他对教育、军事、财政都提出了许多改革的意见，他的意见和范仲淹推动的政策比较起来，理想性较高，但是有许多相通的地方。而他本于《周礼》来论政，以及主张借裁制兼并来理财，则可以说是王安石变法理论与政策的渊源。李觏及其著作的出现，说明了当时要求政治改革不仅是朝廷上一部分官员的要求，在野的学者也有人以理论为基础来作鼓吹。在这样的情势下，出现了庆历改革的推动。

# 第二讲

# 改革的推动与挫折

庆历三年（1043）的春天，宋夏战事稍为缓和，韩琦、范仲淹获得宋仁宗进一步的重用，被召回朝廷出任枢密副使，具有执政的地位。这时吕夷简已因为身体欠佳而罢相，由章得象、晏殊为同平章事，夏竦为枢密使，贾昌朝为参知政事，同时以欧阳修知谏院，一向支持范仲淹的蔡襄、余靖等人这时也担任谏官。夏竦不得人望，诏命才刚颁布就遭到谏官的攻击，宋仁宗不得已收回成命，改以杜衍为枢密使。这一项处置，使得当时的国子监直讲石介大为兴奋，于是作《庆历圣德诗》。石介是当时另一位著名教育家孙复的弟子，个性刚毅，喜辨是非，诗中说："众贤之进，如茅斯拔；大奸之去，如距斯脱。"众贤指杜衍、范仲淹等人，"如茅斯拔"是以茅拔其根则互相牵引来比喻"众贤之进"；大奸则指夏竦，"如距斯脱"，是以无距的弱鸡喻指大奸去位之后已无再斗之力。这样的说法，显然贤、奸之分太过，夏竦虽然不得人望，可是用大奸来形容也未必确当，自然导致他强烈的反感。孙复读到这首诗，对石介说："子祸始于此矣。"后来果然引来了夏竦

*13*

对改革派人士的报复。

谏官们在攻击夏竦的同时，也向宋仁宗极力推荐范仲淹，让范仲淹参与大政。于是在这年八月，范仲淹改任参知政事，而以富弼为枢密副使。宋仁宗擢用韩琦、范仲淹、富弼等人后，屡次要求他们提出对时政的意见，于是范仲淹在九月提出了十项改革的纲领，这就是有名的《十事疏》(详细内容见《续资治通鉴长编》卷一四三"庆历三年九月丁卯"条，或《范文正公集·政府奏议上·答手诏条陈十事》)。这十项改革纲领，都是针对当时的弊病而发，这不仅是范仲淹个人的意见，韩琦、富弼、欧阳修等人也有类似的建议。《十事疏》的内容，显现了当时政治上的许多问题，以下逐项加以讨论。

一、**明黜陟**。这一项是针对官员的升迁方式而发，而重点则牵涉磨勘制度。磨勘是一种官员考核、升迁的制度，官员取得一定时间的年资，通过规定的考核，就可以晋升官阶。按照范仲淹的讲法，当时是"文资三年一迁，武职五年一迁，谓之磨勘"。由于以年资为依据，所以造成"不限内外、不问劳逸，贤不肖并进"的现象。当时甚至将待阙的时间也算在磨勘的年限之内，往往到任没有多久，还没有做什么事情，就获得升级。范仲淹的建议，是必须实际到任满三周年，才能予以磨勘，如果在京城担任职务，其差遣是陈乞而来的，而非由保举或选差而来的，必须要在任满五周年，才能予以磨勘。官员在任内如果有特殊的表现，获得朝廷肯定的，可以不受磨勘年限的限制，而提早升级。在任内无法尽到应尽职责的，也予以特殊的处理。

二、**抑侥幸**。这一项讨论到两个问题：一个是荫补问题，一个是馆职问题。荫补浮滥对于冗官问题所造成的影响，以及连带导致政府财政支出的增加，在上一讲已经提到过。范仲淹在这里也就是讨论这一个问题。原本每三年一次的南郊大礼及每年的圣节，中上层官员都可以奏荐子弟补官，范仲淹建议严格加以限制，只能在南郊大礼时奏荐，每年圣节不得再陈乞，同时要在任满两年，才能够享受这一项权利。至于馆职问题，也和高官子弟有关。所谓"馆职"，是指史馆、昭文馆、集贤院、龙图阁、秘阁的职事，须考中状元或考取制科（皇帝特诏考才识优异的士人，如贤良方正科、才识兼茂科等），在职一任满后，试诗、赋各一而入，或由大臣推荐才学之士，经过考试，称为入馆。由于"一经此职，遂为名流"，所以成为进取的阶梯。据范仲淹的讲法，当时登进士高第者，一任才罢，不论能否，照例可以召试而补入，高官子弟亲戚，不以贤不肖，自行陈乞馆阁职事，也得以进补。他请求必须是进士前三名，一任满后，先审查有关教化、经术的文字，再加以考试，优等者才可以进入。至于高官子弟，则不准再陈乞。

三、**精贡举**。这一项谈的是政府选拔人才的方式。范仲淹对于从宋初以来，科举考试"以辞赋取进士，以墨义取诸科"的考试方式有所不满。他建议在各州郡的学校选用通经有道之士来教学，科举考试则进士科重策论而轻诗赋，诸科则除了墨义之外，加问经旨。所以要重策论，要加问经旨，目的在选拔出了解治国治人之道的人才。对于州郡解试采用弥封的方式，他也不赞成，因为这样只能看到考生的考试表现，而不了解他们平日的行为。他建议解试必须先考察考生平日的行为，考卷也不弥封。省试、殿试则因为考生的品德在解试时已经考察过，可以采用弥封试卷的方式。他又建议，无论进士、诸科，都必须以优等及第者才立即授官，次等及第者必须先得守选（守候铨选），以减轻官冗的弊病。

四、**择官长**。这一项是针对地方长官转运使、提点刑狱、知州、知县等而言。范仲淹指出当时的地方长官"不问贤愚，不较能否，累以资考升为方面"，对于民生影响很大，特别是有监司之称的转运使、提点刑狱，有按察州郡的职责，应该特别选贤者来担任。他提出了保举的方法，朝廷高官可以保举一定名额的转运使、提点刑狱、知州，转运使、提点刑狱可以保举一定名额的知州、知县，知州可以保举一定名额的知县。受保举人以举主多者优先差派。以后差派地方长官，都要参考其历任的功过，以及举主人数。

**五、均公田。**所谓"公田"，是指地方官员在任时所给予的职田，也就是以官府田地出租所得的租课，给予地方官作为他们俸禄之外的特别津贴。职田源于唐代的职分田，北宋自宋真宗咸平二年（999）起，恢复给外任官职田。在当时官员人数增加的情况下，一任满后，没有俸禄收入的守选、待阙时间拖长，既有俸禄不继的困扰，而物价又在上涨，许多官员家庭因此开支增加、生活困窘。补贴地方官员这一笔收入，用意在使他们足以养廉，不至于因家计困窘而贪赃枉法。虽然在开始实施时，已规定了土地来源、所收租课分配的方法以及各级机构所应有的职田面积，但是各地可供用为职田的土地、地方上收租的比率（乡原例）、官员人数等有多寡、高低的差异，土地肥瘠也各有不同，所以自宋仁宗天圣（1023—1032）年间以来，屡有官员认为职田分配不平均，而主张废罢此制。范仲淹不赞成，他建议要分配平均，还没有给的地方也应该要给；官员生活无忧之后，才可以"责其廉节，督其善政，有不法者，可废可诛"，民众也得以受益。这项制度用于地方官，目的在于避免人们重内而轻外，让优秀官员乐于到地方任职。

**六、厚农桑。**这一项讨论到农业生产。范仲淹认为由于政府不重视农业生产，所以粮食、布帛的价钱常常很贵，政府要花大量金钱在南方江、浙各路籴米，运到京师来供应消费，除了籴米的价钱外，还要加上运输的费用，老百姓的赋税负担也因此加重。他指出江南以往有圩田，有其管理方式；两浙地区在吴越时期也很重视水利，设有机构、人员导河筑堤疏导水患。可是到宋初，对这些都不再重视，江南圩田、浙西河堤都已经毁坏。京东、京西原本有低湿积水的地方，早年曾经下令开决，水患大减，在停罢工役数年之后，又逐渐埋塞。他建议每年秋天，下诏给各路转运司，令辖下官民提出农桑有哪些可兴之利、可去之害，或是有哪些河渠可开，哪些堤防、水塘可筑，要各州郡长官准备工料，在次年三月兴工，以半个月为期限完成。

**七、修武备**。这一项是想要解决养兵的问题。范仲淹建议取法唐代的府兵制，兵农合一，三时务农，一时教战，首先在京畿招募五万人，支援禁军，京畿实施已经就绪，再推广到其他各路，达成强兵节财的目的。

**八、减徭役**。这一项是想经由减并县邑，而达成减轻民众差役负担的目的。当时的华北，由于经过唐末、五代的战乱，有些地方人口已经减少了很多，但是唐代所设的许多县邑仍然延续存在。范仲淹举了河南府作例子，唐代会昌（841—846）年间，河南府有十九万四千七百余户，设二十县；而在庆历年间，河南府只有七万五千九百余户，仍然有十九县，其中巩县只有七百户，偃师县只有一千一百户。只要有县这一个行政单位在，就有许多基层的行政工作要轮差上三等户来做。由于人口少，有资格轮担差役工作的人家也少，很快就会轮到，负担就会很重。范仲淹建议首先从河南府开始，将十九县合并为十县，再推行到大名府，然后行之于各路，减少民众差役的负担，使其可以专力于耕作。

**九、覃恩信**。这是针对天子赦书的信用而发的。每逢三年一次的南郊，天子祭拜宗庙、上帝，大礼既成，都会颁布赦书，肆赦天下，用意在以皇恩泽及广土众民。这一类的赦书，常常会减免民众以前拖欠未缴的赋税，或是要各级官府宽减征敛，存恤孤贫。可是赦令虽然颁下，各级官府却未必执行，对于欠税仍然严加催督。范仲淹建议以后官吏如果不切实遵行，以违制论，处以徒刑，甚至刺配。同时将宋真宗天禧（1017—1021）年间以前的欠税，全部除放。以后每当南郊赦后，派遣官员到各路安抚，考察官吏是否尽职，求问百姓的疾苦，好让赦书中泽及百姓之事，一一施行。

**十、重命令。**这是针对政府所发布命令的信用而发。范仲淹指出，由于政府制定法令时，并没有慎重考虑，所以常常颁布之后没有多久，就要更改。他建议以后制定法令时，应该由有关机构详细讨论，认为确实经久可行，才可以颁布。官员如果没有执行，则要按照各种不同的情状，加以轻重不等的处罚。

庆历改革虽然为纾解政府财政的困窘而出现，但是综合观察范仲淹所提出的各项建议，在内容上实以整顿行政组织为主，也就是一般所说的澄清吏治。明黜陟、抑侥幸、择官长、均公田、覃恩信、重命令等六项，均与此明显有关。精贡举一项，用意在于改进选用人才的方式，也是为了增强行政组织的效能。至于与财政有明显关联的，则抑侥幸在于减少冗官，厚农桑在于减少政府和籴与运输费用，修武备在于减少养兵的经费。减徭役一项虽然说是为了减轻人民的差役负担，但是县邑并省之后，政府的开支也可以减少。尽管整顿行政组织是这些建议的重心，却非完全和政府的财政问题无关。范仲淹的想法可能是在行政效能提高之后，政府的赋税可以确实征收，支出的浪费可以减少；而另一方面，民众的赋税负担也不至于加重，甚至减轻，和政府同时蒙受其利。

在宋仁宗的支持下，范仲淹的各项建议逐步实施。庆历三年十月，诏令中书、枢密同选诸路转运使，立磨勘年限法及迁转荐举法；十一月，立试馆职法、任子法，下诏限职田（限定各级官员所应给的职田面积），下诏修圩田、河渠、堤堰、陂塘。庆历四年（1044）正月，再下诏督促地方官员兴水利，课农桑；三月，诏令天下州县设立学校，更定科举法；五月，并省河南府五县为镇。覃恩信和重命令两项，也都有初步推行的措施。只有修武备一项，由于其他大臣反对而没有颁行。事实上，唐代的府兵制是与均田制度互相配合的，均田制度既然已不存在，府兵制也难以恢复。

范仲淹的改革措施以整顿行政组织为主，但也正是整顿行政组织，使得改革遭受强大的阻力，而范仲淹本人也遭受到愈来愈多的毁谤。《续资治通鉴长编》卷一五〇"庆历四年六月壬子"条：

> 始，范仲淹以忤吕夷简，放逐者数年。士大夫持二人曲直，交指为朋党。及陕西用兵，天子以仲淹士望所属，拔用护边。及夷简罢，召还，倚以为治，中外想望其功业。而仲淹亦感激眷遇，以天下为己任，遂与富弼日夜谋虑，兴致太平。然规摹阔大，论者以为难行。及按察使多所举劾，人心不自安，任子恩薄，磨勘法密，侥幸者不便，于是谤毁浸盛而朋党之论滋不可解。

整顿行政组织的各项措施妨碍到许多人的既得利益，也阻塞了才能平庸者的仕进之途，这些人的反对形成一股强大的力量，以朋党之名加于范仲淹和支持改革措施的人，而范仲淹和支持改革措施的官员也确实是呼朋引伴。至于朋党之说则对皇权构成了威胁，原因在于皇帝担心臣下结党会形成一股难以控制的势力。范仲淹当面向皇帝解释，讲君子、小人未尝不各为一党；欧阳修也上了一篇有名的《朋党论》，讲小人无朋，只有君子才有（见《欧阳文忠公集·居士集》卷十七），可是都无法解消宋仁宗的疑虑。

在反对改革的风潮中，夏竦不择手段地对改革派人士施加打击。以朋党之称来毁谤范仲淹等人就是夏竦在鼓动的，他又指使女婢暗中练习石介的书法，学好之后，伪作石介代富弼撰废立诏书，意图诬陷他们谋反。宋仁宗虽然不相信有这回事，但是范仲淹、富弼都已经感到不安，自请外出。于是范仲淹在六月出任陕西河东宣抚使，富弼在八月出任河北宣抚使。欧阳修在这之前已经奉派到河东巡察，余靖也跟着自请外任。夏竦打击石介、富弼，仍有后话，次年七月，石介已经病逝，刚好有徐州狂人孔直温谋叛，在他的家中搜到一封石介的信，夏竦借机上言说石介其实还没有死，是富弼暗中派他到辽国引兵入寇，而富弼准备作内应。朝廷赶紧免除范仲淹、富弼宣抚使的职位调为内郡知州。夏竦又上言说石介没有能够说服辽国出兵，为富弼到登州、莱州，结集凶恶数万人，准备作乱，请求打开石介的棺材验视。经人解救，才没有开棺。

打击范仲淹等人的，还有其他朝廷官员。当范仲淹在庆历四年六月奉派宣抚陕西、河东时，仍然是参知政事的身份，导致他辞掉参知政事职务的，是这年十一月的奏邸之狱。京师各个机关的胥吏，每到秋天，必定聚资举行赛神会，往往因而痛饮终日。监进奏院苏舜钦，是范仲淹推荐的人才，又是杜衍的女婿，平日的议论曾侵犯到权贵，他认为由胥吏出钱不妥，于是和另一位监院刘巽各出俸钱十缗，再加上出售旧字纸公款四五十缗，办理祭神、饮宴。许多馆阁名士都参加了这场宴会，宴席中招来了妓女，其中一位也是范仲淹推荐的名士王益柔，借酒狂歌，有"醉卧北极遣帝佛，周公、孔子驱为奴"之句。一位文士李定想参加而没有被邀请，将这件事情告知御史中丞王拱辰。王拱辰一向不满范仲淹的作为，于是指使属下劾奏刘巽、苏舜钦等人私用公款、与妓女杂坐，王益柔语涉不敬，出席宴会诸人都遭受贬逐。王拱辰高兴地说："吾一举网尽矣。"事后宋仁宗下了这样一道诏书：

> 朕闻至治之世，元、凯共朝，不为朋党，君明臣哲，垂荣无极，何其德之盛也。朕夙食厉志，庶几古治，而承平之弊，浇竞相蒙。人务交游，家为激讦，更相附离，以沽声誉。至或阴招贿赂，阳托荐贤。又按察将命者，恣为苛刻，构织罪端，奏鞫纵横，以重多辟。至于属文之人，类亡体要，诋斥前圣，放肆异言，以讪上为能，以行怪为美。自今委中书门下、御史台采察以闻。（《续资治通鉴长编》卷一五三"庆历四年十一月己巳"条）

这一道诏书，不仅谴责苏舜钦、王益柔等人的行为，也很清楚地谴责以范仲淹为中心的一群官员，指责他们结为朋党，在施政上则罗织地方官员于罪刑，甚至认为他们所谓"荐贤"，实际上是收受了贿赂，这等于是对改革措施的否定。

奏邸之狱表面上是王拱辰指使属下奏劾，实际上是有一群官员在推动，而暗中主使的则是另一位参知政事贾昌朝。宰相章得象原本就不支持改革，对奏邸之狱不置可否，只有韩琦出力营救。当范仲淹为这一事件辞职时，章得象却落井下石。宋仁宗原本想立即批准范仲淹请辞参知政事，章得象向宋仁宗说，范仲淹向有重名，如果一请而罢，天下人将会责怪皇上黜贤臣，不如暂且赐诏不允，如果范仲淹上表谢恩，就是挟诈要君，这时才可以罢除他的职务。宋仁宗照章得象的话去做，范仲淹果然上谢表；宋仁宗说，就如章得象所讲的一样。庆历五年（1045）正月，范仲淹、富弼都罢除了朝廷的职位，杜衍也罢除相位。韩琦则在三月罢除枢密副使的职务，庆历改革确定失败。

从庆历五年二月起，朝廷逐次下诏罢除了京朝官用保任叙迁法，罢诸路转运使、提点刑狱须有朝廷高官保举，罢除荫补限年法，罢除转运使兼按察，又恢复科举旧制，有关整顿行政组织的几项重要措施都遭到废罢。

庆历改革的失败，人事是一个重要因素。一方面改革派的人士善恶太过分明，容易树敌，而且行为也有不检点的地方，被人捉到把柄，加以打击。另一方面，改革措施以整顿行政组织为重心，损害到太多官员的既得利益，这些官员不愿意配合，甚至加以破坏。由于范仲淹以参知政事的身份获得宋仁宗的信任，主持改革事务的策划与推动，宰相章得象不免认为权力旁落，和范仲淹之间存有冲突，因此也不愿意支持，又碍于仁宗对改革措施的支持，不便多言，在这过程中，表现出来的则是多一事不如少一事的因循态度，并且找机会对范仲淹落井下石。各种反对的力量汇聚在一起，形成一股很大的声浪，他们攻击改革派人士的各种理由，都直接或间接地表示这一群人的作为侵犯到皇权。这样的理由配合上一些有意制造或偶然发生的事件，使得宋仁宗的疑虑愈来愈深，终于放弃了对改革措施的支持。庆历改革由于皇帝的支持而推动，也由于皇帝的不支持而中挫。

# 第三讲

# 遗留与影响

庆历改革虽然为时短暂，但是改革过程中所提出的措施，有一些并没有在改革停顿之后就此完全消失，仍然有成果遗留下来。

限制荫补是庆历改革中的一项重要措施，虽然遭到停罢，却有一些官员反对如此，甚至连在奏邸之狱事件中出力弹劾王益柔的张方平，也上疏说范仲淹所提出的办法有其合理之处，只需要略为修改应可施行。朝廷虽然没有完全接受张方平的意见，此后却陆续实行了一些限制荫补的措施。庆历六年（1046）四月，也就是在张方平上言之后几天，诏令高级武官奏荐恢复庆历改革以前的办法，其余武官则仍依庆历改革时的法令实施。皇祐二年（1050），有一位官员何郯奏言建议遇到圣节荫补，必须区别官员亲属的亲疏，子孙仍然可以在圣节荫补，其他亲属则必须等到郊祀，而且关系愈疏远，就必须隔愈多次的郊祀才能荫补。他的建议，在皇祐四年（1052）经过朝廷讨论，略加放宽后实施，圣节除可以奏荐子孙外，也可以奏荐期亲（指服齐衰一年丧服的亲属）。到了嘉祐元年（1056），进一步连圣节荫补也完全废除，这等于是范仲淹主张的实践。

禁止高官为子弟、亲戚陈乞馆职，也是庆历改革中的一项重要措施。庆历改革失败之后，禁令解除。到庆历八年（1048），何郯请求再加以限制，他主张不许大臣再为子弟陈乞馆职，如果陈乞出身，则免除解试和省试，必须参加御试。这时殿试仍然有落第的考生，殿试不黜落要到宋英宗时才成为定制。朝廷讨论之后，决定如果大臣为子弟陈乞馆职或出身，等到有三五人，送学士院试诗、赋、论三题，和殿试的考法一样，也采用弥封、誊录的方式，由试官定等第之后，再送请皇帝决定。这个办法虽然比范仲淹和何郯的主张来得宽松，却已不像庆历改革之前那样漫无限制。

成果遗留更多的是有关科举和学校方面的措施。在科举方面，庆历改革时以策、论取代诗、赋成为进士科取舍的重心，当时颁布的办法虽然旋即废除，但是此后在考场中，策、论愈来愈受重视。嘉祐二年（1057），欧阳修知贡举，对于当时的文风痛加裁抑，《续资治通鉴长编》卷一八五"嘉祐二年正月癸未"条载：

> 翰林学士欧阳修权知贡举。先是，进士益相习于奇僻，钩章棘句，寖失浑淳，修深疾之，遂痛加裁抑，仍严禁挟书者。及试榜出，时所推誉皆不在选。嚣薄之士候修晨朝，群聚诟斥之，至街司逻吏不能止。或为《祭欧阳修文》投其家，卒不能求其主名置于法。然文体自是亦少变。

所谓"相习于奇僻"，指石介主讲太学时所提倡的太学体古文，而欧阳修所提倡的则是平易流畅的古文。这件事情，正是策、论在当时考场中受到重视的说明，因为无论欧阳修所痛惩的奇僻古文，或是他所提倡的平易古文，都只有在策、论中才能表现。这一年进士科考试并且加考时务策三条，更显示出策、论在考试中比重的增加。

　　庆历改革时诸科考试方式改变的重点，则在于强调经义，也就是不仅是背诵，而且要能够讲说经书中的道理，对大义者所授等第在对墨义及第人之上。这个办法自然也在改革失败后废除。不过早在宋仁宗天圣四年（1026），也就是庆历改革之前将近二十年，科举考试中已经另设有说书举，礼部贡院举人无论业进士或业诸科者均可应试。说书举最初的考试方法是"量试讲说"，后来又"别试大义十道"，"仍令讲诵"。所谓"试大义"，方式是"直取圣贤意思，解释对答，或以诗、书引证，不须全具注疏"，也就是以发挥义理为主。说书举并没有受庆历改革失败的影响，一直存在。皇祐五年（1053），朝廷诏令将这种考试方法扩展到诸科，诸科举人今后"终场问大义十道"，其中九经、五经科"只问大义，而不须注文全备"。当时"侥幸之人，悉以为不便，欲摇罢诏法"，但是朝廷仍然坚持，并且进一步在嘉祐二年（1057）将说书举改制为明经科。嘉祐二年考试科目、内容有比较多的调整，除了（一）前述进士科增考时务策三条外，（二）诸科增考大义十条，这是对皇祐五年诏令的再次确定，再就是（三）以明经科取代说书举。明经科考大经、中经、小经各一，大经包括《礼记》《春秋左氏传》，中经包括《毛诗》《周礼》《仪礼》，小经包括《周易》《尚书》《穀梁传》《公羊传》。每经考墨义、大义各十道，另外帖《论语》《孝经》十道，试时务策三道。明经科的特色是兼考经义与时务策，可以说是介于进士和诸科之间。从宋初以来，也有人泛称诸科为明经，但是嘉祐二年以后的明经科则是一个独立的科目。当时的官员有逐渐以明经取代诸科的想法，这样的设计，比起范仲淹在庆历改革时所提出的措施又更往前发展了。

　　庆历改革中科举制度的改革是和地方学校的推广互相配合的。地方学校的设立，从宋初以来就已经在进行，但是步伐缓慢，到宋仁宗前期，政府推动比较积极，地方学校设立逐渐增多，但是大量设立还是要到庆历改革以后。《宋会要辑稿·崇儒二·州县学》"宝元元年（1038）"条："诏许颍（颍）州立学，特从知州户部侍郎蔡齐之请也"下，有这样简要的叙述：

　　　　自明道（1032—1033）、景祐（1034—1037）间，累诏州郡立学，赐田给书，学校相继而兴。近制惟藩镇立学，颍（颍）为支郡，齐以为（请）而特许之，故有是命。又蔡齐请立学时，大郡始有学，小郡犹未置也。庆历（四年，1044）诏诸路州、府、军、监，各令立学，学者二百人以上许更置县学，于是州郡不置学者鲜矣。

所谓"近制惟藩镇立学"，见于景祐四年（1037）的诏令，藩镇指的是节度使州，实际上在此之前，设立学校的州郡已不限于节度使州。这个诏令颁布之后没有多久，颍州非节度使州请求立学也得到许可，使得这一项诏令不发生作用。不过这时只有大郡才有学校，要到庆历改革时，州郡才普遍立学，县学也才逐渐设立。庆历改革虽然旋即失败，但是地方学校的基础已经奠定。有些地方奉庆历四年的诏书而设立学校，实际上是到庆历改革失败之后才建好的，例如越州剡县的县学，原来的知县沈振初盖学舍而未及完成，继任者丁宝臣在庆历八年（1048）才将学校完全建好。

　　范仲淹的《十事疏》中并没有提到中央的太学，但是太学的校舍从国子监独立出来，也是庆历改革期间的事。宋初以来，国子监入学资格是京官、朝官七品以上官员的子孙，名额只有七十人，常有八品以下官员子弟和平民子弟谎报家世，以求入学。为了满足这一种需要，庆历二年（1042），在王洙的建议之下，另设四门学。但是四门学存在的时间很短，不久便被太学所取代。太学原本只是国子监的一个馆，庆历四年（1044），由于判国子监王拱辰、田况、王洙、余靖等人的建议，将太学从国子监迁到锡庆院，容纳八品以下官员和平民的子弟，当时生员有两百人。庆历改革失败后，太学仍然另有自己的校舍，但是规模已经变小，不过不管怎么样说，基础究竟奠定下来了。

有关农田水利的兴修，其实在庆历改革以前一向有许多官员在做，庆历改革失败之后也没有停止。庆历五年（1045）九月，就有两浙提点刑狱宋纯等人提出建议，认为地方兴修水利应该先详述利害、画出地图，申报所属州军、转运司或提刑司，经查证确实后再进行，建议中并且说"仍依原敕于未农作时兴役半月"，所谓"原敕"，就是指庆历三年（1043）十一月所颁兴修圩田、水利的诏书。皇祐元年（1049），又有官员钱彦远建议以知州负责劝农，并且考核绩效。庆历改革时有关农业的措施中，比较特殊的一点是推动圩田的兴筑。这项工作在后来也得到朝廷的支持。嘉祐六年（1061），江东转运司在宣州宁国县兴复五代时期曾经存在的秦家圩，动用了一万四千个丁夫，费时四十日而筑成圩岸，圩长八十四里，圩内有田一千二百七十顷，又费时四十日而筑成圩内的通路和水门。圩成之后，天子赐名为万春。万春圩筑成，转运司又在邻近筑百丈圩。随后因为百丈圩遭洪水冲毁，才使得这方面的行动遭到打击。除此之外，至和（1054—1055）、嘉祐（1056—1063）年间，江、浙一带也在多处疏凿河道、修治塘浦，一方面减少水患对于农业生产的影响，另一方面也取得了一些新生的农地。

这些成果的遗留，特别是有关荫补限制和限制高官为子弟、亲戚陈乞馆职两个方面，说明范仲淹所推动的一些措施在当时确实有需要，即使他已因为政争失败而去位，仍然无法废弃他所提出来的办法。至于有关科举、学校、农政等几个方面的遗留，则影响更大，宋代后来这几个方面的发展，几乎可以说就是奠定基础于庆历年间。王安石新法中有关这些方面的措施，也多是延续庆历年间而来。

除了成果的遗留外，庆历改革还影响到日后政坛上人事的纠葛。这次改革以一些士大夫自负敢言，勇于批评当政者施政的得失而开启；在他们自己成为当政者，将他们的想法体现为政策后，又以遭受另外一些士大夫的攻讦而结束了改革。在这一个过程里，对于庆历年间及其以后的政情发生了两方面的影响：一方面是朋党之争的形成；另一方面则是言官地位的提高，并因此而引致言路遭受当政者的控制。这两方面的影响，都促使宋代政坛上人事的纠葛变得愈来愈复杂。

从王钦若为宋真宗伪造天书以后，士大夫间已有君子、小人之分，王钦若、丁谓等人，当时被目为奸邪。这样的一种分辨，延续到宋仁宗时期，而且愈加强烈，加深了朋党的争议。朋党之名最初是吕夷简用来打击范仲淹的，到庆历改革时，反对改革的人再度用这一个名称来打击范仲淹和他的支持者。而以范仲淹为中心而声气相投的一群人，则不在乎别人以此一名称加在他们的身上，反而以正、邪、贤不肖或君子、小人的分别来批评他们不满意的人。两者相激相荡，使得政争愈演愈烈。后来朱熹对于这段历史有一番评论：

　　党论之始倡，蔡襄贤不肖之诗激之也。党论之再作，石介一夔一契之诗激之也。其后诸贤相继斥逐，又欧阳公邪正之论激之也。何者？负天下之令名，非惟人情不堪，造物亦不吾堪尔。吾而以贤自处，孰肯以不肖自名。吾而以夔、契自许，孰肯以大奸自辱。吾而以公正自褒，孰肯以邪曲自毁哉。如必过为别白，私自尊尚，则人而不仁，疾之已甚，攻乎异端，斯害也已，安得不重为君子之祸。孙复谓祸始于此，仲淹谓怪鬼坏事，韩琦亦谓天下事不可如此，其亦有先见云耳。（《范文正公集附录·赞颂论疏》载朱熹《论吕范交隙》）

所谓"蔡襄贤不肖之诗"，前面已经提过；所谓"石介一夔一契之诗"，指石介的《庆历圣德诗》；所谓"欧阳公邪正之论"，指欧阳修的《朋党论》。朱熹的评论平情合理，朋党的纷争，部分原因也导源于改革派人物的不够宽宏大量，个性过于刚强。

朋党的辩争在庆历四、五年间纷扰一时，而且没有随着庆历改革成为过去而消失。一直到皇祐四年（1052），包拯仍然在奏疏上请宋仁宗不要怀疑臣下结为朋党，他讲朋党之说，是"臣下务相倾轧，自快其志"，对臣下应该"循名察实，因迹照心，毋以朋党为疑"。接着下来的至和（1054—1056）、嘉祐（1056—1063）年间，朋党之论平息。可是再往后宋英宗在位的治平（1064—1067）年间，士大夫又因为"濮议"而分党。宋英宗并非宋仁宗之子，而是侄儿，曾养育在宫中，因此即位之后，为了究竟应该以什么尊号来追崇他的先父濮王，产生了争论。这时执政的韩琦、欧阳修主张称皇考，与宋英宗之意相合；而知谏院司马光、翰林学士王珪等人主张称皇伯，并且有谏官、御史等言官支持，双方相持不下。司马光因此被免去知谏院的职务，而一些支持称皇考的官员则被引用为言官。这样一来，引起了赞成称皇伯一派言官的愤怒，纷纷上疏弹劾韩琦、欧阳修。他们攻击韩琦"广布朋党，蹂紊法度"；攻击欧阳修"首开邪议，妄引经据"。朋党、正邪等词汇又再运用到政治上，结果弹劾韩琦、欧阳修的一批言官都遭到罢黜。至于尊号的问题，则采用渐进的方式，由皇太后下手书尊濮安懿王为皇，宋英宗称之为亲，又由宋英宗下诏谦让，不受尊号，只称亲，预备将来再加以推崇。濮议平息之后不过几年，王安石在宋神宗支持下推动变法，引起更大规模的党争，延续到北宋灭亡，朋党之说又再复盛，倾轧的手段也更超过从前。

言官政治地位的重要，在前述濮议的过程中已经可以看出来，他们虽然遭到罢黜，却逼使皇帝和执政不敢以皇考之称来尊崇濮王。言官可以分为御史和谏官两大类，分别隶属御史台和谏院，所以又合称为台谏。御史和谏官在唐代分别掌管弹劾百官和劝谏皇帝，并且谏官是宰相属官。到了宋代，谏官由宰相属官脱离出来，不再以皇帝为谏诤对象，反而用以纠劾宰相、执政。可是北宋初年，台谏官的力量仍然有限；到宋真宗时期，准许御史、谏官言事，对于朝政阙失、官员任免以及有关行政机构的问题，都可以提出批评，于是台谏官的力量开始扩大。不过台谏官在政治上活跃，还要等到宋仁宗时期以后。明道二年（1033），宋仁宗废郭皇后，得到宰相吕夷简的赞同，以范仲淹为中心的一群台谏官极力反对，和吕夷简发生冲突，一些台谏官因此遭到贬逐。郭皇后如宋仁宗、吕夷简之愿而遭废罢，但是言官敢言的风气也呈现端倪。到景祐三年（1036），范仲淹和吕夷简再次冲突被贬，谏官、御史没有人敢发言营救，欧阳修写信给谏官高若讷，责备他该言而不言，信中说："足下犹能以面目见士大夫，出入朝中，称谏官，是足下不复知有人间羞耻事尔。"语气极端强烈，但是也显示出来一些士大夫对谏官言责的期许。这一次不仅范仲淹遭受贬逐，朝廷也因此下诏禁止越职言事，直到康定元年（1040）宋夏战争期间，才解除了这一禁令。庆历三年（1043）改革措施推动之前，更进一步让谏官"日赴内朝"，让他们可以"日闻朝廷之事"，对他们的言事不仅不再压制，反而加以鼓励。庆历改革期间及其稍前，欧阳修自己担任谏官，更加言无顾忌。

在这一个言风日盛的过程里，尤其值得注意的是欧阳修，他是推动敢言之风的一个重要人物。自宋初以来，唐代韩愈深受推崇，宋人不仅受其振兴古文的影响，同时也受其崇儒排佛的影响，因而宋代的古文运动和儒学复兴运动有密切的关联。对于少年时代在友人家获读韩愈文集而日后成为古文大家的欧阳修来说，他所承受韩愈的影响又不仅在于文学与思想，也在于他从政后致力推动言风。韩愈著有《谏臣论》，讥刺当时的谏议大夫阳城，在位五年而未尝一言及于政事。宋仁宗明道二年（1033），范仲淹出任右司谏之后不久，欧阳修写了一封信给他（见《欧阳文忠公集·外集》卷十六《上范司谏书》），对他何以尚未如众人所期待，在天子之前直辞正色、面争庭论，有所责望，信中引了韩愈在《谏臣论》（信中作《争臣论》）对阳城的讥刺，并且加以发挥。这封信不仅引用了韩愈的《谏臣论》，南宋时甚至有人认为，在文意上也是祖述《谏臣论》；也有人认为，这封信铺叙有法，与《谏臣论》相表里。从《上范司谏书》不仅可以看出，欧阳修的推动言风承受了韩愈的影响；也可以说明，早在景祐三年欧阳修写信责备谏官高若讷该言而不言之前三年，他就已经在提倡敢言之风。

欧阳修在庆历三年三月出任知谏院之后，也确实能实践自己过去所鼓吹的做法，不仅他如此，同时在任的几位谏官也相同。宋仁宗这时正在鼓励言官勇于言事，因此在这年九月赐给知谏院王素三品章服，余靖、欧阳修、蔡襄五品章服，奖励他们论事无所避。但是欧阳修言事一意径行，毫无顾避，他不仅论事，又因事论人，而且多及于权贵，甚至及于推荐他出任谏官的宰相晏殊。不到一年的时间，他这种态度就引起许多人的反弹。打击范仲淹等人的朋党之论所以出现，部分原因也源自包括欧阳修在内的几位支持改革的谏官言事无所顾忌。于是欧阳修在庆历四年（1044）四月为处理麟州存废问题而奉命出使河东，八月又奉命出任河北都转运按察使。出任河北都转运按察使之后，欧阳修虽然不在朝，仍然对朝中政事一再上言。庆历五年（1045）三月，韩琦因杜衍、范仲淹、富弼被罢，上言此事不妥。韩琦的上疏得不到朝廷的回应，加上朝中有一股排挤他的气氛，无法安于其位，自请补外，因而罢除朝中职位，出知外郡。欧阳修在韩琦罢后，上疏力言四人不当罢，请求辨明谗巧。这封无异于指责那些企求杜衍等四人去位的官员为"谗巧"的奏疏，同样得不到朝廷的理会。而这些为这封奏疏中所称的"谗巧"，正是那些鼓动朋党之说的官员，他们对欧阳修于是更加怨恶，接着就发生了企图倾陷欧阳修的张甥案。欧阳修有一个自小养在家中的张姓外甥女，在出嫁给欧阳氏族人后，因与夫家仆人通奸，为开封府所究治；这时的权知开封府事杨日严，由于在知成都府任内曾因欧阳修言其贪恣，而唆使狱吏，借张氏一案傅会欧阳修行为不端。谏官钱明逸据以纠劾欧阳修，指其与张氏有私，并侵吞张氏财物。朝廷起诏狱查讯，欧阳修为自己辩护，否认有此事。尽管查不出实据，但欧阳修仍以侵占张氏财物之罪，在这年九月降官改任知滁州。多年来致力于推动言风的欧阳修，竟因为言官据牵强附会之事加以纠劾，而受到黜责。

奏邸之狱和张甥案都显示虽然言风已开，但也出现弊端。言风和政争互相结合，捕风捉影，成为打击政敌的工具。奏邸案中，王拱辰就是以御史中丞的言官身份，指使属下弹劾苏舜卿等人，使得改革派全面崩溃。在张甥案中使欧阳修受黜责的谏官钱明逸，则附随宰相章得象的意旨，此案之前已上疏攻罢杜衍、范仲淹、富弼，在此案之后又上疏攻罢余靖；南宋陈振孙甚至认为，张甥案是出自夏竦的指使。此后群臣对于台谏官言事的问题虽然有所检讨，但是风气并没有太大的改变。嘉祐六年（1061），御史中丞王畴曾经指出其流弊：

> 国家开广言路，任用台谏官以求天下公议，其所弹治者必废，所称援者必进，既为上所信属，故其职特为要剧。比年士大夫乃有险诐之人，挟己憎爱，依倚形似，造浮说，奔走台谏之门，鼓扇风波之论，幸言者得以上达，推原其情，本非公正助治之道，止于阴借权力，取快私意。当言之人，率务举职，既所传耳目稍异，则岂敢遂无论列。若由风闻而事得其实，朝廷从而施用之，有补圣治，兹固善矣。不幸万有一爱憎不中之论，荧惑素挠人主之聪明，岂不为听断之累哉。（《永乐大典》卷一万二千四百二十八引《续资治通鉴长编》卷一九四"嘉祐六年七月丁亥"条）

王畴所言虽是弊端，但是可以看出台谏官在政治上享有很大的影响力。

宋英宗时代的濮议，是言官在政治上活跃的另一个高峰。但是经过了几十年来言官的活跃，当政者也学到了如何控制言路。濮议时支持以皇考为尊号的官员被引用为言官，就是一个例子。到宋神宗时代以后，党争愈演愈烈，言官已经成为支持当权者的力量，与以前大不相同。濮议发生在治平二、三年（1065—1066），至熙宁（1068—1077）年间，不过数年，而情况有如此大的变化，不满熙宁新政者也就引据濮议时言官的活跃，来批评当时言官的噤不作声。

熙宁党争刚开始时，王安石的新政不断地受到台谏官的攻击。但是逐渐地反对新法的这一批台谏官受到罢黜，到了熙宁四年（1071），台谏官都换上了新党。熙宁年间台谏官的任用，还有一些比较特殊的状况。学者指出，在御史方面，自从熙宁二年（1069）以后，殿中侍御史全阙，侍御史仅见二人，合计任期不足三年，只有监察御史人数较多，但几乎全是试用性质的监察御史里行，而无正任；而且任期甚短，迁罢太速，少有任期在一年以上者。在谏官方面，置员少，迁罢速，也如同御史，同时对于知谏院又加以较重的兼职，甚至同时兼几种繁重的职务。这些情形，无非都是要减少台谏官对于施政的牵制，使他们容易受到控制，并且无法专心于言事的本职。熙宁三年（1070），王安石和宋神宗有一段对话，当时王安石用谢景温为侍御史知杂事（御史台副台长），谢景温和王安石交情很好，又和王安石的弟弟王安礼联姻。任命之前，王安石单独见宋神宗，问说："陛下知今日所以纷纷否？"宋神宗回答说："此由朕置台谏非其人。"王安石说："陛下遇群臣无术，数失事机，别置台谏官，恐但如今日措置，亦不能免其纷纷也。"（《续资治通鉴长编》卷二一〇"熙宁三年四月辛巳"）于是专任谢景温，这时原已任命了冯京为御史中丞，但是没有到任。御史台的事务由谢景温处理，等于是完全由王安石掌控，这大概也就是王安石对宋神宗所说的"术"吧！王安石不了解，在北宋这样一个知识传布日广的时代里，压制只能消除异议者的声音，却无法化解他们心中对政策的不满，反而加深了他们的怨怼，并且孕育出日后党争趋向激烈化的苗芽。

濮议发生正值苏轼任官于朝，当父亲苏洵在京师去世，同在京师的苏轼、苏辙兄弟护丧返蜀时，事件已近尾声；他在熙宁二年初丧满还朝，至熙宁四年（1171）中才离朝赴通判杭州任。前后两段在京师期间，他亲睹短短几年之内言官表现的差异。在上述熙宁三年王安石和宋神宗讨论到台谏官问题半年稍多之后，苏轼上疏宋神宗，指出濮议期间和当时言官表现的明显变化：

> 而自建隆（960—962）以来，未尝罪一言者。纵有薄责，旋即超升。许以风闻，而无官长。风采所系，不问尊卑。言及乘舆，则天子改容；事关廊庙，则宰相待罪。故仁宗之世，议者讥宰相但奉行台谏风旨而已。……臣自幼小所记，及闻长老之谈，皆谓台谏所言，常随天下公议。公议所与，台谏亦与之；公议所击，台谏亦击之。及至英庙之初，始建称亲之议，本非人主大过，亦无典礼明文，徒以众心未安，公议不允，当时台谏，以死争之。今者物论沸腾，怨讟交至，公议所在，亦可知矣，而相顾不发，中外失望。夫弹劾积威之后，虽庸人亦可奋扬；风采消委之余，虽豪杰有所不能振起。臣恐自兹已往，习惯成风，尽为执政私人，以致人主孤立，纪纲一废，何事不生。（《东坡续集》卷十一《上神宗皇帝书》）

这样的变化，又岂是当初鼓吹敢言的一些士大夫所能料及；尤其是欧阳修，作为当年推动言风的重要人物，在他写信责备谏官高若讷当言而不言时，何曾想到有朝一日自己执政，会对意见不同的言路加以压制，并且成为不久之后王安石控制言路的先声。

# 各编通用及第一编参考书目

## 各编通用参考书目

### 一、专书

刁忠民:《宋代台谏制度研究》,成都:巴蜀书社,1999年。

王建秋:《宋代太学与太学生》,台北:中国学术著作奖助委员会,1965年。

包弼德(Peter K. Bol)著,刘宁译:《斯文:唐宋思想的转型》,南京:江苏人民出版社,2001年。

江天健:《北宋对于西夏边防研究论集》,台北:华世出版社,1993年。

江天健:《北宋市马之研究》,台北:编译馆,1995年。

李弘祺:《宋代教育散论》,台北:东升出版事业公司,1980年。

李弘祺:《宋代官学教育与科举》,台北:联经出版公司,1994年。

李华瑞:《宋夏关系史》,石家庄:河北人民出版社,1998年。

汪圣铎:《两宋财政史》,北京:中华书局,1995年。

林瑞翰:《宋代政治史》,台北:正中书局,1989年。

梁建国:《朝堂之外——北宋东京士人交游》,北京:中国社会科学出版社,2016年。

陶晋生:《宋代外交史》,新北:联经出版公司,2020年。

曾瑞龙:《经略幽燕:宋辽战争军事灾难的战略分析》,香港:香港中文大学出版社,2003年。

曾瑞龙:《拓边西北——北宋中后期对夏战争研究》,香港:中华书局,2006年。

张其凡主编，余中星、张尧均、熊鸣琴、张劲、刘美新著：《北宋中后期政治探索》，香港：华夏文化艺术出版社，2005年。

张复华：《北宋中期以后之官制改革》，台北：文史哲出版社，1991年。

游彪：《宋代荫补制度研究》，北京：中国社会科学出版社，2001年。

黄纯艳：《宋代财政史》，昆明：云南大学出版社，2013年。

黄繁光：《宋代民户的职役负担》，台北：中国文化大学史学研究所博士论文，1980年。

虞云国：《宋代台谏制度研究》，上海：上海书店出版社，2009年，增订本。

漆侠：《宋学的发展与演变》，石家庄：河北人民出版社，2002年。

廖隆盛：《国策、贸易、战争——北宋与辽、夏关系研究》，台北：万卷楼图书股份有限公司，2002年。

钱穆：《国史大纲》，台北：台湾商务印书馆，1995年，修订三版。

Chu Ming-kin, *The Politics of Higher Education: The Imperial University in Northern Song China*. Hong Kong: Hong Kong University Press, 2020.

## 二、论文

王德毅：《略论宋代国计上的重大难题》，收入氏著《宋史研究论集》第2辑，台北：鼎文书局，1972年。

平田茂树著，林松涛译：《宋代的言路》，收入氏著，林松涛、朱刚等译：《宋代政治结构研究》，上海：上海古籍出版社，2010年。

平田茂树著，林松涛译：《宋代朋党形成之契机》，收入氏著，林松涛、朱刚等译：《宋代政治结构研究》。

宋常廉：《北宋的马政》，《大陆杂志》第25卷第10期至12期，1973年，台北。

林瑞翰：《宋代保甲》，《大陆杂志》第20卷第7期，1960年，台北。

林瑞翰：《宋代监牧》，《东海学报》第10卷第2期，1969年，台中。

高聪明：《从"羡余"看北宋中央与地方财政关系》，收入漆侠主编：《宋史研究论丛》第3辑，保定：河北大学出版社，1999年。

张希清：《论宋代恩荫之滥》，收入邓广铭、漆侠主编：《中日宋史研讨会中方论文选编》，保定：河北大学出版社，1991年。

张希清:《北宋的科举取士与学校选士》,收入漆侠主编:《宋史研究论文集——国际宋史研讨会暨中国宋史研究会第九届年会编刊》,保定:河北大学出版社,2002年。

赵铁寒:《宋代的太学》,收入宋史座谈会编:《宋史研究集》第1辑,台北:中华丛书编审委员会,1958年。

赵铁寒:《宋代的州学》,收入宋史座谈会编:《宋史研究集》第2辑,台北:中华丛书编审委员会,1964年。

赵铁寒:《宋代的学校教育》,收入宋史座谈会编:《宋史研究集》第4辑,台北:中华丛书编审委员会,1969年。

刘子健:《略论宋代地方官学和私学的消长》,收入氏著《两宋史研究汇编》,台北:联经出版公司,1987年。

聂崇岐:《宋役法述》,收入氏著《宋史丛考》,台北:华世出版社,1986年。

# 第一编参考书目

## 一、专书

何泽恒:《欧阳修之经史学》,台北:台湾大学出版委员会,1980年。

东光寿著,王振宇等译:《复古与创新:欧阳修散文与古文复兴》,上海:上海古籍出版社,2005年。

祝尚书:《宋代科举与文学考论》,郑州:大象出版社,2006年。

夏长朴:《李觏与王安石》,台北:大安出版社,1989年。

姜国柱:《李觏思想研究》,北京:中国社会科学出版社,1984年。

冯志弘:《北宋古文运动的形成》,上海:上海古籍出版社,2009年。

陈荣照:《范仲淹研究》,香港:三联书店,1987年。

程应镠:《范仲淹新传》,上海:上海人民出版社,1986年。

张维玲:《从天书时代到古文运动:北宋前期的政治过程》,台北:台湾大学出版中心,2021年。

汤承业:《范仲淹的修养与作风》,台北:台湾商务印书馆,1977年。

汤承业:《范仲淹研究》,台北:编译馆中华丛书编审委员会,1977年。

刘子健:《欧阳修的治学与从政》,香港:新亚研究所,1963年。

刘静贞:《北宋前期皇帝和他们的权力》,台北:稻乡出版社,1996年。

谢善元:《李觏之生平与思想》,北京:中华书局,1988年。

## 二、论文

牛思仁:《北宋仁宗朝的太学及其学风、文风》,《西北师大学报(社会科学版)》
　　第52卷第4期,2015年,兰州。

王德毅:《吕夷简与范仲淹》,收入氏著《宋史研究论集》第2集,台北:鼎文书
　　局,1972年。

王德毅:《范仲淹与庆历政局》,收入台湾大学文学院主编:《范仲淹一千年诞辰国
　　际学术研讨会论文集》,台北:台湾大学文学院,1990年。

王明荪:《北宋中期以前役法的改革论》,收入氏著《宋辽金史论文稿》,台北:明
　　文书局,1981年。

王瑞来:《宋代士大夫主流精神论——以范仲淹为中心的考察》,收入姜锡东、李
　　华瑞主编:《宋史研究论丛》第6辑,保定:河北大学出版社,2005年。

朱瑞熙:《范仲淹和庆历新政研究中的一些问题》,《大陆杂志》第81卷第4期,
　　1990年,台北。

朱瑞熙:《宋仁宗朝"奏邸狱"考述》,本书编委会:《漆侠先生纪念文集》,保定:
　　河北大学出版社,2002年。

朱刚:《"太学体"及其周边诸问题》,《文学遗产》2007年第5期,2007年,北京。

李裕民:《范仲淹变法新论》,收入氏著《宋史考论》,北京:科学出版社,2009年。

李少伟:《宋初进士行卷考析》,《洛阳理工学院学报(社会科学版)》第31卷第6
　　期,2016年,洛阳。

林天蔚:《论"庆历圣德诗"与"庆历之治"》,《政治大学历史学报》第6期,
　　1988年,台北。

柳立言:《宋辽澶渊之盟新探》,《"中央研究院"历史语言研究所集刊》第61本第
　　3分,1992年,台北。

金中枢:《范仲淹的革新政策考》,收入台湾大学文学院主编:《范仲淹一千年诞辰

国际学术研讨会论文集》。

胡适:《记李觏的学说》,收入氏著《胡适文存》二集,上海:亚东图书馆,
　　1924年。

胡适:《欧阳修的两次狱事》,收入氏著《胡适文存》三集,上海:亚东图书馆,
　　1930年。

夏长朴:《范仲淹与李觏经世思想的比较》,收入台湾大学文学院主编:《范仲淹
　　一千年诞辰国际学术研讨会论文集》。

高津孝著,潘世圣译:《宋初行卷考》,收入氏著,潘世圣译:《科举与诗艺:宋代
　　文学与士人社会》,上海:上海古籍出版社,2005年。

陶晋生:《北宋庆历改革前后的外交政策》,收入氏著《宋辽关系史研究》,台北:
　　联经出版公司,1984年。

程光裕:《北宋台谏之争与濮议》,《大陆杂志》第23卷第8期,1961年,台北。

葛晓音:《欧阳修排抑"太学体"新探》,《北京大学学报》1983年第5期,1983
　　年,北京。

漆侠:《宋太宗第一伐辽——高梁河之战——宋辽战争研究之一》,收入氏著《探
　　知集》,保定:河北大学出版社,1999年。

漆侠:《宋太宗雍熙北伐——宋辽战争研究之二》,收入氏著《探知集》。

漆侠:《辽国的战略进攻与澶渊之盟的订立——宋辽战争研究之三》,收入氏著
　　《探知集》。

漆侠:《范仲淹集团与庆历新政——读欧阳修〈朋党论〉书后》,收入氏著《探知
　　集》。

刘子健:《梅尧臣〔碧云騢〕与庆历政争中的士风》,收入氏著《两宋史研究汇
　　编》,台北:联经出版公司,1987年。

刘子健著,刘纫尼译:《宋初改革家——范仲淹》,收入段昌国等译:《中国思想与
　　制度论集》,台北:联经出版公司,1976年。

蒋复璁:《宋辽澶渊之盟的研究》,收入氏著《宋史新探》,台北:正中书局,
　　1969年。

# 第二编

## 宋神宗时期新法的酝酿与推行

# 第四讲

# 熙宁变法的酝酿与实施

　　庆历改革遭受挫折，北宋因为财政困乏所导致的内忧仍然继续存在。不过二十五年的时间，便有王安石继之而起，在宋神宗的支持下，推动影响深远的熙宁变法。

　　熙宁新政以理财为中心，不过近世学者从梁启超以来，讨论新政的特色却有社会政策的说法。所以会有此说，是由于新法中如青苗法、免役法、市易法等几项，均是针对社会上长久以来的积弊而发，具有摧抑兼并的功效。但是值得注意的是，即使梁启超以社会政策的观点，来推崇新法，却非认为新法全无弊端，在讲到市易法时，他就指出，裁制兼并必定会导致国家自为兼并。梁启超的《王荆公》一书初版于1908年，他的新法为社会政策说，一方面推动了20世纪研究王安石及熙宁变法的风潮，另一方面也对相关论著的观点有明显的影响，自此从社会政策的角度来说明新法的性质，成为时代的潮流。这股潮流从1920年代以后愈益明显，胡适写于1924年以前的《记李觏的学说——一个不曾得君行道的王安石》，讲到李觏《周礼致太平论》中的《国用》十六篇，有许多主张和王安石一致时，列举李觏的重要主张，在"《泉府》之制"这一点中，就引用了见于《国用十一》的"纾贫窭以钳并兼"这句话。胡适对于新法也同样并非完全称赏，在写于1928年的《宋人话本八种序》中，讨论到南宋人所写的话本《拗相公》时，尽管认为其中有许多毁谤王安石的故事，可是也认为新法的用意也许很好，奉行却未必得其人，民众也未必不受扰，当日反对新法的议论未必完全没有事实上的根据。以后在1930年代出版的柯敦伯《王安石》、柯昌颐《王安石评传》、熊公哲《王安石政略》都同样从裁制兼并来讲新法的理财，但也同样慨叹因奉行官吏的扰民而失新法的本旨；熊公哲更惋惜王安石激于急切之情，用峻法期其必成，以至于为小人所乘。

社会政策之说大陆和台湾依旧流行，在大陆尤其兴盛；但是从此说立论，所观察到熙宁变法在实施过程中面对的问题，在两岸也同样有所变化。大陆在1950年代，出版了邓广铭《王安石》和漆侠《王安石变法》两本讨论熙宁变法的重要论著。两本书虽然有各自的写法，也各有作者自己的见解，但同样以裁制兼并来理解新法中的理财政策，同样从阶级的角度去分析熙宁变法，认为王安石所代表的中小地主阶层的利益，裁制兼并的政策所针对的是大地主阶层，但是他们只能对这一个阶层的利益有限度地加以限制，无法彻底地消除这一个阶层，或改变当时的土地制度，这就是熙宁变法的问题所在。他们所建立的解释典范，要到1980年代初王曾瑜发表《王安石变法简论》一文，强调新法的实际目的是在理财而非裁制兼并之后，才受到比较大的冲击。

台湾的情况则和大陆有所不同，在1950年代以后，史学界虽然也有关于王安石变法的研究论著，却非宋史研究的重心。不过前述原本收在《胡适文存》的两篇论文、梁启超的《王荆公》都在1950年代重印出版；原本收在《万有文库》中的柯敦伯《王安石》，在1960年代因为《万有文库荟要》在台湾的出版而重印；熊公哲的《王安石政略》，则在1970年代初重印出版。全面观察熙宁变法的新论著，要到1960年代后期、1970年代前期，才有两本书出现。一本是黄乃隆的《王安石变法的财经政策评述》，另一本是帅鸿勋的《王安石新法研述》，两位作者都不是历史学者，前书作者是经济学者，后书作者则是王安石的同乡。两书也都以裁制兼并来讲新法的财经政策，但在讲新法失败的原因时则看法略有不同。前书认为施行既受到时代环境的限制，新法本身亦非全无缺点，而王安石和新法派在作为上也有错失，但是最后指出，反对派的阻挠要居责任的一半。后书则更进一步，强调所谓新法失败归因于新法的缺点，或归因于王安石本身的缺点，其说皆非定论，基本因素其实在于反对派的极力阻挠，而反对派则主要是掌握政治权力，且拥有大量土地和财富的士大夫阶层。显然这两本书在讨论熙宁变法施行过程中所面对的问题时，侧重之处已与1920、1930年代同样强调新法具有裁制兼并特色的论著有所不同，而和前述1950年代大陆的两本著作相似，这两本著作的作者将责任归于大地主阶级或土地制度相似，反对派则代表了大地主阶级的利益。

当1930年代新法裁制兼并说日趋兴盛时，新法理财说也已开始兴起。传统批评新法聚敛的说法，原本就从理财的角度来理解新法，当裁制兼并说盛行之后，这种说法一度消沉。但是当学者阅读史料后重新思考，新法所重在理财而非裁制兼并的说法因之出现。蒙文通在《北宋变法论稿》的前言中说，少年时代读梁启超的书，信其说者十数年，后来以所见史料与之核对，多不相合，于是开始生疑。1937年，他发表《与李源澄论北宋变法与南宋和战书》于《论学》杂志，认为王安石变法偏重理财，当即生疑后重新思考而得的看法。到1950年代中期，他在四川大学开授"北宋财经和熙丰变法"课，并断续写成《北宋变法论稿》，然而这份在当时大陆史学界见解独树一帜的书稿，要到四十多年后，才收在《蒙文通文集》第五卷《古史甄微》中刊布而为世所知，因此未能及早对1950年代以后社会政策说盛行时期的大陆史学界发生影响。

蒙文通发表《与李源澄论北宋变法与南宋和战书》之后三年，钱穆的《国史大纲》出版，书中述及熙宁变法，也是从理财立论，他分辨新法的立法本意和实际人事，认为新法因为推行不得其人而全失其立法本意，他所称的立法本意，就是理财；并且进一步指出，王安石对财政的意见，偏重开源，而其开源政策又有些处"迹近为政府敛财"。尽管如此，书中并未忽视新法裁制兼并的一面，钱穆认为王安石所建立的政制后面，有一套高远的理想，其中方田、青苗、均输、市易等制度，是要"造成一个裁抑兼并、上下俱足的社会"。对钱穆而言，裁制兼并显然只是制度背后的理想，而非制度的立法本意，更未落实于制度的施行。钱穆和蒙文通曾是时相论学的好友，于1920年代后期就已在苏州结识，1930年代前期又曾是北京大学同事，当时钱穆正承担中国通史课的教学，熙宁变法应是此课的重要课题之一，两人是否曾就相关问题交换过意见，不得而知。1950年代以后，钱穆的影响主要在香港和台湾，《国史大纲》尤其在台湾各大学历史系基础必修课"中国通史"教学时，是教师指定给学生阅读的重要参考书。随着钱穆《国史大纲》和前述梁启超《王荆公》两书在台湾流传，受本地历史专业教育成长而又关注熙宁变法此一课题的学者，在问题思考的过程中，不免会或隐或显地受到他们两人对新法不同观察角度的影响。

　　上文简述了20世纪初年以来，学者由于阐释青苗、免役、市易等新法的性质而出现的几种不同意见，这些看法大致可以归结为两大类：一类着重于社会政策（裁制兼并），另一类着重于财政政策（理财）。然而究其实际，这几项新法在目标上，是企图以社会政策而兼收财政政策的效果，将利权从富家手中收归于政府，以增加政府的收入；政府收入增加之后，一方面可以用来均济贫弱，另一方面也可以解决政府财政的困难。就此而言，新法本身已经具有财政政策的性质。而在施行时，更是以财政的考虑为优先，社会政策的一面晦而不彰，财政政策的一面充分显露，施行的实际情况和立法原意有很大的距离。总之，财政问题仍然是引导熙宁变法的基本因素，社会政策的说法只是帮助我们更加深入地观察这个历史事件。

　　理财所以必要，一方面是由于以往种种造成财政困乏的因素，仍然继续存在，问题不仅没有改善，而且继续恶化。苏辙在熙宁二年（1069）《上皇帝书》中说："夫今世之患，莫急于无财而已"；又说："臣谨为陛下言事之害财者三：一曰冗吏，二曰冗兵，三曰冗费（宗室、漕运……）。"（《栾城集》卷二十一《上皇帝书一首》）其中最主要的是冗吏、冗兵两项。所谓冗吏，亦即冗官。这种情况，和庆历（1041—1048）年间以前所面对的问题，并无二致，而且有更加急迫之感。以冗兵问题来说，庆历年间由于战争的关系，禁、厢军总数高达一百二十五万九千，其中禁军就达到八十二万六千，比起宋真宗天禧（1017—1021）年间禁军人数几乎要多出四十万人。战争结束以后，军队人数并没有大量减少，庆历之后约二十年的宋英宗治平（1064—1067）年间，禁、厢军总数仍然有一百一十六万二千，其中禁军占六十六万三千。

禁军人数略为减少，但是从宋仁宗时期起，乡兵、蕃兵的人数却逐渐增加。宋仁宗时，河北、河东、陕西共有强壮、弓箭手等乡兵、蕃兵五十八万余人，熙宁二年，这几个地区仅义勇一种乡兵就有四十二万余人。养乡兵、蕃兵的费用要比养禁军、厢军少很多，只有番戍或教阅时才发给钱粮，但是人数多了，也是一笔可观的开销。冗官问题也没有改善，尽管皇祐（1049—1054）、嘉祐（1056—1063）年间曾经恢复对荫补的限制，宋英宗治平年间，官员人数又已增加到两万四千员，比起皇祐元年（1049）多出了六七千员。苏辙所论的冗费，其中宗室部分其实也可以归入冗官来谈。除了一般官员外，由于宗室不断繁衍，以宗室身份而授官的人数也不断在增加。宋真宗时，宗室吏员受禄者九千七百八十五人，宋仁宗庆历年间，增加到一万五千四百四十三人，宋英宗治平年间比起宋仁宗皇祐年间又增加了十分之三。（《宋史·食货志·会计》）至于转漕之费，则是北宋自太祖以来，聚重兵于京师，为了要供养这一支军队，自东南漕运物资至京师的花费。

旧日累积下来的困局只是财政问题的一面，问题的另一面则关系宋神宗本人的心志。宋神宗是一位积极有为的君主，有心施行大有为之政，对于宋朝从太宗以来屡次受辱于辽，深以为耻，立志为祖宗复仇（王铚《默记》卷中）。《续资治通鉴长编》卷二九五"元丰元年（1078）十二月丁卯"条载：

> 上每愤北人倔强，慨然有恢复幽燕之志，即景福殿库聚金帛为兵费。是年，始更库名。自制诗以揭之曰："五季失图，猃狁孔炽。艺祖造邦，思有惩艾。爰设内府，基以募士。曾孙保之，敢忘厥志。"凡三十二库。后积羡赢，又揭以诗曰："每虔夕惕心，妄意遵遗业。顾予不武姿，何日成戎捷。"

所谓"艺祖造邦，思有惩艾。爰设内府，基以募士"，指宋太祖设封桩库贮财，准备赎回幽、燕，如果辽不答应，则散财募勇士以图攻取（事见王曾《王文正笔录》）。学者正确地指出，就宋初制定先南后北统一方略和对外政策诸项材料来看，并没有收复燕云的企图，而宋初统一的实践也和此项策略相一致；记载中宋太祖设封桩库储财以备收复燕云一事，充其量只能说明他念念不忘燕云而已。这一件事其实还可以进一步申论，宋太祖对臣下提及幽燕未复一事不止这一次，他心目中的先南后北统一策略，在北方不只要消灭据河东的北汉，还必须收复后晋石敬瑭割让给契丹的幽燕，如果幽燕尚未收复，国家就还不能说是统一的。他所以一再对臣下提这件事，用意不仅在于让他们了解自己的心志，可能还有意让史官记下，如果此一心志在有生之年无法完成，要让以后未曾经历五代国家分裂之世的皇位继承人也能了解。此事目前所能见到的记载，即是前述曾任宋仁宗前期宰相的王曾所著、收录于《文渊阁四库全书》的《王文正笔录》；另外章俊卿所著《群书考索》，写作时间约自宁宗开禧（1205—1207）以后至理宗绍定（1228—1233）年间，记载此事注明出自《宝训》。此一《宝训》应即王曾于天圣五年（1027）以宰相兼监修国史身份，建议仿《贞观政要》编修的《三朝宝训》，至天圣十年（1032）成书，记载太祖、太宗、真宗三朝实录、日历、时政记、起居注所记圣语、政事及臣僚奏对不入正史者。从《三朝宝训》载有此事，可知此事确已为宋太祖时史官所记，而王曾《王文正笔录》所载，当亦得自同一来源。这项录下宋太祖心志的记载，果然在宋神宗身上发生了作用，实现祖宗遗志成为他终其在位之时希望完成的志业。

可以清楚地了解，宋神宗想要讨伐辽国，不仅如前引《默记》所说是为祖先复仇，也是为了实现祖宗的遗志。当王安石刚获任命为翰林学士时，宋神宗越次召见他，问他"唐太宗如何"。神宗所以如此问，从施政整体的角度看，可能由于王安石在《上仁宗皇帝言事书》中，最后引述唐太宗即位之初，纳魏徵所上先王之事，施之于政而收效，而认为"然而唐太宗之事亦可以观矣"，宋神宗看过后，希望自己能和唐太宗相比。不过宋神宗的发问，如果从他个人的心志看，则不仅如学者所论是想效法唐太宗在武功上的表现，更由于唐太宗生擒东突厥颉利可汗的武功，既洗雪了其父唐高祖称臣于东突厥之耻，也洗雪了他自己刚即位时，在渭水之役中逼不得已而与颉利可汗订盟于便桥之上所蒙受的屈辱。尽管有学者经考证认为唐高祖并未称臣于突厥，但是《贞观政要》中的相关记载，却是宋神宗认识此事的可能来源。王安石有一首《西帅》诗："吾君英睿超光武，良将西征捍陇嚣。誓斩郅支聊出塞，生擒颉利始归朝。一丸岂虑封函谷，千骑无由饮渭桥。好立功名标竹素，莫教空说霍嫖姚。"这首诗据南宋人李壁的注释，是写给开拓河湟的王韶的，诗中用的正是唐太宗蒙受渭水便桥之耻与生擒颉利可汗两事的典故（见李壁《王荆公诗注》卷三十七）。王安石为宋神宗所擘划实现祖宗遗志的策略，是先取河湟，再灭西夏，然后就可以包制辽国，开拓河湟是实践此一策略的第一步；而王安石在《西帅》诗中所表达的，正是期望此一策略最后能达成预期的目标。

然而战争需要庞大的军费。即使在宋夏战争结束之后的二十多年间，财政收支的平衡已经出现问题。宋仁宗庆历八年（1048），政府岁入一亿二千五十九万二千九百匹石贯两，岁支一亿一千七十八万三千六百匹石贯两，岁计仍有剩余；到皇祐元年（1049），岁入一亿二千六百二十五万一千九百六十四匹石贯两，而所出无余。再晚到宋英宗治平二年（1065），岁入一亿一千六百一十三万八千四百零五匹石贯两，岁出一亿二千零三十四万三千一百七十四匹石贯两，非常出又一千一百五十二万一千二百七十八匹石贯两，显然是已经有赤字了。国家财政的情况如此，如果要进行战争，更加不能不讲求理财之道。而王安石本于先王之法的"以义理财"思想，正足以为宋神宗来解决这个问题。

宋神宗将理财和策划对外政策的重责大任，都交付给王安石。王安石的学问、德行，在当时的士大夫之间，早已知名。他担任地方官，在政事上也颇有表现。从宋仁宗庆历七年（1047）到皇祐元年（1049），他担任鄞县知县，在任内兴筑堤堰，疏浚河渠；借贷官谷给农民，等收成后再加轻微的利息还给官府；用孔庙设立鄞县县学，聘请当地受人敬重的儒者杜醇出来主持。后来他推动的农田水利法、青苗法，都源于此。他对教育人才的重视，也在这时已经表现出来。

王安石曾经多次在地方上任官，深见民间豪富兼并所造成的弊害，又正值国家财政窘象愈来愈扩大的时期，他深思熟虑，逐渐形成他建基于经学之上的以义理财思想。他在经学上有很深的修养，对于《易》《诗》《书》《礼》等经书，都有自己的见解，唯独不谈《春秋》，经书之外，诸子百家之书也无所不读，可是目的仍在印证经书。他在推行新法时为了使新法顺利实施，所采取的一些措施，在别人看来无异于管、商之术，而他不在意也不否认这种批评。熙宁三年（1070）初行青苗法时，他和陈升之在宋神宗面前曾有一次争论，陈升之指责王安石说："议令者有罪，乃商鞅法。"陈升之的说法，见于当时一般士人都会读到的《史记·商鞅列传》。王安石则答复以"议令者死，管子已如此言"。按，《管子·重令·外言》有"亏令者死，益令者死，不行令者死，留令者死，不从令者死，五者有死而无赦"之文；较晚的《商君书·定分》也有类似的话，"有敢剟定法令，损益一字以上，罪死不赦"。王安石熟读《管子》《商君书》，才能如此答复；而他这样回答，更坐实了别人认为他以管、商之术来推行新法的批评。熙宁二年（1069），也就是在陈升之指责他之前一年，他写有一首为人熟知的《商鞅》诗："自古驱民在信诚，一言为重百金轻。今人未可非商鞅，商鞅能令政必行。"（《临川先生文集》卷三十二）学本于儒而推崇商鞅或以管、商之术来施政，对他来讲，其实也是本于儒家所讲的"权"，亦即他在《非礼之礼》一文中所说的："圣人所以贵乎权时之变者也。……桀纣为不善而汤武放弑之，而天下不以为不义。"（同书卷六十七）至于"权"在儒家经典中的依据，他认为是出于《易》，也就是他在《九卦论》中所说的"巽以行权"（同书卷六十六）。

他的以义理财思想，特别以《周官》（即《周礼》）一书作为理论的基础。他曾说："政事所以理财，理财乃所谓义也。一部《周礼》，理财居其半，周公岂为利哉。"（《临川先生文集》卷七十三《答曾公立书》）他所推动的各项新法，也多追溯渊源到《周官》。自宋初以来，由于推崇韩愈，进而推崇韩愈所尊崇的扬雄，又由于推崇扬雄，而重视扬雄所重视的《周礼》，再因此而推崇发挥扬雄之说的王通。王安石立说本于《周礼》，也是承受了这一股时代风气的影响。他的诗、文有好几处称美扬雄，例如在《扬子》诗中讲"千秋止有一扬雄"（同书卷三十二）；在《答龚深父书》中则说"扬雄者，自孟轲以来未有及之者"（同书卷七十二），可以说是推崇备至。他曾和曾巩、王回、常秩等友人，在书信来往中讨论扬雄。曾巩又曾写信质疑他读佛经，他回信以扬雄读书的广泛来为自己辩护："扬雄虽为不好非圣人之书，然于墨、晏、邹、庄、申、韩亦何所不读。"（同书卷七十三《答曾子固书》）王安石对于扬雄的两种著作《太玄》《法言》均著有注解，学者指出，收录于南宋人所编书目中的王安石《扬子解》，应包含《法言注》与《太玄注》两部分。

在王安石的诗、文中看不到直接称扬王通，但是有一篇文章引用了《文中子》，文中子是王通死后，门人对他的私谥，也是王通著作《中说》的别名；另有一首诗中的两句，可以比较明显地看出，其含义是出自《文中子》，《王安石诗注》的注释者南宋人李壁已经指出。最值得注意的是王安石《读唐书》这首诗的最后两句"并汾诸子何为者，坐与文皇立太平"，据李壁的注解，是指房玄龄、魏徵等人都是王通讲学于河汾时的门人，后来辅佐唐太宗定天下（《王荆公诗注》卷四十六）。按，房玄龄、魏徵等王通门人辅佐唐太宗一事，首见编于唐初的王通《中说》所附《录唐太宗与房、魏等论礼乐事》，此文记载了魏徵向唐太宗建议以《周礼》为施政的依据。这应该也就是王安石《上仁宗皇帝言事书》文末所举，魏徵在唐太宗即位之初"思先王之事开太宗"的来源。因此可以认为，王安石所讲魏徵对唐太宗所讲的先王之事，就是王通和他的门人视为记载周公事业的《周礼》一书，而这部书也就是王安石推动变法的理论基础，是以义理财思想的来源。

以义理财思想的内容，在王安石执政之前的诗、文里已经陆续表现。他在皇祐三年（1051）知舒州任内，曾撰有《与马运判书》，其中说道：

> 尝以谓方今之所以穷空，不独费出之无节，又失所以生财之道故也。富其家者资之国，富其国者资之天下，欲富天下则

资之天地。盖为家者不为其子生财，有父之严而子富焉，则何求而不得？今阖门而与其子市，而门之外莫入焉，虽尽得子之财，犹不富也。盖近世之言利虽善矣，皆有国者资天下之术耳，直相市于门之内而已，此其所以困与。(《临川先生文集》卷七十五)

所谓"直相市于门之内"，意即若拘限于固定的财源，则负担有一定的限度，自然容易困竭。因此，生财之道应当在于超越既有的财源，从更广阔的范围来提供国家的经费。如何超出既有的财源来生财，从后来王安石的新法来看：一是扩大生产，如农田水利法；一是摧抑兼并，如青苗、免役、市易诸法。两者之中，他显然偏重于后者。王安石所以重视摧抑兼并，在于他对社会上的富豪兼并向来不满，认为他们夺走了原应操之于公家的利权。他有一首题为《兼并》的诗：

> 三代子百姓，公私无异财。人主擅操柄，如天持斗魁。赋予皆自我，兼并乃奸回。奸回法有诛，势亦无自来。后世始倒持，黔首遂难裁。秦王不知此，更筑怀清台。礼义日已偷，圣经久埋埃。法尚有存者，欲言时所咍。俗吏不知方，掊克乃为材。俗儒不知变，兼并可无摧。利孔至百出，小人私阖开。有司与之争，民愈可怜哉。(同书卷四)

诗中指出，由于后世不知摧抑兼并，于是利柄倒持，民间生产所得流入兼并者之手，而政府的财源却只限于那些遭受兼并之害的小民，在不断地苛取下，他们的生活日益困苦。由此而推论，理财之道，就是将利柄从兼并之家的手中取回，归之于政府，政府的财源自然可以大为增广，不必再限于贫困的小民。但是裁制兼并不可以徒托空言，兼并之家所以能够操持利柄，在于他们的资金在民间经济中具有关键性的作用，小民的生活费用、生产资本都要向他们借贷，产品也全靠他们收购。所以王安石在一首题为《寓言》的诗中，又提出了进一步的看法："婚丧孰不供，贷钱免尔萦。耕收孰不给，倾粟助之生。物赢我收之，物窘出使营。后世不务此，区区挫兼并。"（同书卷十）这首诗的含义，并非指责"挫兼并"不对，而是认为政府必须取代兼并之家在社会中原有的功能，担负起融通资金的责任，才能达成裁制兼并的目的。王安石的这种思想，完全表达在各项新法上。青苗法和市易法，都是通过政府资金的融通以裁制兼并，经由裁制兼并而达成理财的目的。裁制兼并，便是王安石的以义理财思想中所谓的义。

　　王安石胸怀理想，希望能够得君行道。嘉祐三年（1058），在出任提点江东刑狱之前到京师，曾经上了一篇万言书给皇帝，这是他首次向皇帝详尽地提出对时事的兴革意见。这篇万言书指出当时国家的问题在于"天下之财力日以困穷，而风俗日以衰坏"，其中简略地提到了他的理财主张，"因天下之力以生天下之财，取天下之财以供天下之费"，也仍然是强调要善辟财源；不过谈得更多的却是人才问题，他认为对人才的教、养、取、任都必须得其道，才能建立法度，法度建立之后，才能挽救"天下之财力日以困穷，而风俗日以衰坏"的危机。总之，王安石的看法是，当时取才用人的方法，无法为国家养成担负理财责任的人才。这篇万言书呈上去之后，没有得到任何回音（原文见《临川先生文集》卷三十九）。嘉祐五年（1060），王安石调回京师任三司度支判官，这期间写了一篇《度支副使厅壁题记》，文中同样将理财、法度和人才三者结合在一起讲：

> 夫合天下之众者财，理天下之财者法，守天下之法者吏也。吏不良则有法而莫守，法不善则有财而莫理。有财而莫理，则阡陌闾巷之贱人，皆能私取予之势，擅万物之利，以与人主争。黔首而放其无穷之欲，非必贵强桀大而后能如是。而天子犹为不失其民者，盖特号而已耳。（同书卷八十二）

他这时已很清楚地表达，要以法令的建立，使兼并之家不能"私取予之势，擅万物之利"，来达成理财的目的。而法令建立之后，又必须有优良的官员来执行。新法中重视人才培养、选拔的几项，如更改贡举法、太学三舍法，可以从王安石这些言论里寻找到端倪。而他所以重视人才，也显然和理财有密切关联。

熙宁元年（1068），王安石获得宋神宗的拔擢，从江宁府召入京师任翰林学士兼侍讲。入京之后，宋神宗召见他谈论世事，王安石上了一篇《本朝百年无事札子》（《临川先生文集》卷四十一），指出百年以来政治因循苟且，理财无法，所以能太平无事，虽然不能说没有人事人力，实际多得自天助，因而劝宋神宗应该以大有为的行动，议论法制，付之实施，不能再顺其自然。从此王安石深得宋神宗的信任，次年升为参知政事，开始推动变法。一年多后，再升为同中书门下平章事，行动更加积极。

不过王安石的行动仍然必须和宋神宗的意向互相配合。宋神宗有志伐辽，为祖宗复仇，甚至恢复幽燕。辽国强大，不可以骤然征讨，于是在王安石的策划下，先以夏国为目标。若能并取西夏，就可以包制辽国。为了攻伐夏国，又从事河湟的经营。熙宁元年，有王韶上平戎三策，"其略以为西夏可取，欲取西夏，当先复河湟"。此后王韶得到王安石重用，主持河湟开拓。河湟开拓颇有成果，从熙宁五年（1072）以后，陆续从西蕃手中取得边地，并且设置州郡，但是也为宋朝带来沉重的财政负担，河湟开拓有成之后，下一个目标是夏国。所以熙宁六年（1073），宋神宗和王安石在对谈中，论及夏国，宋神宗说："事欲及时，但患难得将帅与陕西财用阙乏而已。"所谓"事欲及时"，指早日完成征伐西夏以包制辽国的目标，而征伐西夏也需要一笔巨大的经费。对外政策转而趋向积极，并不止于北面，熙宁年间曾经开拓荆湖、蜀边诸蛮地，又曾经南伐交趾，所用兵费也相当可观。

王安石执政后政府开支的增加，还有廪禄支出的扩大。宋代中央及地方政府机关中的胥吏，原本享有俸禄的，只有中央政府枢密院的副承旨、诸房副承旨、逐房副承旨，中书门下的提点五房堂后官公事、堂后官，中书门下及枢密院的主事、录事、令史、主书、守当官、书令史等人。这些吏人有一部分，如中书门下的堂后官，自宋初以来，已因为惩其奸贪，而参用士人有科第历外官者，他们在职满一定年限，如愿出任外官，优与处分，愿意留任，也予以迁转，逐渐也有已由初阶的选人升至由中、高阶的京官、朝官而仍出任，甚或复任的，但他们见宰相礼仍如胥吏。吏人享有俸禄，以枢密院的主事较早，中书门下的堂后官则至宋太宗淳化元年（990）才依枢密院主事例给俸。除上述中书、枢密院的几类胥吏外，包括中央政府机关和地方政府机关在内，其他绝大部分的胥吏，原来都没有俸禄，依靠受贿为生。熙宁三年（1070），王安石为禁绝请托之弊，才制定吏禄，而对受贿的胥吏施以重法惩处，称为仓法，最初施行于汴京粮仓的收纳，其后推广到中央政府各机构及各路监司、诸州。在申严仓法的同时，又革除以往军粮侵克之弊，通令军人廪粮每石实支十斗。为了使下级官员的收入足以养廉，他们的俸禄也有所增加。此外，王安石为了安排疲老不任事和意见不合的官员，又增加祠禄官的人数，不限员额。廪禄支出的增加，虽然远不能和兵费相比，但也是一笔不小的数字。

在这样的情况下，新法不能不带有强烈的理财色彩。理财可以从节流与开源两个方面来进行，王安石并没有忽视节流，他曾经废并了不少郡县，目的就在节省开支；熙宁二年（1069）规定疏远宗室以后不再授官，必须通过科举考试才能取得官位，也是为了要节省开支。而新法中的保甲法和保马法，也都有节流的用意。但是政府开支持续在扩大，仅凭节流难以达成理财的目标，所以新法所更重视的，是如何开辟财源，而王安石也将其多年来一贯的信念，借着新法来实践。

熙宁二年二月，王安石出任参知政事之后，立即设置制置三司条例司，"取索三司应于条例文字看详，具合行事件闻奏"，目的在"讲求理财之术焉"。在设立制置三司条例司之前，宋神宗和王安石有一段对话，很值得注意。杨仲良《续资治通鉴长编纪事本末》卷六十六《神宗皇帝·三司条例司》：

> 先是，上问："何以得陕西钱重，可积边谷？"安石对："欲钱重，当修天下开阖敛散之法。"因言："泉府一官，先王所以摧折兼并、均济贫弱，变通天下之财，而使利出于一孔者，以此也。"上曰："诚如此。今但知有此理者已少，况欲推行。"安石曰："人才难得亦难知。今使能者理财，则十人之中容有一二人败事，况所择而使者非一人，岂能无此失？"上曰："自来有一人败事，则遂废所图，此所以少成事也。"

《泉府》是《周官》的一篇，王安石在这里引用来作为变法的理论根据。所谓"利出于一孔"，则指政府经由"摧折兼并，均济贫弱"而达成对于经济活动的控制。政府能够控制经济活动，富家的财源就可以转入政府的手里，也就是"变通天下之财"，这样的主张，就是制置三司条例司成立的动机，也是新法的根本精神，和前述王安石的以义理财思想相一致。所以要如此做，是为了达成"陕西钱重，可积边谷"，也就是边费的要求，王安石在这里又谈到人才，也是指具有理财能力的人。

三司原本是独立于中书门下之外的一个机构，宋初以来，军、政、财三权分立，中书门下主管民政，枢密院主管军政，三司主管财政，中书门下的长官同平章事、参知政事，也就是宰相、副宰相，对于财政往往无法预闻。如今王安石借着制置三司条例司的设置，将财权收到了手中，方便新法的制订与推行，同时也在这个机构中安排自己的亲信。他推荐吕惠卿出任制置三司条例司检详文字。吕惠卿曾经与王安石论经义，想法相合，于是定交。王安石在宋神宗面前极为推崇吕惠卿，认为他"学术岂特今人少比，似前世儒者未能拟议"，又说"能学先王之道而能用者"，只有吕惠卿。随后苏辙由于宋神宗的意旨，也出任制置三司条例司检详文字，但不到半年，便因论事不合而自请离开。原因在于苏辙主张"丰财者，非求财而益之也，去事之害财者而已矣"。这样的态度，自然难以和王安石共事。

但是制置三司条例司这种非常态机构的设置，引起了一些官员的反对。熙宁三年（1070）五月，废罢了这一个机构，推动新法的中心转移到司农寺。司农寺从宋初以来只是一个闲散机构，宋真宗、仁宗时期，推广常平仓、广惠仓，将这一方面的事务交由司农寺管理。在制置三司条例司存在时期，推行青苗法，以常平仓、广惠仓本钱作为青苗钱基金，于是相关事务移交到制置三司条例司主管，并且由制置三司条例司差官充各路提举常平、广惠仓兼管勾农田水利差役事，司农寺又成闲散机构。在废罢制置三司条例司的同时，将青苗法（常平新法）和常平仓、广惠仓事务交回司农寺管理，长官判司农寺或同判司农寺兼领农田、差役、水利事。司农寺长官大多由中书门下检正官或台谏官、两制官（翰林学士、知制诰）兼任，正显示由宰相或皇帝直接控制。于是司农寺继制置三司条例司之后，策划、颁布并且执行各项新法。主要在制置三司条例司和司农寺两个机构的先后策划之下，各项新法陆续颁行。

# 第五讲

# 新法的内容与由来（上）：
# 熙宁二、三年颁行的新法

　　王安石于熙宁二年（1069）二月任参知政事，开始执政，次年十二月升为宰相，熙宁七年（1074）四月罢除相位，熙宁八年（1075）二月再任宰相，次年十月再罢除相位，此后不再参与政事。执政期间，各项新法陆续颁行。以下按照颁布时间先后顺序，说明各项新法的内容及其由来。这一讲先讨论熙宁二、三年陆续颁行的新法。

## 1. 均输法

　　熙宁二年七月，立淮浙江湖六路均输法。所谓六路，指两浙路、淮南路、江南东路、江南西路、荆湖南路、荆湖北路。根据法令的内容，以往各路上供京师的物品，每年有固定的数额，遇到丰歉亦不增减，容易导致物价的波动，也给富商大贾以操纵物价的机会。如今改由江淮六路发运使运用官钱，并且调查东南各地的生产情况，在物价便宜的地方多买储存，不再限于定额，既可以平抑物价，又可以节省政府劳费，更可以制止富商操纵市场。

所谓上供，指地方政府每年要输送到京师的租税、征榷品，以及购买的物品。北宋的首都汴京，不仅有众多的人口、大量的政府人员，而且由于幽燕之险已经丧失，为了政治中心的安全而驻有大量军队。由于供应京师的需要，地方所征收、征购的物资主要运送到这里来，而当时的生产中心已经转移到南方，特别是长江下游江、淮这一带，所以上供物资，主要来自江淮六路。张方平《乐全集》卷二十七《论汴河利害事》：

> 臣窃惟今之京师，古所谓陈留，天下四冲八达之地者也。……自唐末朱温受封于梁，因而建都。至于石晋，割幽蓟之地，以入契丹，遂与强虏共平原之利。故五代争夺，戎狄乱华，其患由乎畿甸无藩篱之限，本根无所庇也。祖宗受命，规摹毕讲，不还周、汉之旧，而梁氏是因，岂乐是而处之？势有所不获已者。大体利漕运而赡师旅，依重师而为国也。则是今日之势，国依兵而立，兵以食为命，食以漕运为本，漕运以河渠为主。……今仰食于官廪者，不惟三军，至于京师士庶，以亿万计，大半待饱于军稍之余，故国家于漕事至急至重。京，大也；师，众也；大众所聚，故谓之京师。有食则京师可立，汴河废则大众不可聚。汴河之于京城，乃是建国之本，非可与区区沟洫水利同言也。

汴河是运河自汴京东南通往淮河的一段，漕运即是官府物资的运输。张方平这一段话，充分说明了京师对南方上供物资的倚赖。自宋初以来，政府已设有一些发运司，负责各地的漕运。江淮六路发运使负责江淮六路的漕运，所运物资最多，关系京师的需要也最密切，所以王安石将均输法执行的责任交给了江淮六路发运使。

当时的江淮六路发运使是薛向，以善于理财知名。他接下任务后，将实施的范围扩大到福建路、广南东路、广南西路，兼领九路财赋。薛向对于漕粮运输的方式作了一些整顿，主要是雇民船和官船分运，以防止官船吏卒侵盗的弊端。此外，熙宁（1068—1077）年间漕粮上供的办法也有比较大的变化。发运司原本每年漕运到京师的米粮，来自东南六路，以六百万石为定额。如今规定，除了应该上供的数额外，各处的粮仓经常保存多余的积蓄，如果遇到有荒歉，则以米粮折收上价，称为额斛，按照本州岁额，以仓储代为输运京师，称为代发。等到丰收，再以中价收籴米粮，如此则官府在谷贱时籴买，不至于伤农，人民在荒歉时可以不必纳米谷而纳钱，官府因为上价与中价的价差而使籴买的本钱不断增加，军粮也不至于缺乏。

但是均输法原本的构想，或许不限于漕粮一项，在诏令中说的是"凡籴买税敛上供之物，皆得从贵就贱，用近易远"。史书上谓均输法后来"讫不能成"，也就是未能继续推行。何以不能推行下去，原因不得而知。不过均输法平准物价的立法原意，以及转运物资的业务，都已被颁布于熙宁五年（1072）的市易法所吸收。

## 2. 青苗法

熙宁二年九月，立常平给敛法（常平新法），又称青苗法，由政府以常平、广惠仓钱谷作贷本，分春、夏两次贷放给乡村民众，收成后再随二税偿还，偿还时加二分利息。这一个办法，目的在于抑制乡村中的高利贷。农民每年秋收之后所得到的谷粮，必须用于向政府缴税、向地主缴租以及偿还债务，所余已经无几，到次年春夏之际，开耕、食用及其他生活费用都成为问题，这也就是所谓新陈不接或青黄不接之际。农民为了生活，只有向富家借贷，而富家也趁农民急于借贷，抬高利息，利息往往高达本金的一倍，而当时认为合理的利息是三分至五分。青苗法由政府以官钱借贷，取代富家在社会中的角色，而利息只收两分，低于一般认为合理的利息。一方面抑制了兼并，一方面纾解了农民的困境，再一方面政府也得到了利息的收入。政府用于贷放的本钱来自常平、广惠仓钱谷。常平仓法始于汉代，宋代各州均有设置，功用在于平粜、平籴；广惠仓创设于宋仁宗嘉祐（1056—1063）年间，用于救济城市居民老幼贫疾不能自存者。王安石认为两仓功效不彰，所以移用作青苗法本钱。

青苗法的名称，源自稍早的陕西青苗钱。宋仁宗嘉祐年间，李参任陕西转运使，陕西由于位于宋、夏边界，驻军甚多，如何充分供应军食成为一大问题。李参实施青苗钱的办法，要人民先预计收成之后，麦粟可以有多少数量的剩余，官府以相当于此一数量的粮价借贷给农民，农民在收成后还粟麦给官府。数年之后，军食有余。在青苗法颁布之前，王广廉也曾经行此法于陕西，又向王安石请求推广于河北。不过青苗钱在实质上是以预贷的方式收购米粮，和青苗法尚有距离。而更早在庆历（1041—1048）、皇祐（1049—1054）年间，王安石知鄞县时，曾经"贷谷与民，立息以偿，俾新陈相易"，则在方法上和青苗法更加相似，青苗法可以说是王安石地方行政经验的扩大。王安石又为青苗法的理论渊源追溯到《周礼》，韩琦在熙宁三年（1070）批评青苗法时曾引述制置三司条例司之言："《周礼》之官，民之贷者，承息有至二十而五，而国之财用取具焉。今常平新法比《周礼》贷民取息立定分数以不为多，遇物价极贵，亦不得过二分，即比《周礼》所取犹少。"（《宋会要辑稿·食货四·青苗篇》"熙宁三年三月四日"条）制置三司条例司，一方面强调取息不多，另一方面则指出《周礼》也以利息为"国之财用取具焉"。青苗法可以说是王安石理财之学的具体实践。

在青苗法颁布之前，制置三司条例司已在熙宁二年十一月差派官员到各路提举常平广惠仓兼管勾农田水利差役事，此后即成为宋代地方监司中的仓司，于青苗法颁布后负责青苗钱的发放与收敛。但是提举常平司在实际执行青苗法时的规定，贷放对象要比当初立法原意来得广。《宋会要辑稿·食货四·青苗篇》"熙宁三年二月一日"条载判大名府韩琦言：

> 准转运及提举常平广惠仓司牒，给青苗钱，须十户以上为一保，三等以下（按："下"当作"上"）人为甲头，每户支钱，第五等及客户毋得过千五百，第四等三千，第三等六千，第二等十千，第一等十五千。余钱委本县量度增给。三等以上户更有余钱，坊郭户有物业抵当愿请钱者，五家为一保，依青苗例支借。

按，宋代民户分主户、客户，主户为有产业而必须缴纳二税的人家，客户为没有产业而不必缴纳二税的人家。主户又按产业的多寡划分户等，乡村分五等，一、二、三等经济能力较强，通称上户或上中户，四、五等经济能力较弱，通称下户。按照青苗法立法原意，政府放贷的对象应为贫乏的四、五等户及客户，但是实施办法却规定上三等也可以借贷，而且借贷的金额比四等户、五等户及客户高出很多。这个规定自然是考虑到偿还能力的问题，但是却丧失了扶助农民、抑制高利贷的原意。坊郭户有产业作抵押也可以借贷的规定，同样和扶助农民的原意悖离。这种情形引起了很大的争议。

### 3. 农田水利法

熙宁二年十一月，颁布农田水利约束，以诸路提举常平司来主管其事。内容主要是熟悉农耕技术或水利建设的官员或平民，都可以向官府提出建议，经查明属实，即由官府实施，建议者可获奖励；地方政府也要调查境内应加开垦的荒田，及需要兴修的水利工程，拟具详细办法，呈报上级实施，建设经费及劳力由受益民众分摊。当工程较大，民间负担不起时，可以向常平广惠仓依青苗钱例借用，如官府也财力不足，则劝谕富家出钱借贷，依例加利息偿还。富家如果能够出钱并且领导众人兴修农田水利，或是知县、县令能够用新法兴修本县农田水利，都参酌贡献的多少，给予奖赏。

推动农田水利建设是庆历改革的一项重点，庆历改革失败之后，政府并没有完全忽略这方面的问题。宋神宗即位之初，也曾在熙宁元年（1068）六月下诏州县兴修陂塘圩堤。熙宁二年十一月所颁布的农田水利约束的特色，在于由政府全面而且积极的推动。推动的责任虽然由政府承担，但是资金则由民间负担，约束中有这样的规定：

> 有开垦废田，兴修水利，建立堤防，修贴圩埠之类，工役浩大，民力不能给者，许受利人户于常平广惠仓系官钱斛内连状借贷支用，仍依青苗钱例作两限或三限送纳，如是系官钱斛支借不足，亦许州县劝谕物力人出钱借贷，依例出息，官为置簿及催理。（《宋会要辑稿·食货六三·农田杂录》"熙宁二年十一月十三日"条）

官府在资金筹募的过程中，扮演的只是借贷的角色。这个办法，使得政府在推动农业水利建设时不至于有太重的财力负担，同时提举常平司所收入的青苗息钱也可以获得充分的运用，再增加利息的收入。

命令颁布之后，献策言农田水利的人很多，而当时的措施最主要有三个方面。第一是江浙方面圩田、湖田的开辟，这是继承庆历改革兴复圩田的主张而来的，地方官在各地陆续推动。以往浙东地区原已有民众占湖为田的现象，政府考虑到妨碍灌溉水源，采取禁止的政策，现在也承认既存的事实。至于规模最大的一项计划，则由昆山人郏亶所提出，他建议在苏州地区以兴复圩田的方法来防治水患，完工之后，税收可以大量增加。他并且奉派为司农寺丞、两浙路提举兴修水利，负责推动。但是他的计划才刚付诸施行，就因为扰民过甚而停工。第二是华北各河流域淤田的推广，这是一项新的措施。华北由于气候干旱，土壤缺乏雨水淋洗，碱质比较重，不利于作物栽培。所谓淤田，就是开决河水，经过河水冲刷以及淤泥堆积，改善河流两旁田地的土质，增加土壤的肥沃。这项措施首先从汴水流域开始实施，然后推广到华北各地。不过这个办法在宋神宗以前也已有个别地方官在做，熙宁年间只是由中央政府来推动。淤田最大的一个问题，是开决河流通常在水量较高的时候，容易造成洪水成灾，淤田不成，反而造成良田丧失，人民受害。另外经过河水淤灌的土地往往只在夏、秋肥沃，到了秋、冬便成为沙土。这项措施实施到王安石第二次罢除相位之后，就大体停止，没有继续下去。第三是灌溉设施的修建与兴复，这方面的行动自然也不是到熙宁年间才有的，庆历改革时也已提到，这时由于注重陕西军粮的供应，对于陕西的灌溉设施尤其重视，但是效果似乎并不很好，负责的官员并且因此而受罚。

有学者指出，农田水利法的实施效果有区域性的差异。在人口密集而土地已高度利用的地区如浙西，比较不容易得到民众支持；而在地多人少而闲田待辟的地区如京西路的唐、邓两州，则较见成效。不过唐、邓两州在熙宁年间的农田增辟，如学者所指出，和当时河北发生灾荒而导致数量众多的灾民流移至此有关，而两州在熙宁年间以前，也已经鼓励外来人口移入，致力水利建设，对新辟土地薄征田赋。农田增辟是政策多年推动而长期累积的成果，在神宗即位之初也已明显可见，和农田水利法实施的关联究竟有多少，尚待斟酌。

据《宋史·食货志》记载，农田水利法颁布后，自熙宁三年（1070）至九年（1076）全国兴修水利田凡一万七百九十三处，增辟农田三十六万一千一百七十八顷。此一数字，为宋英宗治平年间全国登记有籍田产四百四十余万顷的百分之八左右。即使农田增辟的数字没有虚报，但是如果考虑到从熙宁元年（1068）到元丰五年（1082）全国各地相继发生旱灾，加上黄河多次严重决口，冲毁良田，新辟农田增产的效果便要被抵消。

## 4. 保甲法

熙宁三年十二月，行保甲法。此法出自当时同管勾开封府界常平广惠仓兼农田水利差役事赵子几的建议。最初的内容是每十家为一保，选主户有材干心力者一人为保长；五十家为一大保，选主户最有心力及物产最高者一人为大保长；十大保为一都保，选主户有行止、材勇为众所服者为都、副保正。同保之内如果不及五户，并入别保；外来人户暂时附保，等到满十户，就别为一保。不论主、客户，家中有两丁以上选一人为保丁，可以自置弓箭、习武艺，轮流每晚在保内巡警，遇有盗贼，则通报追捕。同保之内如果有人犯法，知情不报，要受连带处分。如果有人窝藏强盗三人

70

以上，达到三天，即使不知情，也要处罪。

这一个办法，先施行于开封府界，然后推广于河北、河东、陕西等地，再推广于全国，通称为家保，目的在组织民众维持治安。结保防盗的法令，其实自北宋初年已经存在，根据欧阳修在宋仁宗时期的说法，是"虽然有此令文，州县多不举行"，只有个别的地方官曾经实施。熙宁年间行保甲法，则是以朝廷的力量推行于全国。但是在王安石的计划里，保甲法并不只运用于地方治安的维持，而有以保甲与募兵相参为用的构想。

募兵的战斗力弱，又为政府带来沉重的财政负担，所以从宋仁宗的时代以来，士大夫就有寓兵于农的想法。范仲淹在《十事疏》中曾提出过参用唐代府兵制的建议，和他同时的尹洙也有类似的想法。至和二年（1055），范镇曾经作过寓兵于民以增加生产人口的建言。稍晚的嘉祐（1056—1063）年间，苏轼也曾本于让民众居安思危以及牵制募兵骄惰的考虑，提出要对平民施加军事训练。王安石的构想，大体上便是针对募兵的弊病而来的。《宋史》卷一九二《兵志》记载有宋神宗和王安石之间的对话：

> 帝又言节财用，安石对以减兵最急。帝曰："比庆历数已甚减矣。"因举河北、陕西兵数，虑募兵太少，又训择不精，缓急或阙事。安石则曰："精训练募兵而鼓舞三路之民习兵，则兵可省。……"帝又言："边兵不足以守，徒费衣廪。然固边围又不可悉减。"安石曰："今更减兵，即诚无以待急缓；不减，则费财困国无已时。臣以谓惞不能理兵，稍复古制，则中国无富强之理。"帝曰："唐都长安，府兵多在关中，则为强本。今都关东而府兵盛，则京师反不足待四方。"安石曰："府兵在处可为，又可令入卫，则不患本不强。"

71

从两人的对话，可知王安石的想法是，为了节省财用，所以要裁减募兵。裁减募兵之后战力的维持，除了加强募兵的训练外，又以组织河北、河东、陕西三路的民兵来补充，而此一设想，在王安石的心中，即是恢复唐代的府兵制。实际上从宋仁宗时代起西、北两边逐渐增加的乡兵，已有寓兵于民的性质。用保甲于军事，也可以说是乡兵的扩大，所以《宋史·兵志》列保甲于《乡兵篇》中。

从熙宁二年（1069）开始，军队进行裁并，首先是禁军，然后是厢军，到熙宁九年（1076）告一段落，禁、厢军总数这时只有七十九万六千，比起宋英宗治平年间减少了三十六万多人。同时从熙宁四年（1071）开始，逐步推行教阅保之法。这年立保丁教阅法，令京畿保丁受军事训练，每年农闲季节由官府择日会试他们的骑射与步射。次年，令京畿保丁愿意到巡检司上番的，每十日一更，分番巡警，每五十人轮大保长二人、都副保正一人统领。熙宁六年（1073），推行保丁教阅法于河北、河东、陕西，但是不上番。元丰二年（1079）又立府界集教大保长法，以禁军教头教畿辅大保长。次年，大保长习艺既成，又立团教法，以大保长为教头，教保丁，每一都保内分为五团，就本团都、副保正居处空地从事教习。然后又将这个办法推广到河北、河东、陕西等地，并将这些地区的义勇也一并排入保甲。元丰四年（1081）开封府界及河北、河东、陕西等地保正、保长、保丁共有六十九万一千九百四十五人。

推行教阅保的目的，是在使保甲渐习为兵。保甲原来隶属司农寺，但自熙宁八年（1075）起，诸路教阅保甲并改隶兵部，正说明了此一用意。不过当元丰四年宋大举征伐西夏，征调陕西、河东保甲，却只是用于运输军粮，并未让他们承担作战的任务。这次出征宋军大败，随军的保甲也和士卒一样纷纷溃散，保甲法并没有达成王安石所期望的目标。

# 第六讲

# 新法的内容与由来（中）：
# 熙宁四年颁行的新法

依次讨论熙宁四年（1071）颁行的新法。

## 5. 更改贡举法

熙宁四年二月，更改贡举法，废除明经、诸科，仅余进士科，进士科废考诗赋，考经义、论、策。这是继续庆历改革以来重视经义的进一步发展。

宋仁宗嘉祐二年（1057）设置明经科，已经强调经义。到了宋英宗治平（1064—1067）年间，舆论又将经义在科举考试中的地位更加往前推进，而诗赋考试的必要性则遭到否定。治平元年（1064），吕公著上言指出，"以言取人，固未足以尽人之才，今之科场格之以辞赋，又不足以观言。国家承平日久，文物至盛，学者莫不欲宗经向道，至于浮华博习，有不得已而为之者"，他建议"今来科场更不用诗赋，如未欲遽罢，即令第一场试论，第二场试策，第三场试诗赋。每遇廷试，亦以论压诗赋为先后升降之法"。中书将吕公著的建议送礼部贡院讨论，司马光表示意见说：

　　近世取人，专用诗赋，其为弊法，有识共知。今来吕公著欲乞科场不用诗赋，委得允当。然进士只试论、策，似又太简。欲乞今后省试除论、策外，更试《周易》《尚书》《毛诗》《周礼》《仪礼》《春秋》《论语》大义共十道为一场，其策只问时务。所有进士帖经、墨义一场从不曾考校，显是虚设，乞令更不试。御前除试论外，更试时务策一道，如此则举人皆习经术，不尚浮华。（司马光《传家集》卷三十《贡院定夺科场不用诗赋状》）

他不仅同意取消诗、赋考试，还主张省试取消帖经、墨义，加考经义，殿试加考时务策，这样的主张正和后来熙宁变法时科举考试改变的内容若合符节。所以熙宁（1068—1077）年间，贡举制度的改变大体上是顺应当时的潮流，而非王安石一人的私意。而此一潮流，又和当时儒学复兴，学术界研究经学不拘限于章句训诂，而好发挥义理的趋势，互相呼应。

　　王安石本人在嘉祐三年（1058）上书宋仁宗言事，已经表达了他对当时科举取士方式的不满，认为无论制举、诸科、明经、进士，都取之非其道，不能适合天下国家之用，所以在他执政之后，要对贡举制度加以改革。在改法之前，曾经下诏群臣讨论学校贡举，大臣的意见多主张废罢诗赋考试，考经义，或者取义理，不取文辞。唯独苏轼的意见与众不同，他认为自文章而言，策、论为有用，诗、赋为无益，自政事而言，诗、赋、策、论都没有用。虽然知道没有用，可是长年以来就这样考，不过是因为考试取士的方法就是如此而已，从唐以来，借考诗赋而为名臣的，不可胜数，又何必一定要废除。苏轼的讲法并非没有道理，不过在当时不发生影响，考试的方式仍然要改变。

考试方式的改变，首先开始于殿试。熙宁三年（1070），吕公著同知贡举，在贡院密奏殿试改用策。殿试时进士就位，主管人员循例发给礼部韵，结果题目发下，并非以往的诗、赋、论三题，而是策问，殿试考策问从此成为定制。熙宁四年（1071），依照王安石的想法颁布贡举新制，仅保存进士一科，进士科废除诗赋、墨义、帖经的考试，而考经义本经、兼经各十道，论一首，时务策三道。进士各人自己选考《诗》《书》《易》《周礼》《礼记》之中的一经，兼考《论语》《孟子》，而《春秋》不在考试范围之内。礼部试时务策增两道，即五道，殿试考策一道。同时规定经过一次科场之后，新进士不准再应诸科举，旧人则可以继续应考，直到他们完全考上为止。新制进士科以经义考试为主，实际上是一方面改变了考试本身的性质，另一方面也将宋仁宗时所设的明经科吸收在内，所以不仅诸科，连明经科也一并废罢。对于这样的改变，连反对新法的司马光也认为是"革历代之积弊，复先王之令典，百世不易之法"。司马光所反对的只是在科举考试以经义为主后，王安石用自己的学说（《三经新义》）作为天下学校教学和科场考试的标准。熙宁贡举新制，确定了以后进士科成为贡举考试单一科目的基本形态，经义也从此成为进士科考试的基本内容。

除了进士科改制继续存在之外，熙宁变法时期还另设新科明法科。诸科之中原有明法科，以墨义的方式考律令，同时兼考《论语》《尔雅》《孝经》。新科明法科设于熙宁六年（1073），改考刑统大义及断案，赐第、授官都比旧制明法为优。应考对象原初限于曾应明法举人，后来扩大为曾应明经、诸科举人，目的在让业诸科之人不能改试进士者有一条出路。

## 6. 太学三舍法

募役法的颁布与太学三舍法的制订同在熙宁四年十月，而募役法在先，但由于太学三舍法和更改贡举法互相关联，所以先述太学三舍法。太学三舍法将太学生划分为外舍、内舍、上舍三等，初入学为外舍，外舍绩优升内舍，内舍绩优升上舍。学生各治一经，有学官讲授，每月考试。上舍生每经选两人，如果学行优异，可以授官。

对王安石来讲，更改贡举法只是一种过渡的方法，最后的目标在于以学校培养人才。这在他的《乞改科条制札子》中讲得很清楚：

> 伏以古之取士，皆本于学校，故道德一于上，而习俗成于下，其人材皆足以有为于世。自先王之泽竭，教养之法无所本，士虽有美材而无学校师友以成就之，议者之所患也。今欲追复古制，以革其弊，则患于无渐，宜先除去声病对偶之文，使学者得以专意经义，以俟朝廷兴建学校。然后讲求三代所以教育选举之法，施于天下，庶几可复古矣。(《临川先生文集》卷四十二)

王安石的理想，是由政府设立学校来培育、选拔人才，他认为如此才能选取到政府所期望的人才。

这样的想法，早在嘉祐三年（1058），王安石就已经在他的《上仁宗皇帝言事书》中提出："古者天子诸侯，自国至于乡党皆有学，博置教导之官而严其选。朝廷礼乐刑政之事，皆在于学。士所观而习者，皆先王之法言德行治天下之意，其材亦可以为天下国家之用。"又说："先王之取人也，必于乡党，必于庠序。"这正是他在《乞改科条制札子》中所说的复古。类似的想法，当时其他人也曾提出。在太学三舍法实施之前，宋神宗在熙宁二年（1069）曾下诏要群臣讨论学制，程颢在他的奏疏中有这样的主张：

> 县令每岁与学之师，以乡饮之礼会其乡老。学者众推经明行修、材能可任之士，升于州之学，以观其实，学荒行亏者，罢归而罪其吏与师。其升于州而当者，复其家之役。郡守又岁与学之师，行乡饮酒之礼，大会郡士，以经义、性行、材能三物宾兴其士于太学，太学又聚而教之，其学不明、行不修与材之下者，罢归以为郡守、学师之罪。升于太学者，亦听其以时还乡里，复来于学。太学岁论其贤者、能者于朝，谓之选士。朝廷问之经以考其言，试之职以观其材，然后辨论其等差而命之秩。（《河南程氏文集》卷一《明道先生文·请修学校尊师儒取士札子》）

他提出的办法，是由县而州而中央，将地方官学与中央太学连成一线，经由学校选拔人才，逐层升迁，最后则朝廷人才出自太学。他所说的乡饮酒、宾兴之礼，都见于古代礼书如《仪礼》《周礼》中；"以乡三物教民而宾兴之"则出自《周礼》。程颢的想法也有复古之意。这种完全经由学校来选拔人才的主张，在宋神宗时期尚未能实施，到宋徽宗时期获得实践却失败。

太学分舍，在熙宁年间以前已是如此，有外舍、内舍的分别，新的办法只是增加上舍。太学中有定期考试，也是熙宁年间以前就已经如此，有私试、公试的分别，私试每月举行一次，公试每年举行一次。新办法实施后，配合上舍的增设，又增加了舍试，隔年举行，内舍生通过舍试，才有可能升入上舍；上舍生参加上舍试，如果成绩优异，有机会释褐任官。太学三舍法对于太学来讲，比较大的改变主要在几方面。第一，原本太学中兼教经学、诗赋、论、策，现在配合着科举考试内容的改变，取消了诗赋课程，以教经义为主，兼习论、策。经学课程也有了变动，《春秋》被取消，而代之以《周礼》。课程的改变不仅见于中央官学，也见于地方官学，这也就是宋人所讲的《春秋》不立学官或《春秋》不列学官。 第二，太学取代了一部分科举考试的功能。熙宁四年（1071）只规定上舍生表现优异可以授官，元丰二年（1079）颁布太学令，其中规定上舍生考试分三等，上等释褐授官，中等免礼部试，下等免解。第三，太学的地位取代了国子监。自庆历改革失败以来，太学虽然继续存在，但是规模逐渐缩小。从实施太学三舍法后，规模又逐渐扩大，取代国子监成为中央官学的重心，元丰二年，定制太学生员共二千四百人，其中外舍生二千人、内舍生三百人、上舍生一百人。而在元丰元年（1078），国子监招生名额只有二百人而已，比起熙宁元年（1068）已减少了很多，比起同时的太学相差更远。这项变化的意义，是低层官员和平民子弟，取代了中高层官员的子弟，成为中央官学教育的主要对象。

熙宁年间学校的改革以太学为重心，可是对于州、县学校也不是完全没有措施。除了课程内容也和太学一样有所变动之外，最主要的是地方官学的教授开始由朝廷来任命，并且必须先经过考试才能取得资格。在这以前，主要是由地方官府来选任，来源包括幕职州县官和举人中有德行艺业者。州学教授的任用考试开始于熙宁四年（1071），考经义五道，完全配合当时科举考试和学校课程的变化。不过一直到元丰时期，全国仍然有一半以上的州、军，没有朝廷派任的州学教授。除了制度的改变之外，这时也推动地方官学的扩充，早在熙宁三年（1070），也就是太学三舍法制订之前，已经下诏要各处州郡"辟学馆"。

和科举考试、官学教育同时相关的，是《三经新义》的修订。在王安石早年写给朋友的信中，已经提道"古者一道德以同俗"。熙宁四年（1071）所上的《乞改科条制札子》中，也说道"道德一于上，而习俗成于下"。以学校来培育人才的作用，就是可以一道德，如此才能够培养政府所期望的人才。太学三舍法制订之后，熙宁五年（1072）正月，王安石进呈试中学官的等第，并且说其中有两人文字佳可是不合经义。宋神宗说："经术，今人人乖异，何以一道德？卿有所著可以颁行，令学者定于一。"可见在宋神宗的想法里，一道德要靠统一经术来达成，而统一经术又以王安石对于经书的解释为基础，这恐怕也是王安石自己的想法。次年三月，设经义局，由王安石提举，进行《三经新义》的修撰，包括《诗》《书》《周礼》三部经书在内。其中《周礼新义》是由王安石亲自撰写，《诗义》《书义》则以王安石的意见为基础，王雱、沈季长、陆佃、吕惠卿等人曾参与撰写，并且经过王安石的校订。王雱是王安石的儿子，沈季长是他的妹婿，陆佃则是他的学生。《三经新义》在熙宁八年（1075）六月修成，送国子监刻板，颁行于太学及各地官学，用为学校教学及科举考试的标准。

## 7. 募役法

熙宁四年（1071）十月，颁布募役法。原有的差役负担的宋代民户，按照资产高低，轮流到官府中担任一些基层的行政职务，如保管、运送官府物品，催督赋税及追捕盗贼等，工作既重，没有报酬，又常因此而有额外的开支，更荒废了家中原有的生产工作，造成严重的社会问题。新法改为原来有差役义务的人家出免役钱，原来没有差役义务的人家出助役钱，贫户免纳。政府不再以差役扰民，而以所收役钱雇人充任役职。

熙宁年间以前的差役职务，据马端临《文献通考》卷十二《职役考》所载："国初循旧制，衙前以主官物，里正、户长、乡书手以课督赋税，耆长、弓手、壮丁以逐捕盗贼，承符、人力、手力、散从官以供奔走驱使。在县曹司至押录，在州曹司至孔目官，下至杂职、虞候、拣揣等人，各以乡户等第差充。"由于这些工作属于基层行政职务，所以马端临称之为职役。所谓"循旧制"，则是指沿袭五代而来，其中比较成为乡村民户重担的几种役职，是衙前、里正、户长、乡书手、耆长、弓手、壮丁。乡户轮充差役，以户等为依据。宋代依据民户是否拥有田产、缴纳两税，而将其划分为主户和客户，在有产的主户中，又依据产业的多寡而划分户等。从宋太宗太平兴国四年（979）起，行九等户制，至宋仁宗时代以后，乡村改行五等户制，坊郭则为十等户制，一般讲来，坊郭民众如果在乡村没有田产，便没有差役的负担。乡村民户中，官户享有免服差役的特权，此外单丁户、女户、寺观户、客户和主户中的下户（九等户时期的下五等户，五等户时期的下二等户）也可以免服差役，但客户和下户有时也会被差及。大致上轮充差役的乡户，属于富家或中产之家。不同的役职，有不同的户等条件。衙前、里正、户长、耆长多由上等户充任，乡书手、壮丁、弓手则多由中等户充任。

尽管轮充差役的多是乡村的上、中等户，经济情况较佳，但是仍然构成他们沉重的负担，甚至有人为之而破产。所以如此，原因在于：第一，乡村中的上、中等户，所占比例很低，再加上官户免役、豪猾形势之家逃避差役，使得役职集中在少数人家的身上，在富家愈少的乡村，轮差愈为频繁。第二，轮充差役没有报酬，仅衙前一职有奖赏，而民户却因为为官府做事而荒废了自家的生产工作。第三，除此之外，还有很多负担，如衙前运送或保管官物，有损失或破坏必须赔偿；里正、户长催督赋税，催讨不到会遭受杖打或拘禁的处罚，甚至要代为输纳；耆长、壮丁、弓手追捕盗贼，则更有生命的危险。

因此，乡户纷纷设法逃避差役，造成许多严重的问题。《宋会要辑稿·食货六五·免役篇》"治平四年（1067）六月二十五日"条载三司使韩绛言：

> 臣历官京西，奉使江南、河北，守藩于陕西、剑南，周访害农之弊，无甚于差役之法。重者衙前多致破产；次则州役，亦须厚费。夫田产，人恃以为生，今竭力营为，稍致丰足，而役已及之。欲望农人之加多，旷土之加辟，岂可得乎？向闻京东民有父子二丁，将为衙前役者，父告其子云："吾当求死，使汝曹免冻馁也。"遂自经死。又闻江南有嫁其祖母及老母，析居以避役者，此大逆人理，所不忍闻。又鬻田产于官户者，田归不役之家，而役并增于本等户。其余戕贼农民，未易遽数。

韩绛提到两件有伤人伦的事情，父亲自杀是为了使儿子成为单丁户，不必服差役；逼祖母、母亲改嫁，是因为宋代法律有父母、祖父母在，子孙不得别籍异财的规定，为了分家分产，降低户等，所以出此下策。这些因差役而造成的社会问题，其实在治平四年以前，就有很多人提到，甚至连后来反对新法的韩琦、司马光，也都曾经论及。

由于差役产生了弊害，所以从宋仁宗的时代以来，就不断有人推动各种改善的措施。庆历改革时，范仲淹在《十事疏》中所提出的减徭役，就是针对差役的问题而来。以后各地也有一些零星的改革，但始终没有收到较好的效果，于是在熙宁年间，有全面性的募役法实施。募役的办法，其实在宋仁宗时，也已经部分实施于衙前一役。衙前最初由里正兼任，称为里正衙前，由于负担太重，宋仁宗至和二年（1055）起改差乡村富户充任，称为乡户衙前。但是自宋初以来，又有长名衙前同时存在，所谓长名衙前（又称投名衙前，投名即应募之意），就是由招募而来。熙宁年间全面推广募役，使得役法有比较大的改变。

募役法起自成都进士李戒的建议，经由韩绛而转达于王安石。此事出自司马光《涑水记闻》卷十五的记载。李戒也曾献此议于当时任翰林学士的司马光，司马光以其内容不可行而拒绝；韩绛知成都府时亦曾得李戒此议，后来入朝廷任三司使，有意将李戒之议上于朝廷，而为司马光和其他官员所质疑劝阻；王安石得韩绛献此议则是在执政之后，两人同制置三司条例司时。所以在《涑水纪闻》这则记事之后，司马光注明为"自见"，应非任意虚构。

募役法经过制置三司条例司详加审议后，除募役的基本原则外，内容已与《涑水记闻》所载李戒所献之议颇有不同。早在熙宁二年（1069）十二月就确定了按民户资产多寡承担役钱，用于募民代役的原则；同时将办法发下全国各路，让官员提出意见。从熙宁三年（1070）冬季起，首先在开封府界各县试行，熙宁四年（1071）十月向全国颁布，办法大致如下：第一，乡村第一等人户分为甲、乙、丙、丁、戊五等，第二、三等人户分为上、中、下三等，第四、五等人户分为上、下二等，坊郭仍为十等，每年分夏、秋两次按等输钱，乡户从第四等以下、坊郭户从第六等以下不输。第二，衙前、户长、弓手不再差派，由政府募人充当。耆长、壮丁仍旧差派，在轮差期间，可以不出役钱。第三，衙前、户长、弓手等职，招募第三等以上税户充当，依照役职轻重支给雇钱。第四，役钱分免役钱和助役钱两类，原来应轮差役的民户，出钱免役，称为免役钱，原来没有差役义务的官户、女户、寺观户、单丁户、坊郭户均减半征收，出钱助役，称为助役钱。纳钱多寡各地不同，由州县按当地所需雇钱，摊配于不同户等人户，并且多收二分，以备水旱灾时欠搁，称为免役宽剩钱。总之，募役法实际上是差、募并行，并没有完全废除差役。在王安石第一次罢相期间，吕惠卿以参知政事领司农寺，认为过去用来排定户等的五等丁产簿，凭编造的乡书手会同户长提供各户资产资料，往往隐漏不实，建议实施手实之法，由民众自行申报，如有不实，许人纠告。此法实施后，引起弊端，有些地方官推行过于苛酷，要求登记财产及以农民所种桑柘量丈尺来计算其养蚕多少，令出役钱，造成民间骚扰。一些原本就不满新法的官员，也指责此法将开启告讦之风，群起反对。此法实施一年有余，在王安石第二次任相期间废罢。在王安石第一次罢相期间，吕惠卿还曾推行给田募役法，但此法在王安石复相之后即废除。

募役法立意良佳，但是法令本身已不能完善。耆长、壮丁仍旧使用差派的方式，而非雇募，同时壮丁规定在第四、五等户中轮差，而第四、五等户为贫弱下户，以前原则上是不必承担役职的，如今负担反而加重。引起最多争议的是宽剩钱的征收。实际上宽剩钱征收的目的，并不仅止于预备水旱欠搁，还有其他的财政作用。曾布在募役法全面实施前，曾反驳反对的言论，其中说道："今役钱必欲稍有羡余，乃所以备凶年，为朝廷推恩蠲减之计，其余又专以兴田利、增吏禄"(《续资治通鉴长编》卷二二五"熙宁四年七月戊子"条)。兴田利应是与青苗钱一样用于农事借贷，增吏禄为供给胥吏的俸禄。然而免役钱、助役钱征收之后，财政上的用途还不止于此，这就引起了募役法的种种弊端。

## 第七讲

# 新法的内容与由来（下）：
# 熙宁五、六年颁行的新法

最后讨论熙宁五年（1072）、六年（1073）颁行的新法。

## 8. 市易法

熙宁五年三月，行市易法。在京师设市易务，由政府提供资金，从事商品的买卖。北宋首都开封，是一个大商业城市，外地客商运货前来贩卖，遭到少数富商联合垄断市场，当货品来得比较多时，他们压低价格收购蓄藏；到货品少而京师民众急于购买时，他们仍不把蓄藏的货物售出，要等价格高涨后，才转销给京师的行铺。这些操纵市场价格的富商，即市易法颁行诏书中所称的"兼并之家"。如今政府成立市易务，以融通资金的方式，作外来客商与京师行铺的中介，打破富商的居间垄断、操纵价格。除了打击富商、平准物价之外，市易法也有增加财政收入的目的。以草泽自称，首先建议实施市易法的魏继宗，在他的建议中曾说道："因得取其余息以给公上。"后来王安石也曾和宋神宗谈到市易法，说"市易之法成，则货贿通流而国用饶矣"（《临川先生文集》

卷四十一《上五事札子》)。

具体办法是如此的。当外来客商运到京师来的货物，被当地收购的富商压价过低，因无利可图而不愿出售时，可以至市易务出售，直接与京师的行人（经营行铺的商人）交易，而市易务则以赊贷的方式，先代行人支付价钱，年息二分。外来客商运到市易务出售的商品，如果无人收购，而市易务认为有利可图，则可以由市易务收购，再依官府所定的时估价格，转售于市场。所谓"时估"，是指城市中同业商人为供应官府科买而组成的"行"，以批发价格为准，按旬或按月估定下旬或下月的货品价格，这项价格申报给官府后，成为官府向行铺科买货品的时价。为了办理货品买卖的业务，市易务可以召用京师诸行铺、牙人，充任本务的行人、牙人；来务中购买货品的行铺和出售商品的客商之间的买卖价格，就由务中的行人、牙人来居间协议。官府所需用的物品，如果在市易务收购比较方便节省，也可以一并在市易务收购。

市易法抑制富商操纵市场的立法精神，和熙宁二年（1069）七月颁布的均输法是一贯的，后来市易经营的业务扩大到物资的运输，也和均输法的内容相一致。以官府资本从事商业经营，收取利润以补助财用，从宋初以来也早有成例。除了食盐、香药等专卖品有官买官卖的情形外，又有所谓"回易"，这种活动在宋仁宗时期宋夏战争以后尤其兴盛，主要是由沿边各路主管军政的机构，运用官府资金，从事商业活动，收到的利润用来补助边费，也曾经使用过借贷资金给商人，向商人收取利息的方式。熙宁三年（1070），陕西的秦凤路又有市易司的设立。王韶在熙宁元年（1068）上书建议收复河湟之后，深受重用，主持西蕃的经营，并且在熙宁三年在秦凤路设置市易司，对于从事蕃汉贸易的商人融通商业资金，所得利息用来作为开拓边地的经费。秦凤路市易司的市易一词，为后来的市易法所沿用，而且在经营方式和理财作用方面，市易法也可以说是继承王韶所从事的缘边市易而来的。

市易法实施之后没有多久，市易组织大为扩充。一方面在京师中，市易务合并了榷货务、都商税院、杂卖场、杂买务等与商业有关的财税机构。榷货务主管茶、盐、香药等商品的专卖，筹措军粮；都商税院主管京师商税的征收，杂卖场和杂买务则主管宫廷、官府物资的买卖。这样一来，使得原来在立法上居于仲介、协调地位的市易务，进一步从事京师商业的管理和经营。另一方面，市易务的设置由京师扩展到地方，许多州郡陆续设立了市易务，京师市易务也升格为统领各地市易务的都提举市易司。

在市易组织扩充的同时，市易经营的范围也日益扩张。一方面是市易务开创了市利钱和免行钱的征收。市利钱的征收对象是外来的商旅，他们在汴京城门或商税务缴纳商税时，随商税缴纳。免行钱是免行役钱的简称，征收对象则是汴京本地的行户，"行"是宋代各地城市商人因承担官府所购物资的供应，而组成的同业组织，这种供应官府所购物资的义务即是"行役"。官府下行购物时，对于行户常有所需索，价钱又常拖延不付，这种情形在汴京特别严重，此外运费也由行户负担，行户因此不堪其扰。征收免行钱后，行户免除供应官府物资的负担，而官府则依照时估的价格，自行向行铺购买。市易务征收了市利钱和免行钱之后，送至隶属于都提举市易司的抵当免行所，贷放收息，用来支给吏禄。

另一方面，市易务进一步从事商品的运输买卖。首先是京师市易务贩运茶、盐、纱等商品，远达陕西、湖南、两浙，进一步垄断收购外地运来的糯米，强制配销给京师酒户。以后不仅京师的都提举市易司如此，地方的市易机构也在如此经营，而且收购商品的种类不断增加。李焘《续资治通鉴长编》卷二六〇"熙宁八年（1075）二月乙丑"条："都提举市易司言：'乞以诸路市易务隶本司，许本司移用钱物，度人物要会处，分诸路监官置局，随土地所产、商旅所聚与货之滞于民者，皆可收敛。'从之。"这一项新的规定，使得都提举市易司在全国各地张下了一个广大的物资收购网。收购之后，并且要变转为利润，利润多者，官吏可以获得奖励；利润不及规定之数者，则官吏受到惩罚。奖惩的规定，说明运销、买卖商品已逐渐成为市易机构最主要的一项业务。

再一方面，市易务所辖的抵当所，在元丰年间大量增设，由京城推广到开封府界诸县，再推广到全国各个州县，甚至深入市镇，以常平本钱作为各地市易抵当的本钱，向人民借贷收息，成为地方城市所共有的一个公营抵押借贷的机构，与民间同样经营抵押借贷的机构质库、长生库并存，质库为富家所设，长生库则为佛教寺院所设。

总而言之，市易经营在不断扩大的过程中，已经与当初立法的内容有很大的差距，经营目标也与当初立法精神不完全一致。

## 9. 保马法

熙宁五年五月，行保马法。开封府界诸县保甲如果愿意代官府养军马，由官府以在陕西所买马交付饲养，每年不超过三千匹。次年八月，推广此法于西、北沿边各路。各路义勇、保甲如果愿意养军马，每户一匹；资产高的人家如果乐意，也可以养两匹。由官府以监牧所养马给付，或者支付价钱让人户自己去买，但是不可以强制人户饲养。开封府界各县以三千匹为限，沿边各路以五千匹为限。养马的民户除用马来追捕盗贼外，不可以骑乘出三百里之外。在开封府界的养马户，每年免除应纳草二百五十束，并且由官府给钱、布，沿边各路则免除"折变缘纳钱"。其中三等以上人户，十户结为一保，四等、五等人户，以十户结为一社，如果马有死病，保户马由马主独自赔偿，社户马则马主赔偿一半，另外一半由其他社人共同赔偿。政府每年检查一次马的肥瘦。

保马法实施的目的，在于节省政府牧养军马的经费。宋代境内虽产马，甚至有军马采购自土产马的情形，但军马仍主要购自境外，北宋时多来自陕西沿边诸蕃部。购得之后，牧养于政府设于陕西、河南北、河东诸州的马监之中，也就是前面所提到的监牧。监牧养马，弊端颇多，宋祁于宋仁宗庆历六年（1046）初次担任群牧使，主管马牧，曾经上言：

> 今议者但欲益兵破敌，不知无马且不能为兵也。用兵七年，终不闻讲牧马之制，此宁朝议未之思乎？今群牧司管河北凡十监，其五监畜孳生马，五监蓄大马，然未尝有数登十万匹者，何其弱也！今河北洺、卫、相、北京五监之地，皆水草甘凉，可以蕃息，但官非其人，不能尽法牧养。何者？马数虽增未之赏，马数虽耗未之罚，急则括买民马，苟以充数，既不可用，徒有刍秣之费，驱之边境，未战而冻死者十八九矣。（宋祁《景文集》卷二十九《论复河北广平两监澶郓两监》）

按《历代名臣奏议》载此奏，称其为嘉祐五年（1060）所上，《景文集》引用其说，亦以其为嘉祐六年（1061）所上，但奏中有"用兵七年，终不闻讲牧马之制"的文句，应为宋夏战争时所上。宋夏战争始自康定元年（1040），下推第七年即庆历六年。嘉祐五年时，宋祁已第二次任群牧使。宋祁两次任群牧使，见杜大珪《名臣碑传琬琰集》所载他的神道碑。宋祁在此奏中指出监牧耗费却未能收到应有的效果，他建议的是监牧改进之法，而未主张废除监牧。他同时另有上奏，建议在京东西、淮北州郡令民间养马，虽给予赋税上的优惠，可是不涉及监牧废除的问题，此一建议亦应未为朝廷所接受。然而监牧既不能收到应有的效果，同时开支又大，所用牧地又广，这些土地由于不用于农业生产，也就无法向政府提供租税。所以自宋仁宗时期起，由于牧地经常为民众所侵耕，已有官员主张废罢部分监牧，将其开辟为农田，以增加财政的收入，可是基于战马的需要，未曾实施。实际上早自真宗晚期以来，已经陆续有让民众租佃马监草地来耕作的案例，但未成为国家全面性的政策。

宋神宗即位之后，接受了废除监牧的意见，逐步推行，而以保马法来取代监牧。到熙宁八年（1075）保马法推广实施两年之后，河南北监牧几已全部废除，仅保留沙苑一监。马端临《文献通考》卷一六〇《兵考·马政篇》载当时废除监牧的经过：

> 时诸监牧田，大抵皆宽衍，为人所冒占，故议者争请收其余资，以佐刍粟。言利者乘之，始以增广赋入为务。始议（废）监时，群牧制置使文彦博言："议者欲赋牧地与民而敛租课，散国马于编户而责孳息，非便。"诏元绛、蔡确较其利害上之。于是中书枢密院言："河南，北十二监，起熙宁二年至五年，岁出马一千六百四十四，可给骑兵者二百六十四，余仅足配邮传。而两监牧吏卒杂费及所占地租，岁为缗钱五十三万九千有奇，计所出马为钱三万六千四百余缗而已。今九监见马三万，若（不）更制，则日就损耗。"于是卒废之，以其善马分隶诸监，余马皆斥卖，收其地租，给市易（茶）本钱之外，寄籍常平出子钱，以为市马之直。……凡废监钱归市（易）之外，又以给熙河岁计。诸监既废，游（按："游"当

作"淤"）田司请广行淤溉，增课以募耕者。而河北制置牧田
所继言：牧田没于民者五千七百余顷，乃严侵冒之法，而加
告获之赏，（于）是利入增多。元丰三年，收废监租钱，遂至
百十六万，自群牧使而下，赐赉有差。

从这一段叙述，可以了解保马法的推行，目的即在取代监牧。而
所以要用保马法取代监牧，强兵的考虑恐怕还在其次，主要的原
因在于一方面节省开支，另一方面则在增加财政收入，而增加财
政收入的途径，又与其他新法相关联。牧地经过淤溉之后，出租
给农民收地租，这和农田水利法有关；收到的地租则拨作市易本钱
或常平本钱，经由市易经营和青苗贷借的运用，又可以再收到利
润或利息。

保马法将政府的养马负担部分转移给民户，民户有马可用，又
可以从政府那里得到一些免除租税或钱布之赐的好处，可是要负
担饲养的费用，死病也要赔偿，不过照法令来讲，应该是出于自
愿。同时由开封府界和沿边各路保甲来养，也有与新推行的民兵
制度互相结合之意，然而所养的数量却未必能满足政府的需求，
于是进一步有户马法的实施。

熙宁八年，河北察访使曾孝宽建议在河北由坊郭户第三等、乡
村户第二等以上，每户养官马一匹，以备官府需要时购买，但是
没有实施。元丰三年（1080）所颁布的户马法，和曾孝宽所建议
的强制富家养马的办法，有相近之处。按照颁布的规定，开封府
界、京东西、河北、陕西、河东等路，资产富厚的人家，要自己
买马来养；坊郭户家产达三千缗以上、乡村户达五千缗以上，养
一匹，资产增加及一倍，增养一匹，以三匹为限。这个办法和保
马法的不同，除了地域扩大到不在沿边的京东、京西外，最值得

91

注意的是采取强制的方式，而且必须由民户自己买马，由于要自己买马，所以仅限于富家。政府本身不仅节省了畜养的费用，连买马的费用也都省掉了，而马则属于富家所有。元丰四年（1081）征伐西夏，曾调用户马，战争结束后，借者给还，死者偿还价钱。

在熙宁六年推广保马法实施地域时，已规定除了从政府监牧所养马拨给之外，也可以拨钱给民户自己买，不过自买情形或许很少有；到户马法实施时，则是全面性地规定由民户自己买马。由于马由养马的富家自己买，所以马的来源就是一个很大的问题。政府了解这个问题，宋神宗就担心猾商乘机抬高马价，要求从群牧司拣选好马千匹，定价与民户交市。但是千匹的数量，和朝廷规定开封府界及华北诸路养马超过万匹的总数相较，大部分的养马户仍需从其他来源采购。于是当地是否产马，就成为地方长官能否达成任务的一个问题。例如点检京东东路刑狱霍翔在元丰五年（1082）初就表示，当地齐、淄等州，民号多马，即使是土产马也体格高大，齐州第六将骑兵所用也多为东马，所以民户应募养马数已达四百四十八匹，超过朝廷规定京东东路养马数七百一十七匹的五分之二；可是知延州刘昌祚在元丰六年（1083）却指出，鄜延路比起其他路分，难以畜牧，非养马之地，他的话虽非为户马法而发，却显示了各地情况的不同。

到元丰七年（1084）在京东及京西路实施都保养马，地方的差异性明显地从政策的实施中显示出来。按照规定，两路乡村民户原来以物力（资产）养马的办法不再实施，而改为两路保甲免教阅，可是乡村未养户马的人户，每都保养马五十匹，由官给价钱，并免除部分税役负担，三等以上人户均要轮流饲养，四等以下人户、遥佃户（不居住于田产所在乡村的地主）、官户则出钱助养，并且规定了达成数量要求的年限。这一个办法，也称作保马，但却是强制性的。对于新办法，提举京东路保马霍翔表示，京东路若干州郡产马最多或差少，可以依情况减少不同的年限，只有登、莱两州马虽多却往往在体格上未达要求，仍维持原规定的年限，不久后又奏言本路已买保马一万一千匹。同管勾京西路保马吕公雅起先也自请减少达成数量的年限，但是裁减幅度过大，导致知河南府韩绛以京西路不产马、民又贫乏而上言其不妥，朝廷因此下诏指责，直称此路马极难买、市价又贵，吕公雅在回复中虽仍维持年限的裁减，但只得又回展所减的年数。

　　总而言之，从熙宁到元丰，政府一直在设法扩大民间养马的地域与数量，以之取代政府的牧监养马，在军事行动中收效如何，难以评估，却可以看出某些官员为了表现自己的绩效而不顾实际情况的态度。然而官员这种不顾实际情况的态度，多少和朝廷不顾各地实际情况的政策有关系。

## 10.　方田均税法

　　熙宁五年，立方田均税法。此法分方田、均税两个部分，而方田的目的则在于均税。方田的办法是丈量土地面积，评定土地等级。以东西南北各千步，相当于四十一顷六十六亩一百六十步为一方，每年九月由县官分别丈量，根据方帐、庄帐等册籍查对土地的种类，依据肥沃、贫瘠的差别，分为五等，按照等级确定应负担的赋税，至次年三月结束，公布让民户知道，如果有不同的意见，在一季之内提出，期满则由官府填写户帖，连同庄帐，一同交付民户，作为地符（田产的证件）。均税的办法，则是租税的数额依各县原有税额均定，并且以田亩为依据。每方田的四角堆土植树，作为边界。登记田产有方帐、庄帐、甲帖、户帖。分家、典卖、田税过割，都由官府给契约，县里有资料簿，以方田所丈量的面积为准。先从京东路施行，然后推广到各路。

方田的方，应该是进行丈量时的一个分区，也是土地资料的一个单位。在进行丈量时，每方差派大甲头二人，以本方上户充任，另差小甲头三人。大、小甲头集合方户，各自认定本户土地的步亩，由方田官亲自验定土地的类别、等第，甲头、方户也一同参与认定。同一方内的田亩，分别属于不同的地主，应该分别丈量，但是都登记在同一方帐之上。庄帐则是税户自造的土地帐册，经官府批核盖印后发还。户帖由官府发给税户，登记有税额，而附以田色、步亩、四至。庄帐、户帖两项资料，都由民户收执作凭证。甲帖则应该也是以税额为主，附以田亩的资料，可能是由官府发给负责催税的甲头保管。青苗法实施后负责散发、收敛青苗钱的甲头，后来要兼催税的工作。这些资料，尤其是方帐与庄帐，是否绘有土地的图形，在记载中不见有说明。

所以要实施方田均税法，与富家隐漏田亩，逃避赋税，造成赋税负担不公，而且损害到政府的财税收入有关。《宋史》卷一七三《食货志·农田篇》载宋真宗天禧五年（1021）全国垦田五百二十四万余顷，又说：

> 皇祐、治平，三司皆有《会计录》，而皇祐中垦田二百二十八万余顷，治平中四百四十万余顷，其间相去不及二十年，而垦田之数增倍，以治平数视天禧则犹不及，而叙《治平录》者以谓此特计其赋租以知顷亩之数，而赋租所不如（按："如"当作"加"）者十居其七。率而计之，则天下垦田无虑三千余万顷。是时，累朝相承，重于扰民，未尝穷按，故莫得其实。

当时全国田亩面积是否有如《宋史·食货志》估计之多，固然有疑问，但是隐漏田亩应该确实是一个广泛的现象。田亩隐漏的背后，则是土地分配的不均、赋税负担的不公平。宋代不立田制，也就是确认土地私有制度，不再像盛唐时期那样有授田之法，因此土地兼并成为一种自然现象，拥有多量土地的地主为求减轻赋税负担，并没有据实向政府申报田亩面积。面对土地分配不均的现实，自宋初以来，有不少人主张恢复古代井田之制。王安石在他的诗、文中，虽然不断批评兼并，但在他执政时，却认为在现实中富家田连阡陌已成事实，无论井田制或均田法均已非凭借着政令的推动就能够在当时重新实现。他对于土地问题，采取的只是均税的办法，要求有土地就要有赋税。

均税的办法，其实也不是王安石首先创行的，早在宋仁宗庆历三年（1043）以前，郭谘、孙琳曾在洺州肥乡县施行千步方田法，以解决当地田赋不均的问题。后来王素建议均天下田赋，庆历三年派郭谘、孙琳两人首先从蔡州上蔡县进行丈量，可是没有进一步扩大实施。嘉祐五年（1060），朝廷又设均税司，在河北、陕西实施均税，孙琳也在河中府用方田法丈量。办法同样是以四方千步为一丈量单位，按土地肥瘠分等第，在现有税额内均税。可是这一次均税，无论在河中府还是其他地方，都引起民众惊扰，因而停罢。王安石的方田均税法，显然只是承袭宋仁宗时期难以推动的政策，并且扩大实施。

方田均税法规定均税只依各县原有税额均定，也就是当隐漏的田亩检查出来，承担赋税之后，原来已在承担赋税的田亩，赋税的负担应该会减轻，政府赋税的收入并没有增加。所以如此规定，是为了避免民户担心赋税增加而惊慌抗拒。但是实际推行时，地方官吏是否能够如此做，是一个问题。刘挚《忠肃集》卷十三

《正议大夫致仕龚公墓志铭》载龚鼎臣知兖州事迹：

> 是时遣使方田，其法物色土宜为十等，以均地税，而使者
> 所辟置，意幸功赏，田既不得其实，而概取税之虚名诡额及常
> 所蠲者，加入旧籍，劫制州县，上下骚然。公曰："税有重轻，
> 均固可尔，今增之，非朝廷本指也。"独不肯增。人危公，公
> 卒以州籍常数均定，兖人至今德公。或论公八年不迁官。

熙宁五年规定田分五等只是原则，次年又下诏各地可以从其土宜，所以兖州田分十等。从这段记载，可以看出，由于有功赏之令，所以增税成为各地常见的一种现象。财政因素在均田法推行过程中未必不发生作用。

## 11. 军器监法

熙宁六年（1073）六月，立军器监法。此法出自王安石之子王雱的建议，将原由三司管辖的军器制造事务改由新设的军器监管辖。

宋代原在各州设置将作院制造军器，隶属于三司的胄案，胄案为三司所辖二十余案之一，掌管修护河渠、制造军器。而制造军器的业务主要是管辖应造项目及所需材料。三司理财事务烦杂，对于制造出来的军器是否精良实用，未能顾及。王雱指出诸州将作院所积军器虽多，却大抵弊恶不可使用；不仅王雱在他的建议中这样说，宋神宗也曾说河北兵械皆不可用。如今在京师另设军器监主管中央及地方的军器制造，脱离三司的管辖。将数州将作院合并于一处，在盛产材料的地方设置都作院，招募良匠从事制造，并且互相比较，重加赏罚。各处都作院所制军器的格式，都由军

器监派员指点。军器监本身也直辖东西作坊，规模颇大。

军器监的设立，明确以强兵为目标，就改正以往各州作院所制军器拙劣的缺点来讲，也有防止浪费的财政作用。但是一个新机构的设立，也难免会有许多新增的人事开支随之而来，所以即使如此也要把原本隶属于三司胄案的军器业务移出，另设宰相辖管的军器监，恐怕也如第四讲所论熙宁三年加重司农寺业务一样，有分三司财权，提高宰相权力的目的。所以在复置军器监之后，即以深获王安石倚仗的吕惠卿出任判监。吕惠卿先后经历王安石扩张宰相职权的诸项要职，包括制置三司条例司检详文字、同判司农寺、检正中书五房文字、判军器监，且于熙宁七年（1074）二月，以知制诰、检正中书五房公事、判军器监兼判司农寺，可以王安石之下，集权力于一身。检正中书五房公事之职创设于熙宁三年（1070）九月，以朝官充任，其职在于监管中书门下各项行政事务；在制度上，原本只有中书执政官可以用札子以出政令，可是在熙宁十年（1077）十月以前，检正中书五房公事也仿中书行札子，则其职任之重，可想而知。

王安石收三司权力于宰相手中的用意，在于熙宁变法以理财为重心，三司主管财政，其财权收归宰相手中后，新法的推动可比较不受其他机构的牵制。到元丰改制时，溯源《周礼》，以《唐六典》为典范，中央政府机构为三省、六部、御史台、秘书省、九寺、五监，三司被撤销，所辖财政事务则改辖于尚书省户部及其他相关机构，军器监则保留下来，而宰相职权的扩充也已成为定局。

# 第八讲

# 阻力与偏失

　　王安石所推行的新法，规模宏大，目标高远，从法令的内容看，可以说是法良意美，但也并非全无阙失。例如募役法实际上是差、募并行，第四、五等户原来没有职役，如今要轮差壮丁。而且民户除了应缴的免役钱外，又必须再缴二分宽剩钱，到了实际施行之后，更是弊端丛生。王安石自己曾对宋神宗说过，免役、保甲、市易三法，"有大利害焉。得其人而行之，则为大利，非其人而行之，则为大害；缓而图之，则为大利，急而成之，则为大害"。又讲到市易法，"窃恐希功幸赏之人，速求成效于年岁之间，则吾法隳矣"（《临川先生文集》卷四十一《上五事札子》）。据《名臣碑传琬琰集》《东都事略》《宋宰辅编年录》等宋人著作，因章惇推荐给王安石而获任命为监察御史里行的张商英，在熙宁五年（1072）出任此职后，也曾对宋神宗讲过这三项新法，说过"得其人缓之即为利，非其人急之则即为害"这类的话。彼此之间的关系究竟如何，姑且不论，但很不幸的是，王安石对于新法的推行，在心态上既未能缓而图之；而获得王安石信任、协助他推行新法的官员，有许多也正是速求成效以希功幸赏之人，下文所述掌管市易务的吕嘉问，以及郑侠上书王安石所论青苗法、免役法施行过程中一些地方官吏的作为，即是明显的例证。这些人揣摩到宋神宗和王安石急于充裕国家财政的心理，加以逢迎，使得新法在实施时，社会政策的一面晦而不彰，财政政策的一面则充分暴露，政府不断追求收入的增加，造成民众负担的加重。

政府中的部分官员，认为政治的改进应着重择人，而不强调立法，对于理财的方针偏向于节用，而不赞成开源。他们对于政治、社会的弊病，虽然也未尝在某些部分和王安石有相同的看法，例如范镇、苏轼都曾有过改革募兵弊病的想法，吕公著、司马光都认为在科举考试中应该提高经义考试的地位，司马光曾论及如何改善差役对民众所造成的困扰，程颢也主张取士应出自学校，但是他们对于王安石大规模的变法，并不以为然。到新法施行后，弊端丛生，更增加了他们反对的理由，而司马光就是这些反对者的代表。

司马光在宋神宗即位之后，和王安石同受擢升为翰林学士，并代理御史中丞，他向宋神宗指出，君主修心之要在于仁、明、武，治国之要在于官人、信赏、必罚。这完全是就人而非法的因素立论，和王安石在《上仁宗皇帝言事书》中所说的"方今之法度多不合先王之政故也"，在态度上完全不同。熙宁元年（1068）八月，他和王安石在宋神宗面前曾经有过一次争辩，当时河北发生灾荒，司马光认为国用不足，应该节用，建议中书省、枢密院两府官员辞谢皇上的赏赐，而王安石反对。司马光《司马文正公集》卷三十九《八月十一日迩英对问河北灾变》：

  介甫曰："国用不足，由未得善理财之人故也。"光曰："善理财之人，不过头会箕敛以尽民财，如此则百姓困穷，流离为盗，岂国家之利邪？"介甫曰："此非善理财者。善理财者，民不加赋而国用饶。"光曰："此乃桑（弘）羊欺汉武帝之言，司马迁书之以讥武帝之不明耳。天地所生货财百物，止有此数，不在民间，则在公家，桑羊能致国用之饶，不取于民，将焉取之？……"

这段对话，清楚地表现出王安石与司马光对于理财看法的不同，两人立场的分歧已经十分明显。

自从熙宁二年（1069）王安石出任参知政事，设置制置三司条例司，策划变法之后，司马光和部分官员就不断提出批评。新法陆续颁行之后，批评更加激烈。熙宁三年（1070），宋神宗要任命司马光为枢密副使，司马光因为不赞成新法，拒绝了这项职务。司马光和王安石在宋仁宗嘉祐年间就已经结识，而且成为好友，由于多年的友谊，他先后写了三封信给王安石，劝王安石不要自信太深。王安石回信为自己辩解，说"两人相好之日久，而议事每不合，所操之术多异故也"。两人因为政策立场不同而生的嫌隙，已经不可能再弥补。司马光在这种情况之下自请离开朝廷，到洛阳专心从事《资治通鉴》的纂修。但是即使出居洛阳之后，他仍然不时针对新法提出批评。

反对新法的官员，如富弼、韩琦、欧阳修、文彦博等，都是元老重臣，富弼、韩琦、欧阳修在庆历改革时期就已经很活跃，是庆历改革的支持者。在庆历改革时，整顿行政组织的措施占了重要的地位，而在熙宁变法时，却从大规模的改变政策着手，而不太理会行政执行上所可能带来的弊病。这也许是他们支持庆历改革而反对熙宁变法的原因。其他如司马光、吕公著、韩维、范纯仁、苏轼、苏辙等，也都颇负时望。他们的反对言论，从国计民生出发，只是考虑的方向和王安石不同，和庆历改革时反对力量来自既得利益受损的官员已不一样。他们的反对，对王安石构成了重大的压力。

王安石的个性，就熟识他的司马光看来，原本执拗。当宋神宗问司马光对王安石的看法时，司马光说，王安石并非如别人所讲是奸邪，他只是不晓事而又执拗而已。"执拗"是司马光在宋神宗面前为王安石开脱"奸邪"之谤的话，并非对他的攻击，纯就他的个性来讲，不含恶意。就如司马光在宋神宗面前评论韩琦有忠于国家之心，却有"好遂非"的短处一样，意指韩琦虽有为善之心，但方法错误，又坚持做法，以致得到不好的结果，并非攻击韩琦的话。"执拗"的个性就王安石自己看来也许是择善固执，对政见不同的司马光来讲却是过分坚持己见，不仅听不进别人的劝告，而且有错也不肯改。司马光在上述劝王安石的信中，说他"其失在于用心太过，自信太厚而已"，同样并非攻击性的言辞，而是以直谅之友的身份，直言自己心中王安石的弱点，而这两句话，正是"执拗"一词最适当的解释。"执拗"一词从这以后直到南宋中期以前，当用于指王安石或司马光时，含有宽谅的语意仍未改变，要到写成于南宋晚期的话本《拗相公》，含义才由宽谅变而为指责（详后）。

本性已使王安石不轻易退让，况且他又得到宋神宗全力的支持，他担任参知政事时的宰相曾公亮，就说过"上与介甫如一人"。所以面对澎湃的反对声浪，他毫不畏惧。杨仲良《续资治通鉴长编纪事本末》卷五十九《王安石事迹上》"熙宁三年三月己未"条载宋神宗询问王安石，是否听闻外间传言，指当今朝廷为"天变不足惧，人言不足恤，祖宗之法不足守"的三不足之说，王安石回答：

> 陛下躬亲庶政，无流连之乐，荒亡之行，每事惟恐伤民，此即是惧天变。陛下询纳人言，（事）无小大，惟言之从，岂是不恤人言？然人言固有不足恤者，苟当于义理，则人言何足恤？……至于祖宗之法不足守，则固当如此。且仁宗在位四十年，凡数次修敕，若法一定，子孙当世世守之，则祖宗何故屡自变改？今议者以为祖宗之法皆可守，然祖宗用人皆不以次。今陛下试如此，则彼异论者必更纷纷。

王安石一向认为自己的主张本于义理，所以对他来讲，是人言何足恤，不同的主张只是不合理的异论。

就当时的实际情况来讲，批评新法而王安石看来是"异论"的言论，除了司马光反应特别强烈，认为法不善，推行者也不得其人外，有许多其实并没有从根本去抹杀新法的法意，不过或是指出实施时的弊端，或是指出法令内容有不妥之处，例如在熙宁四年（1171），御史中丞杨绘对募役（助役）法的批评就是如此。即使这样的批评，王安石也无法听进去，更无法容忍批评者继续发言，杨绘因此遭到罢黜。新法在推行过程中所发生的弊端，其实连王安石的学生陆佃也看出来了，他在熙宁三年为应考省试而到京师，王安石一见面就先问新政实施的情况，陆佃回答说："法非不善，但推行不能如初意，还为扰民，如青苗是也。"王安石对他反映实况的回答，显然听不进去，他说法令出自他和吕惠卿商量，还探访过外界的意见。但这只是就法令的本身来讲，陆佃告诉他的却是地方上法令实施的情况。王安石似乎不了解，即使是经过深思熟虑而富含理想的法令，在推行过程中，也可能因为各种因素而出现与预期有很大差距的结果，何况即使青苗法的法令本身是否那样妥善，在当时就有着争议。在谈话中，陆佃又告诉王安石说，外界颇认为王安石拒谏，王安石说他并非拒谏的人，"但邪说营营，顾无足听"，陆佃回答："乃所以致人言也。"（《宋史》卷二四三《陆佃传》）对王安石来说，不同的意见不仅是异论，而且是邪说，这也就无怪乎他不愿意加以考虑，而人们会因此认为他拒谏。

王安石过分固执的个性，使他不知变通，既不检讨新法本身及施行时是否真有应该改进的偏失，也不尝试去争取意见不同的人来合作。对于不同的意见，他只是一味地压制和排斥，斥责批评新法的人无学问，是流俗，说"流俗之人罕能学问，故不识利害之情，而于君子立法之意有所不思而好为异论"。这样的说法，对于同样以学问知名，只是治学方向有所不同的司马光等人，真是情何以堪。他又劝宋神宗要独断，要战胜流俗，宁可用寻常人，也不要用有异论的人。《续资治通鉴长编》卷二一一"熙宁三年五月庚戌"条载宋神宗想用欧阳修执政，与王安石间的对话：

> 安石又曰："修性行虽善，然见事多乖理。陛下用修，修既不尽烛理有能惑其视听者，陛下宜务去此辈。"上问谁与修亲厚，良久，曰："修好有文华人。"安石盖指苏轼辈，而上已默谕。明日，安石又白上曰："陛下欲用修，修所见多乖理，恐误陛下所欲为。"上患无人可用，安石曰："宁用寻常人不为梗者。"上曰："亦须用肯作事者。"安石曰："肯作事固佳，若所欲作与理背，即误陛下所欲为。又陛下每事未免牵于众论，或为所牵，即失事机，此臣所以不能不豫虑也。"

王安石在嘉祐年间上书仁宗时，早曾强调人才的重要，如今为了贯彻新法的实施，竟然一转而认为"宁用寻常人而不为梗者"，这对一向充满理想的王安石来讲，无疑已踏上一个悲剧的方向。

反对新法的官员逐一遭到贬黜，从京师调往外地。然而王安石所承受的压力，不仅来自一般被称为旧党的反变法官员；推动变法的官员，也就是一般所称的新党，内部也发生了意见的分歧和权力的斗争。提举京师市易务的吕嘉问，为了追求市易收入的增加，以获得奖赏，在经营方法上有了偏差。当初建议实施市易法的魏继宗，对于经营的偏差曾有这样的报告："嘉问等务多收息以干赏，凡商旅所有，必卖于市易，或非市肆所无，必买于市易，而本务率皆贱买贵卖，重入轻出，广收盈余"（《续资治通鉴长编》卷二五一"熙宁七年三月壬戌"条）。照魏继宗所讲，市易务这时已独占了市场，以官府的身份从事兼并。吕嘉问又以身为王安石的亲信，气焰过人，三司使曾布虽然也曾协助王安石策划新法，却对吕嘉问无法忍受，于是在熙宁七年（1074）三月向宋神宗报告市易务的做法已违反了原初立法本意。王安石坚定地支持吕嘉问，向宋神宗推荐他最亲信的吕惠卿，和曾布共同调查市易务的弊端，借机会打击曾布。吕惠卿、曾布两人原本已有嫌隙，在调查方向上也背道而驰。最后局面为吕惠卿所掌握，曾布反而成为被调查的对象。结果曾布、吕嘉问同时被贬官，其他批评市易经营的人都受到处罚。可是吕嘉问在贬官之后不久，便因为市易收入增加而又获得升迁的奖励。整个过程，显示王安石在文过饰非，借吕惠卿之手，运用政治压力来压制批评市易的言论。

不过王安石的处境也在这时开始逆转。熙宁六年（1073）七月至七年三月间，北方发生大旱，各路流民涌入京城，监安上门郑侠将他在城门所见流民悲惨的情形，绘成一图，擅发马递，奏为密急事，献于宋神宗。郑侠和王安石的关系，值得说明一下。郑侠原来是王安石的崇拜者，曾经问学于王安石，熙宁初年任光州司法参军，判决一件有疑义的司法案件，得王安石采行，于是更以王安石为知己。当王安石得宋神宗知遇，受命执政时，郑侠深信太平可望。可是新法陆续施行，民间不以为便。郑侠想要尽知己之忠，将民间实况告知王安石，于是在熙宁五年（1072）春天，当光州司法参军任满之后，前往京师，告知新法施行的实际情形，然而王安石无动于衷。王安石要郑侠应明法科，选人考中者可以改京官，郑侠以未尝习法而不从，反而谋取监安上门的低微职位。

郑侠担任这项职务后，所见民间疾苦更加真切，尤其京城是市易法施行的主要范围，而商旅必须出入城门，各项弊病均可以得知。郑侠因而上书王安石，申诉新法的问题所在。这篇上书除了谈到他在城门见到市易务征收免行钱和市利钱过于苛急，导致小商人负担加重的情况之外，又论及青苗法和免役法施行的偏失。在青苗法方面，他指出：

> 及贪暴之吏，急于散而取赏，则曰某县民若干，散必若干；某县为民若干，散至若干，不然者劾奏。而令佐巫于承命，以求知于其上，又巧以强与。若某乡某里某人不请，则旬月之下，必有他祸者，且不可解。及其催纳之际，亦莫不然。则尽，一州一县之民，无有不请青苗者。……至于收成之际，又不稍缓其期，谷米未及干，促之已急。而贱粜于市，而囊之利十，今不售其五六；质钱于坊郭，则不典而解，其甚者至于无衣褥而典解。是法所以苏贫之而反困之，抑兼并而反助之矣。

又指出免役法的弊端：

今闻贪暴之吏，校民之产，有类其橡之多少，而量其长短；计其牛、羊、犬、马、鸡、豚、狗、彘、铁炉、茶坊、兽置、鱼笱、食器、眠具，莫不估价出钱以助役。不知朝廷以收到免役钱，除每岁雇募工役、调给官员得替、赴任人工及津置纲运外，其钱更欲作何支用，而取之如此其细。（郑侠《西塘集》卷六《上王荆公书》）

郑侠并且指出，所以会有如此的结果，症结在于"贪缪之人，急功而要利，督促以成就"，他并没有批评新法本身。他的规谏，对王安石的态度没有发生影响，于是在熙宁七年（1074）三月有流民图的上呈，在说明所以绘此图的上书中指出，天旱是由于中外之臣辅佐宋神宗不以其道所致，对宋神宗产生了某种程度的影响。

其实从熙宁五年（1072）以后，前述曾公亮所讲"上与介甫如一人"的情形已逐渐有了变化，宋神宗与王安石之间在人事上的争执日增，此外又有彼此诘问消息来源的情形，显示两人之间的互信已难以维持。熙宁六年（1073）元宵，王安石随宋神宗御驾观灯，没有在宣德门外下马，骑马入门，为守门卫士呵止，挝伤其马。王安石大怒，请送卫士于开封府治罪，御史蔡确弹奏开封府曲意奉承大臣之家，指出宿卫之士只是拱卫人主，宰相下马非其处，为卫士所当呵止，开封府反而用不应为之法杖卫士十人，此后卫士还有谁敢坚守职责。宋神宗虽同意王安石送卫士治罪的请求，却认为蔡确讲得对。这件事显示宋神宗心中对王安石已有不满之意。到北方大旱发生，郑侠上流民图及上书后，宋神宗手诏指示以灾伤路分编排保甲、方田造簿、淤田及目前差用夫役之处暂时停罢，等农隙、丰熟时再另行上奏取旨。王安石对宋神宗讲，虽逢大旱，不足为虑，应该益修人事以应天灾；宋神宗回答说，此非细事，所以恐惧，正是为人事有所未修。王安石的说法，这时显然已经不能为宋神宗所受；宋神宗的回答，则无疑是指施政出了问题，而他所以会如此认为，则应是听到包括郑侠的言论在内的一些外界对新法施行的批评。宋神宗既然如此表示，宰相机关中书门下不得不在熙宁七年四月初建议蠲减免行钱、市例钱、京师各城门商税等税额，以赈恤灾民。紧接着在这月内，王安石为了对这次旱灾灾情负责而罢相，出知江宁府。可是郑侠也跟着在六月遭到停职、编管汀州的处分，旋即又改为送往英州编管。

王安石罢相时，推荐曾任宰相的韩绛自代，又推荐吕惠卿升任参知政事，当时号韩绛为"传法沙门"，吕惠卿为"护法善神"，仍然坚守王安石的政策。曾布和郑侠的贬斥，都是在吕惠卿出任参知政事后确定的处分。然而吕惠卿的政治野心也从此扩大，有意取王安石的地位而代之。他借郑侠的案件，诬陷另一位参知政事冯京及王安石的弟弟王安国，指郑侠曾经批评禁中之事，都是冯京和王安国所指使。冯京和郑侠原本没有私人瓜葛，只是对人称赞过郑侠文辞甚佳，也肯定他敢言；王安国则由于一向不满王安石的新政，和郑侠亲厚。王安国又一向不喜欢吕惠卿，曾几次当面斥责他，又曾劝说王安石"远小人"。吕惠卿怀恨在心，因此借机报复，同时也想借这一个案子，阻止王安石回来复相。韩绛也和吕惠卿发生了摩擦，于是秘密陈请宋神宗召回王安石。宋神宗在熙宁八年（1075）二月召王安石回复相位，王安石没有在江宁府依例辞免，立即兼程赶回京师。有学者认为，在王安石第一次罢相期间，他和吕惠卿的关系并未发生变化；又有学者认为，王安石奉诏复相，是以常程回到汴京，依例辞免的程序也在江宁府就已完成，并以此检视王、吕二人的关系。但这些看法，仍有可以斟酌之处。

这年九月，御史蔡承禧已弹劾吕惠卿之弟吕升卿招权纳贿，并且牵连到吕惠卿；王安石又抱怨《三经新义》中，原为他和王雱所订定的诗义，为吕升卿所删改。吕惠卿在吕升卿遭弹劾后曾谒告并请求罢政，为宋神宗所挽留而回复任职后，对宋神宗讲过这样一段话："臣意安石在江宁时，心有所疑，故速来如此。既至，必是陛下宣谕，及尝借臣奏对《日录》观之，后颇开解"（《续资治通鉴长编》卷二六八"熙宁八年九月辛未"条）。十余日后，吕惠卿又对宋神宗讲："昨安石初到，臣请去位，陛下以为安石莫疑否？臣犹以为不然。及臣再求去位，陛下云：'安石莫不忘卿否？'臣再三以为无此。今观安石如此，方知圣意无所不通，却是臣弟兄纯不思至此也"（同上"乙酉"条）。《续资治通鉴长编》所载这两段资料，作者李焘在夹注中均说明出自吕惠卿家传及《日录》，亦即见于吕惠卿自己的记载，及据其记载而修的家传。

从前一段话，可以看出王安石确是奉诏之后，在吕惠卿所未料及的时间内迅速返抵京师，吕惠卿也因此认为王安石对他心有所疑。如果吕惠卿在王安石罢相期间，没有做出足以使王安石生疑之事，他何以会有如此的想法？至于王安石是否在宋神宗开谕及阅读吕惠卿奏对《日录》之后颇为开解，则是吕惠卿自己的揣测。由于王安石确是急速返京，他的依例三次辞免，应在抵达汴京后才进行。其实如果依照学者所估计的时程，王安石的辞免状和宋神宗的不允诏在江宁府、汴京两地传递，三次辞免的程序也是不可能完成的。在后一段话，吕惠卿将王安石对他有疑之事，归之于宋神宗的告知；这段话又可以说明在王安石初抵京师时，吕惠卿曾向宋神宗请求去位，此事不见于《续资治通鉴长编》这年三月的记载。这段话足以令人想到一个问题，何以吕惠卿在这时会自认无法再和王安石合作，而自请去位？也让人了解，宋神宗这

时已清楚地知道王、吕二人间，有难以释除的芥蒂。这两段记载
为王安石初抵京师时，宋神宗对他所讲的"自卿去后，小人极纷
纷，独赖吕惠卿主张而已"，提供了解释。宋神宗其实是希望两人
能够即使心存芥蒂，为了政策顺利推行，应抛开芥蒂，推诚合作，
然而这样的希望终究落空。从宋神宗所讲的"独赖吕惠卿主张而
已"，又可以看出，虽然这时的宰相是韩绛，但实权却在参知政事
吕惠卿手里，也就无怪乎韩绛会无法忍受，请宋神宗召回王安石。
至于较吕惠卿之先已任参知政事的冯京和王珪，冯京正因郑侠案
受牵连而陷于困境，随后因此去职，王珪则更是随时俯仰，无法
牵制吕惠卿。其实在熙宁二、三年（1069—1070）王安石任参知
政事期间，以得宋神宗的信任而大权在握，不理其他宰执的意见，
一意专行，早为吕惠卿提供了示范。

　　至于王安石与吕惠卿关系的变化，是否如李焘在第二段记载
夹注中所说的"可见小人离合情状"，可以不论；所谓"小人"，只
是宋人在论及政争时习用的词汇。然而政治人物的政治野心与权
力欲望，随着职位的升高而增强，虽因人而异，却不难见到，自
信深具政治长才者尤其容易如此，有时也不免会因此而导致一个
政治群体内部的摩擦、冲突甚至分裂。吕惠卿或许正是由于自信
富于政治才华，力求一展长才，而走上这一条路，并且因此而有
取王安石而代之的念头。不过他的品德操守，确实远不及王安石，
也因此当时人对两人的评价有很大的差异。早在熙宁初年，司马
光已经认为吕惠卿恮巧、用心不端，并非佳士，将来误王安石者
必定是此人；吕公著也认为他奸邪而为王安石谋主，使得天下之人
也认为王安石奸邪。旧党虽然批评王安石所推动的新法，却也推
崇其德行。刘安世是司马光的门人，以言官的角色在宋哲宗元祐
（1086—1094）年间活跃，到新党执政的绍圣（1094—1098）年间

被流放到岭南，在宋徽宗即位后遇赦北返，他曾经对门生马永卿这样评论王安石：

> 金陵亦非常人，其操行与老先生略同。……其质朴俭素，终身好学，不以官职为意，是所同也，但学有邪正，各欲行其所学尔。而诸人辄溢恶，此人主所以不信，而天下之士至今疑之，以其言不公，故愈毁之而愈不信也。（马永卿《元城语录》卷上）

金陵是指王安石，老先生是指司马光。刘安世认为王安石的操行可以和司马光相提并论，但是两人在学问的方向上有分别，也因此在政事上观点有异。所谓"学有邪正"，应指王安石的学问兼含儒、法、佛、道，而司马光则一本于儒。他又认为批评王安石的言论是毁之太过，所以不为主上所信，世人也引以为疑。可以看出，刘安世虽然不满王安石的政事，却钦佩他的德行，也不同意对王安石诋毁过甚的言论。在一些作者对新法有异见的宋人笔记里，仍然可以看到对王安石个人美德的颂扬，却难以看到对吕惠卿有类似的记载。

王安石复任宰相之后，和吕惠卿展开了政治倾轧。两人之间的相互倾轧不仅加深了彼此的仇怨，也影响到宋神宗对两人的看法。对政局发生决定性影响的，是监察御史里行蔡承禧、御史中丞邓绾先后弹劾吕惠卿及其诸弟所做种种不法之事，吕惠卿因此在熙宁八年（1075）十月罢除政事，出知陈州。蔡承禧与王安石同样籍属抚州临川，据他曾在上给宋神宗的奏疏中自己讲，当时人们认为他是迎合王安石之意，但他否认，表示也曾纠弹过与王安石有密切关系的官员；至于邓绾，则确是承王雱之意而弹劾吕氏兄弟。吕惠卿出知陈州后，因吕惠卿及其诸弟不法案而起的华亭狱尚在处理之中，追究吕惠卿的过失没有得到结果，王雱又责求负责审讯的官员练亨甫与吕嘉问。吕惠卿在知陈州任上，得到京师的堂吏报知，因此向宋神宗申诉此事。宋神宗责问王安石，从此对王安石不再像以前那样信任。王安石对此事并不知情，回家责备王雱。王雱健康情况原已不佳，受责备后精神深受影响，不久之后便病死。王雱去世使得王安石至为哀伤，无心治事，于是多次向宋神宗请求罢除相职。

熙宁九年（1076）十月，王安石再度罢相，出判江宁府，第二年连判江宁府也辞掉了，从此脱离了政治圈。王安石再度罢相之后，新法依旧在宋神宗的坚定支持下，继续推行，直到元丰八年（1085）他去世为止，而新法的偏失也继续存在，甚至扩大。

以青苗法来说，农民借贷青苗钱，必须结甲借贷，其中一户不还，其他诸户均摊，这种情形导致了农民负担的加重。熙宁十年（1077）提举两浙路常平言，"灾伤累年，丁口减耗，凡九年以前逃绝户已请青苗钱斛，见户有合摊填者，乞需丰熟日理纳外，更有全甲户绝，输偿不足，或同甲内死绝，止存一二贫户，难以摊纳者，更乞立法"（马端临《文献通考》卷二十一《市籴考·常平义仓租税》），说明了这种情况。由于必须承担甲内欠户本息，加上地方官吏为了邀功而强制农民借贷，以及其他弊端，青苗法未必能够纾解民困，反而带来了一些悲惨的现象。苏轼在元祐元年（1086）叙述他的见闻：

> 先朝初散青苗，本为利民，故当时指挥，并取人户情愿，不得抑配。自后因提举官速要见功，务求多散，讽胁州县，废格诏书，名为情愿，其实抑配。或举县勾集；或排门抄札；亦

有无赖子弟，谩昧尊长，钱不入家；亦有他人冒名诈请，莫
知为谁，及至追催，皆归本户。……又官吏无状，于给散之
际，必令酒务设鼓乐倡优，或关扑卖酒牌子，农民至有徒手而
归者，但每散青苗，即酒课暴增，此臣所亲见而为流涕者也。
二十年间，因欠青苗至卖田宅、雇妻女、投水自缢者，不可胜
数。（苏轼《东坡奏议集》卷三《乞不给散青苗钱斛状》）

因此，青苗法借贷所收利息虽低，给予农民的压力却不逊于富家
的高利贷。

以免役法来说，除了地方官吏为了多收免役钱，对于民户资产
锱铢必较之外，原来立法中规定不必负担役钱的乡村四等以下户，
在法令推行到全国之后，就改为必须缴纳役钱。熙宁七年，又诏
令役钱每一千文加纳头子钱五文，以备修造仓舍、什器、车舆之
用，称为免役头子钱。两浙路为了增加役钱的收入，更将合用役
钱数目增加一倍，然后摊配到民间。更不合理的是，收了役钱之
后，却又不募而差。此事始于熙宁七、八年（1074—1075）间。
熙宁七年，首先废除户长、坊正，州县坊郭税赋苗役钱的催纳，
改由邻近主户二三十家编排成甲，轮流担任甲头负责，甲头只担
任催科的工作，不承受官府文书。次年，进一步规定，已编排保
甲的各县，除了废除户长、壮丁外，也一并废除耆长。募承帖人，
每一都保两人，隶属保正，承受本保文字。乡村每主户十至三十
户轮保丁一人充甲头，负责催租税常平免役钱，一税一督。盗贼、
斗殴、烟火、桥道等事，由都副保正、大保正负责，都副保正视
为从前的耆长，大保长视为从前的壮丁。这一个办法的影响可以
分两方面来讲：一方面是在免役法实施后必须轮差壮丁的四、五等
下户，不必再轮差；另一方面却使保甲承担了以往差役的工作，等

于是双重的负担。所以事后宋神宗和王安石有一段对话：

> 　　上曰："已令出钱免役，又却令保丁催税，失信于百姓。又
> 保正只合令习兵，不可令贰事。"安石曰："保丁、户长，皆出
> 于百姓为之，今罢差户长，充保丁催税，无向时勾追牙集科校
> 之苦，而数年或十年以来方一次催税，催税不过二十余家，于
> 人无所苦。若谓保丁只可令教阅，即《周官》什伍其民，有
> 军旅，有田役，至于五沟、五涂、封植，民皆有职焉。若止
> 令习兵，不可贰事，即不知余事令谁勾当。"（《永乐大典》卷
> 一万二千五百零六引《续资治通鉴长编》卷二百六十三"熙宁
> 八年闰四月甲寅"条）

宋神宗指出民户已经出钱免役，却又必须承担差役的工作，王安石
虽然有所解释，却不免勉强。到了元丰（1078—1085）年间，法
令确定为"以保正长代耆长，甲头代户长，承帖人代壮丁"（《宋
会要辑稿》《食货一四之六·免役下》"绍圣元年九月六日"条），
于是雇募来承受官府文书的承帖人，也必须同时承担壮丁的差役。

　　青苗法和免役法都使得农民在秋收时缴纳钱币给官府，这造成
了另外一个影响。农家拥有的钱币不多，为了及时缴纳青苗钱本
息和免役钱，纷纷抛售农产品到市场上来换取钱币，大家都急着
出售农产品的结果，是农产品价格的下降，这对农民来讲十分不
利。这种情形的存在，自然不能完全归咎于新法，农民如果向富
家借贷，到秋收时还钱，也会有这种现象。但是免役钱的征收，以
及青苗钱的强制摊配，却会使得这种情形更为加重。也因此，这
种现象正是旧党攻击青苗法、免役法的重要理由之一。苏辙在熙
宁九年（1076）所上的《画一状》中说，"今青苗、免役皆责民出

钱，是以百物皆贱，而惟钱最贵，欲民之无贫，不可得也"（苏辙《栾城集》卷三十五《自齐州回论时事书附画一状》），所指的就是这种现象，元丰时期这种情况并没有改变。

以市易法来说，自从市易经营从京师扩展到外地之后，政府垄断市场的情形也跟着扩大，例如在四川，自熙宁七年以来，市易司独占了川茶的买卖，就造成了弊端。市易法允许收二分之息，而熙宁末年四川茶息已是三分，到元丰末年更超过五分。为了取得超额盈利，"贱买园户茶货，过取买人息钱，两自侵损"。不仅如此，更派人拘拦商旅，将其他商品也运入茶场，贱买贵卖，也称为茶息。于是四川茶利由熙宁七年的四十万贯，暴增至元丰末年的两百万贯。当时曾在四川茶区任官的吕陶，批评此事，指出官府所以如此苛取，是由于"边费巨万，仰给于茶"。岂仅市易法是为了供给边费而有苛取的情形，上述青苗法和免役法的偏失，也是由于要以青苗息钱和免役钱来储积边费所导致。

# 第九讲

# 对外政策

　　新法固然有许多偏失，但是也有其成功之处。成功之处在于为朝廷增加了大量的收入，达成了预期的改善财政的目标。这些收入，主要来自免役钱、青苗息钱和市易息钱。宋朝以新近储积到的大量收入，进行对外开拓的政策，而这正是宋神宗所以要重用王安石、推行变法的根本目的。

　　在讨论宋神宗时代的对外政策之前，先检讨一下新法的财政效果。新法中为增加财政收入而推动的，除了青苗法、免役法和市易法之外，还有农田水利法和方田均税法。农田水利法和方田均税法的财政效果，应该主要表现在以田产为课征对象的二税之上，但是比较熙宁年间和熙宁以前的二税收入，可以发现熙宁年间的二税收入并没有增加，反而较以前减少。宋英宗治平年间二税收入为六千七百七十六万七千九百贯石匹两束，熙宁十年（1077）减为五千二百零一万一千贯石匹两束。分别就粮谷、钱币、绢帛三项比较，治平二年（1065）粮谷为一千八百零七万三千石，钱币四百九十三万三千贯，绢帛三百七十六万四千匹；熙宁十年粮谷减为一千七百八十八万七千石，钱币增至五百五十八万六千贯，绢帛减为二百六十七万三千匹。按农田水利法以增辟田亩的目的，田亩增辟应能增加政府的二税收入；方田均税法如第七讲所论，朝廷虽然规定各地只依原有税额均定，但是由于有功赏之令，增税至少在京东路是常见的情形。尽管这两项新法也都涉及财政的因素，可是从治平二年和熙宁十年二税收入的比较看，并没有收到明显的财政效果。所以如此，农田水利法的增税成效有可能为不断的灾荒所掩盖；方田均税法则只在京东、京西、陕西、河北、开封界等处施行，熙宁七年（1074）即因灾荒而暂时停罢，此后由于灾情未能完全复原及各地民众陈诉验田不实、定税不均，而处于半停顿状态，也难以呈现增加税入的效果。

至于青苗法、免役法和市易法所收到的财政效果，则是显而易见的。以青苗法来说，王安石在熙宁七年估计，所收青苗息钱可以达到三百万贯。以免役法来说，免役钱余剩在熙宁九年（1076）以前，每年在三百万贯至四百万贯之间；元丰（1078—1085）年间随着以保甲担任差役的办法确定，免役钱支用应该减少，余剩也应该更多。除免役钱外，和免役法相关的收入还有坊场钱。在实施差役法时期，地方上的酒坊、酒场，惯例给予任满的衙前经营，作为酬奖，到实施免役法后，政府收回酒坊、酒场，改由民户向官府承买（承包）经营，承买人要向官府纳坊场钱，坊场钱指定用于雇募衙前。但是在熙宁九年（1076）诏令"自今宽剩役钱并买扑坊场等钱，更不给役人，岁终具羡数申司农寺"（《宋会要辑稿》《食货六五·免役一》），于是宽剩役钱和坊场钱都成为政府一笔额外的收入。以市易法来说，施行始于熙宁五年（1072）三月。据吕嘉问在熙宁七年为请求推赏官吏的上奏，熙宁六年（1073）京师市易务息钱收入为八十余万贯，而差官前往湖南贩茶、陕西贩盐、两浙贩纱的息钱尚未计算在内；熙宁末、元丰初，京师市易务所收市易息钱、市利钱合计已达到一百三十三万余贯。除了京师市易务外，各地的市易机构也另有收入，例如茶场司在四川以市易法垄断茶的买卖，到元丰末年，茶利已从熙宁七年初行官卖时的四十万贯，陆续增加到两百万贯。

　　上述因新法而蓄积的收入，支援了宋神宗时期对外的开拓。李焘《续资治通鉴长编》卷四〇七"元祐二年十一月月末"条："户部尚书李常自乞捍边，且言：'昔先帝勤劳累年，储蓄边备。今天下常平、免役、坊场积剩钱共五千六百余万贯，京师米盐钱及元丰库封桩钱及千万贯，总金银谷帛之数复又过半，边用不患不备，此臣所以敢辞大计之责而愿守边也。'"常平积剩钱应是青苗息钱，从李常的话可以了解，即使经过宋神宗时代对外战争的大量花费，经由新法而取得的收入仍然有大量积存，而这些积存，就宋神宗的本意来讲，原本就是为了"储蓄边备"。而司马光在宋哲宗即位后的元丰八年（1085）十二月，上《请革弊札子》（见《传家集》卷四十九），把宋神宗时代的对外战争和新法收入的关系，讲得更为直接："及神宗继统，材雄气英，以幽蓟、云朔沦于契丹，灵夏、河西专于拓跋，交趾、日南制于李氏，不得悉张置官吏，收籍赋役，比于汉、唐之境，犹有未完，深用为耻，遂慨然有征伐开拓之志。"于是言兵、言财者因之而起。在言财方面，"聚敛之臣，捃拾财利，剖析秋毫，以供军费，专务市恩，不恤残民，各陈遗利"，而其来源，则列举了青苗息钱、免役钱、因免役法而来的坊场钱、市易息钱以及与市易法有关的茶盐增额收入等，无不出自新法。除了为祖宗雪耻之外，在司马光的上疏中，正如学者所论，恢复汉、唐旧疆也成为宋神宗时代发动对外战争的一个理由。

宋神宗时期的对外政策，以辽国为最终目标，要为祖宗复仇，甚至恢复幽蓟。但是辽国强大，所以避免与之发生冲突，而计划先攻并夏国。为了进攻夏国，又先开拓河湟。不过宋神宗时代的对外战争，又不限于西北地区而已，对南端的交趾和四川、荆湖边界上的蛮部，也都曾用兵。而这些军事行动，都有很大的花费，如果没有经由新法所获得的大量积蓄，在财政上恐怕很难支持。以下对这些行动，逐一简要说明。

自从宋仁宗庆历（1041—1048）年间宋夏战争结束以后，两国虽然恢复和好，但是零星的冲突始终没有中断。宋英宗末年，边境上的冲突已有逐渐剧烈的倾向，对夏政策也已成为朝廷上讨论的一个问题。宋神宗即位以后，对外政策转趋积极，也就是在熙宁元年（1068），王韶上《平戎三策》，"其略以为西夏可取，欲取西夏，当先复河湟，则夏人有腹背受敌之忧"。以武力向外开拓的言论，自治平（1064—1067）年间以来，在士人群中逐渐兴盛，韩琦是当时持这种言论的重要人物，而王韶在宋神宗熙宁元年提出的建议，也是这一股风潮下的产物。

所谓河湟，地在今日青海东北部而兼及甘肃西南部一带，以大致介于黄河、湟水之间而得名。由于这片颇为广阔的土地曾有过成为汉、唐两朝疆土的时候，所以在宋真宗咸平元年（998），一位官员在建议参用儒将的奏疏中，指出如果能够如此，则幽蓟故地、河湟旧墟在三年之内都可以成为国家郡县，显然视河湟与幽蓟同为失土，他无疑强调，由于当时只用武将，所以这两处失土是不可能收复的。三年之后，在另一位官员的上疏中，同样将河湟和幽蓟相提并论，视为失土，但是他并非为收复失土而有这样的言论，而是从偃兵息民的观点，指出既然这两处失土都未能恢复，又何必在意灵州陷失于夏人之手，因此对于孤悬于次边环州七百里沙漠之外，导致粮食运输困难的灵州，他反对继续坚守。以后到宋仁宗时，仍有将河湟与幽蓟同视为失土的言论。王韶的上言出现在士大夫观念和朝廷政策都有了明显转变之时，但从《平戎三策》中的"先复河湟"一词，可以了解他同样视此地为失土，对他来说，取得此地是收复失土所应有的行动。

当时这里散布着一些四分五裂的吐蕃蕃部，宋人也称之为诸羌。河湟一带自秦、汉以迄唐代，原为羌人活动的地区，这些羌人由于种落众多，自汉以来称之为诸羌。由于此地曾在汉宣帝时收入版图，西晋永嘉之乱后也应有不少汉人为躲避华北的长期动乱而移入，再往后在安史之乱以前亦一度在唐朝治理之下，所以又居住有汉人。除羌人、汉人之外，自两晋以来，也有源自东胡的吐谷浑人在西移之后迁入这一带居住，湟水西侧的青海湖（唐代称青海）周围，即是唐代吐谷浑人活动的大本营。宋代所以称河湟的住民为吐蕃蕃部，是由于安史之乱发生之后，河湟落入吐蕃长期统治，上述各族住民逐步走向吐蕃化的结果。吐蕃势力在唐代末期由于势衰而退出此地，然而此地居民吐蕃化的趋势已经不可逆转。就实际上的情形来说，在宋代有吐蕃蕃部之称的河湟住民，虽有真正的吐蕃人，但非其最主要的部分。当地住民的吐蕃化，明显表现于吐蕃政治领袖赞普在他们心中的重要地位；他们的宗教信仰，则兼受传自中土的佛教以及传自吐蕃本土的佛教、苯教的影响，而又以佛教占优势。

自宋初以来，这里也曾陆续出现一些比较大的政治势力，有时会以部落联盟的形态呈现，其中最值得注意的是北宋中叶的唃厮啰政权。此一政权的君长即名唃厮啰，有"佛子"的含义，是吐蕃赞普的后裔，其家族应在唐末以后移至河湟。由于兼有佛子和赞普之后的身份，所以在宋真宗大中祥符元年（1008），唃厮啰才十二岁时，即为宗哥城的李立遵和邈川城的温逋奇所建立的部落联盟劫持，尊之为赞普，用以号召其他吐蕃部落的顺服，而实权则在宗哥李立遵的手里。唃厮啰在艰辛困苦中奋斗自立，先是摆脱李立遵的控制，自宗哥奔往邈川依附温逋奇，但实权依然掌于温逋奇之手。宋仁宗明道元年（1032），身为臣属的温逋奇，竟囚禁其主上赞普唃厮啰，唃厮啰在事变中侥幸逃出，并且聚兵剿杀温逋奇，迁往青唐自建政权。他一方面扩张势力，一方面与宋朝维持友好，成为稳定河湟的一股力量。但是在他迁往青唐之后不久，内部也开始分裂，他原先所娶李立遵之女所生二子瞎毡、磨毡角因其母失宠而脱离，分别自成一部；到唃厮啰晚年，二子的子嗣虽又归附，实际上其各自成为一部的情况并未改变。由于长子、次子分别自立，于是新娶而得宠的乔氏所生的第三子董毡，得以获得父亲有意的培养，并在宋英宗治平二年（1065）唃厮啰去世后继承其政权。

在王韶的观察里，唃氏子孙只有董毡粗能自立，其他沿边诸族，是自为种落，分散离处，不相统一，各自拥有的土地、人口均有限。他认为这是一个进行兼并招抚的最好时机，应该赶快行动，否则让夏国控制此地，关中、四川的州郡都会受到威胁。王韶的建议得到王安石的支持、宋神宗的接受，随即从熙宁二年（1069）开始展开行动，首先进行招抚。

招抚蕃部的政策借贸易来推动。熙宁三年（1070），王韶建议在沿边秦凤路设置市易司，与西蕃诸国贸易，市易司初设于秦州，后来西移到古渭寨。王安石曾对王韶建议在古渭寨设置市易司的作用有所说明："韶欲于古渭置市易，非特一利而已。使蕃部得与官司交关，不患边人逋欠，既足以怀来蕃部，又可收其赢以佐军费。古渭固宜聚兵，但患财谷不足，若收市易之赢，更垦辟荒土，即将来古渭可以聚兵决矣。"(《续资治通鉴长编》卷二一四"熙宁三年八月辛未"条）这说明古渭寨市易司的设置，基本目的是怀来蕃部，进一步的目的则是收取盈余以助军费，开辟荒地以获军粮，准备在古渭寨屯聚军队，进行疆土开拓。

熙宁三、四年（1070—1071）间，宋、夏两国有过一次边境冲突。熙宁三年，夏军骚扰宋的边界，宋军反击，并且得到主持青唐政权的董毡在军事上的配合，从西侧攻击西夏。宋军将夏军击退之后，决定反击，攻入夏国境内，但是也遭夏军击败。这次陕西用兵，半年多内，花费钱粮银绸绢总共一千二百万贯石匹两，其中缗钱七百余万，增强了宋神宗、王安石对于军事行动必须有财政支持的认识。而在战争的过程中，董毡的配合行动，也更显示出来争取河湟一带蕃部的必要。战争将结束之前，王安石和宋神宗讨论到辽国可能给西夏军事支援的传闻，说："彼以为中国若已服夏国，当觇幽燕。"其实这正是宋朝预定的步骤。

除了以贸易之利来吸引蕃部归附外，又以宗教来笼络。熙宁四年，派遣僧智缘往受王韶驱使。这是由于吐蕃诸部信奉佛教，蕃僧往往深得蕃部首领信任，所以要运用僧人之力来进行招抚。智缘进入蕃境，说服主掌族部甚多的蕃僧结吴叱腊（腾）来归。结吴叱腊曾和另一蕃僧康尊新罗结（鹿遵），以及青唐族首领瞎药，在瞎毡去世后而其子木征尚不能自立时，暗迎木征至邻近宋境的湄山，另立号令，统领部众。结吴叱腊主族帐十余部，具有实力，康尊新罗结应该同时也是蕃酋。王韶借结吴叱腊的助力，招徕了一些族部输款，其中包括了青唐部大族首领俞龙珂。俞龙珂原为木征领下的一个族部，与其兄瞎药都是木征的腹心，内附时率有所属十二万口，宋廷赐名包顺。这是熙宁四年年底的事。

熙宁五年（1072），宋朝进一步在河湟采取军事行动，对象是对宋朝使臣言语悖慢的木征。这次又派僧智缘先前往，以厚利游说木征，然后才继之以军事行动。经过一年半的战争，宋朝取得了熙州、河州、岷州等地，并且在此地设立熙河路。但是宋朝的军事行动也引起了蕃部的警觉，董毡转而与西夏结好，且与木征联络，反击宋军，阻止了宋军的继续西进，并企图收回失地，战争延续到熙宁十年（1077）才结束。宋朝虽然保住了熙河，然而军费消耗很大。《续资治通鉴长编》卷二五三"熙宁七年五月甲辰"条："诏熙河路岁计用钱，令秦凤等路转运司、熙河路经略司用具无事时各一年收支数申中书。自开建熙河，岁费四百万缗，七年以来，财用出入稍可会，岁常费三百六十万缗。"这只是无事时的常费而已，如果加上军事行动的费用，花费必定更多。而市易司垄断四川茶利，重要目的之一也是供应经营熙河的费用。

在攻略熙河的期间，宋朝又有征伐交趾与四川、荆湖蛮部的战争。交趾曾是汉、唐的郡县，对宋人或宋神宗来讲就如同河湟，也是汉、唐旧疆。熙宁四年，有人建议交趾为占城所败，兵不满万，可以计日而取，于是朝廷有意用兵交趾。到熙宁八年（1075），由于广西地方官措施失当，引起交趾的疑惧，交趾先起兵攻入宋的境内，战争因此发生。这场战争延续约有一年，最后交趾投降，但是广西境内人民死亡十几万人，军队十万、人夫二十几万也死亡过半，耗费钱帛金银粮草五百一十九万贯匹两石。讨伐诸蛮则延续时间颇长，在措施上是剿、抚兼用。熙宁五年起讨伐荆湖北路的梅山蛮，熙宁七年于其地置沅州。熙宁六、七年间，讨伐四川泸州淯井监蛮；熙宁八、九年（1075—1076）间，又讨伐四川其他蛮部，都获得归顺；但是到熙宁十年（1077），泸州蛮又再反叛，战争从元丰元年（1078）断续延长到元丰四年（1081）才结束，宋军深入丛林之中，疾病、死亡不可胜计，运粮夫多达数万人，而且屡次遭受劫夺。这些征伐行动的花费，累积起来也必定可观。

当宋朝忙于经略熙河、交趾和诸蛮时，宋、辽之间也发生了纠纷。宋朝在处理纠纷的过程中，虽然也有自己坚持的立场，但是大体上是抱着息事宁人的态度。所以如此，应由于宋朝无论在军事上还是财政上，已因正在进行的军事行动而有沉重的负担，军力、财力既已多用来支援西北、西南边境的开拓以及南方边境的战争，不可能在东北因边境纠纷而对辽采取过于强硬的态度，以免因此而发生军事上的冲突。

先是熙宁五年春天，边报说契丹骑兵越过界河，王安石认为是雄州增加弓手，过北界巡防，所以会引致辽兵越界，主张减罢弓手，即使对方军队再度过界，也不过问。朝臣有人担心两属户会为辽所劫掠，王安石认为两属户才四千余，如果朝廷有大略，放弃这四千余户也没有损失。他的态度是事有先后缓急，认为这时对于辽国，即应柔静以待之。当时宋的处理大致本于这种态度，事情后来也缓和下来，在这件事情的过程中，宋神宗与王安石有一段对话。《续资治通鉴长编》卷二三七"熙宁五年闰八月丁酉"条：

> 上意终未能不虞契丹置口铺。安石曰："能有所纵，然后能有所操；所纵广，然后所操广。契丹大情可见，必未肯渝盟。陛下欲经略四夷，即须讨论所施先后。……陛下若能经略夏国，即不须与契丹争口铺，契丹必不敢移口铺。若不能如此，虽力争口铺，恐未能免其陵傲。"上曰："若能讨荡夏国，契丹可知不敢。"安石曰："以中国之大，陛下忧勤政事，未尝有失德，若能讨论所以胜敌国之道，区区夏国何难讨荡之有？不务讨论此，乃日日商量契丹移口铺事，臣恐古人惜日，不肯如此。"

从他们的对话可以得知，所谓"所施先后"，也就是先以夏国作为经略的对象，对于辽国的挑衅，必须暂时忍让。

界河纠纷过去没有多久，宋、辽又发生画界纠纷。熙宁七年三月，辽国派遣特使萧禧到宋，要求重新划分河东、河北两路蔚、应、朔三州边界。双方从九月谈判到十二月仍没有结果。次年三月，辽国再派萧禧使宋，催促早日商定地界，宋朝有意让步，任命沈括为回谢辽国使，出使辽国谈判。沈括接到任命后，到枢密院调阅档案，发现辽国从前议定的国界是在古长城，而现在双方所争的黄搜山竟自古长城往南有三十里远。沈括向宋神宗报告。宋神宗深感惊愕，认为中书、枢密两府不究本末，差点误了国事，亲笔画了地图，派内侍带了地图前往两府责备执政大臣。王安石在熙宁七年四月罢相，这一年的二月已经恢复相位。沈括过去曾经建议宽减两浙路的役钱，不合王安石的本意，经过这一次事件，双方嫌隙更深。王安石可能因为受到宋神宗的责备，所以当四月初和宋神宗讨论画界问题时，对辽的态度便和界河纠纷时不同，转而趋向强硬，他对宋神宗说："契丹无足忧者，萧禧来是何细事，而陛下连开天章、召执政，又括配车牛驴骡，广籴河北刍粮。扰扰之形见于江淮之间，即河北、京东可知，契丹缘何不知？臣却恐契丹有以窥我，要求无已。"又说："萧禧不当满所欲，满所欲则归而受赏，是开契丹之臣以谋中国求赏，非中国之利也。"（《续资治通鉴长编》卷二六二"熙宁八年四月癸亥"条）尽管他已不再主张柔静，但是也没有主张与辽国发生军事冲突。而宋朝也依旧采取妥协的政策，沈括出使到辽，据理力争，争回黄嵬山，而以放弃西边的天池作为让步。

即使宋、辽之间避免了战争，但是从王安石所讲萧禧使宋为江、淮所带来的压力，可知宋朝为了东北部的边防，应该也有不少的花费。其实早自熙宁二年（1069），朝廷已有旨令河北籴便司籴米三百三十万石、草四百万束为边备，河北籴便司认为仍然不足，请求增籴军粮五十万石、草二百万束。新法实施后，新法所带来的收入，也是东北边费的财源之一，例如熙宁七、八年间，就曾经拨赐市易息钱给河北近边的定州，作为籴买粮草之用；到事后的熙宁九年，又诏令中书门下，要求淤田水利市易司为计置河北澶州、定州、北京（大名府）的军粮而立法上闻，也包括了近边的定州在内。

不仅防备辽国需要粮草，进攻夏国更需要有充足的粮草供应。宋神宗和王安石在谈话中，曾经很多次谈到陕西的粮草问题，原因就在这里。例如在宋、辽界河纠纷期间，宋神宗就曾经提到"今经略夏国，止患粮不足"。因此宋朝用尽各种办法来充实陕西军粮的储备。而新法所获得收入，就是支援籴买西北粮草的一个重要财源。早在熙宁三年，朝臣在讨论河东、陕西边粮时，王安石已经指出："常平新法本所以权边籴、待缓急故也。"常平新法亦即青苗法，以后常平钱、司农寺所管钱也常支拨用来籴买河东、陕西粮草，常平钱包含有青苗息钱、免役钱、坊场钱在内，而司农寺则主管天下常平广惠仓、农田水利及役法等事。市易息钱用来籴买陕西粮草的情形更加常见，甚至熙河、秦凤两路的市易务都设官兼领市籴。种种原因，使得宋朝筹措西北边粮所收效果并不是很好，这些原因包括黄河多次决口而酿成水灾、陕西与河东两路位置偏僻以致运输困难、河北与南方边事影响到粮食调配等。直到元丰初年，即使在平时，并无战争，边粮仍然有不足之感。

尽管边粮始终无法达到充实的地步，可是宋神宗却一直想要实现经由攻伐夏国以包制辽国的心愿，此一心愿也早已为臣下所了解。吕惠卿罢为知陈州后，不过一年多，就在熙宁十年（1077）自给事中复职为资政殿大学士，并改知延州，负守边的责任。他在延州以边事迎合朝廷，整顿军事，筹理军储，重要的措施之一是改变将兵屯驻、调发的办法。吕惠卿认为原来汉兵、蕃兵各自为军，调发不能速集，因此改为杂蕃兵、汉兵，团结驻屯，随屯置将。所谓将兵，是指由蔡挺原先在陕西泾原路实施，其后得宋神宗支持而推广到全国各地的将兵法。自宋初以来，北宋禁军原本集中屯驻于京师，轮调至各地驻防；在将兵法实施后，改为于各地置将，长期统领禁军驻守，不再轮调。宋神宗有意把吕惠卿在鄜延路所行将兵屯驻、调发的新办法，推广到陕西各路，在元丰元年（1078）派遣徐禧往环庆路，依其法重新分画将兵，并协调其他各路经略司改行此一新办法。徐禧喜言兵，以为西北唾掌可取，素以边事自任，他原初以布衣入修撰经义所，然后在吕惠卿推荐下出仕，一向被认为是其死党，甚至说他事之如父，承担西北边事重任也出自吕惠卿的引荐。徐禧之外，原任提举成都府路茶场的李稷，在元丰二年（1079）出任陕西转运使兼制置解盐使、都大提举茶场。李稷原是吕惠卿判军器监时的属官，此后担任的职务多与理财有关，出任陕西转运使也是得吕惠卿的推荐，显然是要借重他过去理财的经历来承担边计的筹措。在同一年，吕惠卿以鄜延路经略使兼措置陕西缘边四路边防事，担负起整个陕西边防事务的责任，他旋即以母丧离任，此一职务由新任鄜延路经略使沈括接掌。

不只是吕惠卿如此，宰相王珪也迎合宋神宗之意，在元丰元年推荐俞充为知庆州、环庆路经略使。俞充在任上屡次向宋神宗建请讨伐西夏，据说就是出自王珪在推荐他时的授意。当元丰四年（1081）夏国内乱的消息传来时，俞充同其他几位边将、边臣，上疏请求朝廷把握此一大好时机，出兵伐夏，但他随后暴卒，没有来得及参与出征的行动。

新开拓的熙、河，局势在元丰初年大概已经稳住，元丰四年（1081）又传来夏国内乱的消息，于是宋神宗决定出师。兵分五路，分别自熙河、泾原、环庆、鄜延、河东五路出发，而以西夏国都兴庆府及其东南隔黄河相对的灵州为目标。对宋神宗来讲，这次出师或许不仅是包制辽国所必经的一个步骤。由于在宋初原属国土的灵州，在宋真宗初年失陷于夏人，这也是为了雪祖宗之耻而进行的收复失土之举；不仅灵州，西夏统治下的河西，对当时人或宋神宗来讲，更是汉、唐之境。

出师之前，宋朝已经考虑到进军时的粮食供应和运输问题，但是到时仍然问题丛生。夏国则采取坚壁清野的战略，将劲兵聚集于国都附近，而放纵宋军深入，派兵阻绝对方的粮道，使之大军无食，不战而困。结果宋军果然败在粮运不继上。宋军的粮食问题，不仅在于夏军的劫掠粮草，五路的军队、粮夫都各有十几万，甚至二十几万人之众，出发时所带的粮食原本就不够，路途中就已经乏粮，不断征调陕西民夫搬运粮草，民夫也无法忍受征程之苦。结果熙河、鄜延、河东三路军队，虽然在出兵初期分别攻取了兰州、米脂寨和宥州，可是后来不是无法继续前进，就是自动溃散；泾原、环庆两路军队一直攻到灵州城下，粮食也发生问题，再加上两军将帅不和，粮道又遭夏军阻截，士气低落，夏国开决渠水灌宋军，宋军仓皇撤退，一路上遭夏军追击，逃回宋的境内，士兵除了逃散之外，死者合计达十余万人。

五路出师已经溃败，宋神宗仍然没有放弃攻伐夏国的念头。他接受臣下的建议，计划先派军队出境建筑堡寨，作为驻军之地，并且派也是在元丰二年因服丧而去职、丧满后正任职朝廷的徐禧，偕同内侍李舜举，前往鄜延路计议边事。军事行动仍然需要动用大量的人马粮草，可是经过五路出师之后，陕西、河东无论公私都已经困乏。就宋神宗来讲，地方财政困难并不是一个无法解决的问题，他志在开疆复仇，并不在乎由朝廷特赐经费到陕西、河东。各地因施行新法而收入的巨量钱财，已经往京城输送，集中贮存，元丰三年（1080）又为这些钱财设立元丰库，所储以待非常之用。元丰五年（1082）五月间，就曾经支司农寺钱二百万缗、内藏库银三百万两、盐钞二百万缗，拨下陕西转运司分给诸路，作为市籴粮草的本钱，一次由朝廷支拨这么多经费作陕西的市籴本钱，可以说是前所未见。粮草之外，据陕西路转运判官范纯粹在这年四月的上奏，这时为了出境进筑堡寨、侵复土疆，而聚集在泾原路的兵马已约有正兵、厢军二十万人、马四千匹，运粮百姓又约有二十万人、辇运头口二万头。尽管五路出师造成陕西民心的震动与畏惧，社会的不安也已经萌现，宋神宗仍然要再度西征。

派遣军队出境外兴筑堡寨的计划，经过几度更改，最后在元丰五年（1082）八月，依照徐禧的建议，由徐禧率军到延州境外永乐埠上筑城。承担此次任务的人数，军队有八万人，应包括战斗部队步骑四万人，以及团结厢军三万人、义勇保甲一万人；此外，还有技工四千人，以及为数达军队人数一倍的运粮民夫。永乐城筑好之后，赐名为银川寨。夏国大军随即前来围城，由于城外无定河是水源所在，宋军在河旁建有称为水寨的营寨，最先为夏军所攻陷；继而攻城，徐禧战守无策，陷于重围，城中粮食有限，又没有水源，城中兵卒自相残杀，甚至有杀人而食的情形。到九月，城也为夏军所陷，徐禧、李稷与李舜举都死难，城内、城外的士卒役夫死于这次筑城之役者多达十几万人，丧失马匹则在一日之间便达到七千匹。有学者认为，相关记载可能因为新旧党争而生的党派偏见遭到夸大；比对各种相关资料，可以认为，即使有遭到夸大的可能，当永乐城陷落时，为数众多的将士、役夫、马匹死于这次战事，应是事实。

至于事后沈括向朝廷呈报，陷没者为汉蕃官二百三十人、兵万二千三百人的数字，如果不是明显低估，就是特有所指。当永乐城建好后，徐禧、沈括、李舜举先率领兵八千人返回米脂寨，到永乐城陷于夏军包围的消息传来，沈括留守于米脂寨，徐禧、李舜举则从米脂寨率援兵二万五千人返防，沈括所呈报的，不无可能只是这二万五千人的陷没数字。至于永乐城建好时，以曲珍总辖行营，在其率领下留守并保护楼橹、庐舍兴建的步兵三万余人（其中或许包括了沈括《自志》所记在景思谊率领下守城的兵四千人），还有由李稷督导，进行后续工程及其他相关事宜的团结厢军、义勇保甲、技工和民夫十余万人，以及数量不低于六七千匹的军马，其丧亡并没有计算在沈括呈报的数字中。如果注意到当时留在永乐城的兵民数如此之多，而沈括仅记载有兵四千人留守，则不免会令人推论，沈括所呈报的永乐城陷时的陷没人数，同样很可能要远低于实际上的死亡人数。

永乐城的陷落使得宋神宗心情沉重，他在获知城陷之后，"涕泣悲愤，为之不食，早朝对辅臣恸哭，莫敢仰视"。从五路出师到永乐之役，两年之间，死于边事者已有几十万人之众，而他的预定目标却没有达成，悲恸是很自然的。而永乐之役也为陕西民心带来了另一次震惧，战后的陕西，仓廪虚竭，粮价高涨，人口流亡，社会不安有扩大形成盗乱的迹象。

虽然吕惠卿由于母丧的关系而离开了他在陕西的职位，没有参与这两次军事行动，但他无疑要对其失败，以及随之而来的众多军民牺牲于战事，还有陕西民心的震惧与社会的不安，负上一部分责任。这不仅由于他任职陕西时的一些措施，有意为对夏开启兵端而做准备；也由于他所荐引的亲信徐禧和李稷，涉入这段时间陕西的边事甚深。特别是徐禧，他实际上不懂军事，却以边事自任，"西北唾掌可取"只是大言。由于他先前奉命到陕西，推行吕惠卿在鄜延路所行将兵驻屯、调发的新办法到陕西其他各路，有所表现，所以朝廷也认为他确有边事之才，再次派他到陕西计议出境筑城之事。他坚持在永乐筑城而不选取其他地点，可能就是一个错误的决定。后来在永乐城建好后，昧于敌情而先返回米脂寨，在米脂寨时不听人劝告而急于返防，守永乐城时又完全不听将领在军事行动上的建议。永乐城陷，宋神宗为之悲恸不食，吕惠卿对他所荐引的徐禧因此役而带来的后果，不知道有何感想。这时吕惠卿已经丧满，新任知太原府，尚未上任，正在京师，宋神宗希望他再度出任鄜延路经略使，并且总领陕西沿边四路守备。吕惠卿却上疏说，如今陕西的军队，非惟不可以攻，也不可以守，必须先造成形势，请求先由三省、枢密院开会讨论边事，并召其出席表达意见。宋神宗对他的态度大为不满，并指出他讲这些话另有用意，实际上是想另由执政官员巡边来承担责任，而他只担任副手。吕惠卿因此而落大学士之职，改知单州。吕惠卿推卸边防重任的一番话，无疑使得宋神宗原已沉重的心情更为沉重，对辅臣讲："如惠卿之言，陕西一路无可守之理，则陕西可弃也。"吕惠卿对宋神宗事先的迎合、事后的背弃，就有如他对王安石的态度。

为祖宗复仇始终是宋神宗心中的一股压力。在元丰五年（1082）尚未进行筑永乐城计划时，他曾和执政讨论陕西边事，彭百川《太平治迹统类》卷十五《李宪再举取灵武》记载了宋神宗的谈话：

> 中书奏陕西边事未息，欲广调军卒。上曰："秦居关中地，以一方士（按："士"当为"事"之误）力尚能并一九州，今天下已十倍于秦，远取东南财赋以赡关中，更得名将练兵，则何为而不可，顾未有其人耳。"因谓执政曰："康定中，西鄙用兵，契丹乘间有所要请，仁宗御延和对辅臣，至于感愤涕泣。朕为人子孙，守祖宗神器，每念付托之重，宜如何也。"因改容泣下。群臣震恐，莫敢对。

他所以不惜"远取东南财赋以赡关中"，正因为心中有着祖宗"付托之重"的阴影。供赡关中虽然是为了用兵西夏，但是最后的目标却是在仁宗时"乘间有所要请"的契丹。也因为如此，所以群臣虽然知道陕西民力已经困竭，却无力阻止宋神宗再度用兵。永乐之役以后，宋神宗消沉了一段时间，但是祖宗"付托之重"使他无法放弃对外开拓的念头。元丰七年（1084），他又有从兰州兴兵伐夏的打算，然而等不及兴师，第二年三月他便去世了。

宋神宗元丰四年、五年两次对夏的军事行动，显示了宋朝在对夏的军事策略上采取了主动性。这种军事策略的主动性，如上所述，一方面源于宋英宗时代以来在士人群中逐渐兴盛的对外开拓言论，另一方面则出自宋神宗为祖宗复仇的心愿，以及实践王安石为他规划的步骤。

其实学者已经指出，宋朝在对夏的经济策略上，早已采取主动的态度，以边境上的和市来控驭西夏，除特殊时期之外，每当双方发生纷争，就以停闭和市来迫使西夏屈服，接受约束。至于双方边境上的军事冲突，实际上自康定（1040—1041）、庆历

（1041—1048）年间宋夏战争结束以后，也多是宋朝边将贪功而主动挑起，元丰（1078—1085）年间对夏的军事行动不过是将主动性从边将转移到朝廷之手。宋朝既主动引起战争，两国之间的边境贸易也就无法正常进行。元丰以后，只有宋哲宗元祐（1086—1094）年间双方能够维持和平，边境和市也恢复正常，绍圣以后直到宋徽宗末年，又复行宋神宗元丰年间的对夏军事策略，边境和市也因此走向衰落。自元丰以后对夏的军事策略由改变而至确立，看来似是宋朝已操之在我，可是从北宋末年国运的变化来看，这究竟是福是祸，或许还有待斟酌。

宋神宗一生最大的作为在于任用王安石变法，而变法的目标在于积累财力，伐西夏以包制辽国。伐西夏不仅没有成功，反而增加了西北地区民众的许多痛苦。至于包制辽国的目标，在伐夏失败之后自然更无法达成。他的心愿始终未能实现，而在他死后，政局大变，连新法也遭到更动。至于当初为宋神宗划策的王安石，元丰年间以在野之身，远在江南的江宁府，在他闲居吟咏的诗篇里，只看得见江南一带的农产丰收，和西北的悲惨情况全不相同，看起来西北的边事对他来讲似乎是太过遥远；然而过客往来于他在蒋山（钟山）的寓所，他岂能没有听闻相关讯息，不知道他是否曾因得知这些讯息，而回想起当初制定新法时所冀望实践的先王之政理想，并且因此而在心中激起波澜。

# 第二编参考书目

## 一、专书

方震华:《和战之间的两难——北宋中后期的军政与对辽夏关系》,北京:社会科学文献出版社,2020年。

王明荪:《王安石》,台北:东大图书公司,1994年。

何冠环:《拓地降敌:北宋中叶内臣名将李宪事迹考述》,台北:花木兰文化事业有限公司,2019年。

宋衍申:《司马光传》,北京:北京出版社,1990年。

李昌宪:《司马光评传》,南京:南京大学出版社,1998年。

李华瑞:《王安石变法研究史》,北京:人民出版社,2004年。

东一夫:《王安石新法の研究》,东京:风间书房,1970年。

帅鸿勋:《王安石新法研述》,台北:正中书局,1973年。

柯昌颐:《王安石评传》,上海:商务印书馆,1933年。

夏长朴:《王安石的经世思想》,台北:台湾大学中国文学研究所博士论文,1980年。

祝启源:《唃厮啰——宋代藏族政权》,西宁:青海人民出版社,1988年。

梁启超:《王荆公》,台北:台湾中华书局,1966年,台二版。

程应镠:《司马光新传》,上海:上海人民出版社,1991年。

黄乃隆:《王安石变法的财经政策述评》,台中:中兴大学出版委员会,1968年。

叶坦:《大变法——宋神宗与十一世纪的改革运动》,北京:三联书店,1996年。

漆侠:《王安石变法》,上海:上海人民出版社,1959年;修订本,1979年;增订本，石家庄：河北人民出版社，2001年。

熊公哲：《王安石政略》，台北：台湾商务印书馆，1970年。

刘成国：《王安石年谱长编》，北京：中华书局，2018年。

蔡元凤：《王荆公年谱考略》，台北：洪氏出版社，1975年。

邓广铭：《王安石》，北京：生活·读书·新知三联书店，1953年。

邓广铭：《王安石：中国十一世纪时的改革家》，北京：人民出版社，1975年；修订本，1979年。

邓广铭：《北宋政治改革家：王安石》，北京：人民出版社，1997年。

Liu, James T. C. *Reform in Sung China: Wang An-Shih (1021-1086) and His New Policies.* Cambridge, Mass.: Harvard University Press, 1959.

## 二、论文

刁培俊：《宋朝保甲法四题》，《中国史研究》2009年第1期，2009年，北京。

方志远：《略论青苗法的推行及社会效果》，《南开学报》1998年第6期，1998年，天津。

方震华：《唐宋政治论述中的贞观之政——治国典范的论辩》，《台大历史学报》第40期，2007年，台北。

王曾瑜：《王安石变法简论》，收入氏著《锱铢编》，保定：河北大学出版社，2006年。

王曾瑜：《北宋的司农寺》，收入氏著《锱铢编》。

王曾瑜：《从市易法看中国古代的官府和借贷资本》，收入氏著《锱铢编》。

包弼德（Peter Bol）著，李钟涛、刘建伟译：《政府、社会与国家——关于司马光和王安石的政治观点》，收入田浩（Hoyt Cleveland Tillman）著，杨立华、吴艳筹译：《宋代思想史论》，北京：社会科学文献出版社，2003年。

古丽巍：《何以"有为"？——论宋神宗朝"大有为"之政》，收入邓小南主编：《宋史研究诸层面》，北京：北京大学出版，2020年。

朱铭坚：《北宋太学苏嘉案考释》，《中国文化研究所学报》第56期，2013年，香港。

汪圣铎：《王安石是经济改革家吗》，《学术月刊》1989年第6期，1989年，上海。

李涵：《从曾布根究市易违法案看新党内部的矛盾与问题》，收入邓广铭、徐规主编：《宋史研究论文集：一九八四年年会编刊》，杭州：浙江人民出版社，1987年。

李裕民：《北宋前期方田均税考》，收入氏著《宋史新探》，西安：陕西师范大学出版社，1999年。

李裕民：《从王安石变法的实施途径看变法的消极影响》，收入氏著《宋史考论》，北京：科学出版社，2009年。

李华瑞：《关于宋初先南后北统一方针讨论中的几个问题》，收入氏著《宋史论集》，保定：河北大学出版社，2001年。

李晓：《论均输法》，《山东大学学报（哲学社会科学版）》2001年第1期，2001年，济南。

周宝珠：《略论吕惠卿》，收入邓广铭、程应镠等主编：《宋史研究论文集：中华文史论丛增刊》，上海：上海古籍出版社，1982年。

林天蔚：《为王安石辨诬三事》，收入氏著《宋代史事质疑》，台北：台湾商务印书馆，1987年。

胡适：《宋人话本八种序》，收入氏著《胡适文存》第3集，上海：亚东图书馆，1930年。

胡昭曦：《熙丰变法经济措施之再评价》，收入氏著《胡昭曦宋史论集》，重庆：西南师范大学出版社，1998年。

姚秀彦：《曾布传辨正》，《大陆杂志》第17卷第10期，1958年，台北。

姚秀彦：《北宋役法之争的剖析》，《淡江学报》第7期，1968年，台北。

高纪春：《关于吕惠卿与王安石关系的几点考辨》，《河北大学学报（哲学社会科学版）》1997年第3期，1997年。

夏长朴：《一道德以同风俗——王安石新学的历史定位及其相关问题》，收入氏著《王安石新学探微》，台北：大安出版社，2015年。

夏长朴：《从"断烂朝报"到罢废史学——王安石新学对史学的一个影响》，收入氏著《王安石新学探微》。

宫崎市定：《王安石的吏士合一策》，收入刘俊文主编，索介然译：《日本学者研究中国史论著选辑第五卷：五代宋元》，北京：中华书局，1993年。

马力：《试论王安石开拓荆湖"蛮"地》，收入邓广铭、王云海主编：《宋史研究论文集：一九九二年年会编刊》，开封：河南大学出版社，1993年。

崔英超、张其凡：《熙丰变法中宋神宗作用之考析》，《暨南学报（人文科学暨社会科学版）》2004年第3期，2004年，广州。

陶晋生：《王安石的对辽外交政策》，收入氏著《宋辽关系史研究》，台北：联经出版公司，1984年。

张元：《从王安石的先王观念看他与宋神宗的关系》，收入国际宋史研讨会主编：《国际宋史研讨会论文集》，台北："中国文化大学"，1988年。

梁庚尧：《北宋元丰伐夏战争的军粮问题》，收入氏著《宋代社会经济史论集》，台北：允晨文化实业股份有限公司，1997年。

梁庚尧：《市易法述》，收入氏著《宋代社会经济史论集》。

梁庚尧：《宋神宗时代西北边粮的筹措》，收入氏著《宋代社会经济史论集》。

陈振：《论保马法》，收入邓广铭、程应镠等主编，《宋史研究论文集：中华文史论丛增刊》，上海：上海古籍出版社，1982年。

陈守忠：《王安石变法与熙河之役》，《西北大学学报（社会科学版）》1980年第3期，1980年，兰州。

陈晓珊：《北宋农田水利法推行中的区域差异现象——以南阳盆地的水利事业与河北移民为线索》，《中国文化研究》2014年第2期，2014年，北京。

曹松林：《熙宁初年对夏战争述评》，收入邓广铭、漆侠主编：《中日宋史研讨会中方论文选编》，保定：河北大学出版社，1991年。

程元敏：《三经新义修撰通考》，收入氏著《三经新义辑考汇评（一）——尚书》"下篇·考征"，台北：编译馆，1986年。

程元敏：《三经新义与字说科场显微录》，收入氏著《三经新义辑考汇评（一）——尚书》"下篇·考征"，台北：编译馆，1986年。

程元敏：《三经新义修撰人考》，收入氏著《三经新义辑考汇评（二）——诗经》"下篇·考征"，台北：编译馆，1986年。

黄复山：《王安石三不足说考辨》，《汉学研究》11卷1期，1993年，台北。

黄繁光：《北宋推行募役法之必要及其施行实况》，《新埔学报》第4期，1978年，台北。

黄繁光:《北宋衙前之役的特性与乡户的关系》,收入宋史座谈会主编:《宋史研究集》第36辑,台北:新文丰出版公司,2006年。

黄纯艳:《"汉唐旧疆"话语下的宋神宗开边》,《历史研究》2016年第1期,2016年,北京。

黄纯艳:《宋神宗开边的战争责任与政治解说——兼谈古代国际关系中的历史逻辑与现代话语》,《厦门大学学报(哲学社会科学版)》2016年第6期,2016年,厦门。

汤开建:《宋金时期安多吐蕃部落及其地域分布》,收入氏著《宋金时期安多吐蕃部落史研究》,上海:上海古籍出版社,2007年。

汤开建:《唃厮啰统治时期青唐吐蕃政权历史考察》,收入氏著《宋金时期安多吐蕃部落史研究》。

汤开建:《唃厮啰家族世系新考》,收入氏著《宋金时期安多吐蕃部落史研究》。

汤开建:《宋〈岷州广仁禅院碑〉初探——兼谈熙河之役后北宋对吐蕃政策》,收入氏著《宋金时期安多吐蕃部落史研究》。

杨渭生:《王安石新学简论》,收入邓广铭、漆侠主编,《中日宋史研讨会中方论文选编》。

杨德泉、任鹏杰:《论熙丰农田水利法实施的地理分布及其社会效益》,收入邓广铭、漆侠等主编:《宋史研究论文集:一九八七年年会编刊》,石家庄:河北教育出版社,1989年。

叶坦:《评宋神宗的改革理想与实践》,《晋阳学刊》1991年第2期,1991年,太原。

裴汝诚、顾宏义:《论王安石"法先王之意"的主张》,收入本书编委会编:《漆侠先生纪念文集》,保定:河北大学出版社,2002年。

漆侠:《再论王安石变法》,收入氏著《知困集》,石家庄:河北教育出版社,1992年。

蒙文通:《与李源澄论北宋变法与南宋和战书》,收入氏著《蒙文通文集》第五卷《古史甄微》,成都:巴蜀书社,1999年。

蒙文通:《北宋变法论稿》,收入氏著《蒙文通文集》第五卷《古史甄微》。

邓广铭:《王安石对北宋兵制的改革措施及其设想》,收入邓广铭、程应镠等主编:《宋史研究论文集:中华文史论丛增刊》。

裴汝诚:《曾布三题》,收入邓广铭、漆侠主编:《中日宋史研讨会中方论文选编》。

刘子健:《王安石、曾布与北宋晚期官僚的类型》,收入氏著《两宋史研究汇编》,
　　台北:联经出版公司,1987年。

刘成国:《王安石著述考》,收入氏著《变革中的文人与文学》,杭州:浙江大学出
　　版社,2011年。

刘成国:《王安石江宁讲学考述》,收入氏著《变革中的文人与文学》。

刘成国:《论唐宋的"尊扬"思潮与古文运动》,《文学遗产》2011年第3期,2011
　　年,北京。

刘成国:《新见史料与王安石生平行实疑难考》,《文学遗产》2017年第1期,2017
　　年,北京。

刘成国:《宋代尊扬思潮的兴起与衰歇》,《史学月刊》2018年第6期,2018年,
　　开封。

蒋复璁:《王安石评传》,收入氏著《宋史新探》,台北:正中书局,1966年。

邓小南:《司马光〈奏弹王安石表〉辨伪》,收入氏著《朗润学史丛稿》,北京:中
　　华书局,2010年。

迟景德:《宋神宗时期中书检正官之研究》,收入国际宋史研讨会主编:《国际宋史
　　研讨会论文集》,台北:"中国文化大学",1988年。

# 第三编

# 北宋晚期的党争与政策的反复

# 第十讲

# 党争的激烈化（上）：
# 熙宁、元丰年间的新旧党争与新党内争

　　宋神宗朝的变法，带来了大规模而且持续长久的党争，经历哲宗、徽宗两朝，直到北宋灭亡，仍未烟消云散。所谓党争，就是变法派和反变法派，或者说新党和旧党的对立。依据宋人的说法，在宋哲宗元祐（1086—1094）年间，旧党的内部又分为洛、蜀、朔三派。党争起于政策之争，后来又牵涉人事的问题。彼此之间的争执，起先只是言辞的攻讦，逐渐不择手段，掌握政治权力的一方想尽办法来迫害对方，而且愈演愈烈，到宋徽宗朝达于极点，对于北宋的国脉产生了很大的伤害。

　　庆历和熙宁党争中是否存在着有南、北之争的问题，值得在这里稍作讨论。学术界曾经以南方人的激进对北方人的保守来解释庆历改革和熙宁变法，这一说法不能说完全没有依据，但是也有值得斟酌之处。以庆历改革来说，范仲淹虽然是苏州人，却生长在北方；支持改革的官员中，韩琦、富弼、石介等人都是北方人。他们的政敌中，则不乏南方人，夏竦就是一个例子。总而言之，双方都包含南方人和北方人。熙宁变法时，旧党以北方人为多，新党以南方人为多，南北之分要比庆历改革来得明显，可是也无法以南北之争来充分解释双方的结合。旧党之中，四川人不少，苏轼、苏辙是其中的代表，他们应该算是南方人，苏轼的学生黄庭坚，司马光修《资治通鉴》的得力助手刘恕、刘攽，都反对新法，他们是江西人。因为批评新法而遭编管英州的郑侠，是福建人。同一个家庭或家族的人，常有不同的政治立场，例如王安石的弟弟王安国就反对新法，和郑侠是好友；韩绛、韩维是兄弟，而韩绛是新党，韩维是旧党；吕嘉问是吕公著的侄孙，而吕嘉问是新党，吕公著则属于旧党。到了元祐年间，旧党分为洛、蜀、朔三派，三派也不是完全由同一个地区的人组成，洛、朔两派的界线也不是那么明显，至于蜀派究竟以四川人为主，说明南方人在旧党中占有一定的分量。

王安石才刚开始推动变法，就引起了强烈的反对，但是王安石在宋神宗的支持下，坚定地推行新法，一方面是反对者力争无效，另一方面则是王安石也力图排除阻力，于是反对新法的官员或者自动引去，或者遭受贬斥，离开朝廷，到地方上任职，或者获授祠禄官。所谓祠禄官，是指主管政府所设道教宫观、岳庙等职位，有俸禄而无实职。此制开始于宋真宗时，原来用以佚老优贤，宋真宗、仁宗两朝，非年高硕望重臣，不得兼任宫、观。王安石推行新法之后，为了安排对新法有不同意见的官员，于是增加宫、观员额，祠禄的性质也就有了改变。司马光在洛阳修《资治通鉴》期间，曾经提举西京嵩山崇福宫，就是祠禄官。在排挤反变法官员的同时，王安石也加强了对台谏官的控制。变法之初，台谏官是批评新法的重要力量，王安石对他们十分在意。《续资治通鉴长编》卷二二四"熙宁四年（1071）六月甲寅"条载：

是日，王安石为上言杨绘不宜在言职，且曰："臣事陛下即有罪，大臣、近臣理无肯蔽覆者，不必得一杨绘乃察臣所为，但如绘者使在言路，四方宣力奉法之臣，更疑畏沮坏，政令何由成？古人为国皆约七年、五年必为政于天下，其施行有次第可必故也。今朝廷事为之数年，行之未几，辄复被沮坏，欲望成效，恐不可得也。"

王安石这一段话，就是他的态度最好的说明。因此他将批评新法的台谏官予以撤换，代以支持新法的官员，例如上述强烈批评新法的杨绘，就在同年七月出知亳州。

杨绘出任御史中丞，原本出自王安石的建议，但是杨绘上任之后，本于言责，仍然就其听闻，指出新法在施行上的种种阙失，因此很快就遭到撤换。他已经不是王安石撤换的第一个御史中丞，在此之前，吕诲由于在熙宁二年（1069）王安石出任参知政事，尚未推行新法时，上疏指责王安石外示朴野却中藏狡诈，而遭撤换。继任的吕公著是王安石的至交好友，可是他上任之后，却直言王安石不应任意撤换批评新法的一些言官，又指责其处事荒谬且专务聚敛，也遭到撤换。接着要任命的韩维，由于与韩绛为兄弟，避嫌而不愿出任，他说御史中丞于朝廷阙失无所不言，不言则废公议，言之则伤私恩，显然他已认为当时的公议是对朝政的不满；于是改用冯京，他上任后上疏详言六事。王安石认为他的上言看似平稳，可是看不清楚道理，如果有流俗鼓动，即不能自守，因此改任枢密副使。王安石口中的"流俗"，就是指那些持"异论"的新法反对者。接任的即是杨绘，继之出任的邓绾，当初以歌颂新法而获王安石向宋神宗推荐，任职京师，于熙宁五年（1072）春自侍御史知杂事擢升为御史中丞，如此的升迁方式为北宋开国以来所未见，而御史中丞批评新法的情况也自此中止。这段时间，其他谏官、御史等言官，因批评新法而遭撤换的，也有多人，其中程颢、李常还是出身于规划新法的制置三司条例司。

尽管反对变法的官员一一离开了朝廷，他们在地方上仍然继续批评新法，王安石不能接受他们的意见，他们也无法和王安石妥协，新旧党争的态势已经无法挽回。并非所有的旧党官员都采取这样强烈的态度，还有一些人在地方上所采取的是邵雍所建议的策略。当新法实施后，由于在旧党的看法里，"所遣使者皆新进少年，遇事风生，天下骚然，州县始不可为"，这时正闲居于洛阳的邵雍，收到了门生故旧们的来信，询问是否应投劾而归。邵雍回答他们说，这时"正贤者所当尽力之时，新法固严，能宽一分则民受一分之赐矣，投劾而去何益"（邵伯温《邵氏闻见前录》卷十九）。采取这一种策略的人，自然不会仅限于邵雍的门生故旧。即使这类在执行新法过程中有意放宽要求标准的官员，亦非王安石所能接受，因此除新置诸路提举常平、广惠仓兼管勾农田水利差役事推行新法之外，又派出察访使前往各路巡察新法执行状况。在这样的情形下，庆历党争时代的君子、小人之分在这时又兴盛起来，而且进一步推演为义、利之分，旧党自命为君子，但旧党在新党的心目中，又何尝不是小人。熙宁七年（1074），吕惠卿想要借郑侠一案来排挤参知政事冯京，一位新党御史张琥奉承他的意旨，上言要求追究郑侠与冯京之间的交结，就说过"小人朋比"的话。冯京固然不能算是旧党，郑侠却是猛烈批评新法的人。太过强烈的道德观念，使得双方的裂隙不断扩大，难以弥缝。

王安石排挤异己，在手法上还算温和，不过已经出现因私怨或政见而起的狱事，尽管这些狱事未必全出自王安石的授意。最先发生的是涉及杭州知州祖无择的秀州狱，这件狱事出自王安石过去对祖无择的私怨。王安石执政之后,讽使两浙监司求祖无择之罪,这件狱事发生在熙宁三年(1070),恰好路中其他知州涉贪而受审讯,事连祖无择,御史王子韶和祖无择也有私怨,在他的奏请之下,派遣内侍自京师前往逮捕至秀州狱,朝廷官员拯救无效,可是侦讯的结果也无所得,最后以借公使酒二百瓶赠送宾客的过失,遭到黜责。次年就发生了针对判亳州富弼而兴的亳州狱,此事起自富弼不愿依政令在治下推行新法。

富弼任宰相时,对于王安石专权变法本已不满,称疾请辞,以武宁军节度使、同平章事出判亳州。他在任时,正逢推行青苗法,他认为此法行则财聚于上而民散于下,而且富者不愿请贷而请贷者皆贫民,出贷之后将收不回来,于是不发下政令。同管勾淮南路常平等事赵济因此予以弹劾,并且进一步讲行法当自贵近始,御史邓绾接着也予以弹劾。朝廷下诏淮南路转运司兴狱勘问,亳州官员及相关人员因涉案而遭逮捕者甚多。虽然富弼请求罪责由他独自承担,不要连累他人,御史刘挚也上疏力谏,但结果仍有州县官员十六人遭到处罚,而富弼也落使相为尚书左仆射改判汝州。富弼请辞不准,再请求允许不签书新法又不获回报之后,以自己不懂新法,不能再治理州郡,上疏请求返回西京洛阳养病,得以如愿,接着再请老,于是拜司空、复使相、进封韩国公致仕。

在这同时,以诬陷手段对付异己的情形也开始出现。王安石一向劝宋神宗要独断,熙宁二年(1069)八月,苏轼出国子监试进士策问题目"晋武平吴以独断而克,苻坚伐晋以独断而亡,齐桓专任管仲而霸,燕哙专任子之而败,事同功异",显然是针对王安石而发,再加上他其他批评新法的举动,触怒了王安石。苏轼有一个向来不相和睦的表弟,王安石找来探问苏轼的过失,其告以苏轼曾在丁忧时贩卖私盐、苏木,王安石隐忍未发。熙宁三年,御史谢景温迎合王安石，上疏诬奏苏轼的过失，指其丁忧返四川时，来往差借兵卒，乘船多载货物及私盐贩卖。奏上次日，朝廷即发下其沿途所经州县追究，却无所得。苏轼也因此自请外调，于次年出任杭州通判。

王安石的排除异己不仅针对个别的官员，发生在熙宁四年（1071）下半年的太学苏嘉案，使得五位学官同时遭到罢黜，并且影响到此后的太学教育和科举取士。此一案件的来龙去脉，学者已有详论。苏嘉案起于当时的太学学官颜复在考试中出了一道策问题目，问王莽、后周（武周）改法事，太学生苏嘉在答卷中极论改法之非，评为优等，另一位学官苏液暗中抄下苏嘉的答卷给曾布看，说这些人互相唱和，非毁新法。曾布在责备当时的判国子监张琥之后，将苏嘉的答卷拿给王安石看，王安石大怒。这年十月，诏旨委予中书门下以选差、考核国子监直讲及罢除其中职事不修者的权力；接着颜复和另外四位学官焦千之、王汝翼、梁师孟、卢侗在这年十一月遭罢职，这几位学官或是和反对新法的官员相交游，或是极力反对新法。苏嘉虽未受处分，但他自此不应考科举。

在苏嘉案发生前后，得王安石信任的陆佃、龚原、黎宗孟、叶涛、曾肇、沈季长、王浚之、周常等人，获任命为学官。太学三舍法在十月已颁布施行，这些得王安石信任的学官，每晚至王安石书斋中听其传授经义，次日即在太学讲给学生听，王安石的新经义从此成为太学的统一教材。随之而来的，是太学入学考试和科举考试都以此为依据，于是太学录取的新生多为这些学官的门生，熙宁五年（1072）国子监和开封府的解试，考生获得荐送参加省试者也绝大部分如此。熙宁六年（1073）三月省试之后，宋神宗对执政讲，"今岁南省所取多知名举人，士皆趋义理之学，极为美事"，又说，"举人对策，多欲朝廷早修经义，使义理归一"，显然是在这种情况之下出现。于是在同一个月，设经义所，由王安石提举，吕惠卿和王雱担任修撰，开始修撰《三经新义》。

朝廷在一连串摒排异己的事件之后，开始主动侦察社会上与政事有关的行为与言论。熙宁五年正月，以皇城司卒七十人、开封府散从官数十人巡察京城，收捕谤议时政者处罪。这些皇城司卒，也有称之为京城逻卒、探事人或探子的。皇城司原本是一个护卫宫城的军事单位，常由宦官主掌，下辖亲从、亲事两支部队，亲从兵卒是从亲事兵卒中选择精锐者而来，除护卫宫城外，又用于探察军人不法、防范军中事变；至晚自宋真宗时起，也已用来伺察京城民间活动，伺察所得，曾一度事无巨细，上奏皇帝。至大中祥符三年（1010）派遣皇城司亲事卒四十人于民间伺察，为了防备他们恐吓骚扰，规定如非奸盗及民俗异事而无即时擒捕必要的事，不得奏闻。以后在宋仁宗嘉祐七年（1062），据司马光和其他谏官共同指出，皇城司巡察亲事官（即亲事卒）妄以百姓杀人却用钱私下解决，而执平民下狱，横加棰楚，使自诬服，显然皇城司这时已有滥权枉法的情形；他们又指出，皇城司伺察的不仅是民间活动，而且帝室姻亲、诸司仓库，都由其伺察过失，并因之而有广作威福、公受货赂的情形。尽管如此，这时皇城司也仍未探察社会上批评时政的言论。至于散从官，则是在开封府衙门服差役的人员，此时当出自雇募，原用以追催公事。熙宁五年巡察探事的皇城司卒，加上开封府散从官，人数已较大中祥符三年（1010）遣于民间伺察的皇城司卒多出不少，而用来伺察政治异议，更为前所未见。另外有派遣皇城司卒七千余人巡察京城的说法，七千余人可能已是当时皇城司所领兵卒的总数，"七千"如非"七十"之误，即可能意指七千余人轮班派出，而非同时以七千余人巡察。

熙宁五年扩大派遣人员在京城探察政治异议一事，缘于熙宁三、四年间先后发生的两件事。熙宁三年，发生有人伪作司马光批评时政的章疏，且其中有诋毁王安石的文字，王安石因此大怒，归罪于司马光，认为他喜欢传布其作品，以致流俗也效法其所为；新法沮格，异论纷然，都出自司马光所倡。伪作的人经穷治而查出后，由于此人除诋毁时事之外，尚有指斥乘舆之语，因此遭到弃市的严厉处分。次年发生另一件事，开封府界诸县开始团结保甲，民众有自行伤残以避团结的情形。开封府界提点诸县镇事曾孝宽认为有人在民间煽惑，因此在所属十七县立赏告捕，这时对于民众显然也已无法信任。于是就有上述朝廷在熙宁五年初派遣皇城司卒伺察谤议者的事情，这年闰七月，皇城司曾探察到开封府界保丁以由于不时有教阅，以及买弓箭、衣着劳费等事，往往诟詈，而兴狱鞫讯。到十一月，参知政事冯京已上言由于皇城司近差探事人多，而使得人情不安；虽然宋神宗解释说，人数只如旧，探事亦不多，而且只令探军中事，王安石也在旁应和，说专令探军中事即无妨，但事实未必如他们的解释。到熙宁七年三月，宋神宗因天旱久不雨而下诏求直言，司马光在次月应诏言朝政阙失，仍然指出朝廷潜遣逻卒，听市道之人有谤议者，即执而用刑，又出榜立赏告捕诽谤朝政者。

就王安石看来，无论撤换"异论"言官、兴狱或探察异议，或许都只是"权"行管、商之术以利先王之道的顺利实践；但对于他所称的持"异论"者或所谓"流俗"之人来讲，这却是压制异见以及拒纳谏言的专横行为。王安石不了解，他身处的社会，已与战国时代秦国的社会有很大的差异，这时政府与民众的关系，岂能以他的《商鞅》诗首句"自古驱民在信诚"中的"驱民"两字来理解？即令战国时期东方各国的社会，士人活跃，恐怕也已脱离商鞅在秦国所面对的社会阶段。这也就难怪司马光会讲王安石的短处在于"性不晓事"。范育则清楚地讲，心术才是为治之本，不务本而"专欲以刑赏驱民，此天下所以未孚也"。更何况新法在立法原意与施行实况之间的明显差距，也很难令人认为政府有"信诚"之可言，又如何止息人们的议论，而立法原意和施行实况所以会产生差距，应即是范育所称"心术"问题之所在。

然而这些王安石视为实践其政治理想而不得不用的"权"行之法，不久之后却在其他新党官员的手中变质，不仅用之于打击旧党，排斥异己，也用之于新党内部的互相倾轧和谋求个人权位。熙宁七、八年（1074—1075）自王安石第一次罢相至其复相期间，先后有郑侠之狱和宗室赵世居之狱。前案事连参知政事冯京及王安石之弟王安国，冯京不能归入新党或旧党，但他常和吕惠卿有不同意见，王安国则因不满新法而常劝谏其兄，并因此而视吕惠卿为佞人且曾面斥其非。后者事连术士李士宁，其人喜奔走于权贵和士大夫之门，曾与王安石有密切交往，在王安石任宰相期间，且曾住在王安石家中。吕惠卿借郑侠狱排挤冯京，学界并无争议，而其所受传递禁道禁中事于王安国再交给郑侠之指控，也明显是诬陷。至于吕惠卿是否借郑侠狱牵连王安国、赵世居狱牵连李士宁以排挤王安石，则学者看法颇有不同。

这两件事都有可以再加斟酌之处。先就郑侠狱事牵连王安国一事来说，冯京的罪状既为诬陷，则王安国所遭受的指控也就含有诬陷的成分。但无论如何，王安国如今既因案牵连获罪，而他又本由王安石受神宗重用与恩遇的关系，于熙宁元年（1068）以屡次考试而未能进士及第的布衣身份，获赐进士及第，六年之间两次升迁，已升至秘阁校理，王安石且撰有谢表。依常理而言，王安石应引咎自责，甚至自请处分，岂有可能再入相？吕惠卿是否有借此事来排挤王安石之意，可以推想而知。见于《第八讲阻力与偏失》所引述，吕惠卿在熙宁八年（1075）九月对宋神宗所讲，"臣意安石在江宁时，心有所疑，故速来如此"，也就可以得到解释。虽然王安石的政治生涯遭遇到危机，但王安国在熙宁八年正月受到追毁告身、放归田里的责罚后，宋神宗遣使至江宁府，告知当时正担任知府的王安石，王安石对使者泣。他何以泣，尽管记载没有明说，但可以推知，既可能出自兄弟之间即使政治观点有别，毕竟亲情深厚；也可能是使者之至，表示宋神宗对王安石的谅解，因感激恩遇而落泪。也因此他能在这年二月再次奉诏入相，而在三月抵达京师时，王安国尚在国门，而且次年七月再获起用为大理寺丞、江宁府监当，可是任命下达而王安国已经去世。

再看赵世居狱牵连到李士宁一事，此案较为复杂，需要较详的讨论。赵世居狱起于余姚县前主簿李逢被人控告有逆谋，经地方官员在沂州起狱审讯，认为并无实状，宋神宗怀疑未得其实，于熙宁八年正月派蹇周辅前往沂州再加审理。据蹇周辅的报告，是悉得其奸状，而且事连宗室赵世居。熙宁八年三月四日，逮捕了宗室赵世居。赵世居住在京师睦亲宅，系出太祖之后，与真宗、仁宗、神宗均出自太宗一系不同。睦亲宅兴建于宋仁宗景祐二年、三年（1035—1036）间，是京师宗室聚居之所。在审讯赵世居时，得知李士宁曾出入睦亲宅，且赠以得自许安世的钑龙刀，并曾赠诗给赵世居的母亲。由于刀而钑饰以象征帝位的龙形，而且李士宁在赠刀给赵世居时，曾说"非公不可当此"，极易被认为有高度的暗示意义；而其赠给赵世居母亲的诗，其中"耿、邓忠勋后，门连坤日荣"两句又出自宋仁宗赐给皇后之兄曹傅的挽词，曹后也就宋神宗朝的太皇太后。"耿、邓忠勋后"句中的"耿、邓"指东汉开国名将邓禹、耿弇，此句意为曹傅是宋初名将曹彬之后，"门连坤日荣"则指曹彬之女是宋真宗的曹贤妃，孙女即是曹后，宋仁宗用来挽曹傅，是推崇他的家世，李士宁在赠送给赵世居母亲的诗中，引用了这两句诗，由于对象的不同，含义就有所改变，无疑也极易被认为有高度的暗示意义。这两件事使得李士宁在审判中受到煽惑赵世居谋逆，赠以钑龙刀（当指赵世居收其所赠的钑龙刀），及与赵世居饮酒，被判杖脊后于湖南编管，此外还牵连到许多人受轻重不等的刑罚，其中一名内侍和一名官员以与李逢、赵世居结谋不轨也遭处死，一名司天监学生以赠送星辰行度图给赵世居而受与李士宁相同的刑罚。从调查的结果与后来判决的理由看，很难讲李逢与赵世居有何谋反的实际行动，至多只能认为有谋反的念头，他们可能只是受图谶影响而起念的狂想型人物，不具备实际行动的实力。对于李士宁来讲，他的作为可能只是用来迎合赵世居，使其乐于和自己来往，他的道术在现代人眼里，其实是招摇撞骗之术，连王安石都上钩，也就无怪乎赵世居等人会认为他已有二三百岁。可是对宋神宗来讲，即使有谋反的念头也无法容忍，何况赵世居是太祖之后。

　　学者所以认为吕惠卿并未利用此狱排挤王安石，一个理由在于审讯赵世居在熙宁八年三月四日之后，李士宁被认为有所牵连，不可能早于此。而王安石已在接获再相的诏命后，于三月一日离开江宁府赴京师，吕惠卿不可能利用此事来阻止王安石复任相职。另一个理由则是当审讯李士宁时，主张其犯死罪的官员是旧党范百禄，而吕惠卿提携起来的徐禧则持反对意见。然而这两个理由，都可以从不同的方向重新思考，即使无法完全解决问题，也有助于了解，观察这一个问题可以有另一个角度。

　　据《续资治通鉴长编》所系事件的日期，诏令蹇周辅前往沂州审理李逢案在熙宁八年正月丙午（十三日），诏令王安石复相在二月癸酉（十一日），次日即遣使携诏书至江宁府召王安石，王安石自江宁府出发赴京师的时间，据学者考证则在三月一日。自正月丙午至二月癸酉，已将近一个月，赵世居涉案之事可能已经审出；至王安石出发之前，更超过一个半月，这种重大案情应已上报朝廷，所以才会在三月甲午（二日）以事连赵世居而派沈括、范百禄推勘李逢案，并于两日后逮捕赵世居。如前所言，自宋仁宗时期以来，对京师宗室已派有皇城司卒伺察，宗室聚居于睦亲宅，尤其易于探得其活动。睦亲宅虽有门禁，但出入没有册籍登记，实际是门禁形同虚设，李逢、李士宁与赵世居来往，都曾私入睦亲宅，李士宁甚至携钺龙刀进入；即使如此，他们的行踪可能已为逻卒所注意，而留有记录。朝廷对于谋反案极端重视，极可能在蹇周辅审出李逢案事连赵世居之后，甚至在派蹇周辅往沂州审案之前，朝廷即调阅旧日记录来调查李逢在京师的行踪，而注意到李逢、李士宁曾出入睦亲宅赵世居家中，因而有可能早在赵世居的案情呈报之前，朝廷已认为李士宁卷入此案，只等待赵世居的口供、证物以相印证。口供在三月四日逮捕赵世居之后即可得到，证物则在三月辛丑（九日）籍赵世居家财之后，搜得数量颇多的图谶时，应亦已同时搜得，这两件事都已在王安石自江宁府出发之后。魏泰《东轩笔录》述吕惠卿为阻止王安石再入相，借李士宁事"以撼荆公"，邵伯温《邵氏闻见前录》也有类似记载，讲吕惠卿企图以此案"并中荆公"，但因宋神宗仍然召王安石入相而未能成功，其实都语焉不详。王铚《默记》卷上有较清楚的记载：

> 王介甫罢相守金陵，吕吉父参知政事，起郑侠狱，欲害介甫。先罢王平甫，放归田野，王、吕由是为深仇。又起李逢

狱，以李士宁介甫布衣之旧，以宝刀遗宗室世居事，欲陷介甫。会朝廷再起介甫作相，韩子华为次相，急令介甫赴召，其事遂缓。故介甫星夜来朝，而得解焉。

吕吉父为吕惠卿，韩子华即韩绛。这段记载说明，韩绛得知李士宁涉及赵世居案已在宋神宗诏令王安石复相之后，由于他的通知，而使得王安石接获复相诏令后，自江宁府急速前往京师。此一时间，符合前一段所推论，朝廷认为李士宁涉入因李逢案而起的赵世居案可能的时间。所谓"介甫星夜来朝"，并非指王安石在抵达京师之后即往见宋神宗，而是指其"倍道赴阙"。由于王安石接奉诏书后，是"不辞，倍道赴阙"，所以在他日夜兼程，抵达京师后，还要经过例行的三次辞免不允及请见的程序后，才能觐见宋神宗，此事最晚亦应在三月己未（二十七日）。尽管赵世居涉案一事尚在处理之中，但是随着案件调查的发展，只要宋神宗对王安石稍有怀疑，在他完成辞免不允的程序之前，仍然随时可以将其罢黜。

王安石得以觐见宋神宗，不仅显示他因得宋神宗的信任而不受此案波及，而且已能以宰相的权力影响到判决的结果。判决结果在闰四月出来，到五月，宋神宗和王安石在谈及范百禄、徐禧两人互奏之事后，有一段涉及王安石所受李士宁涉案影响的对话：

上曰："士宁便有罪，于卿何预？况今所坐并无他。"安石曰："士宁纵谋反，陛下以为臣罪，臣敢不伏辜。然内省实无由知，亦无可悔恨。然初闻士宁坐狱，臣实恐惧。……今士宁坐狱，语言之间，稍加增损，臣便有难明之罪。既而自以揣心无他，横为憸邪诬陷，此亦有命，用此自安。然陛下以为人心难知，亦不至此，若素行君子，必不为小人，素行小人岂有复为君子。"上曰："如曾布，卿亦岂意其如此。"（《永乐大典》卷一万二千五百七引《续资治通鉴长编》卷二六四"熙宁八年五月丁卯"条）

宋神宗所讲李士宁"今所坐并无他"，是指李士宁并非以谋反罪判刑，显然他深知此事在王安石心中已构成阴影和压力。从王安石的回答，可以了解李士宁坐狱确曾造成他的恐惧，所以如此，是由于王安石担心如果李士宁的罪名是谋反，宋神宗会认为他也有罪，他也担心李士宁在狱中的供词如果稍为受到增损，自己身上的罪名也就不轻；他认为这都是无端为"憸邪"所诬陷，是"小人"所为。如果回顾过去司马光曾讲过吕惠卿憸巧、用心不端，吕公著也讲过吕惠卿奸邪，还有王安国曾劝其兄要"远小人"，可以了解王安石所说诬陷他的"憸邪""小人"，应指李士宁狱的兴狱者，而非审判者，亦即吕惠卿，只是不便说出。宋神宗意会他所指，所以才会以王安石自认曾"倾心遇之"而后来却不能"遂为君子"的曾布来相比。

至于范百禄和徐禧在审讯李士宁时所持态度的问题，也仍然有可以再加考虑之处。奉派审讯李士宁的官员，有御史中丞邓绾、知谏院范百禄和监察御史里行徐禧，他们是以台谏官员而承担这件工作。范百禄是旧党范镇的侄子，在宋英宗时已进士及第，又曾中制科，从政资历比徐禧来得深厚，且曾因调查案件得其实而获宋神宗赏识，对于新法的实施则颇有批评，在熙宁七年五月出任知谏院。徐禧则在熙宁六年十一月始以布衣参与经义修撰，随后在吕惠卿推荐下为中书房习学公事，在熙宁八年正月蹇周辅派往沂州审案之后几天，出任监察御史里行，显然是吕惠卿为李逢案而安排的一着棋子。

学者只注意到范百禄和徐禧在审李士宁案时，对于李士宁是否涉及赵世居谋反一事意见的不同，却忽略范百禄在徐禧上奏中指责他后，为自己辩护而上奏的内容。徐禧指出，范百禄在审李士宁时，有擅自增损案牍、逼取口供的情形，必欲置之于死罪，并企图借此案牵连王安石，因而请求自己免签书此案判决结果。范百禄回复此一指控时，一方面极力澄清自己并没有徐禧所讲那种擅自增损案牍、逼取口供的情形，另一方面则指出：

> 向士宁未到时，禧尝谓臣曰："若士宁罪不至死，禧须奏乞诛之。"及见本人，何遽反复如此！臣窃谓禧之所存，固非仁于士宁，其意必欲承此间隙，收恩掠美，使执政大臣爱己而恶人耳！禧，御史而敢昌言于朝，挟诈罔上，此风浸长，陛下将何恃耶？（《永乐大典》卷一万二千五百七引《续资治通鉴长编》卷二百六十四"熙宁八年五月丁卯"条）

他请求派人据徐禧的奏章治其虚实。徐禧在事前对范百禄强调他会奏请将李士宁处死，用意显然在引导范百禄增强判决李士宁死罪之心，到范百禄依据李士宁赠给赵世居母亲的诗句，认为确有煽惑赵世居谋反之意时，他又上奏指责范百禄，请求免签书，让人认为他反对范百禄的意见，不仅是如范百禄所指，是意图"收恩掠美，使执政大臣爱己而恶人"，而且是意图既借范百禄之手，使此案牵连王安石，而同时又使王安石认为此事与他所依附的吕惠卿无关。宋神宗看来颇能接受范百禄的辩解，他对王安石说："百禄意亦无他，兼未结案，禧遽入文字，似有意倾百禄，人心难知，朕虽见禧晓事，岂保其心。"王安石也附和宋神宗的看法说："如此则百禄素行忠信，必能上体圣意，禧必为邪，有所党附。"范百禄认为李士宁涉嫌煽惑赵世居谋反，确实合于宋神宗之意，但不合王安石之意，即使如此，王安石仍能明确地指辨徐禧因有所党附而用心不正。所谓"党附"，很清楚是指徐禧党附吕惠卿。

至于和范百禄、徐禧一起审讯李士宁的邓绾，则在可见的史料中无法看出他的态度，看来似乎是不置可否。据《默记》卷上记载，李之仪讲他在元祐（1086—1094）年间担任中书门下六曹编敕删定官，看到断案（案件判决的档案），李士宁本来是死罪，王安石亲笔在案上改为徒罪，则此案判决送出时，是依据范百禄的意见。至于王安石所改的徒罪，应非徒刑，而是徒役，所谓徒役，是指流罪折杖之后配役，所以在宋神宗颁布的诏令中，是杖脊后送流放至湖南编管，亦即配役移至湖南编管之地执行。

对于范百禄和徐禧之间的争执，宋神宗在徐禧表明不签书后，即派两名由内侍担任的中使前往推问李士宁，这两名中使显然没有干预范百禄的主张；判决之后，又派枢密院都承旨曾孝宽、侍御史知杂事张琥前往分辨范百禄、徐禧之间的曲直。邓绾原为王安石所提拔，在王安石第一次罢相期间，转而依附吕惠卿，等王安石回相位，又依附王安石，曾孝宽与张琥则一向被视为王安石党人，邓绾、张琥且曾在这年闰四月共同推荐王安石的门生练亨甫。调查的结果，范百禄以所报不实而遭贬为监宿州酒税的地方低微职位，并落除所带职名；而徐禧则在调查尚未结束前已获得升迁，派往外地办事。但是此案无疑也有助于推动王安石和吕惠卿冲突表面化，在蔡承禧和邓绾先后弹劾之下，吕惠卿罢除了参知政事的职位，而邓绾弹劾吕惠卿，则出自王雱的授意。在吕惠卿罢政之后，徐禧也跟着受到蔡承禧和邓绾的弹劾。范百禄则在王安石再次罢相后，于元丰元年（1078）大幅升迁为淮南东路提点刑狱公事。

王安石离开相位之后，打击异己的狱案不仅继续，而且扩大，同样既针对旧党，也涉及新党内部的倾轧，办案手法更为严酷，而办案的官员借之而谋求权位的特色也更为明显。元丰元年至三年（1078—1080），陆续发生了相州狱、陈世儒狱、太学狱和针对苏轼的乌台诗案。

在相州狱的审理过程中，宰相王珪与谏官蔡确企图排挤另一位宰相吴充，王珪所以要排挤吴充，是由于吴充有意对新法有所变更，而王珪不以为便，最后虽然吴充之子吴安持、女婿文及甫（文彦博之子）受到责罚，排挤吴充的企图因宋神宗不同意而未能达成。在陈世儒狱中，因涉及吕公著的侄女向吕公著请托而未得同意，蔡确企图以之排挤旧党吕公著，但是因为找不出吕公著有任何过失，也没有达成目的。在因太学生虞蕃控告学官受赂不公而引起的太学狱中，蔡确以之排挤参知政事元绛，元绛因其子元耆宁为其就读于太学的侄孙元虎以升舍事向学官请托，因之而去位。元绛去位之后，此案仍继续审理，多名学官由于接受学生的馈赠而下狱，并且因之而被罢黜，其中包括在熙宁四年（1071）太学苏嘉案发生前后出任学官，获王安石信任的龚原、叶涛、沈季长、王沇之、周常等人在内，此案虽然没有特别针对王安石，但王安石安插在太学中的学官几乎全遭波及。此外，也有不少太学生因此案而系狱。

相州狱和太学狱，不仅牵连多名官员和太学生下狱，而且狱中待遇愈加恶劣，逼供手法也愈加惨酷。在相州狱中，系狱的官员，与狱卒同室而处，同席而寝，饮食杂混在一大盆中，用勺匀搅后，分别饲食，有如犬豕；在审讯时，则以刑具置之于前，虽未用刑，可是受讯者无敢不承。御史中丞邓润甫和监察御史里行上官均两人曾上言指出蔡确审讯的不当，受蔡确反击为朋比为奸，想要动摇狱情，两人也因此遭到罢黜。在相州狱审讯时虽用刑具恐吓，但尚未动刑；到太学狱时，则已动用刑求，系狱的太学生颇有非理而死者。因狱案获利最大的，则是蔡确。蔡确在熙宁（1068—1077）年间，已因弹劾熊本、沈括等人而屡获升迁，弹劾熊本更因此代之而为知制诰、判司农寺，治相州狱则因攻御史中丞邓润甫而取代其职务，治太学狱又因排挤元绛而代之为参知政事，继于元丰五年（1082）拜相，此后更是屡兴罗织之狱。

　　蔡确喜以惨酷罗织手法的治狱，在元丰（1078—1085）年间并非唯一个案。元丰元年（1078）十二月，宋神宗认为大理狱在宋初废除不妥，而复设大理狱，出任大理卿和大理少卿的崔台符、杨汲，也好用同样的手法治狱。而他们所以如此，又与宦官石得一主持下，皇城司逻察民间活动的严苛有关。石得一在元丰二年（1079）六月勾当皇城司，在他出任之前，主持皇城司的宦官不会把所有逻察所得之事都奏报给宋神宗，石得一却事无巨细都奏报；每晚又交代属下，明天要有好公事，于是逻察甚严，其中多有冤滥。随着逻察的加严，坐狱的人数也大为增加，这些狱事由大理寺处理，崔台符、杨汲承石得一之意，治狱深刻。而他们两人也在蔡确出任宰相后，先后获擢任为刑部侍郎，可见他们的作为，得到宋神宗和蔡确的赏识。石得一在元丰五年（1082）六月再度主持皇城司，而在次年十月继杨汲之后出任大理卿的王孝先，仍然延续前两任大理卿的治狱手法。这一切若非宋神宗受到蒙蔽，不可能发生，而宋神宗并非容易为臣下蒙蔽的皇帝。或许可以推想，熙宁八、九年（1075—1076）发生的一连串事端，使得宋神宗心理上的不安全感大增，于是对于士大夫和民间的活动也就比过去更无法信任。

　　上述元丰年间的狱事，都与新旧党争无关，即使是相州狱牵涉宰相王珪和吴充，对于是否要更改新法有不同的意见，也是如此。与新旧党争有密切关系的狱案，是发生在苏轼身上的乌台诗案，此案也开了以诗文兴狱之端。乌台诗案由于在南宋有朋九万《乌台诗案》保存了此案的朝廷相关文件，涉案人物来往的诗文也保存在胡仔《苕溪渔隐丛话》中，晚近又在明万历刊本《重编东坡先生外集》中，发现了另一版本的《乌台诗案》，与朋九万《乌台诗案》互有详略，所以学界讨论甚多，晚近尤盛。

　　元丰二年（1079），苏轼从知徐州奉调知湖州，上任不久，便爆发了欲置他于死地的乌台（御史台）诗狱。几位依附新党的官员，包括御史中丞李定和监察御史里行舒亶、何正臣，还有国子博士李宜之，指责苏轼的诗里有讥刺时政之语，将水旱之灾、盗贼之变归咎于新法，而且将这些诗文刻板传布，并且他们指责这些诗文以皇帝为讪谤对象。宋神宗因此下令将他送往御史台查究。苏轼在湖州被逮捕，押解至京师下狱，受到严厉的审讯。他从未受过这样的屈辱，自度必死。张方平、范镇上疏论救，弟弟苏辙也乞请纳还官以赎兄罪，其中张方平的奏章虽已写好，却未获投进，范镇、苏辙的奏章则都没有回音。最后是太皇太后曹氏（仁宗后）在病重中得知此事，对宋神宗有所嘱咐，配合上新党之中吴充、王安礼、章惇三位官员的上言，才使苏轼免于一死，将其送往黄州安置。王安石据说也曾上言，此事除见于南宋初期周紫芝《读〈诗谳〉》（《太仓稊米集》卷四十九）以"据传"之说记载外，没有其他佐证；不过从苏轼后来得以离开黄州北返，路过江宁府，赴蒋山访王安石，两人之间唱和、交谈的热络看来，此事或许并非虚构。

　　可以注意到的是，王安石、王安礼之弟王安上，以及章惇同籍建州的族人章传，也因曾与苏轼有诗文来往而卷入案中，因此王安石、王安礼兄弟和章惇为苏轼进言，也不免兼有为王安上和章传而言的用意。章惇与章传之间的族人关系，也不见于宋代记载，记载上多仅说章传是闽人，但是从《嘉靖建宁府志·选举上》可以看出，北宋时期的章氏应是分布于建州浦城、建安、瓯宁三县的科第名族，章惇登嘉祐四年（1059）榜，籍浦城；章传登熙宁三年（1070）榜，籍建安；章惇二子章援、章持，孙章杰分别登元祐三年（1088）、绍圣四年（1097）、宣和六年（1124）榜，三人籍均已改为建安。可以推知，章氏家族在熙宁年间以后或稍早，已有支系自浦城迁至建安，建安是建州附郭县，迁移的原因或许是考虑到州城在生活与教育上的便利；章传与章惇之子孙既同籍建安，又与章惇之孙章杰之名同为单人旁（"亻"），当属同辈，只是章傅比章惇之子孙年龄均年长了许多，可能是章惇的族孙辈。

苏轼得以仅受送往黄州安置的处分，太皇太后曹氏对神宗的嘱咐是关键。她在嘱咐神宗之后，没多久就去世了，此案也随之急转直下。元丰二年（1079）十月十三日，宋神宗以太皇太后曹氏不豫而不视事，曹氏对神宗的嘱咐当在此时或稍前；次日即以太皇太后服药而颁布德音，减天下囚死罪一等、流以下释之。苏轼过了一天在狱中得知有赦，写下了《己未十月十五日狱中恭闻太皇太后不豫有赦作诗》，最后两句是，"只应圣主如尧舜，犹许先生作正言"，这时他把赦恩归于宋神宗；至二十日，太皇太后崩，苏轼又有诗《十月二十日恭闻太皇太后升遐以轼罪人不许成服欲哭则不敢欲泣则不可故作挽词二章》，第二首有句"一声恸哭犹无所，万死酬恩更有时"，这时他或许已经得知，他将可获得的蒙赦恩典，源于太皇太后生前对神宗的嘱咐。至十一月十九日，天子服丧以日易月之制结束，宋神宗才恢复在崇政殿听政；至二十八日，恢复在正殿听政。"乌台诗案"处置的变化，即发生在这一个多月期间。

当监察御史里行何正臣于三月，另一监察御史里行舒亶、国子博士李宜之、御史中丞李定于七月，分别上疏指控苏轼，他们用的是十分强烈的词语。如何正臣讲苏轼对于新法"谤讪讥骂"、"肆为诋诮"，如此大恶，"正宜大明诛赏，以示天下"，仅指苏轼谤讪的对象是神宗坚持推动的新法，尚未及于神宗本人，此案也尚未得到神宗本人的注意。等到舒亶、李宜之、李定三人上言，就把苏轼的罪名转向谤讪君上。舒亶讲苏轼"包藏祸心，怨望其上，讪谤慢骂，而无复人臣之节"，"指斥乘舆，盖可谓大不恭矣"。"大不恭"在宋代刑律中属于"十恶"之一，是最重的罪，"指斥乘舆"则情理切害者可以至罪重至斩，因此必须"用治世之重典，……以戒天下之为人臣子者"。李宜之讲苏轼，"是教天下之人无尊君之义，亏大忠之节"，"废为臣之道"。李定则说苏轼"讪上骂下，法所不宥"，而"讪上有诛"。他们四人，无论认为苏轼诗文是讥刺朝政，或是认为有讥讪主上之嫌，都要求处以重刑，而舒亶则更清楚地讲出是刑律上的大不恭罪或指斥乘舆罪。三月何正臣上言时，已附上镂板流传的讥讽文字，到七月舒亶、李宜之、李定三人上言的同时，御史台已送呈刊行的《元丰续添苏子瞻学士钱塘集》及其他相关资料作为证据，乌台诗案此一诏狱随之而出现。

苏轼于七月下旬在知湖州任上遭逮捕，八月中旬送入御史台狱，开始审讯过程。十月十五日，也就是在十月十四日德音颁布的后一天，宋神宗显然有意要将此案及早作一了结，以御宝批下，要御史台将勘治资料及验问诸人的情形奏报，五天后太皇太后崩。到十一月二十一日，也就是在宋神宗恢复在崇政殿听政的第三天，

163

御史台根勘所收到中书门下批送下来诏旨，要求除李清臣、张方平等人及王巩这三部分另行处理外，其余依次结按闻奏。十一月二十八日，也就是在宋神宗开始在正殿听政的当天，御史中丞李定呈上苏轼公事按结的报告，请求苏轼在御史台继续收禁，听候敕命断遣，圣旨回复依奏。此案自此脱离了御史台处理的审讯阶段，宋神宗有了过问的空间。十一月三十日，御史台上呈按结报告之后才两天，权遣发运三司度支副使陈睦奉神宗之命前往御史台狱录问，苏轼别无翻异，于是此案移往刑部定刑。

宋代诏狱的定刑程序，是先由大理寺检出相关法令，交由刑部量刑定罪，再送至审刑院复议，然后由审刑院奏请皇帝裁决。审刑院所定的苏轼罪刑，学者分之为四部分。一是《湖州谢上表》讥用人生事扰民，罪为"不应为"，属私罪，从重量刑，杖八十。二是到御史台累次虚妄不实供通，罪为报上不以实，属私罪，量刑因未奏而减为杖一百。三是作诗赋等文字讥讽朝政得失，罪为作匿名文字及谤讪朝政及中外臣僚，属私罪，量刑因自首而徒一年。四是作诗赋及诸般文字寄送王诜等，致有镂板印行，罪同为作匿名文字及谤讪朝政及中外臣僚，量刑为徒二年，与第三项同以情重奏裁。除这四项罪刑外，由于苏轼是官员，因此涉及是否要以官当其徒罪或其以职当其徒罪。审刑院复议后的意见，原应"合追两官，勒停"，然后历举其所犯事熙宁四年（1071）九月十日明堂赦至元丰三年（1080）十月十五日德音等历次之赦令。所以追溯到熙宁四年九月十日，是由于他涉案的诗文，最早可以上溯到此赦之前。依据赦书，官员犯者除入己赃不赦外，余罪可以赦免，因此苏轼适用历次赦恩及德音，原免释放。经奏请宋神宗裁断后，苏轼除依审刑院所呈断罪外，特责授检校水部员外郎，充黄州团副使，本州安置。此案转移到刑部，已入十二月，而苏轼及涉案诸人正式处分诏令的颁布，则在十二月二十六日。

这一次吹毛求疵的文字狱，不仅苏轼受到处罚，连和他有诗文来往或收藏其诗文的人，都受到连累。除其中若干人由于收受的是无讥讽文字，得以免受责罚，章传也在其中。另有二十三人分别受到黜责或罚铜的处分，其中处罚较重的有三人，他们是驸马王诜追两官、勒停，苏辙贬为监筠州盐酒税务，王巩贬为监宾州盐酒税务；其他受到罚铜三十斤或二十斤处分的，包括曾任朝廷要职的张方平、司马光、范镇等人在内，有二十人，王安上也罚铜二十斤。

审刑院奏报给神宗的判决，苏轼最重的罪是谤讪朝政，而且可以用赦恩免除，这和当初舒亶、李宜之、李定等人指控他谤讪君上，犯大不恭罪或指斥乘舆罪，应受重刑，有很大的差别。当李定、舒亶得知审刑院议定的判决后，分别上疏表示无法同意。他们在疏中仍然强调苏轼"讪上惑众"或"诋讪君父"的罪行，要求将他"特行废绝"或"不以赦论"。其实大理寺、刑部与审刑院作出的判决，应已含有宋神宗的意旨在内，宋神宗所以会在德音颁布的次日，即催促御史台将此案勘治资料及验问诸人情形奏上；会在以日易月的丧期既满，开始在崇政殿听政之后才两天，就要求御史台将案件结案闻奏，用意应在于及早将太皇太后对他的嘱咐付之实现。

有学者指出，北宋时大理寺断罪多有"取旨为文"的情形，在审刑院复议之前，大理寺、刑部应早已了解神宗要赦免苏轼的意旨，所以才会在苏轼的刑责中免去对苏轼收受王诜赃钱的追究，引用自熙宁四年以来历次赦书，并且将苏轼作讥讽文字并付之流传的罪行限定为讥讽朝政阙失，而未引申为情理切害者可以至罪重至斩的"指斥乘舆"。即使尚在狱中的苏轼，都已有可能了解他即将获得的赦恩，出自刚升遐的太皇太后，李定、舒亶等不会不了解宋神宗的意旨，但是判决结果使得他们当初对苏轼的指控完全落空，两人不得不上言表示不满，神宗也顺势作出"特责"苏轼黄州安置的最后裁决。就如这位学者所说的，此一"特责"，其实是宋神宗给予苏轼的"恩典"。

苏轼受到责罚，也只是安置在长江北岸的黄州，并没有放逐到当时号称瘴乡的岭南。不过在宋神宗时，也已有与旧党相关联的人，遭贬逐到此地。前述的郑侠，就在熙宁八年（1075）遭送往广南东路的英州编管，在这里有十一年之久，到元祐元年（1086）才北还。上述乌台诗狱牵连到的王巩，则以"交通苏轼"的罪名贬为广南西路的宾州监税，在这里也有好几年。但无论郑侠或王巩，都不是政府的中上层官员，这和元祐以后，不论新旧党执政，连位至宰相的高级官员也会被贬逐到这里，仍然有很大的不同。

# 第十一讲

# 党争的激烈化（中）：
# 司马光在洛阳与王安石在江宁

在乌台诗案中受到连带处分的司马光，这时正脱离汴京政坛的纷扰，在洛阳专心从事著述。即使如此，他仍然无法不关心政局，只是关心的方式和过去不同，也就是说，他依旧身处新旧党争之中。从熙宁四年（1071）四月他回到洛阳，到元丰八年（1085）三月入朝，住在洛阳有十五年。这段时间，他不仅将《资治通鉴》修撰完成，还完成《书仪》《法言集注》《太玄集注》《易说》《疑孟》《迁书》等著作，及身尚未完成的《潜虚》也已经开始撰写。这些著作的内容，不时表现出他对时代的反响，而王安石及其所推动的新法是其中一个重要的对象。《资治通鉴》中以"臣光曰"起始的史论，虽然评论的是五代以前的史事，但自宋元之际胡三省以来，即认为其中含有司马光对时政的感触。此即胡三省于《新注资治通鉴序》中所说："治平、熙宁间，公与诸人议国事相是非之日也。萧、曹画一之辩不足以胜变法者之口，分司西京，不豫国论，专以书局为事。"于是书中对一些史事的评论，发自"其忠愤感慨不能自已于言者"（苏天爵《元文类》卷三十二）。不仅对史事的评论，即使是史事的叙述，胡三省认为也是如此。例如在《资治通鉴》卷二六三"唐昭宗天复二年三月戊午"条载李袭吉对李克用献议所说"伏以变法不若养人，改作何如旧贯"，胡三省在"变法不若养人"下注释说"温公读此语，感熙、丰之政，盖深有味乎其言也"。近世学者论及《资治通鉴》的史论时，无论其对王安石及其所推行的新法评价如何，也多以司马光与时代环境的关系为讨论重点之一。

其他各书的内容，与司马光所处时代的关系，虽不如《资治通鉴》同样明显，但也非完全无迹可寻，尤其是《疑孟》。这几种书以完成于元丰四年（1081）的《书仪》为较早，《书仪》的内容包括表奏、公文、书信的格式，以及冠仪、婚仪、丧仪等家庭礼仪；值得注意的，是附于卷四"婚仪"之后的"居家杂仪"所讲男童的启蒙教育。循其程序，男童在七岁诵《论语》《孝经》，八岁诵《尚书》，九岁读《春秋》、诸史，开始讲解，十岁出外从师，居宿于外，读《诗》《礼》，听教师讲解，自此以往，可以读《孟子》《荀子》《扬子》之类，博览群书，至于异端非圣贤之书，教师应禁绝学生阅读，不让学生因妄读而乱心志。可以看出，在司马光的理想里，男童在不予讲解地诵读过《论语》《孝经》《尚书》等书后，便进入讲解的经史教育，首先从《春秋》、诸史开始，对照当时的科举考试不考《春秋》，此一教育程序显然不是为科举考试而设计，也有别于王安石认为《春秋》不易读懂。在受过经书的教导之后，进一步可以读《孟子》《荀子》《扬子》等书，则可以看出，司马光也认为《孟子》不可不读，日后写作《疑孟》，正如学者所论，其实是另有用意；至于同样不可不读的《扬子》，则应指扬雄的《法言》《太玄》。

自宋初以来，文人学者受唐代韩愈影响而推崇扬雄，尽管司马光与王安石在政治上有不同的见解，却均未自外于此一历史潮流。而禁绝妄读异端非圣贤之书，又显然不同于王安石的广览法家、道家、佛教等书籍，这方面的差异早见于他们未相识前的态度。王安石早年在回复好友曾巩一封质疑他读佛经的信中，说明他所以如此的理由是，扬雄虽然不好非圣之书，却墨、晏、邹、庄、申韩之书无所不读。司马光则在早年所写的一篇《机权论》中，认为机者仁之端，权者义之平，圣人用机权至为慎重，要衡量轻重缓急，而不满于世人的弃仁义而行机权。他这篇《机权论》应与王安石早年曾有论"权"的作品，没有牵连；但是在《居家杂仪》所讲的启蒙教育中，强调禁读异端非圣贤之书，却和王安石推行新法时，"权"行管、商之术以压制批评的议论，成为明显的对照。王安石如此的行机权，在司马光的眼里，已是远离仁义。

司马光的《法言集注》《太玄集注》《易说》《潜虚》等著作，都旨在光大扬雄的学说，然而其中也都含寓有对当代政事的关切。司马光和王安石一样，对《法言》《太玄》两书都有注解。他这两部集注，搜集了在他之前的唐、宋各家注解，并增以己意，两部集注都完整地留传后世，比王安石仅有五条注解《太玄》的佚文保存下来，要幸运得多。两书的完成都应该至晚在元丰五年（1082），晁以道在这一年已为《太玄集注》写了序言，《法言集注》的完成则应在《太玄集注》之前。学者研究司马光的《太玄集注》，指出司马光的注解特别关注《太玄》书中所讲的君子和小人，有其自庆历改革以至熙宁变法期间政争的时代背景。此一看法，其实也可以用之于观察尚未有类似研究的《法言集注》。在《法言》中，扬雄有多处论及君子、小人之别，单论君子之处则更多，卷九篇名即为《君子》；而在司马光自己及其所集的前人注解中，同样对此一问题有丰富的讨论。

更加集中讨论此一问题的，则是司马光的《易说》。由于司马光认为扬雄作《太玄》是拟于《易》，他写《易说》显然是受扬雄的影响。虽然无法得知此书完成的确切时间，但在司马光写给范镇的《问景仁以正书所疑书》中，已经提及曾以《易说·系辞》请其指正，司马光和范镇于元丰（1078—1085）年间有频繁的论学书信来往，《系辞》上、下是《易说》的最后两卷，则《易说》的完成当也在此一时期。贯串《易说》的是司马光对君子之道的阐释，由于阐释君子之道而又有君子、小人的比较。

司马光及身尚未完成的《潜虚》，据其自言，则是拟准于《太玄》的著作，虽然并未论及君子、小人，但是学者研究此书时，所强调见于书中的"纲纪"，却与此一问题关系密切。此书版本与内容有很多引起讨论的疑问，但是也有学者指出，即使此书经过后人增补，也无损于用来了解司马光的思想。司马光在《资治通鉴》开编就申论"纲纪"的必要，可见此一观念在他心目中的地位。在司马光政治思想中，这是一个比君子、小人之分更加基本的概念。在《法言集注》与《易说》中，也多处提到此词，扬雄与司马光都把此词和君子之道联系在一起。在《太玄集注》则用的是"纪纲"，或是单用一个"纲"字，如"三纲"，含意其实同于"纲纪"。值得注意的是司马光在熙宁二年（1069）八月上给宋神宗的《上体要疏》中，从"纲纪"立论，提出劝谏，指宋神宗好使大臣夺小臣之事，小臣侵大臣之职，所举例证之一，是两府大臣另设置制三司条例司侵夺了三司之事。另一例证是好遣使者到地方，侵夺了监司之职。他又指出，宋神宗好亲自指挥外事，而不与公卿牧伯商议，如果公卿牧伯尚不能得贤者而任用，宋神宗身边的小臣岂能如此，如果不贤，这些人将会险诐私谒，无所不为。司马光在上述诸书中所论的纲纪与君子、小人，从他这篇奏疏看来，实与他所亲身经历而感受深刻的熙宁之政，有密切关联。

司马光于治平二年（1065），在《性辩》（或题《善恶混辨》）中，认为扬雄主张善恶混，是兼孟子讲性善、荀子讲性恶之长，已经认为孟子、荀子的说法都是只得其偏而遗其大体；在写作于较早的《说玄》中，则更认为孔子以后，知圣人之道者，非扬雄莫属，孟子、荀子均不足比拟，都直接说出他对孟、荀的评价，而未用"疑"来表达。表达他对孟子思想怀疑的《疑孟》，写作于元丰五年至八年（1082—1085）之间。学者指出，他的怀疑集中在三个问题上：尊君、王霸和人性。而司马光在这三个方面的主张，恰好都和王安石在执政以前发表的言论明显不同，《疑孟》也因此是"有为而作"，主要是针对曾在诗中以"他日若能窥孟子"自诩的王安石而来，实际上司马光并不是那么排斥孟子。对照上述司马光在完成于元丰四年的《家仪》中，所述的启蒙教程，他的确并不排斥孟子。至于王安石执政后的表现，是否完全符合他执政前的言论，虽然可以讨论，但《疑孟》是针对王安石而发，应无问题。

学者在讨论司马光在《太玄集注》中所论的君子和小人时，为说明司马光和王安石及其他学者在心性说上的异同，曾引用司马光的《迂书》，由于司马光的人性学说受扬雄影响，这位学者又引用《迂书》，说明司马光对扬雄名声的重视；讨论司马光《疑孟》的学者，为说明司马光和王安石对于王、霸看法的不同，也曾引用《迂书》。司马光此书分条叙述自己的一些看法与感受，写作历时颇久，序文写于宋仁宗嘉祐二年（1057），注明时间的最后一条则写于元丰八年（1085）正月。从注明写于熙宁七年（1074）以下各条，是他住在洛阳时写的，占全书条数的大半。写在洛阳的各条，虽然不能说全是针对王安石和新法而发，但其中有一些确实有这样的可能。

171

举例来说，写于元丰四年（1081）的"事亲"，"迁叟事亲无以踰人，能不欺而已，其事君亦然"，"迁叟"是司马光的自称；同样写于元丰四年的"事神"，也强调"不欺"，书末的"三欺"则说"欺人者，不旋踵人必知之"。如果对照司马光和王安石在熙宁元年（1068）关于理财的争辩，王安石讲"善理财之人，民不加赋而国用饶"，司马光针对这句话说"此乃桑（弘）羊欺汉武帝之言"，则司马光在《迂书》中所讲的"不欺"，特别是事君不欺，就难免令人联想到他是否有意借此批评王安石及其所推行的理财新法。学者引用书中的"道同"条来佐证司马光和王安石对于王、霸看法的不同。而在此条之前的"毋我知"条末所讲的："孔子曰：'微管仲，吾其被发左衽矣，如其仁，如其仁。'孟荀氏之言曰：'仲尼之门，五尺童子羞称五伯。'以是观之，孟、荀氏之道，概诸孔子，其隘甚矣。"和"道同"条相较，此条更直接指出孟子、荀子在此问题上眼光的狭隘。可是在写于元丰七年（1084）的"禹凿龙门辨"条，他仍然引用孟子说的"禹之行水，行其所无事"，来佐证他所认为的禹并未凿龙门以通水。此句出自《孟子·离娄下》，汉代赵岐注释说："因水之性，因地之宜，引之就下，行其空虚无事之处。"这一条令人联想到熙宁七年（1074）四月，宋神宗以灾伤求直言，司马光在《应诏言朝政阙失状》中，言及朝廷察捕谤议新法者一事，引用《左传》所载子产说明他何以不因郑人游于乡校以论执政而毁乡校，"我闻忠善以损怨，不闻作威以防怨，岂不遽止，然犹防川，大决所犯，伤人必多，吾不克救也，不如小决使道，不如吾闻而药之也"。据晋代杜预的注解，"道"的意思是"通"，这和司马光在《迂书》中所引孟子的话同样重视疏导；司马光在奏疏中接着说，"何今之执政异于古之执政"，显然是针对王安石而发。

除了借著述来抒发自己对王安石推行新法的不满外，司马光也把握适当的时机，上疏给宋神宗，或写信给他认为应能纳谏的宰相。熙宁七年（1074）三月，宋神宗因灾伤诏中外臣僚直言朝政阙失，司马光在次月应诏上书，直指主行新法而深获信任的执政之臣，好人同己而恶人异己，是当前施政上许多问题的来源。至于朝政阙失，他指出其大者有六，除了中国未治而侵扰四夷一点外，其他五点涵盖了青苗法、免役法、市易法、保甲法、农田水利法等新法，而其中为害最大者则是青苗钱及免役钱。他期望宋神宗，对于新法应有所变更。虽然王安石在五月因对灾伤负责而罢政，但继之掌握实权者为吕惠卿，王安石又于次年复相，司马光的上书自然不可能发生任何效果。

王安石在熙宁九年（1076）十月罢相之后，由吴充、王珪继任。吴充个性谨密，先前担任枢密使曾乘间向宋神宗讲新法不便。次年四月，司马光由于有来自京师的人，向他提到吴充在谈话时不时会提到他，也有人说吴充曾对他有所荐引，因此致书吴充。信中重点，仍然是在希望其能够变更新法，而青苗、免役、保甲、市易四项新法，也依旧是他关注的对象。可是随后吴充即因受到王珪和蔡确的排挤，其子吴安持和女婿文及甫牵连到相州狱，而难以施展。元丰五年（1082）秋天，司马光由于苦于语涩，以为是中风的症候，于是预作《遗表》，亲笔书写，置于卧室之内，准备在病危时交给范纯仁和范祖禹，上给宋神宗。这封《遗表》，重点仍在批评王安石的喜同恶异及其所推动的青苗、免役、保甲、市易四项新法，并及于熙宁、元丰间死亡兵夫数十万人的对外征伐。到元丰八年（1085）三月，宋神宗晏驾，于是这封遗表就用不上。可以看出，司马光始终关注的是关系到理财的青苗、免役、市易三项新法，以及因组训和出勤而影响到民众生活的保甲法。

　　尽管司马光的意见未能影响到熙宁、元丰年间的政策，可是宋神宗并未忘记他。元丰五年（1082），将行新官制，宋神宗有意同时任用新、旧人，认为御史大夫非司马光不可，为蔡确、王珪所阻止。司马光于熙宁四年（1071）四月以判西京留司御史台之衔，往居洛阳，熙宁六年（1073）改为提举西京崇福宫，到元丰五年已满三任，九月再获敕命续任第四任，宋神宗在敕命中表示，等三十个月任满，不候替人，发赴来阙。元丰七年（1084）十二月，司马光进呈修成的《资治通鉴》，宋神宗又改司马光原带职衔端明殿学士为资政殿学士，降诏奖谕，赐银绢衣带马，有如待二府之礼，这是特殊的礼遇。宋神宗在这年秋天已病，对辅臣说，明年春天立储，将以司马光和吕公著为师保。这时蔡确知道司马光必将复用，反而设法要向其致意。等次年二月司马光提举西京崇福宫任满，请求于西京留司御史台或国子监两处差遣内，择一除授，尚未获得敕命，宋神宗已于三月驾崩。宋哲宗继立，太皇太后高氏辅政，在高氏的主持下，司马光在这年五月获任命为宰相，政局随之有重大改变。

　　即使在熙宁、元丰时期严酷的新旧党争之中，王安石和他所称的"异论"者之间，仍然有温情流露的时候。熙宁五年（1072）闰七月，欧阳修去世。王安石早年得欧阳修为他游扬声誉，后来又得欧阳修屡次向朝廷推荐，欧阳修对他的文学才华更是十分欣赏，曾将他比为唐代的韩愈，以"后来谁与子争先"来称誉他。虽然王安石的自期是学追孟子而不止于才比韩愈，但是以欧阳修当时的文学地位而对他如此奖掖，相信他仍会铭刻在心。新法施行后，欧阳修在知青州任上对于青苗法颇有批评，并且以不贷放青苗钱的行动来表达他的不满，又写信责备王安石；王安石不仅没有回信，并且在宋神宗面前对欧阳修颇有微词。尽管如此，当熙宁三年（1070）十二月王安石拜相，欧阳修仍然写了贺启；而在欧阳修去世之后，王安石也写了《祭欧阳文忠公文》（《临川先生文集》卷八十六），表彰欧阳修一生在政治、学术、文学等方面的贡献，并肯定其志节、人格，而结束以"临风想望，不能忘情者，念公之不可复见，而其谁与归"。这几句所要表达的，显然是王安石对当年欧阳修游扬、奖掖之情的感念。

在欧阳修去世之后约三年，韩琦也去世了。庆历二年（1042），王安石初登第，任淮南节度使签书判官厅公事，韩琦在庆历五年（1045）八月任知扬州，曾是王安石的直属长官，不过从这时起，两人议事已常有不合。到熙宁（1068—1077）年间新法实施，韩琦正先后在判大名府、判相州任上，对于各项新法施行所生弊端，比欧阳修感受更深切，批评也更强烈，尤其是青苗法，也因此更为王安石所顾忌。即使两人论事多有违忤，王安石却一直看重韩琦的相业。到韩琦去世，执政商议赠官，王珪建议比照吕夷简，赠中书令，王安石认为韩琦受宋仁宗遗命立英宗，非吕夷简所能比，于是改赠尚书令，所有合加赠礼。宋神宗一日批出，丝毫不缺，连韩琦的神道碑也是宋神宗亲撰，且亲篆碑首为"两朝顾命定策元勋之碑"。王安石自己写了《忠献韩公挽辞二首》，誉之为"独斡斗杓环帝座，亲扶日毂上天衢"，而致哀于这位"两朝身与国安危"的元勋大臣"山颓果见哲人萎"，结尾的"幕府少年今白发，伤心无路送灵輤"两句，即是以部属身份，表达追悼早年长官的哀伤心情。

对王安石来讲，欧阳修、韩琦都是前辈，对于同辈的旧日好友司马光、亲弟王安国，王安石同样没有因为他们批评新法而绝情。司马光在洛阳，曾遭人诬以为商人包揽商税的缴纳，而王安石则在宋神宗面前为之辩诬。此事见于南宋学者林之奇《拙斋文集》

卷二《纪闻》下：

> 赵子通丈因论诬谤云："士君子须是立于无过之地，使诬谤莫得而近方始是。"神庙尝问王介甫云："司马光在洛中，有人说他多为商人过税。"介甫云："臣屡与司马光同官，熟知其为人，如光者，执拗不通则有之，若谓其为商人揽税，必无是事。"

赵子通又见于王明清《挥麈录》，并注明"赵子通潽"，可知赵潽字子通；赵潽之名，见于《成都文类》所载侯溥作于熙宁六年（1073）的《郫县何公祠堂记》，当时任郫县县令，赵潽既曾任官于熙宁年间，则所闻未必无据。所谓"过税""揽税"，是指商人运货至外地销售，经过各地商税务，必须缴纳商税中的过税，当时有所谓"揽户"，以专为人包揽缴税来取利，司马光如果为商人揽税，更有可能以其身份而获取更多利益。就如司马光对宋神宗为王安石辩解，说他只是"执拗"，并非如他人所讲的奸邪，王安石也以此为司马光辩解，说他虽然个性执拗，但绝对不会做揽税这种事。至于王安石与王安国之间的亲情，没有因为兄弟两人政治观点的不同而泯没，这在上一节所述王安石得知王安国因牵连到郑侠案受惩处而"对使者泣"时，已经可以看到。王安国去世后，一直到元丰三年（1080）才在江宁府下葬，王安石为他写了墓志铭，这一篇《王平甫墓铭》，简述王安国的生平，称誉其才华，文虽朴质，却是手足之情的流露。

王安石在再辞相职后，住在江宁府，住宅位置在府城至蒋山路途之半，自号半山老人。他罢政后，有门下之人解体者已十之七八的说法。不过，过去受教他的门人，仍和他有来往的，如王浚之、龚原，叶涛，他们三人都因王安石的提携而入太学任教，龚原又是其甥婿，叶涛则是其侄婿，在元丰二年（1079）卷入因虞蕃告发学官受贿不公而产生的太学狱案，在遭到贬黜后曾到蒋山来探望他，而陆佃则曾与他通信。过去执政时的追随者，曾布在市易法争议中已为王安石所不满，章惇则已转而依附吕惠卿并在其罢相之后也遭到黜降，邓绾受王雱之托而弹奏吕惠卿，又和练亨甫、吕嘉问一起受王雱之托而追究吕惠卿的过失，这件事使得王安石陷于宋神宗对他的信任危机，因此当宋神宗对邓绾和练亨甫有所质疑时，王安石也致力于与两人的行为切割，他们都不可能再和王安石有所往来。不过到了元丰三年（1080），章惇又再获得重用，出任参知政事，曾有信向王安石表达谢意，王安石也复信致贺。至于吕惠卿，王安石则是不愿再与之交往，元丰五年（1082），吕惠卿服丧期满，曾写信给王安石，希望能化解彼此的嫌隙。王安石的复信写得委婉而坚定，对于吕惠卿来信中的自我解释，他表示丝毫不了解，信末则说目前吕惠卿正壮烈有为于圣世，而自己则衰病待尽于山林，两人"趣舍异路，则相呴以湿，不若相忘之为愈也"（《临川先生文集》卷七十三《答吕吉甫书》），清楚地告诉吕惠卿，不必再来打扰。其他如吕嘉问，在王安石罢相后仍与之有书信往来，并在熙宁十年（1077）十月因王安石家属与地方官府间发生摩擦，而出知江宁府，可是到次年九月，即因与当初卷入此案的地方官发生争执，改知润州。至于与他有亲戚关系而又得到他提携的，如王安石女婿且是门生的蔡卞，在这段时间则曾获丈人写诗寄赠。蔡卞于元丰七年（1084），又曾因王安石患病，奉诏至蒋山慰问；妹婿沈季长及前述的甥婿龚原、侄婿叶涛三人，也都曾到蒋山来探望王安石，并且叶涛留下再度从之问学。

过去的追随者到过蒋山来探望他的并不多，而且主要是曾获他携的门人与亲戚。倒是过去王安石所称的"异论"之人，或是并未卷入党争中的人，颇有一些在路经江宁府时，会到蒋山探望他。举例而言，可以归属王安石所称"异论"者的，如苏轼、黄庭坚、孙觉、张舜民、滕甫及其职司代笔的门客王莘。其中滕甫曾经批评新法，到后来在事起于李逢的赵士居案中，他由于妻子是李逢之妹，也牵连受惩，却因王安石拯救涉案的李士宁，而同时得以处罚减轻；王莘则曾从学于王安石，两人有师生之谊。未卷入党争的，则如魏泰、韦骧和米芾。他们所以会往见王安石，魏泰可能是由于和王安国曾是好友，和王安石也是旧交；韦骧应是由于早年所作《借箸赋》曾得王安石的赏识，自此成名；米芾则由于获辟出任幕客而赴江宁府，因辟用者离开，暂时在此地停留，听王安石门人蔡肇讲其师对他的称许，而慕名求见。

苏轼、黄庭坚和张舜民虽是旧党中人，但他们来过蒋山后，都在文集中留下了对王安石的景仰或悼念。苏轼和黄庭坚来到蒋山都在元丰七年（1084），据学者考订，黄庭坚见王安石在这年正月、二月之间，当时由于移任德州德平镇监镇，正从江南西路吉州赴河北东路德州途中；苏轼则在这年七月，在从贬所荆湖北路黄州移京西北路汝州途中，和王安石相见交谈有好几天。两人在见过王安石之后，留下了他们对王安石的印象。苏轼《次荆公韵四绝》有句，"劝我试求三亩宅，从公已觉十年迟"，黄庭坚《跋王荆公禅简》则述其所观察到的王安石风度，"真视富贵如浮云，不溺于财利酒色，一世之伟人也"，都表达了他们对王安石的景仰。苏轼那首《次荆公韵四绝》，是他和王胜之一起游蒋山后写下的，他另有一首《同王胜之游蒋山》，诗中"峰多巧障日，江远欲浮天"两句得王安石喜爱，也写了一首《和子瞻同王胜之游蒋山》相和，诗前并写有序。苏轼和王安石这时以双方同具的文学才华相交往，互相欣赏，已和熙宁二、三年（1069—1070）间彼此的紧张关系大不相同。

在苏轼和黄庭坚见到王安石之前一年的九月，张舜民也自汴京前往荆湖南路郴州贬所的途中，来到蒋山，在和友人游山时遇到王安上，他们在王安上陪同下，观览山中名胜；次日又等王安石饭后，约同登山，张舜民骑马居前，王安石跨蹇驴在后，到了半路竟走失。王安石去世后，他和黄庭坚都有诗追念。两人追念王安石的诗篇，其实比起仅是得自见面印象的景仰之词，有更为深远的意义。张舜民《画墁集》卷四《哀王荆公》：

> 门前无爵罢张罗，元酒生刍亦不多。恸哭一声唯有弟，故时宾客合如何。
>
> 乡间匍匐苟相哀，得路青云更肯来。若使风光解流转，莫将桃李等闲栽。
>
> 去来夫子本无情，奇字新经志不成。今日江湖从学者，人人讳道是门生。
>
> 江水悠悠去不还，长悲事业典刑间。浮云却是坚牢物，千古依栖在蒋山。

这四首七言绝句，前三首感慨于世事无常、人情冷暖，这不仅由于王安石已不在相位，也由于王安石去世时，旧党在执政后已开始贬黜新党重要官员。当其他旧日宾客、乡人、门生不再关切王安石的生死，只有陆佃不避嫌疑，仍在汴京遥祭王安石，到后来他出任江宁府知府时，抵达后即往省王安石墓，这种始终如一的态度，深得有识者的嘉尚。在陆佃的文集《陶山集》中，仍然可以读到他为追悼王安石而写的挽歌词、遥祭祭文和墓祭祭文。最后一首虽然悲感于王安石的事业有如江水流去不返，却也认为他实践理想于事业的志向，已树立足以传世的典型，而他退闲于蒋山之后的视富贵如浮云，更将千古常存。张舜民这四首诗，在感慨之中，含有他对王安石的景仰。

有别于张舜民《哀王荆公》的直白易懂，见于任渊《山谷内集诗注》卷三的黄庭坚《次韵王荆公题西太乙宫壁二首》《有怀半山老人再次韵二首》，则借由典故来表达对王安石的追念，必须借助于南宋任渊的注释才能了解。这两题的四首诗，应写于王安石去世之后的元祐（1086—1094）年间，以次王安石诗韵为题，而意在于追念。前题两首诗，以现实政治上的争议和王安石退居于蒋山后的安闲为对比，《次韵王荆公题西太乙宫壁二首》：

> 风急啼乌未了，雨来战议方酣。真是真非安在，人间北看成南。
> 晚风池莲香度，晓日宫槐影西。白下长干梦到，青门紫曲尘迷。

第一首诗讲政争仍在剧烈进行，对王安石的看法也陷入争议，论事论人各有角度，是非难以确定。第二首诗后两句，取王安石原诗第一首后两句"三十六陂春水，白头想见江南"之意，讲王安石自来到江宁府后，已远离了京师的风尘；前两句则借用佛经文句的语意，描述王安石到江宁府后心境的清静。然而黄庭坚毕竟要对是非表达他的意见，于是有后题两首诗之作。《有怀半山老人再次韵二首》：

> 短世惊风雨过，成功梦迷酒酣。草《玄》不妨准《易》，论《诗》终近《周南》。
> 啜羹不如放麑，乐羊终愧巴西。欲问老翁归处，帝乡无路云迷。

第一首诗前两句讲追念熙宁间一时之事，如今如醉乡梦境，已成过去；后两句则讲王安石的经学、文学成就，有其长久的贡献。"草《玄》不妨准《易》"是说他的经学有如扬雄所著《太玄》，可以拟准于《易》；"论《诗》终近《周南》"，则是说他的诗作境界几近于《诗》。后一首诗的前两句用了《韩非子》中魏将乐羊的典故和孟孙氏属下秦西巴的典故，黄庭坚为了押韵，把"西巴"改为"巴西"。意思是指吕惠卿叛王安石的所作所为，其忍心有如乐羊啜中山国君以其子所烹之羹，不可以信任；而王安石施政虽有可议之处，却如秦西巴因不忍心而将受孟孙氏所托的麑留给母亲，可以原谅，圣人犹有过，何况王安石。苏辙在元祐（1086—1094）年间弹劾吕惠卿的奏章中，也用了这两个典故。这首诗的后两句，则是讲王安石在宋神宗崩殂后一年也去世，追随宋神宗在天的威灵，非谗邪所能离间。从第二题的两首诗看，黄庭坚虽然对王安石推行的新法并非没有意见，却认为他即使有可议之处，仍然是本于为国为民之心，而其经学、文学的成就，已足以流传千古。

曾巩是王安石早年以论学相交的好友，在熙宁、元丰年间新旧党争中不属于任何一方，但是他自熙宁元年（1068）王安石出任翰林学士后，对其作为颇有意见。从熙宁元年王安石对曾巩态度的趋于冷淡，到元丰六年（1083）曾巩在江宁府病中时的关心，也可以看出王安石在退闲于江宁府后，对于过去在政治上持不同意见的人，态度有所变化。

如学者所论，曾巩和王安石早年在论学、论事方面已有分歧之处，到王安石得宋神宗重用之后，有所作为，这些分歧就转变为在政治上看法的不同，从而影响到两人多年的友谊。此事始于熙宁元年四月王安石出任翰林学士兼侍讲，向宋神宗建议讲官坐讲，这时正在京师任馆阁校勘的曾巩，写了《讲官议》表示不同的意见。这年八月，王安石和司马光在宋神宗面前争辩，讲出了"善理财者，民不加赋而国用饶"的看法。次年二月，王安石出任参知政事，设置制置三司条例司，议变旧法并策划新法，开始推动这一个理想的实践。应该在这段时间，曾巩曾登门拜访王安石，想要尽好友忠直之谊，提出忠告，却遭到王安石的冷淡对待，对往日好友自认的肺腑之言不置可否。曾巩因为这件事写了《过介甫》《过介甫归偶成》两首诗，感叹"知者尚复然，悠悠谁可语"。随后曾巩自请外调，于同年出任越州通判，在朝辞日依例上殿转对，他上给宋神宗的《转对疏》虽然看起来言辞空泛，但重点无疑是期望宋神宗能从《尚书·洪范》和《礼记·大学》来了解治道所本，以其个人的致知、正心为基础，来完成比迹唐虞三代的事业，也就是宋神宗必须自己负起完成此一事业的责任，以免由于智虑未审、议论未一，而导致风俗、纲纪愈以衰坏，甚至影响到国家的安危治乱。用意其实是提醒宋神宗，不能只是专任大臣，必须广求众见，而实施新政若不得其道，也可能带来恶果。

从熙宁二年（1069）到元丰三年（1080），曾巩在外郡转徙有十余年。他在熙宁四年至六年（1071—1073）担任知齐州期间，奉行新法只是推其法意，施行有次第，民众得以安宁，并不理会新近派出到各路推行新法的使者（应指提举常平公事）额外的要求。所谓"推其法意"，应指曾巩尽量让新法在施行时避免带有财利的色彩，不为获得奖赏而从事额外的征敛。这件事显示出他对新法的态度，或许也因为如此，使得他在熙宁六年已经交卸齐州知州、准备出任襄州知州时，京东路察访使吕升卿仍然赴齐州调查，多端非理设法捃拾其过失，却未能有所得。王安石于熙宁八、九年（1075—1076）间第二次任相时，曾巩正担任知洪州，曾致函于"时相"，建议应退小人、用正人，这时王安石先是陷于与吕惠卿的相互排挤,然后又面临宋神宗对其不再信任的危机,再接着是王雱去世导致其心情沮丧,大概无心也无暇回复曾巩这封信。熙宁九年,曾巩在洪州曾重修许旌阳祠,事后请王安石撰写记文,亦未获得回音,要到元丰三年王韶任知洪州时,王安石才把记文写好,这时曾巩已离开洪州好几年。元丰二年(1079),曾巩也卷入了乌台诗案之中,因收受苏轼讥刺时政的赠诗而受到罚铜的处分。次年,曾巩出任勾当三班院,得以返回朝廷任职,他连续上了《议经费札子》和《再议经费札子》,主张用财应以节用为要,清楚地显示出他和王安石在理财上看法的不同。元丰五年(1082)四月,曾巩出任中书舍人,置身于侍从,宋神宗以他和王安石是布衣之交,问他对王安石的看法,他说王安石文学、行义不减扬雄,以"吝"故不及。宋神宗质疑说,王安石轻富贵,何以说他"吝",曾巩解释他所以如此说,是因为王安石安于有为,吝于改过。此一看法,显然是针对王安石推行新法而发。这件事的记载,首见于曾巩门人陈师道所著《后山谈丛》,应确有其事。直到此时,曾巩对于熙宁初年遭到王安石冷淡对待一事,似乎仍未释怀。

但是曾巩不仅难以割舍和王安石在早年的深厚友谊,两人还有亲戚的关系,王安国是曾巩的妹婿。王安国于熙宁九年(1076)八月去世后,曾巩在次年写有祭文;王安国家集其遗文百卷,且于元丰元年(1078)邀曾巩写序,此事是否由王安石经手,不得而知。元丰五年四月以后,曾巩已有诗从京师寄赠远在江宁府的王安石,这首题为《寄王荆公介甫》的诗,写于曾巩在中书舍人任内的病中,有句"经纶知龃龉,耕钓亦蹉跎",表达了他对王安石退闲的羡慕,而自知和王安石在治国之术的看法上难以相符,看来似乎是曾巩在病中思念旧友,先向王安石伸出友谊之手。这年九月,曾巩母丧,次年曾巩、曾布、曾肇三兄弟护丧返乡,经过江宁府,王安石登舟吊唁，这时不仅王安石和曾巩之间的芥蒂已经消失，王安石和原为其推动新法的得力助手曾布之间，因市易法争议而生的嫌隙，也应得以化解。曾巩在出任中书舍人后已经罹病，到江宁府后由于病重卧床，王安石每日入其卧室探视慰问，这年四月，曾巩病逝于江宁府，在去世前终于得以和早年老友每日相聚。

对王安石推动新法仍然耿耿于怀的司马光，远居洛阳，不似曾巩、曾布因护丧返乡，路过江宁府，得以和王安石有重新聚面的机会。不过自从熙宁三年（1070）初，他以谅直之友的身份，连写三封信力谏王安石而谏言未得接受之后，即使对新法和王安石深感不满，批评王安石的用词仍一直有所保留，从未使用类似"奸邪""奸诈"这种过于极端的词语。指责王安石"妄生奸诈""首倡邪术"的《奏弹王安石表》，全篇疑点颇多，正如学者所指出，此表实出自伪作。他最重的话，是在熙宁四年（1071）二月知永兴军任内，因他的建言不获朝廷接纳，请判西京留司御史台却未获回报后，在再上章疏中所说的"臣先见不如吕诲"。吕诲在王安石初任参知政事时，已上奏指王安石为"奸邪"；司马光在这封奏章中，虽然借吕诲之言，却非出于他自己之口。或许他所以要在这封奏章中用上重话，是想刺激朝廷，答应他卸下容易卷入新法是非的实际行政职务，改任并无实务可理的判西京留司御史台；两个月后，他果然如愿以偿。

此后在熙宁七年（1074）四月的《应诏言朝政阙失状》中，司马光具体地直言执政之臣"好人同己而恶人异己"的阙失；在写于元丰五年秋天的《遗表》中，也讲王安石"既愚且愎""足己自是"。宋神宗去世之后，他在元丰八年（1085）四月所上的《乞去新法之病民伤国者疏》中，则讲宋神宗所委的"贤辅"，不幸"于人情物理多不通晓"，"又足己自是"，"与之同者援引登青云，与之异者摈斥沉沟壑"，大致是重复过去对王安石的批评。无论如何讲法，他都没有说王安石"奸邪"；他所担心的是，宋神宗过于信任"足已自是"的王安石，将会因王安石的"好人同己而恶人异己"而导致善于阿谀奉承的奸邪之臣活跃。到这年五月，司马光已获出任宰相的任命，在上第一次辞免状同一天的五月二十八日，他上了《请更张新法札子》，其中讲到王安石"不达政体，专用私见，变乱旧章"，用词的语气已比过去来得轻。

元祐元年（1086）四月，王安石去世。司马光在闰二月已升任尚书左仆射兼门下侍郎，一般称为左相，为首相之职，但自正月起已因病告假，这时仍在假中，消息传到京师，他在得知之后，写信给刚升任尚书右仆射兼中书侍郎（右相）的吕公著：

> 介甫文章节义，过人处甚多，但性不晓事，而喜遂非，致忠直疏远，谗佞辐辏，败坏百度，以至于此。今方矫其失，革其弊，不幸介甫谢世，反复之徒，必诋毁百端。光意以谓朝廷特宜优加厚礼，以振起浮薄之风，苟有所得，辄以上闻。不识晦叔以为如何？更不烦答以笔札。宸前力言，则全仗晦叔也。（《传家集》卷六十三《与吕晦叔第二简》）

在司马光眼里，吕公著在过去是比他和王安石更为友好的朋友，了解吕公著必定会办好这件事，所以在信中说"更不烦答以笔札"。于是在吕公著的建请之下，诏令为王安石之丧再辍视朝，"赠太傅，推遗表恩七人，命所在应副葬事"。王安石赠太傅的制文出自苏轼的手笔，对于王安石的学问、行义极其称誉。这年九月，司马光也去世了，他幸而得以在生前，不计曾因新法而与旧日好友王安石相敌对的嫌隙，为之办了一件身后的大事。吕公著则在王安石、司马光相继去世之后不到三年，于元祐四年（1089）二月去世，他较早在元丰末知扬州时，已收到王安石言辞恳切的来信，传达了将过江来访的心意，双方因新法而生的嫌隙，此时必由之而化解，此事因吕公著旋即奉诏返回京师而未能实现，然而王安石接着就去世了，他受司马光之托，为昔日好友办妥身后大事，也稍可补偿先前两人虽相约见面倾谈，却未能如约相见的遗憾。

在接连两年之内，宋神宗、王安石和司马光先后去世，他们的去世，标志着熙宁、元丰时期的结束，元祐时期的开始。他们在生前大概都不会料想到，新旧党争在他们身后，不仅延续到元祐时期过后仍未中断，而且愈演愈烈，而原本在熙宁、元丰时期的党争中，仍见于一些争执者之间的温情，却在此后难以再看到。而这段历史的后续发展，则不幸正如曾巩在《转对疏》中所担忧，在智虑未审、议论未一的情况下，带来了风俗、纲纪的隳坏，进一步影响到国家的安危。

# 第十二讲

# 党争的激烈化（下）：
# 从元祐到宣和的曲折变化

宋神宗去世之后，宋哲宗继位，因为年幼，由祖母太皇太后高氏（英宗后）听政，高氏引用司马光、吕公著，与新党蔡确、韩缜、章惇共同执政。但司马光在元祐元年（1086）正月下旬已因病请假在家，至九月病逝。元祐（1086—1094）年间，旧党上台，一方面昭雪宋神宗时代的冤屈案件，另一方面则对新党官员展开抨击，而其抨击新党官员的手段，也不逊于从前新党压制旧党，甚至犹有过之。

在司马光执政之前，太皇太后高氏已先罢除皇城司所领京城逻卒的探察，到司马光执政之后，在元祐元年（1086）闰二月，设置诉理所，许元丰八年（1085）三月六日赦恩以前，官员及各色人等进状诉理，依法考虑其中如有情可矜恕或事涉冤抑者，予以宽减。原立定申诉期限为半年，一再展延期限至元祐二年（1087）三月五日截止；针对某些冤屈为众所知，可是文致完密而不易看出破绽的案件，又规定可由特旨昭雪，而这类案件的处理，则不受期限的拘束。诉理所处理的案件，后来也扩大范围，一方面将内外官司所断公事而情可矜恕的案件，申诉期限自元丰八年行赦恩以前延展至元祐元年九月六日明堂赦恩以前，这使得自宋神宗去世之后这一年间，如果有人自认在司法上受到不合理的待遇，也可以提出申诉；另一方面则除了申诉的案件之外，又处理元丰以来大理寺、开封府、御史台得自内降探报公事而断遣过的涉及冤抑而情可矜恕案件，这些案件应是因皇城司逻卒探报而来。经诉理所处理而获得宽免的案件，据朱弁《曲洧旧闻》卷五所载陈恬（叔易）及朱弁自己见到的元祐初年御史韩川章疏，共有八百余事。

诉理所的设置，针对的是宋神宗在位全期的冤案，虽也涉及新旧党争所造成的案件，但最主要的对象则应是元丰时期的冤案，尤其是自宦官石得一领皇城司后，因逻卒探报而造成的这类冤案件。所以主持诉理所的御史中丞刘挚认为他处理的案件，冤抑无甚于太学狱；谏官丁骘奏论元丰年间担任御史的何正臣，也指责其舞文巧诋、持法深刻，造成太学狱、泸州狱的冤滥；御史上官均在弹劾崔台符、杨汲、王孝先时，要旨即在三人在元丰（1078—1085）年间先后为大理卿，承勘内探公事不能悉心持平，并指由于探报公事甚多冤滥，所以罢除探卒，又置司理诉，黜降石得一，但是与石得一同恶相济的崔台符等人，尚未得到惩治。韩川在上述《曲洧旧闻》所引章疏中，同样弹劾崔台符、杨汲、王孝先三人，指他们在元丰以后，次第为大理卿，专视蔡确风旨，数年之中，锻炼刑狱至二万二千余件，然而诉理所处理的案件才八百余事，尚有数量众多的案件可能由于当事人贫弱未能自诉，或流移死亡而无人为之雪理。

在这种情形之下，获得诉理所为之申冤，原受惩罚因而获得宽免者，可以归之为旧党的自应甚少，有些且与新党关系密切。例如因太学狱而受惩的龚原、王沇之都是王安石的门生，叶涛是其侄婿，沈季长则是其妹婿，他们的案件经诉理所处理之后，都除落了原来的罪名。但是宋神宗时期冤案在元祐年间的诉理，不仅使得一些新党官员如崔台符、杨汲、王孝先等遭到弹劾、黜降，也形成对宋神宗圣明的公然诋毁，因此到新党重新执政的元符（1098—1100）年间，就重新调查诉理所处理过的案件，并且以之为打击旧党的一个借口。

司马光执政之后，在高氏的支持下，一方面更改新法，另一方面则大量引用旧党为台谏官，后来苏辙曾这样讲，"时台谏官皆君实之人"，这种手法和当年王安石如出一辙。王安石和司马光所以要如此做，是由于台谏官在当时被视为传达民情给皇上的重要管道之一，当权的一方希望他们所认为的民情能够顺利上达，让统治者"正确"地了解"事实"上的民情。

旧党掌握了台谏官之后，开始对新党人物展开抨击，一些因此受到黜责。举例而言，至元祐元年正月为止，吴居厚、吕孝廉、宋用臣、贾青、王子京、张诚一、吕嘉问、蹇周辅等人均以涉及财利之事而受黜，谢景温则因被指为崇信妖妄及非治剧之才而受黜。从这年二月起，以蔡确、韩缜为首的朝廷高官及熙宁（1068—1077）年间曾任参知政事的吕惠卿也先后遭到黜责。首先是黄履在二月自御史中丞兼侍讲罢为翰林学士兼侍讲，同月再罢翰林学士知制诰兼侍讲，出知越州。接着蔡确在闰二月罢相出知陈州，知枢密院事章惇也出知汝州，另一位宰相韩缜在四月出知颍昌府，中书侍郎张璪跟着出知郑州；吕惠卿原知太原府，这年闰二月新差知扬州，三月因引疾自请而提举崇福宫，仍然不能免于受黜，六月先是落原来资政大殿大学士正议大夫的职衔，降为中散大夫光禄卿，分司南京、苏州居住，再责授建宁军节度副使、本州安置。户部侍郎杨汲情况也类似，和吕惠卿同时以引疾自请而带宝文阁待制的职衔出知庐州，也是在六月；刑部侍郎崔台符、知庐州杨汲、大理卿王孝先，由于在元丰年间相继为大理卿，锻炼罗织，陷害善良，而遭黜降；杨汲落职改知黄州，崔台符出知相州，王孝先出知濮州；次年四月，尚书左丞李清臣出知河阳。另一位也深受谏官批评的知枢密院事安焘，一度家居请求出知外郡，但由于御史中丞刘挚、右司谏王觌都认为他和李清臣只是对蔡确、章惇、张璪三人结党害政无所救正，应该留之以存国体，尽管李清臣终究去位，他在这段时间并没有受到多大影响，直到元祐四年（1089）七月才以母丧离职，于元祐六年（1091）闰九月除丧后出知郓州。

即使许多新党官员已离开朝廷，出知外郡，或原在外郡而遭黜降，旧党仍不肯松手，于是在元祐四年发生了陷害蔡确的车盖亭诗案，这一个案子犹如当年乌台诗案的翻版，而蔡确的遭遇则较苏轼为不幸。

蔡确在罢除相位之后，先带观文殿大学士职名出知陈州，旋即落职改知亳州，再改知安州，在安州游车盖亭，作《夏中登车盖亭绝句》十篇。知汉阳军吴处厚曾经与蔡确有私怨，于是加以笺释，献于朝廷，指出内有五篇语涉讥讪，其中两篇讥讪尤甚，上及君亲。按，哲宗为神宗之子，宋神宗临崩时，蔡确曾有立弟而不立子的图谋，但未成为事实。如果成为事实，则高氏没有可能辅政，蔡确以拥立之功，也不至于失势。所谓讥讪尤甚的两首诗，多少有针对太皇太后高氏，发泄心中怨愤之意。主要包括吴安诗、刘安世、梁焘等旧党谏官，后来又加入了新任命的谏议大夫范祖禹，运用这项资料，屡次上言，先是抨击蔡确，等蔡确定罪之后，又抨击与其有牵连的一些新党官员。《夏中登车盖亭绝句》涉嫌讥讪君亲一事，经过调查与蔡确的答辩之后，蔡确先是遭到责授左中散大夫、守光禄卿、分司南京（应天府）的处分，这是一项领俸禄而不治事、无事权的闲职，但离京师较近；几名台谏官员仍不满意，继续上言，要求加重处分。最后在太皇太后高氏的指示下，依从太师平章军国重事文彦博的意见，流放蔡确到岭南，责授以英州别驾，安置于新州。四年之后，蔡确死于贬所。高氏所以如此决定，不仅由于《夏中登车盖亭绝句》有语涉讥讪的嫌疑，也因为当初立哲宗原是高氏作主，事后却传言蔡确有定策功，对之有所不满的缘故。蔡确在神宗病笃、哲宗继立前后一些活动与言行的传闻，所以会为高氏所得知，出自韩缜趁蔡确因担任神宗山陵使而暂离京师的时机，向高氏密陈。

对于借诗文讪谤的罪名来贬窜蔡确，也有官员提出不同的意见。在案发追究之始，主要是苏轼和彭汝砺；在一些台谏官员要求再加重处分之时，主要是范纯仁和王存。苏轼和范纯仁都是旧党，彭汝砺和王存虽然在元丰年间任职朝廷，却也都特立独行，言无避忌，并非新党。

当车盖亭诗案在朝廷引起讨论之初，苏轼原任翰林学士，因自请外任，已获任命为知杭州，但尚在京师，他在元丰年间曾经历乌台诗案，对于借诗文讪谤来陷人于罪的做法，有切肤之痛，迅即仍以侍从的身份上疏，表达对于处理此案的意见。《苏文忠公全集·东坡奏议》卷五《论行遣蔡确札子》：

> 窃闻臣僚有缴进蔡确诗，言涉谤讪者。臣与确元非知旧，实自恶其为人，今来非敢为确开说，但以事所系国体至重，天下观望二圣所为，若行遣失当，所损不小。臣为侍从，合具论奏。若朝廷薄确之罪，则天下必谓皇帝陛下见人毁谤圣母，不

加忿疾，其于孝治，所害不浅；若深罪之，则议者亦或以谓太
皇太后圣量宽大，与天地等，而不能容受一小人谤怨之言，亦
于仁政不为无累。臣欲望皇帝陛下降诏敕，令有司置狱，
追确根勘，然后太皇太后内出手诏云："吾之不德，常欲闻谤以自
儆，今若罪确，何以来天下异同之言？矧确尝为辅臣，当知
臣子大义，今所缴进，未必真是确诗，其一切勿问，仍榜朝
堂。"如此处置，则二圣仁孝之道，实为两得，天下有识，自
然心服。

苏轼提出了一个看来是四个方面兼顾的处置办法，既尊重了皇帝
和太皇太后，也对此一诗句涉嫌讥讪君亲的案件有了交代，又使
得蔡确免于因文字为有心人的诠释而受惩，因而顾全了国体。但
是在当时的政治气氛下，此一建议未获接受。

　　至于彭汝砺，这时他的职务是负责起草皇帝诏书的中书舍人，
大约和苏轼同时，也提出对车盖亭诗案处理办法的意见。他指出，
蔡确习为奸恶，言非所宜，但是皇上应该包容，否则因有人告讦
而听从处置，其源一开，将不可塞，疑惑自此日深，刑狱自此日
作，风俗自此日坏。他建议应该停罢要求蔡确答辩的诏书，另颁
指示。彭汝砺并非言官，上言后遭到谏官的抨击，说他没有言责
却敢上疏。然而彭汝砺不予理会，继续就此一诗案发言。当时中
书舍人只有他一人，皇帝处置蔡确的词头必定要发下给他，由他
来草诏。当他听说已有责命，尚未见到词头，心中的盘算是如果
责轻，则可以起草。等到词头下来，由于几名台官被认为对此一
诗案观望不言，词头也一并指示予以出知外郡的责罚，于是不肯
起草诏书，亦不封还，称疾告假，朝廷因此任命新的中书舍人来
草诏。随后彭汝砺也受到黜责，出知外郡。

这时范纯仁和吕大防并相，吕大防是尚书左仆射兼门下侍郎，通称为左相；范纯仁是尚书右仆射兼门下侍郎，通称为右相。尚书左丞和右丞则分别是刘挚和王存。这是元丰年间更改官制之后的制度。《东都事略》卷五十九下《范纯仁传》扼要地记述了台谏官要求加重惩处蔡确及责罚相关新党官员时，范纯仁与王存两人的共同态度：

> 台谏趋和，欲致之重辟。纯仁独于帘前开陈："方今圣朝宜务宽厚，不可以语言文字之间，暧昧不明之过，诛窜大臣，今日举动，宜与将来为法，此事甚不可开端也。"左相吕大防奏蔡确党人甚盛，不可不问。纯仁面奏，以为朋党难辨，却恐误及善人，此事正宜详审，继上疏曰："朋党之起，盖因趋向异同，同我者谓之正人，异我者疑为邪党。既恶其异我，则逆耳之言难至；既喜其同我，则迎合之佞日亲，以至真伪莫知，贤愚倒置。国家之患，率由此也，至如王安石止因喜同恶异，遂至黑白不分，至今风俗犹以观望为能。后来柄臣，固合永为商鉴。今责蔡确，不必推治党人，旁及枝叶。……"执事议蔡确责命也，太师文彦博欲置之岭峤，纯仁谓大防曰："此路自乾兴以来，荆棘近七十年，吾辈开之，恐自不免。"大防不敢言，唯左丞王存与纯仁相协，纯仁与存上前论之益坚。既又上疏极论，且云盖如父母之有逆子，虽天地鬼神之不能容贷，父子至亲，主于恕而已，若处之必死之地，则恐伤恩。臣之区区，实在于此。确卒贬新州。

按，《东都事略·范纯仁传》记"(吕)大防不敢言"事嫌简略，据《续资治通鉴长编》及所引王巩《随手杂录》记载，当高氏指示流放蔡确到岭南新州时，吕大防和刘挚悉力开陈，刘挚以蔡确母老，请更换一州，吕大防呼应，建议移一近里州郡。高氏说，"山可移，此州不可移"，吕大防等于是不敢再讲话；范纯仁、王存留身进言，极力说明何以不妥，和高氏论辩往来，仍无法改变高氏的决定。范纯仁对吕大防所讲的"此路自乾兴以来，荆棘近七十年"，是指乾兴元年（1022）寇准先贬往现在雷州半岛南端的雷州，丁谓继之贬往现在海南岛上的崖州，自此至元祐四年（1089）以前，一直没有朝廷大臣贬至岭南。蔡确既确定贬往岭南，范纯仁和王存随后也罢除执政的职务，出知外郡。

范纯仁和王存反对扩大追究，亦未成功，一些被视为与蔡确有牵连的新党官员，都跟着遭受黜降的处分。自元祐四年五月至次年八月，见于记载的至少有下列数人。正逢丁忧的前朝奉郎直龙图阁邢恕，被指为与蔡确结为死党，共同作恶，候服阕日落直龙图阁、降授承议郎，添差永州在城监仓兼管酒税务；龙图阁待制知瀛州蔡京，被指为党附蔡确，罢原已派授的宝文阁直学士知成都府，改任江淮荆浙等路发运使；正议大夫章惇也正逢丁忧，被指为与蔡确素相交结，候服阕日降授通议大夫、提举杭州洞霄宫；新除集贤殿修撰、枢密都承旨黄廉，被指为在元丰初年与蔡确鞫相州狱，曲意附会蔡确，将无辜士人锻炼成有罪，依前职为陕西转运使；新除成都府路转运使刘瑾，被旨为与蔡确交结，改差知邠州。可以看出，其中以邢恕、章惇受到的责罚最重。至于与蔡确、邢恕、章惇同被指为四凶之一的黄履，在元祐元年曾被降黜，车盖亭诗案后虽也受谏官指斥，在宦途上似未受影响。吕大防、梁焘、刘安世还列出王安石亲党吕惠卿、章惇以下三十人，蔡确亲党安焘、曾布以下六十人，榜之于朝堂。这一项做法，正为后来宋徽宗时新党所立的元祐党籍碑作了示范。而范纯仁"吾辈开之，恐自不免"的忧虑，后来也不幸而言中。

一方面是旧党打压新党，另一方面是旧党内部也有层出不穷的纠纷。宋神宗去世之后，司马光以其崇高的声望，出任宰相，执掌政权，成为旧党的领袖。但是他在元祐元年九月就去世了，旧党之中已无像他一样足以领导群伦的人物，于是各以类聚，由于一些个人的摩擦或对于政府措施的不同意见，而互相攻讦。洛、蜀、朔党之说，见于当时人的记载。邵伯温《邵氏闻见前录》卷十三：

> 然虽贤者不免以类相从，故当时有洛党、川党、朔党之语。洛党者，以程正叔（颐）侍讲为领袖，朱光庭、贾易等为羽翼；川党者，以苏子瞻（轼）为领袖，吕陶等为羽翼；朔党者，以刘挚、梁焘、王岩叟、刘安世为领袖，羽翼尤众。诸党相攻击不已。正叔多用古礼，子瞻谓其不近人情如王介甫，深疾之，或加抗侮。故朱光庭、贾易不平，皆以谤讪诬子瞻，执政两平之。是时既退元丰大臣于散地，皆衔怨刺骨，阴伺间隙，而诸贤者不悟，自分党相毁。至绍圣初，章惇为相，同以为元祐党，尽窜岭海之外，可哀也。

邵伯温为邵雍之子，元祐（1086—1094）年间曾在地方上任官，书写成于南宋初年，所闻必定有依据，所述元祐年间三党之说，在南宋也广泛为人所引用。川党（蜀党）、洛党两党之名，见于元祐时人的讲法，而朔党之名则首见于邵伯温所述。何以无朔党之名？有学者指出，朔党应即见于史书所载的"刘挚党"或"挚党"，以其领导人物如刘挚、梁焘、王岩叟、刘安世及其同党，多为河北东路、京东西路人，所以有朔党之称。按所谓"朔"，应即"河朔"之"朔"，和蜀党、洛党同样以地域为名。由于三党的名称为当时所本有，所以应正视其存在。可以讨论的，是党争的实质。

旧党内部的纷争，虽然也牵涉学术背景和政策态度的差异，但主要出自人事纠葛和意气争执。同时旧党之中也有许多官员，无法列入洛、蜀、朔三党之中，可是他们并非没有卷入纷争；而当时的许多纷争，也不能单纯地以洛、蜀、朔三党之争来说明。也因此另有学者认为，三党之争无法用来作为说明元祐旧党内部纷争的基本线索，元祐时期的纷争有着十分复杂的背景和情况。又有学者进一步指出，元祐纷争反映出一种当时主流政治要求"安静"的情绪，亦即要求以审慎、保守的施政风格来取代熙宁、元丰时期的大幅更革，旧党人物如果有异于此一风格，也会受到批评。这个看法，可以用来衡量前引学者所提出"刘挚党"即朔党的另一主张，亦即作为元祐时期政治推动主要人物的刘挚党，以占据言路、力主废除新法、弹劾新党人物等方式，推动此一时期旧党的政策，是强力主张审慎、保守政治风格的代表，而他们当初也多得力于司马光的拔擢，是前述苏辙所讲的"君实之人"。如此看来，学者们或就旧党内部党派的分立来分析元祐时期的政治纷争，或认为此种党派分立无法解释当时政治纷争的问题，两者在实质上不见得就完全冲突。此外，元祐时期的一些人事纷争有超出旧党内部洛、蜀、朔三派纷争之外的特色，即使从前引学者在主张"刘挚党"即朔党时，对此一党派盛衰分期所作的分析，也可以看出来。上述两种主张的差别，其实应该从基础观察和进一步分析来看。旧党内争的最后结果，就如邵伯温所说，到绍圣年间新党重掌政权后，落得"尽窜岭海之外"的下场。

元祐八年（1093）九月，太皇太后高氏去世，宋哲宗亲政，改弦易辙，重用新党，并且改元祐九年为绍圣元年（1094），表示绍述熙宁、元丰之政，用章惇为宰相。绍述之说起自李清臣，李清臣并且因此得以任中书侍郎。章惇和李清臣对于"绍述"的态度并不完全一致，无论对于复行熙丰之政，或是惩处旧党官员，李清臣的态度都比较温和，而章惇则则比较激进。章惇在蔡卞的支持之下，逐渐取得优势，于是一方面复行熙丰之法，排斥元祐；另一方面则对旧党展开报复，手法较元祐时期的排斥新党官员远为严酷。

首先在绍圣元年四月，由蔡卞提议重修《神宗实录》。蔡卞是蔡京之弟，是王安石的女婿，又是其门生，在元祐（1086—1094）年间也曾遭到贬斥，但是人们对他的印象，要较对蔡京来得好，没料到在宋哲宗亲政之后，坚持打击旧党的首要人物，竟是蔡卞。所以到宋徽宗即位之初，陈瓘在指责蔡卞过恶的奏疏中会以他和章惇对比，认为"惇迹易明，卞心难见"；《东都事略·蔡卞传》也说他"貌柔顺而中险"。《神宗实录》在元祐年间初修，参加修纂的史官包含新旧党人，后来新党官员陆续离去。到实录修成，史官无论新旧党人都曾受赏。

由于有新党官员参与修撰，所以元祐年间所修的《神宗实录》不见得就完全采取旧党的观点。例如从一开始就参与修撰的陆佃，是新党史官中最后离开的一个，要到修毕上呈成前约七个月，才出知颍州；在修书期间，他为了要维持王安石始终得宋神宗信任的美好形象，就如他在《神宗皇帝实录》中所描述，屡次和旧党史官范祖禹、黄庭坚争辩。据李焘所见收于陆佃集中的《乞降出吕惠卿元缴进王安石私书札子》（未见于传世的陆佃《陶山集》），双方争议之一是王安石是否如御史弹奏吕惠卿章疏所言，曾有私人信件给吕惠卿，其中有"毋使上知，毋使齐年知"的文字，按陆佃所说弹奏吕惠卿的御史，应是谏官之误，此一章疏为右司谏苏辙于元祐元年二月所上，照苏辙的上奏，吕惠卿缴给宋神宗的王安石私人书信不只一封，"无使上知""无使齐年知"亦分别见于两封不同的信中，并非同在一封信，所谓"齐年"，是指冯京，和王安石同岁，同生于乙酉年。黄庭坚认为确有此事，主张记载；陆佃则认为并无其事，反对黄庭坚的意见。黄庭坚认为照陆佃的讲法写，将成为"佞史"；陆佃回答说，如果照黄庭坚的讲法写，将是"谤书"。争辩好几天没有结果，于是陆佃上了上述的《乞降出吕惠卿元缴进王安石私书札子》，在李焘所见此一札子后，有陆佃自注，说明在降出的王安石寄给吕惠卿的信中，并无上引的两句话，只是以练亨甫可用之事向吕惠卿请托。修成的《神宗实录》中此事虽依陆佃意见，不载于王安石罢相事迹之下，却又依黄庭坚的意见，载于冯京获宋神宗复用，出任知枢密院事的事迹之下。这样的记载方式，显示元祐年间所修的《神宗实录》试图采取一种比较平衡的写法，不强调吕惠卿发所谓王安石私书中的"无使上知"，视之为王安石失去宋神宗信任，且因此而导致他罢相的原因；而强调信中的"无使齐年知"，视之为宋神宗认为冯京中立无私，因而复以其参与政务的原因，使得此事仍然保存下来。

李焘在《续资治通鉴长编》中，记载此事就是依据《宋神宗实录》而来，记载之于冯京出任知枢院事的事迹之下。他并且在记事后的夹注中指出，所谓王安石的"私书"不只一封，又怀疑陆佃的札子实际未曾上奏，陆佃在札子后的自注也不可信。置李焘的看法于不论，陆佃的自注其实一方面证实了吕惠卿确曾发王安石私书，上于宋神宗；另一方面，吕惠卿发王安石私书，上之于宋神宗，在苏辙弹奏吕惠卿的奏疏里，是述于吕惠卿的华亭狱事之后，应是在其罢参知政事后出知陈州时的事情。李焘也认为这件事情应发生于此时，而非在一些宋人笔记中所讲的王安石第一次罢相之后，这时正是吕惠卿上疏极力指斥王安石种种罔上要君行为的时候，他呈上给宋神宗的王安石私书，如果其中没有如"无

使上知""无使齐年知"这类可以视为含有欺瞒之意的文词,而只
是为练亨甫的事请托,那么就不免令人质疑,他在这时发王安石
私书的用意又究竟何在?

到了绍圣(1094—1098)年间,新党认为元祐所修《神宗实
录》"隐没先朝良法美意,辄以微言含寓讽刺",因而有重修之举。
这时将史官尽数换为新党,同时对参与修神宗日录的旧党史官如
范祖禹、黄庭坚等人,在要求对质说明之后施加惩罚,先是将他
们改授祠禄官,进一步加以"为臣不忠"的罪名,贬往边远州军
安置;受惩罚的旧党官员,还包括倡修的宰相吕大防。不仅旧党,
连新党的陆佃、曾肇也遭到贬小郡的惩罚,例如陆佃就落职名知
泰州,只有林希,由于在职日浅,只受降官的处分,不过他们所
受的惩罚,远较旧党史官来得轻。实录重修始于绍圣元年(1094)
四月,曾布、蔡卞、林希均参与修撰,曾布这时任翰林学士承旨,
建议下王安石本家,取王安石手书、日录,付史馆参照重修;至
绍圣三年(1096)十一月修成,由宰相章惇呈上,并将旧录焚毁。
新录以旧录为本,用墨书,添入者用朱书,其删去者用黄抹,号
称"朱墨史"。新录对旧录中批评新法之处多予删削,对于元祐
诸臣则加以攻击。例如李焘在《续资治通鉴长编》记冯京复用为
枢密院事后的夹注就注明:"朱本签贴云,缴书事,已奉朝旨下逐
官取会,并无照据,删去。今本实录仍复存之。""朱本"即指绍
圣年间新修的《神宗实录》,"缴书事"指吕惠卿发王安石私书上
呈于宋神宗,信中有"勿令上知""勿令齐年知"等语一事,"今
本实录"则指南宋高宗时自绍兴四年(1134)五月开始再次重
修,完成于绍兴六年(1136)正月的《神宗实录》。到宋徽宗宣和
(1119—1125)年间,有人得绍圣年间重修的《神宗实录》于禁
中,于是以"朱墨史"之称流传于民间。

　　章惇在旧党吕大防于绍圣元年三月罢相之后主政，在倡议重修《神宗实录》的同时，也已安排好新党官员任台谏官。对于旧党官员，无论是已经去世或者尚仍在位，都展开弹劾和打击。借着洗雪蔡确诗案，贬斥了一批元祐旧党，已经去世、与诗案原无关系的司马光、吕公著等人，也遭到追贬。当章惇请求斥责范纯仁时，宋哲宗面有难色说，范纯仁持议公平，并非党人，只是不肯为朕留在朝廷；章惇讲，不肯留就是党人，宋哲宗只得勉强地依从他。当元祐党人陆续遭到贬斥，中书侍郎李清臣向宋神宗提出劝阻，虽然有说法讲，李清臣所以如此，是由于他首建绍述之说却不甘心于章惇出任宰相，但更有可能的是，他不希望情势往这一个方向发展，绍述宋神宗之政和贬斥元祐党人，究竟是两件不同的事情。由于李清臣的劝阻，于是有这年七月的《申儆诏》。这道诏书，一方面指责旧党以司马光、吕公著、吕大防、刘挚等人为首，犯下诽谤宋神宗、轻改法令、设诉理局、舍弃国土等罪行；另一方面，则表示为首者已受到责罚，其余人许其自新，一概不问，也要求议者不许再提。这道诏书，使得贬斥旧党的行动暂时停止。

　　然而到次年十二月，又以上一年对旧党的贬斥，仍有许多人漏网，而开始扩大原已进行的编类元祐以来臣僚章疏，更大规模的报复行动显然即将来临。绍圣三年、四年（1096—1097）间，大量旧党官员遭到贬逐、追夺官秩，并且送往岭南安置，原来已经贬逐的则更步步南移。例如苏轼，绍圣元年在知定州任内已遭到贬谪，理由是他从前所写的吕惠卿贬官诰词，"讪谤先帝"。起初授英州知州，在赴岭南上任的途中，又改授建昌军司马，于惠州安置，这已经是视之为罪人。到绍圣四年，又改授琼州别驾，昌化军安置，于是渡海来到更加荒远的海南岛，一直到宋哲宗逝世、宋徽宗继位，才获赦北返，在岭南前后有六年。可是才离开岭南，到了常州，就病重去世。

苏轼能够生离岭南，还算幸运，好几位贬至岭南的元祐党人，如刘挚、梁焘，都原因不明地死于当地，成为疑案，甚至有说法讲，他们两人是由于受不了地方官员的恐吓而自尽，两人死后也都未能获准归葬。元祐年间任相八年的吕大防，在绍圣元年自知永兴军贬至随州，再贬至郢州，又再贬至安州，原本章惇打算窜之于海外，因宋哲宗的庇护而仅贬至安州；其兄吕大忠在绍圣三年二月见宋哲宗时，宋哲宗要他告知吕大防，再忍耐三二年即将相见，吕大忠因此请求章惇将其弟量移，不料章惇反而再度贬窜旧党官员，其后吕大忠获得所带职名的升迁，向宋哲宗请求以免其新除职名，换取其弟量移陕西一州郡。宋哲宗已不肯答应，吕大防也在次年再贬窜至岭南的循州，行至江西的虔州时病逝，未能抵达贬所，比刘挚、梁焘幸运的是，他不仅死因明确，而且得到宋哲宗的特许归葬。绍圣三、四年间对旧党官员的惩处，甚至罪连他们的子孙弟侄，规定他们不得住在本州、邻州，子孙任官者只得给予次远路分合入差遣，已授未赴及现在任人并罢。更进一步则对已经去世的元祐旧党官员加以追贬、追夺死后赠官，当初因他们的遗表恩泽而得荫补的子孙亲属一律追夺，只有少数官员限定为只有两人得继续享有，他们所荐举的官员也遭罢职。对于追夺子孙所受恩泽，同知枢密院事曾布并不赞成，对宰相章惇和尚书左丞蔡卞讲，此例一开，他们自己的子孙将来也可能会遭对手如此对待，而且有的官员子孙享受恩泽为时已久，不宜一朝除夺，他的意见并未生效。对于司马光、吕公著，章惇用蔡卞之议，原来甚至有发冢斫棺的打算，由于中书侍郎许将留身对宋哲宗当面劝阻而中止，仅是拆除他们墓前奉敕撰的神道碑文，并归还敕赐的神道碑额。

　　绍圣、元符间，新党又借同文馆狱和设"看详诉理局"来打击旧党。同文馆狱兴于绍圣四年八月，由蔡京、安惇负责审理，至元符元年（1098)五月才结束。这件事情，起于蔡确之子蔡渭上书，说他的叔父蔡硕曾在邢恕处，见到文彦博的儿子文及甫在元祐年间写给邢恕的信，"具述奸臣大逆不道之谋"。于是在同文馆置狱，将文及甫下狱审讯，想要诬陷元祐大臣刘挚、梁焘等人有废立哲宗之意，加以杀害。可是一直审讯不出具体的证据，又恰逢刘挚、梁焘分别在岭南逝世，于是没有再追究。当时处理这个案子，甚至想要把高太后也牵连入内，加以追废，章惇、蔡卞已作好诏书，准备请哲宗上殿宣读施行，由于向太后（神宗后）和皇太妃（神宗妃朱氏，哲宗生母）的劝阻，宋哲宗将章惇、蔡卞的奏疏用烛火烧掉。章惇、蔡卞得知，次日再上奏，坚乞施行，宋哲宗发怒说，"卿等不欲朕入英宗庙乎"，将奏疏踩于地上，此议才未成事实。蔡京等追究文及甫之罪不得要领，由于还不知道刘挚、梁焘已死，派吕升卿、董必出任广南东、西路察访，企图尽杀元祐党人于岭外，因曾布向宋神宗提出劝谏而止。

　　同文馆狱结束的次月，又有"看详元祐诉理局"的设立。在前述绍圣元年七月的《申徽诏》中，曾以设置诉理所为元祐旧党的重大罪行之一。看详元祐诉理局设置的目的，即在于重新看详元祐诉理所曾经雪理的案件。此事原初出自绍圣三年蹇序辰的建议，宋哲宗将其奏章留中不出，显然是不同意，这时安惇出任御史中丞，再提此事，蔡卞对仍在犹豫的章惇强力要求，甚至质问他是否有二心，于是章惇即日置局，付之施行。此事交由蹇序辰、安惇、徐铎主持看详，对于元祐年间经处理而得以洗雪的案件，如有对宋神宗朝言语不顺的情形，加以改正，恢复原本的裁断，并具姓名、职位上闻。至元符二年（1099）三月，据安惇的上奏，共有一千余人因"曲陈事理，讪谤先朝，归怨君父"而恢复宋神宗朝原本裁断的罪名，而元祐年间诉理所的看详官及管勾文字多人都因此获罪，为他人提出请求的官员也受到责罚。据安惇的上奏，则所谓"言语不顺"，就是指"曲陈事理，讪谤先朝，归怨君父"，元祐（1098—1100）年间获诉理所雪理的才八百余事，而元符年间重新获罪的有一千余人，看来似乎是只要在元祐年间提出雪理的申请，到元符年间大概就会被认为是指责宋神宗朝的不当。后来在宋徽宗建中靖国元年（1101），蹇序辰、安惇受到除名、追毁出身以检文字、放归田里的惩罚，诏书就说这一千多人，颇有出于蹇序辰"辄将臣僚章疏，傅致语言，指为谤讪"的情形。

在宋哲宗初位时停的皇城司在京城以逻卒探事，到绍圣年间也恢复。绍圣四年（1094）七月至九月间，连续两次发生天文上的星变，先是七月下旬荧惑犯鬼宿西北星，先入舆鬼，再入积尸气；然后是八月底彗星出氐宿，指向天市垣，到九月上旬入天市垣，先犯天市垣宦官，再犯天市垣帝。连续两次星变引起宋廷的恐慌，担心有不祥之事发生，尤其是第二次的彗变，据解释可能出现兵丧、大水、五谷大贵、人民乱等灾难。或许因为如此，皇城司在彗变之后增广了颇多的察逻人数，既然是"增广"，则皇城司在京城的察逻并非在此时才有，应是在绍圣四年以前就已恢复。虽然御史中丞邢恕在此时提出应当应之以静的建议，但是皇城司的察逻应该没有停止，所以到元符元年（1098）七月，官员有"今武德探报甚密"的说法。武德司是皇城司在北宋初年的旧称，这句话就是指皇城司卒的察逻。要到元符三年（1110）正月，宋哲宗去世，宋徽宗继立，知开封府吴居厚奏言当时京城有人妄议朝政，当予以止绝，请求增置八厢逻卒，遭到拒绝之后，才在曾布的建议之下，废除了绍圣以后京师八厢所添探事人。可是依据次年

（建中靖国元年，1101）三月至七月间担任左司谏的江公望在上奏中说，这时"增益逻者，通旧为七十人。夫妇丑诋之言，仇隙雠怨之语，增情释非，摘隐抉伏，岂清时美事"［陈均《皇朝编年纲目备要》（《九朝编年备要》）卷二六，上奏全文见赵汝愚，《诸臣奏议》卷八载江公望《上徽宗乞通下情防太察》，文字稍有不同］，则皇城司卒的探事又已再恢复。

绍圣元年（1094）至元符二年（1099）间，新党对旧党的打击，就如同元祐年间旧党对新党的打击一样，带有自认受到无理压制之后的一种报复心理在内，只是新党在再度执政后的表现，令人感觉他们的行动含有这种心理的成分更大，他们的手段也已趋向于毒辣。而主导这些行动的，则是章惇和蔡卞。宋哲宗自亲政到驾崩约有六年四个月，约有五年八个月的时间是章惇在担任宰相，自绍圣二年十月以后至宋哲宗驾崩，独相约有四年三个月，可以说是权力集中。这段时间，蔡卞由中书舍人迁翰林学士，于绍圣二年十月迁尚书右丞，其后再迁尚书左丞，这两个职位都已列于执政，他的权位虽然不及章惇，却是一些打击旧党行动的发动者或推动者，有时连章惇也不得不在其坚持之下依顺其意见。宋哲宗和一些大臣未必完全同意他们所发动或推动的行动，可是在大多数情形下，却无从阻止。宋哲宗对于自己的权力旁落，是否有心情抑郁之感，不得而知，而曾布则自绍圣三年以后，和章惇、蔡卞之间歧见渐深，并且因此而有了权力倾轧的情形。宋哲宗驾崩之后，政局一再改变，然而政治对立者之间的相互报复，并没有就此结束。

元符三年（1100）正月，宋哲宗去世，无子，立异母弟端王，也就是宋徽宗，由向太后听政，到六月才还政于徽宗。在立徽宗时，章惇有不同的意见，而曾布则支持向太后立徽宗的意见。宋徽宗即位之后没有多久，章惇、蔡卞及其依附者如安惇、蹇序辰等多人都遭到黜责，其中安惇、蹇序辰两人被放归田里；章惇、蔡卞两人更是一再贬窜，章惇最后遭贬至岭南的雷州。而曾布则获得重用，出任宰相，曾布为了建立自己的势力，主张新、旧并用，于是旧党陆续回到朝廷，韩琦的儿子韩忠彦在曾布出任宰相之前已先拜相。次年改元为建中靖国，表示不分彼此之意，但是没有多久，曾布与韩忠彦便发生了冲突，韩忠彦引用新党蔡京来排挤曾布，而宋徽宗的意态也有了改变，次年改元为崇宁，表示崇尚熙宁，并且以蔡京为相，政局又再有大的变化。长期而不择手段的政治斗争，给予蔡京这类善于玩弄权力的人物窜起的机会。蔡京在宋神宗末年知开封府，曾参与蔡确建储的密谋。司马光秉政之后，复行差役法，限期五日，其他大臣都认为时间太过迫促，蔡京却能如期将开封府属下各县的雇役都改为差役，可见他办事能力强，也善于逢迎。到绍圣初年，他权户部尚书，章惇再变役法，讨论很久没有定案，蔡京对章惇讲："取熙宁成法施行之尔，何以讲为？"态度的转变易如反掌。绍圣年间的同文馆狱，他是承章惇之意负责审讯的主要人物。宋徽宗继位之初，他也和章惇一样遭到贬斥，但是旋即在权力斗争的夹缝中还朝，并且取得宋徽宗的信任，成为影响北宋末年政治最重要的人物。

蔡京掌政之后，一方面仿照熙宁（1068—1077）年间制置三司条例司的旧例，设讲议司，讲议熙、丰已行法度，以及神宗欲为而未暇为者；另一方面则扩大对元祐党人的打击。绍圣（1094—1098）年间，已经列出所谓元祐党人，共有七十八人列名其中。崇宁元年（1102）进一步立元祐党人碑于京师端礼门，包括元祐年间及元符三年（1100）的文武官员在内，约一百二十人。其中有许多早已去世，仍然健在的则"不得与在京差遣"，其中一部分人紧接着被贬窜到边远州军，包括瘴乡岭南。元符三年四月一日发生日蚀，刚即位不久的宋徽宗下诏求直言，许中外臣僚及民庶实封言事，上书言事者数以百计，有些人因上书而得官。这些上书的内容，颇多倾向于旧党，于是这时也遭受打击。上书人依他们陈述的意见，被划分为正上、正中、正下、邪上尤甚、邪上、邪中、邪下七等，其中列入邪等的有五百多人。邪上尤甚者遭到贬逐远方，邪上者降官，改授远小处监当官；次年又下诏上书邪等人，"知县以上资序并与宫观、岳庙，选人不得改官及不得注县令"。其中列名于邪上尤甚的李新章疏《上皇帝万言书》，尚可见于其文集《跨鳌集》卷十九。元祐党人碑原本只立于京师端礼门，崇宁二年（1103），下诏全国监司、长吏厅都要立碑，于是广布于全国各州郡，这一次的党人碑，人数减为九十八人，同时规定凡是名列碑中的，不可以授予差遣。崇宁三年（1104），重定元祐奸党，把上书人邪等者也包含在内，共有三百零九人，其中一部分人则获得出籍的处分，刻石于文德殿门，并且颁布于全国。这一次党人碑，连章惇、曾布等新党都列名其中，实际上已成蔡京用来发泄私怨的工具。崇宁五年（1106），因彗星之变求直言，依臣僚的建议而拆除全国各地的党人碑。

从宋徽宗即位之后到崇宁（1102—1106）年间，反复报复的过程又再重演，在这一个过程中，陆佃的神智是比较清醒的。在宋徽宗即位之初，他回朝复任吏部侍郎，在就任前上殿面见皇帝的奏疏中，从两方面立论。一方面表达了对晚近士风的不满，指出士大夫"相倾竞进，以善求事为精神，以能讦人为风采，以忠厚为重迟，以静退为卑弱，相师成风"，必须乘新君即位的时机，从朝廷开始，正其本而救之。另一方面则就政策的方向表明自己的看法，认为善续前人者不必因其所为，不妥的更改，妥善的发扬，"咨谋仁贤，询考政事，惟其当之为贵，则大中之政也"。其后迁吏部尚书，再于建中靖国元年（1101）七月迁尚书右丞，任内持论多近恕，常考虑参用人才，厌恶奔竞。这年十一月再迁左丞，直到崇宁元年（1102）五月罢除职务，经历了建中靖国和崇宁两个政治阶段。任尚书左丞时，由于他反对再次穷治元祐余党，而为言者所抨击，说他名在元祐余党的党籍之中，反对穷治是担心波及自己。所谓他名在元祐余党的党籍之中，是指他在元祐（1086—1094）年间曾参与修撰《神宗实录》，绍圣元年因此而受惩，到元符二年（1099）正月，以其为元祐余党，但于同时人中情实有异，而且褫职已久，而恢复其所带职名，自知海州改知蔡州。陆佃因言者所论而罢尚书左丞，出知亳州，在几个月之后去世，继任者即是蔡京。到了七月，蔡京出任宰相，元祐党人碑在九月树立，陆佃果然名列于上。

党禁不仅使所谓党人遭到惩处，也罪连他们的子弟及著作、学说。入党籍的人，子弟必须在外州居住，不准入京城；仕宦同样受到限制，只能授祠禄官或监当官。苏轼等著名文人、学者的著作，印板都悉行焚毁，程颐所讲授的道学，则被视为元祐学术，禁止聚徒传授。所谓"元祐学术"，除道学之外，还包括史学和诗赋。对于元祐学术的禁止，在绍圣（1094—1098）年间已现端倪，蔡卞曾想毁太学所藏司马光《资治通鉴》的印板，进一步禁绝史学，由于当时的太学博士陈瓘警觉，因应得宜，而未能实现。到蔡京执政，于崇宁元年（1102）十二月诏令不得教授邪说诐行、非圣贤之书及元祐学术政事，次年四月下诏毁已刊行的范祖禹《唐鉴》及三苏、秦观、黄庭坚、程颐等人著作，此后禁毁的范围不断扩大。这不仅实现了蔡卞当初的意图，而且扩大成为广含道学、史学、诗赋的全面性政策，是无论熙丰、元祐，都不曾做过也不会去做的事情。崇宁五年（1106）以后党禁虽然稍为宽弛，但是直到宋徽宗晚年的政和、宣和年间，诸人的著作、学说仍然遭禁。宋钦宗靖康元年（1126）由于金军已攻至京师开封，国运垂危，才将元祐党籍、学术之禁解除。这年六月，右正言崔鶠上疏批评谏官冯澥的议论。吕祖谦《宋文鉴》卷六十二载崔鶠《论冯澥》：

> 又曰："崇宁以来，博士先生，狃于党与，各自为说，附王氏之学，则诋毁元祐之文；服元祐之学，则诋诮王氏之说。"尤为欺罔，岂有博士先生，敢为元祐之学，而诋诮王氏之说乎？自崇宁以来，京贼用事，以学校之法驭士人，如军法之驭卒伍，大小相制，内外相辖；一容异论者居其间，则累及上下学官，以黜免废锢之刑待之。其意以为一有异论，则已之罪，必暴于天下，闻于人主故尔。博士先生者，敢诋诮王氏乎？欲乞下太学，取博士讲解覆视，则澥之诞信见矣。至如苏轼、黄庭坚之文集，范镇、沈括之杂说，畏其或记祖宗之事，或记名臣之说，于已不便，故一切禁之，坐以严刑，购以重赏，不得收藏，则禁士之异论，其法亦已密矣。

从崔鶠的奏文，可以了解崇宁以来学禁、书禁的部分实况。激烈的政争牵连到学术、文化，尊王安石之学却连其他人的著作、学说也不准流传，这岂是当初王安石推动变法时所能想到的后果？

# 第十三讲

# 元祐时期新法的存废

元祐（1086—1094）年间是旧党执政时期，一般印象是旧党当政之后，将新法全数推翻，复行旧法。但是按之史实，则要复杂得多。这一时间，熙宁新法固然有些遭到废除，但是也有些只是修正，甚至承袭，各项新法的遭遇不同，不可以一概而论。

自元丰八年（1085）到元祐元年（1086），方田均税法停止实施，市易法遭到废罢，户马、保马则由政府出钱收购，并且恢复设牧监牧养。青苗法也遭到废罢，但是过程稍为曲折。元丰八年八月，首先下诏"给散青苗钱，不许抑勒，仍不立定额"，这只是针对发放青苗钱的弊端而发；到元祐元年闰二月，下诏复行常平仓旧法，等于是废除了青苗法。但是到四月，范纯仁以国用不足为理由，建议恢复散发青苗钱，朝廷也根据他的建议，再立常平钱谷给散出息之法，但是收息只一分。诏令颁布之后，其他的旧党官员群起反对。范纯仁上疏时，司马光正因病请假，听说此事，抱病入对于太皇太后帘前，要求常平钱谷只能依旧法用于平粜、平籴，停止俵放青苗钱，所有旧欠二分之息也予以除放。朝廷在八月再下诏复行常平旧法，青苗法从此废罢。反对复行青苗法的官员从"利民极少，害民甚多"着眼，而范纯仁考虑到的却是国用的问题，可见这时国家财政仍然是一个必须面对的问题。

至于原本负责处理包括青苗息钱在内各项新法收入的常平司，依据司马光在元祐元年闰二月的建议，罢除各路提举常平官之后，凡本路钱谷财物事悉转运使，刑狱、常平、兵甲、贼盗事悉委提点刑狱主管，常平钱物只能用之于平准谷价及预备灾荒赈贷。这年四月，提举常平司职事已在交割。常平司的职事在交割给提刑司之后，并未因之而废除，只是并入了提点刑狱司，成为隶属于提刑司的一个单位，不再自成一个路级机构。所以司马光在这年八月的上奏中，说明今后每遇丰歉，粮价过于低贱或过于昂贵之时，常平粮谷的籴粜，仍委由提点刑狱常平提举觉察，不申取本州或上司的指示，可见常平提举已成提点刑狱的属官。其后苏轼任知杭州时，在元祐五年（1090）十一月所上的《奏浙西灾伤第一状》中，也仍然提到常平官此一职务。

农田水利法在这段时间并没有明令废止，可是政府的态度显然要比熙宁、元丰时期来得消极。但官员之中仍然有人关心农田的增辟，朝廷也并非完全没有相关的措施。元祐四年（1089）就由于范百禄的建议，而下诏："自今应濒河州县积水占田处，在任官能为民经画沟畎，疏导退出良田一百顷已上者，并委所属保明以闻，到部日以升半年名次；每增一百顷，各递升半年名次；及一千顷已上者，比类取旨酬赏，功利大者，仍取特旨。"（《宋会要辑稿·食货六三·农田杂录》"元祐四年二月十三日"条）这是鼓励地方官以疏排积水的方式来增辟田地。苏轼在元祐六年（1091）知杭州时，在办理水灾复原工作之后，也曾经将常州宜兴进士单锷所作的《吴中水利书》上于朝廷，作为长期解决浙西地区地势低洼易生水灾的策略参考。但是苏轼随即陷入旧党内部的纷争，这一个建议也就没有下文。一般讲来，增加农业生产事关国计民生，是考核地方官政绩的重要标准之一，政府不论谁当权，都不可能完全弃之于不顾。

保甲法也没有完全废止，但是内容却逐步收缩。首先在元丰八年（1085）四月，诏开封府界、河北、河东、陕西三路保甲中只有两丁的家庭，如果参加教阅的人小弱或者久病，或者除了参加教阅的人以外，家中只有病丁，以及第五等以下，田产不及二十亩的家庭，都予以放免。保甲教阅原本五日一次，七月，又下诏开封府界及三路保甲，从次年正月以后免除团教，只在农隙时到县里教阅一个月。这样的措施并不合乎司马光的想法，所以他上疏建议，"尽罢诸路保甲、保正长使归农，依旧置耆长、壮丁巡捕盗贼，户长催督赋税"，并且"招募本县乡村户有勇力武艺者投充弓手"。当时蔡确仍然在相位，对于司马光完全废罢保甲的主张不肯支持，结果保甲法仍然保存了下来。对于这样的一种情形，旧党似乎也没有坚决反对，以后上疏言事的大臣，也只是就保甲法的内容提出一些修正。到了十月，再下诏废罢府界、三路提举保甲官，改由诸路提点刑狱来兼领保甲，保甲每年只在冬天的三个月内实施冬教。十二月，进一步规定府界、三路保甲第五等两丁之家免除冬教。元祐元年（1086），免除冬教的规定继续扩大。保甲恰逢充任差役，可以免除冬教；保甲人户如果在五等以下，田产不及二十亩，虽然家中有三丁以上，也可以免除冬教。整个制度的修正方向，第一是将平日经常性的团教改为农隙时的冬教，第二是将专设的保甲官撤销，改由负责一般民事的监司兼领，第三则是缩减参加冬教保甲的范围。一直到元祐六年（1091）仍然维持保甲冬教的规定，并且对内容作了新的补充。并且次年有秦凤路经略司差派凤州保甲参加秦州边寨守御的记载，可见保甲仍可用于军事上。这是关于教阅保甲的情形，至于不教阅保甲，也就是家保，在这段时间极少记载，但是应该也没有废止。

役法是元祐时期争论最多的一个问题。司马光极力主张立即停止征收役钱，废除募役法，恢复行使差役。这一个主张，固然在旧党中有人支持，但是也有人提出不同的意见，如范纯仁、范百禄、苏轼等人，认为免役法固然有弊，但是也有其利，而差役法也并非无弊，所以应该缓改，亦即应该多加讨论，逐步进行。连程颐在得知司马光要更动熙宁以来所实施的各项新法时，都托人劝他千万不要动到役法，动到了就三五年无法确定下来。然而司马光的个性就如王安石一样固执，对于别人的话听不进去。《续资治通鉴长编》卷三六七"元祐元年二月丁亥"条：

> 初，范纯仁自庆州召入，纯仁与司马光素亲厚，闻光议复行差役法，纯仁曰："法固有不便，然亦有不可暴革，盖治道惟去太甚者耳。又况法度乃有司之事，所谓宰相，当为天子搜求贤才，布列庶位，则法度虽有不便于民者，亦无所患。苟不得人，则虽付以良法，失先后施行之次，亦足以为民病矣。"乃言于光，欲且缓议，先行于一州，候见其利害可否，渐推之一路，庶民不骚扰而法可久行。光弗听，纯仁叹曰："是又一王介甫矣。"

范纯仁的主张，正如当年司马光强调用人重于行法，可是这时司马光已无法接纳。苏轼甚至直言免役不可罢。王称《东都事略》卷九十三上《苏轼传》：

时方议改免役为差役，轼谓司马光曰："差役、免役各有利害，免役之害，掊敛民财，十室九空，钱聚于上而下有钱荒之患。差役之害，民常在官，不得专力于农，而贪吏猾胥得缘为奸。此二害轻重，盖略等矣。"光曰："于君何如？"轼曰："法相因则事易成，事有渐而民不惊者。三代之法，兵农为一，至秦始分为二。及唐中叶，尽变府兵为长征之卒。自尔以来，民不知兵，兵不知农，农出谷帛以养兵，兵出性命以卫农，天下便之。虽圣人复起，不能易也。今免役之法，实大类此。公欲骤罢免役而行差役，正如罢长征而复民兵，盖未易也。"光不以为然。轼曰："昔韩魏公刺陕西义勇，公为谏官，争之甚力，魏公不乐，公亦不顾。今公作相，不许轼尽言耶？"光笑而止。

苏轼认为由差役变为免役就如由征兵变为募兵一样，是历史趋势，是一件便民的事，不可改易，可是并没有能够说服司马光。据说苏轼在一次与司马光争论役法之后，回到家里，气得直呼："司马牛！司马牛！"

然而应该了解，司马光主张复行差役，并非完全恢复熙宁免役法实施之前的差役法。他早在宋仁宗嘉祐七年（1062）所上的《论财利疏》中，曾指出："凡农民租税之外，宜无有所预。衙前当募人为之，以优重相补，不足则以坊郭上户为之。彼坊郭之民，部送纲运，典领仓库，不费二三，而农民常费八九。何则？儇利、戆愚之性不同故也。其余轻役，则以农民为之。"（《传家集》卷二十五）已经认为原已存在的长名衙前雇募应加以扩大，避免让农民承担此项工作繁重的役职，而其他的役职负担较轻，仍可差用农民。所谓"以优重相补"，是说交付给衙前的工作，应兼有优轻、重难两类，以免他们因经常承担重难的任务而负担过重。到他执政之后，在上于元祐元年（1086）正月的《乞罢免役钱依旧差役札子》（《传家集》卷四十九）中，仍然维持此一看法，把衙前一职和其他役职分开来看：

> 内惟衙前一役，最号重难，向者差役之时，有因重难破家产者，朝廷为此，始议作助役法。然自后条贯优假衙前，诸公库设厨酒库、茶酒司，并差将校勾当。诸上京纲运，召得替官员或差使臣、殿侍军大将管押，其粗色及畸零之物，差将校或节级管押。衙前若无差遣，不闻更有破产之人。若今日差充衙前，料民间陪备亦少于向日，不至有破家产者。若犹以为衙前户力难以独任，即乞依旧于官户、僧寺道观户、单丁、女户有屋业，每月掠钱及十五贯；庄田中年所收斛斗及百石以上者，并令随贫富，分等第出助役钱。不及此数者，与放免。其余产业，并约此为准。所有助役钱，令逐州桩管，据有多少数目，约本州衙前重难分数，每分给几钱，遇衙前合当重难差遣，即行支给。

也就是衙前依旧采用雇募的方式，提供雇募的经费，仍然依照熙宁年间的免役法，向官户、寺观户、单丁户、女户征收助役钱。他的建议，也就是后来元祐（1086—1094）年间差役法之所本。也就是说，元祐年间差役法之所以衙前并未回复差派，实际上是司马光对其早年改革役法构想的实践，为配合此一办法，而又继续维持助役钱的征收，用为雇募衙前的财源。

在司马光坚持之下，元祐元年二月确定复行差役法。不过在恢复差役法之后，朝廷上仍然不断地在讨论，有各种意见提出，对于差役法的内容作了许多修正，所以元祐年间所行差役法，和熙宁变法以前的差役法已不完全相同。主要内容大致如下：（一）停征免役钱，衙前重役以买扑坊场、河渡钱支雇，一等户服衙前以下各种役职；（二）以前实施募役法时所征收的助役钱，从元祐二年（1087）起减半征收，坊郭五等以上人户，乡村三等以上单丁、女户、官户及寺观户，也就是没有差役义务的中上人家，都要负担，下等户则可免除；（三）受差人户如果不愿意亲身服役，可以选雇有行止人自代。雇钱多寡由双方自行商量，以熙宁（1068—1077）年间官府雇钱折中数为原则。旧雇役人如果情愿继续服役，只要有田产作保，可以继续服役。

从以上的内容看，元祐时期所行的差役法，实际上已经吸收了部分募役法的精神在内。除了衙前一役依旧雇募，以及没有差役义务的人家继续负担助役钱之外，最大的特色是受差人户可以雇人代役，也就是以前由民户出免役钱给政府，政府代雇，现在政府为了避免征收免役钱所引起的种种纷扰，不再向民户收免役钱，可是允许民户自行雇人。至于助役钱的征收，目的也是用来作为雇募役人的基金。有些地区如有役职轮差的过于频繁，歇役时间不及四年，可以动用助役钱来雇在州服役的手分、散从官、承符人。新的差役法虽然吸收了募役法的精神，一方面实施差役，一方面又允许受差户自行雇人，但是民户如果亲身服役，仍然免不了会有以往曾经存在的各种困扰；如果出钱雇人，负担将会重过以往的免役钱，因为免役钱是由所有应当服役的人户集体逐年分摊，而个别雇人却必须一次拿出一大笔钱，所以这一个新办法的实施，也仍然有许多问题存在。

这一个办法在此后仍然有一些修改，据苏轼的《论役法差雇利害起请画一状》及苏辙的《论衙前及诸役人不便札子》，自元祐四年（1089）八月十八日敕文颁下之后，衙前一职竟由雇募往差派的方向演变，兄弟两人都建议回复此前的办法，但是没有获得接纳。次年六月，苏辙以御史中丞的身份，再次就衙前一职的差雇问题重提他的建议，在奏疏中指出：

> 去年之秋，复行差法，虽存雇法，先许得差。州县官吏利在起动人户，以差役为便，差法一行，即时差足，雇法虽在，谁复肯行？臣顷奉使契丹，道出河北，官吏皆为臣言："岂朝廷欲将卖坊场钱别作支费耶？不然，何故惜此钱而不用，殚民力以供官？"（《栾城集》卷四十三《三论分别邪正札子》）

可见问题在这时仍然存在。奏疏中所称的"卖坊场钱"，是指在熙宁募役法实施后，政府将原来用于酬奖衙前的卖酒坊场标给民间承包的收入，和助役钱同为元祐（1086—1094）年间雇募衙前的经费来源。元祐年间的助役钱，在文献中又称六色钱或六色助役钱。所谓"六色钱"，是指用来雇役的经费，在熙宁（1068—1077）年间是取自当役户的役钱、和坊郭户、官户、女户、单丁、寺观户的助役钱；到元祐年间，当役户已不出役钱，则此时所谓"六色钱"或"六色助役钱"应指坊郭户五等以上、官户、女户、单丁、僧寺、道观三等以上所出的助役钱。衙前的雇募所以会向差派演变，从上述苏辙上于元祐四年（1089）的奏疏中所列元祐四年八月以前的历次敕文看，原因大约有二：一是用来雇募衙前的助役钱和坊场钱，原本全数供雇募之用，可是在元祐四年五月和六月的敕文中，分别要求每年岁终，如果尚有宽剩，必须封桩，并申报数目到户部，用意显然是要供朝廷缓急之用，这使得可以用来雇募的经费减少；一是原本受雇的衙前，可以全免本户色役，而且除了有雇钱的收入外，在难以招募之处，还可以在承担重难工作时有雇食酬钱的补贴，但是在元祐四年八月的敕令中，只是免本户役钱二十贯，不再提全免本户色役的待遇。可以看出来，一方面是原本专用于募衙前的助役钱和坊场钱遭到朝廷的挪用，使得可以用来雇募的经费减少；另一方面则是衙前应募后所得的待遇大幅降低，降低了民众应募的意愿。这件事情在元祐四年八月之后尚有后续发展。这年九月，在明堂赦的同日诏令衙前一役复用差法；次年正月，又诏令京西路提刑司拨坊场钱十二万贯付转运司，随宜经画，资助岁用，清楚地把原本用于雇募衙前的坊场钱移作他用。

在苏辙于元祐五年（1090）六月上疏之后，情况又开始逐渐有所变化。这年九月，河北、河东、陕西三路来自雇募的投名衙前改为仅有合差耆长不能免除，其余色役并免，原来取消的全免本户色役优待已经得到部分恢复。次年二月，苏辙出任尚书右丞，位列执政，雇募衙前待遇改善的趋势继续在进行。这年七月，依照户部建议，取法熙宁（1068—1077）、元丰（1078—1085）年间实施募役法时的办法，衙前除依照工作优、重支酬外，在没有差使时也月给食钱，元祐以来只在承担重难工作时才月支雇食钱而空闲月份没有的待遇，因此获得改善；又依户部之请，推广元祐五年九月河北、河东三路的新办法到其他各路，投名衙前可以免除本户第二等以下色役。到十一月，又依户部建议，再给予曾经承担重难工作的投名衙前在愿意不支取合得支酬钱的情况下，可以有优先承买坊场的权利，交由他们的家人经营，也可以转卖给其他人以取得利润。这些改善所收得的效果，似乎仍然有限，从元祐七年（1092）正月尚书省的上言看，虽然在役法上参行差役、雇募之法，对于未便事宜也随时增损，可是地方上并未切实遵行，甚至有占用助役钱，不尽用于雇募的情形。

这年六月，苏辙自尚书右丞迁为门下侍中，到九月役法就有更大的改变。就朝廷颁布诏令的三省建言来看，在差、募之法方面，重要的改变有两个方面。一是州县依狭乡、宽乡之分，不同等第人户的空闲年数，以及原来专用于雇用衙前和州手力的助役钱、坊场河渡钱剩余数目，立定差、雇之额，将雇募的对象从原有的衙前和州手力扩大到其他役职，依所立定数额雇用，只有壮丁仍全用差法，同时规定今后所募役人必须是有税产之家，不能雇用曾经荫赎、曾犯徒刑和各类工艺人。一是衙前一职，依从受募人户的意愿，可以依照陕西镇戎军、德顺军、熙州所行的办法，以官田的田租为雇募费用，官田合出的租课，由坊场河渡钱拨还，这可以说是苏轼在元祐元年（1086）所建议给田募役法的部分实施。他在元丰八年（1085）十二月自登州召还时已经写就奏疏，到元祐元年二月复行差役法诏令颁布后才呈上。此一建议本于王安石第一次罢相期间，出自李承之建议而由吕惠卿推行的办法，在王安石复相之后即停罢，苏轼当时知齐州，曾亲自施行，先募弓手，认为只要设法防弊，其利颇多。苏轼自登州召还时路过郓州，原本和京东转运使范纯粹商量同建此议，范纯粹要苏轼先上奏疏，他接着再上奏。苏轼在奏疏中，建议取当时常平自熙宁以来因施行新法而累积，包括免役宽剩钱在内的丰富钱米，用来买田，依照边郡招弓箭手的办法，实行给田募役。元祐七年（1092）九月有关役法的诏令颁布之后，元祐八年（1093）正月，对于以官田租课雇募衙前一事又有补充规定。

元祐七年九月三省所建议的差、募并行的新办法，可以说是突破了司马光所立下雇募限于衙前的藩篱，往募役法的方向迈出了一大步。但是太皇太后高氏在一年之后去世，宋哲宗亲政，重用新党，复行新法，这项办法的施行效果如何，也就不得而知。

对于熙宁贡举新制，旧党没有太大的不同意见，所以用经义来取进士的方式基本上是保留了下来。但是在内容上则有相当程度的修改。一方面针对王安石"不当以一家私学，欲掩盖先儒"，规定"进士经义，并兼用注疏及诸家成说或己见，仍罢律义"，同时禁止在考试时引用王安石的《字说》。进士考律义开始于元丰四年（1081），并非熙宁（1068—1077）年间的制度。另一方面则在进士选考的书中，加入《春秋》，由分五经取士变成分六经取士。再一方面则是恢复诗赋在科举考试中原有的地位，可是对于这件事情，旧党内部有不同的意见，为此争执不休，办法在分经义、诗赋为两科和合两者为一科之间来回反复，一直没有定案。

元祐（1068—1094）年间比较引人注意的，是曾经设立以德行而非以考试为选拔标准的科目。从宋仁宗时代以来，就有许多人追溯古代乡举里选的精神，强调选拔人才时德行的重要性，他们甚至不满考试时的弥封、誊录等防弊的制度，认为这些制度使得士人平日的言行无法列入选才时的考虑之内。熙宁前后讨论贡举制度，也有许多人强调德行的重要性，只有苏轼不以为然。他指出："夫欲兴德行，在于君人者修身以格物，审好恶以表俗……若欲设科立名以取之，则是教天下相率而为伪也。上以孝取人，则勇者割股，怯者庐墓；上以廉取人，则敝车羸马，恶衣菲食，凡可以中上意，无所不至矣。"（《苏文忠公全集·东坡奏议》卷一《议学校贡举状》）废除弥封、誊录的想法在科举考试中一直没有实现，可是元祐年间以后却走上了苏轼所竭力反对的"设科名以取之"的道路。元祐元年，由于司马光的一再建议，而设立经明行修科，根据先后的相关规定，每遇科举诏下，由朝官不拘路分，奏举经明行修举人一名，免解赴省试，各路有一定的名额，计算入本州解额之内。如果省试合格，殿试唱名可以升一甲，省试不合格，则依特奏名参加殿试。这个办法刚一施行，便遭到不少人的批评，随即由常科改为特科。到宋哲宗亲政之后，这一个科目消失于无形，但是新党同样的也有这种以德行取人的主张，并且在宋徽宗时付之实施。

太学三舍法在元祐年间基本上也是延续了下来。由于旧党有人对太学的制度有意见，所以在元祐元年五月，朝廷要孙觉、顾临、程颐三人同国子监长贰检讨修立国子监太学生条制。他们的意见，主要出自程颐，见于《河南程氏文集》卷七（伊川先生文三）《三学看详文》及《论改学制条目》，其中最重要的一项意见如下：

> 看详旧制，公私试，试上舍，补内舍，盖无虚月，皆糊名考校，排定高下，烦劳费用，不可胜言，于学者都无所益。学校，礼义相先之地，而月使之争，殊非教养之道。今立法改试为课，更不考定高下，只轮番请召学生，当面下点抹，教其未至。所贵有益学者，不失庠序之体。旧制考察行艺，以不犯罚为行，试在高等为艺，有注官、免省试、免解三等迁擢。今不用旧考察法，只于内舍推择有才学行艺为众所称者，升为上舍。上舍学行才器堪为时用者，长贰状其行能，闻于朝廷。（《三学看详文》）

所谓"私试"，是每月一次的定期考试，所谓"公试"，是每年一次的定期考试，所以程颐说考试"盖无虚月"。他反对在太学里有太多的考试，而主张对学生作个别的当面指导。他也不赞成以往上舍生在任官、科举考试方面所享有的特殊待遇，而主张取消，但是他却没有反对外舍、内舍、上舍逐级升迁的太学基本架构，同时也显然认为优秀的上舍生应该获得政治的出路，所以提出"上舍学行才器堪为时用者，长贰状其才能，闻于朝廷"。这样的想法，和王安石主张人才出自学校，并没有什么不同。

程颐的意见到了礼部，礼部却比程颐更加倾向维持熙、丰旧制，认为"三舍升补法，最为完密，不可以废"。这样一来，太学三舍法在元祐年间便没有什么大的变动，各项考试仍然维持，上舍生仍然可以享受免解或免省试的优待，只是取消了上舍上等直接任官的规定，实际上这项规定也没有太大的意义，因为自从实施以来，只有一人获得这种荣誉。太学的规模也没有缩减，程颐认为太学生住宿的斋舍空间太过狭窄，甚至有两个人共享一张床铺的情形，夏天太热，只有轮流请假外出，建议将太学生名额从二千四百名缩减为一千五百名，礼部也不赞成，认为"朝廷广教之意，不当有限"。

比较明显的变化，是在课程方面。配合着科举考试内容的变化，太学里恢复了诗赋课程，经学课程也作了调整，增设春秋博士一员，讲解《春秋》。在注疏方面，虽然恢复使用旧的注疏，却也不禁止王安石的新解，仅仅停止使用王安石的《字说》一书。《字说》是王安石晚年的作品，内容是借解释字义来谈义理。由于旧党认为此书有穿凿附会之处，而且引用了太多佛、老之说，所以禁止在科举考试和学校中引用。大体讲来，当时还是能够兼容并蓄。国子司业黄隐这时在太学中"讽喻其太学诸生，凡程试文字，不可复从王氏新说，或引用者，类多黜降"，便受到旧党吕陶、刘挚、上官均等人的弹劾。吕陶在奏文中说："且经义之说，盖无古今新旧，惟贵其当。先儒之传注既未全是，王氏之解亦未必尽非，善学者审择而已，何必是古非今，贱彼贵我，务求合于世哉？"（吕陶《净德集》卷四《请罢国子司业黄隐职任状》）这件事情说明了旧党能够容纳《三经新义》与其他经说并行的态度，并不同意在学校里废用王安石的经说。学者或称黄隐为政治投机分子，或称其政治嗅觉敏锐，均足以说明其在从神宗朝到哲宗更迭的过程中的种种作为。在太学中废用《三经新义》则是他误判情势的一次投机失误，但如果推衍为其在太学废用《三经新义》，是呼应程颐在元丰（1078—1085）年间所说的王安石之学为当时大患，或更进一步推衍为此事牵连及元祐（1086—1094）年间的洛、蜀、朔三党之争，则或需再多加考虑。毕竟程颐元丰年间讲王安石之学为当时大患，有当时科举、学校专用《三经新义》而排除其他经说的时代背景；到了元祐初年，情况已经不同，亦未见程颐或其门人对当时科举、官学中以《三经新义》与其他经说并用的政策，有不同的意见。

至于地方学校，教学课程也应该和太学一样，配合着科举考试的内容而有了变动。同时从熙宁以来所实施的州学教授必须经过考试才能任命的办法，也在元祐元年（1086）停罢了。太学和州学的教官，改由政府的高级官员来推荐，而且必须符合一定的条件。这些条件中，最基本的条件是必须科举进士出身，因此并不算离谱，后来放宽为"行业纯备"的"淹滞草泽"也可以获得推荐。除此之外，朝廷派任的州学教授在这一时间继续有所增加，地方教育并没有因为政局变动而走向萎缩，仍然获得朝廷的支持。

熙宁六年（1073）时增设的军器监，在元祐年间继续存在。这一个机构的设立，原是宰相收三司财权过程中的一个步骤。自宋初以来，中央政府体制大体上讲是宰相（中书门下）主民政，枢密院主军政，三司主财政，宰相对于军政、财政不能过问，形成军、政、财三权分立的局面。王安石推动熙宁改革，重点在于理财，因此要收取财权于手中。为了达到这个目的，首先有制置三司条例司的设立，制置三司条例司撤销后，加重司农寺的职权。

然后又有将作监、军器监的设置，将三司主管的营造业务归于将作监，军器制作业务归于军器监。到元丰改制，三司便被撤销。

元丰年间，溯源《周礼》，以《唐六典》为典范，改革官制，也就是所谓元丰改制。元丰改制始于元丰三年（1080），到元丰五年（1082）大体完成。不过早从熙宁末年，宋神宗已经下令馆阁校读《唐六典》。所以改制虽然完成于元丰，实际应该是延续熙宁之政而来。元丰改制有两个重点。一个重点是厘正官名，改制以前，有官、职、差遣之分，官用以表示阶级，并且寄禄而不治本官事，治事另外有差遣，职用以待文学之士（馆、阁职事），或用以为高官兼带的荣衔，例如熙宁（1068—1077）年间，韩绛以观文殿学士行吏部侍郎知大名府，观文殿学士是职，吏部侍郎是官，知大名府则是差遣。元丰改制之后，职不变，恢复正官职守，而另设阶官寄禄。另一个重点是以三省体制取代中书门下、枢密院、三司三权分立体制，而以尚书左仆射兼门下侍郎行侍中事为首相，右仆射兼中书侍郎行中书令事为次相。三司被撤销，财政事务改辖于尚书省户部及其他相关机构。枢密院虽仍保留，但权力已经削弱，与尚书省兵部共掌军事。改制后之中央政府机构，为三省、六部、御史台、秘书省、九寺、五监。军器监为五监中之一监。统属关系是以三省统六部，以六部统九寺、五监，而权力则集中于宰相之手，不再有其他的机构牵制。

军器监在元丰改制时，在中央政府组织中具有固定的地位。元祐年间，对于元丰所定官制虽然略有调整，但是三省、六部、御史台、秘书省、九寺、五监的基本组织架构却未变动，于是军器监这一个熙宁年间新创的机构也就延续下来。

总体而言，我们不能够把元祐时期看成是一个将新法完全翻转过来的时代。不少熙宁、元丰时期的成法，在元祐年间继续保存。

不过旧党并没有接受王安石的理财观念，王安石用以开源的一些措施大部分都已取消，仅存的农田水利开发也不是很积极。旧党在节流方面也没有收到很好的效果，再加上西夏不断侵扰边境，军费开支仍大，于是财政逐渐感到困难，这就给予了新党攻击的借口和复起的机会。

# 第十四讲

# 绍圣以后新法的复行

从绍圣（1094—1098）到宣和（1119—1125），中间虽然经过宋徽宗初即位时的转折，大体上讲，是新党执政的时期。这一段期间，诸项新法仍在行使的继续行使，已经停罢的则予以恢复，元祐年间改隶提点刑狱司的提举常平司，在绍圣元年（1094）也恢复自成一个路级的机构；熙宁新法可以说又再全面推动，财利也再次成为推动新法的政策目标。不过在内容上，和熙宁时期相比，已经有了变化。

贡举制度和学校制度，元祐（1086—1094）时期基本上都是延续熙宁（1068—1077）时期而来，所以绍圣（1094—1098）年间新党执政以后，自然不需要有太大的更动，不过却有一些新的发展。元祐年间科举考试曾经分成经义、诗赋两科取士；绍圣元年停考诗赋，专考经术；绍圣四年（1097），又取消考《春秋》；宋徽宗崇宁元年（1102），加考律义，等于是恢复了熙宁年间的制度。

但是新党也有和旧党类似的想法。元祐年间由于司马光建议而设的经明行修科，在绍圣年间没有继续实施，到宋徽宗大观元年

225

（1107）却设立八行科，以八行取士。所谓八行，是指孝、悌、睦（与父亲族系和睦相处）、姻（与母亲族系和睦相处）、任（对朋友讲信用）、恤（对乡里亲邻行善）、忠（知晓君臣之义）、和（通达义、利之分）等八种德行。八行之中，又以孝、悌、忠、和为上，睦、姻为中，任、恤为下。这样的取士标准，和司马光的想法不能说没有相类之处，但是司马光讲的是经明行修，将"经明""行修"两者并列，而八行取士则完全着眼于行为表现。当时停罢州郡解试，行学校升贡之法，士人的行为如果合于这八种德行，经过审查属实，可以按照表现而分别入县学、州学、太学，入太学在升至上舍之后，可以按照规定释褐或等待殿试推恩。经八行选入州学，可以有税役上的优待，选为上舍上等者家中依官户法，选为上舍中、下等者免除户下支移、折变、借借、身丁，选为内舍生者则免除支移、身丁。

这个办法实施之后，造成许多弊端。《宋会要辑稿·选举一二·八行科》"大观四年正月一日"条载臣僚言：

> 迩来诸路以八行贡者，多或违诏旨、失法意，而有司不以为非，臣恐由此浸以成弊，今略取其一二事状著明者论之。如亲病割股，或对佛燃顶，或刺臂出血，写青词以祷，或不茹荤，常谓（按："谓"当为"诵"之误）佛书，以此谓之孝；或尝救其兄之溺，或与其弟同居十余年，以此谓之悌；其女适人，贫不能自给，取而养之于家，为善内亲；又以婿穷窭，收而教之，为善外亲。此则人之常情，仍以一事分为睦、姻二行。尝一遇歉岁，率豪民以粥食饥者，而谓之恤。夫粥食饥者，乃豪民共为之而已，独谓之恤，可乎？又有尝收养一遗弃小儿者，尝救一跛者之溺，皆以为恤。如此之类，不可遽陈。

今所保任，多不言学术意，皆其乡曲寻常之人，非所谓士者。

这位上言的臣僚，据杨仲良《续资治通鉴长编纪事本末》卷一二六记载，是御史中丞吴执中。他所举的事实，说明了当时以"八行"贡入学校者的行为，有许多只是寻常应有，也有些其实是众人同为，更有些是伤害自己，并无必要。更大的问题是取"士"只问德行，而不问学术，获选者是否可以说是士人，遭到了质疑。这些情形也证实了苏轼在上于熙宁四年（1071）的《学校贡举状》中所说的，想要以德行设科立名来取人，是"教天下相率而为伪也"并没有错，他所举的"上以孝取人，则勇者割股，怯者庐墓"中的割股行为，正见于大观元年（1107）间以八行取士时期的社会。不仅所贡者如吴执中所言，其行为说不上值得特别崇奖，或是其人只是欠缺学术修养的寻常之人，以八行取士还产生了其他的弊端。马端临在《文献通考》记载"大观元年诏举八行"之后，有一段评论，指出除了应选者有"设为形迹，以求入于八行"的可厌行为外，还有难以防禁的"请托徇私"之事。所以会有马端临所说的情形，应由于只要能获选入州学上舍、内舍，家中就可以享有一些税役上的特殊待遇，若是存心如此，其表现于外的行为就更是如马端临所说，不过是"形迹"而已，岂能称之为德行。虽然有许多人趋之若鹜，但是也有一些辞不愿就者见之于记载，真正素行可尚之士不见得就会应诏。弊端既多，所以当宣和三年（1121）罢学校升贡，恢复科举取士时，这个办法大概也就跟着废除。

然而更加值得注意的是，在大观元年以八行取士诏书中，和"八行"并举的还有"八刑"。士人如果犯有不忠、不孝、不悌、不和、不睦、不姻、不任、不恤之刑，州县官员必须以其名籍、事由报知学校，学校要对入学的士人加以查核。犯有不忠、不孝、不悌、不和者终身不得入学，犯有不睦者十年不得入学，犯有不姻者八年不得入学，犯有不任者五年不得入学，犯有不恤者三年不得入学。如果能改过自新，不犯罪而有二行之实，经耆邻保伍申报于县，在县官员审查属实之后，允许入学，在学一年而不犯学中第三等罚，可以入县学生员之列。对于八刑的具体内容，诏书中都有具体的解释，例如"不忠之刑"是指犯有"谋反、谋叛、谋大逆（子孙同）及大不恭、诋讪宗庙、指斥乘舆"，这些都是唐、宋律典所称的"十恶"之中最严重的罪行。

大观元年以八行取士的诏书，把八行和八刑都溯源于《周官》，亦即《周礼》。然而在《周礼》书中，只有孝、友、睦、姻、任、恤六行，并无八行；大观元年诏书，把见于《周礼》书中六德（知、仁、圣、忠、和）中的忠、和两德取出，置于六行之后，而成为八行，至于诏书中的悌，则其义同于《周礼》所述六行中的友。《周礼》书中虽有八刑，但所举除不孝、不睦、不姻、不悌、不任、不恤等六刑外，其余分别是造言之刑和乱民之刑；大观元年诏书的八刑，则在上述六刑之外，另以不忠、不和取代造言、乱民两刑。

更进一步比较，可以看出在《周礼》汉、唐注疏中，对于忠、和两德的解释，与大观元年诏书中，对于忠、和两行及不忠、不和两刑的解释，在词义上已有明显的差异。以"忠"来说，《周礼》郑玄注的解释是"言以中心"，贾公彦疏则更清楚地解释为"言出于心，皆有忠实"，这是指个人的言语都发自内心，并无掩饰。而在大观元年的诏书中则解释八行中的"忠"为"知君臣之义"，视之为忠君的忠，八刑中的"不忠之刑"，从罪刑看，也很清楚地是指对朝廷、君上的不忠。这种意义上的改变，或许可以是由于以不忠、不和两刑取代《周礼》八刑中的造言、乱民两刑而来。在大观元年的诏书中又把不忠之刑列于八刑之首，不免令人推想，这道诏书虽为实施八行取士而颁布，但是配合新取士制度实施而同时实施的学校八刑之禁，无疑也是颁布这道诏书的另一目的，尤其是以不忠之刑列于八刑之首，实际上是要求士人不可以对朝廷政事有所议论，否则就是对朝廷、君上的不忠，会受到重刑的处罚。如果考虑到绍圣（1094—1098）年间新党执政，在编排元祐臣僚章疏、同文馆狱和重理元祐诉理所雪理冤案时，寻章摘句，任意曲解，指为有讪谤甚或谋反之意，更令人对八刑之禁会有这样的推想，而当年主持同文馆狱审理的，正是如今在颁布八行取士诏令时的宰相蔡京。自大观元年八月以后，由于官员建议而树立各地学校中的宋徽宗御书八行八刑碑，其中有关八行取士的条文，对于已经在学的士人来讲，已无太大的意义，反而是碑文中的八刑，时时提醒着他们要谨言慎行，不要任意议论时政，更不能有任何言论足以让人怀疑含有触犯朝廷之意，这样又岂能教导士人如郑玄、贾公彦在注释《周礼》时所说的"言中于心"或"言出于心，皆有忠实"？

　　学校教育这时期有比较特殊的发展。宋哲宗亲政之后，学校课程又全面恢复了熙宁（1068—1077）年间的课程，以经义为主，停止《春秋》的教学，也不重视诗赋，《三经新义》成为学校中的重要教材，律义的课程则在崇宁五年（1106）恢复。这种情形一直延续到宋徽宗时期。崇宁元年（1102）以后，由于元祐学术之禁，对于史学和诗赋的教学自然管制更严。各地州学的藏书阁本多以经史命名，宋徽宗在大观（1107—1110）年间下御笔诏，以"方今崇八行以迪多士，尊六经以黜百家，而史何足云"，要求把经史阁改名为御赐的名称稽古阁。此外，宋徽宗由于崇尚道教，设置道阶、道官、道职，又设立道科取士，所以老、庄、列子等课程也列入学校。

不过这一时期更令人注意的发展，是自宋哲宗末年以来所实施的州学升贡法。王安石早在《上仁宗皇帝言事书》中说，"先王之取人也，必于乡党，必于庠序"；到熙宁变法，推动太学三舍法时，又说："古之取士，皆本于学校。"当时有这种想法的，并不只他一人，前面讲过程颢所提出的方案，就是由县而州而中央，将地方官学与中央太学连成一线，经由学校选拔人才，最后朝廷人才出自太学。熙宁、元丰时期的太学三舍法，显然离这样的想法还有一段很大的距离，而宋哲宗末年以后的州学升贡法，可以说就是这种构想的实践。

元符二年（1099），在章惇主持之下，将原本在太学实施的三舍法推广到部分州学实施。实施三舍法的州学，每年选一名上舍生到京城参加太学补试，通过后入太学内舍，如遇三次考试没有通过，遣还州学；另外每年可以选送两名内舍生，不经考试直接进入太学外舍。这些由州学升贡到太学的学生，在太学总名额中所占的比例不大，而且科举考试在这时也没有废除。过了三年，也就是宋徽宗崇宁元年（1102），蔡京主政，将三舍法推行到所有州学，同时扩大实施升贡法，将县学、州学与太学连成一线，县学学生通过考试进入州学就读，州学学生经过考试进入太学就读，太学名额这时扩充到三千九百人，达到宋代的顶点。太学补试在崇宁元年原本定为三年一次，到崇宁五年（1106）改为每年举行。各州州学升贡到太学有一定的名额。按名额送到京城参加考试，依成绩的高下分别进入上舍、内舍或外舍就读。同时从崇宁五年（1106）以后，完全取消解试，学校成为主要的仕进之途。太学生每年春季举行考试，分上、中、下三等，上等可以立即推恩释褐，中等则可以参加每三年举办一次的殿试，下等补入太学内舍。

这一个办法，使得科举考试完全被官学教育所取代。在州学升贡法实施的期间，地方官学的设立比以前有更进一步的发展，不仅每一个州，连每一个县都设有官学。在学人数也达到宋代的顶点。根据记载，崇宁三年（1104）全国有官学生二十一万余人，大观二年（1108）有十六万七千六百二十二人，其中绝大多数都是地方官学的学生。为了支持这一个就当时来讲是十分庞大的官学体系，财源的筹措是一个重要问题，当时的办法，是增给地方官学的学田，用田租来充当学校的经费。州学升贡法一直实施到宣和三年（1121）。蔡京执政期间，有许多作为不得人心，地方学校三舍法也发生许多弊端。宣和二年（1120），王黼执政，将蔡京所推动的一些措施取消，地方学校三舍法停止实施，科举考试恢复，州学升贡法随之而废除。

元祐（1086—1094）时期保甲制度虽然内容有所收缩，却维持下来，不过到绍圣初年，在新党的眼里却是"元祐弛废，深可惜也"。元祐时期实施的冬教，他们也认为"文具而已"，于是又将内容逐步扩大。绍圣以后的保甲，在组织上和熙、丰时期略有差异，熙、丰时期是以十家为一保，五十家为一大保、五百家为一都保；绍圣以后则是以五家为一保、二十五家为一大保、二百五十家为一都保。绍圣（1094—1098）、元符（1098—1110）年间，大致上是维持冬教，但是从绍圣三年（1096）开始，还必须轮番到州，校试以射。宋徽宗时，进一步在河北、河东、陕西等路置武臣提举保甲兼提点刑狱，取代文臣，显然更重视保甲的军事功能；然后在政和三年（1113），又将校阅保甲扩大到京东路与京西路，一直到宣和二年（1120）才恢复旧制。纳入保甲的人家，在政和三年（1113）也扩大为主户两丁以上就要选一丁，恢复了熙宁的办法。这一年，仅仅京东路、京西路团成的教阅保甲就有六十一万余人，加上沿边五路及开封府，教阅保甲的人数要比元丰时多出很多。家保也同样在运作，宣和元年（1119）的诏书中曾严令"保内有犯及匿盗三日，皆须究治，依法科罪，即匿强盗十人以上及十日者，加二等"，就是说明。但是地方官无偿使用保甲于杂务的弊端在这时也已经明显，《宋史》卷一九二《兵志·乡兵篇·保甲门》载宣和三年（1121）诏："访闻法行既久，州县玩习弛废，保丁开收既不以实，保长役使又不以时。如修鼓铺、饰粉壁、守败船、治道路、给夫役、催税赋之类，科率骚扰不一，遂使寇盗奇邪无复纠察，良法美意浸成虚文。"而其中问题最严重的，就是保甲用于差役。

役法在绍圣年间又改回雇役，民户又恢复缴纳役钱，但是规定免役宽剩钱不可以超过一分，较熙宁（1068—1077）年间的规定为轻，助役钱则沿袭元祐之制，减半征收，同时禁止以保正、保长、保丁充代耆长、户长、壮丁。但是禁令旋即撤销，绍圣元年（1094）九月，下诏依从元丰法令，以保正、保长代耆长，甲头代户长，而甲头是由保丁轮充；次年，停用甲头催税，改以保正充耆长，保长充户长。这时保正、保长兼充耆长、户长，是有雇钱的，但是在宋徽宗建中靖国元年（1101），朝廷将雇钱拘收，必须等待朝廷指示才可以支用，地方政府失去了经费来源，保正、保长承当役职而领不到雇钱，与差役无异，雇役只是空有其名而已。于是保甲与役法的结合，在这时完全确定。南宋时，真德秀对于这一个过程有清楚的叙述。真德秀《西山真文忠公文集》卷二十九《福建罢差保长条令本末序》：

> 国朝旧法，以户长督赋输。迨熙宁中，行雇役法，未几又行保甲法，始罢户长而令保丁催租，于是户长之役移之保丁

矣。元丰末，议改新法，始复募户长，给雇钱，受佣于官而任奔走之责，此法之至善者也。绍圣之初，复行雇役，始以保长督赋输，于是前日所以责户长，今以责保长矣。夫户长役人也，保长保甲也，保甲之设，本以讥盗，而责以它役，可乎？然是时犹以户长钱给之，虽失初意而未大失也，其后钱不复给而役如初。近世官吏鲜复究知本末，例指保长为役人，比较鞭笞，不复顾恤。

真德秀所谓元丰末复募户长一事，也见于南宋一些地方志的记载，应是当时一项短暂的措施，到元祐元年（1086）复行差役之后即停止。一方面是以保正、保长承当役职而不支给雇钱，另一方面则是民户负担的役钱有增重的趋势。例如巩州在元丰（1078—1085）年间，每年分摊的役钱总共只有四百贯，到政和元年（1111）竟然高达二万九千余贯；在酸枣县，则有下户被升入上户的情形。北宋末年复行免役法，目的是增加政府收入，而非减轻民众负担，到宋徽宗时期是十分明显的。

这段时间的农田水利开发，同样也显示出明显的财利色彩。自绍圣年间以来，政府对于农田水利的开发转趋积极。绍圣二年（1095），曾经编修有关兴修农田水利的敕令；到宋徽宗政和元年，又下诏要官员或诸色人陈述农田水利。至于这段时间政府最大规模的有关措施，则是在长江下游地区排水为田。熙宁年间昆山人郏亶所提出的建议，到这时付诸实现。在政和年间以前，这里已经有富家和官户私人开辟出许多圩田，到了政和（1111—1117）年间，政府开始主动在江东、浙西两地修筑，政和四年（1114）卢宗原所提出的在江东路兴修圩田计划，政和六年（1116）赵霖所提出的在浙西兴修圩田计划，规模都很庞大。卢宗原在建议中提到，圩田修成之后，租佃给人民，每年大约可以收入官租一百余万贯石；赵霖在疏排浙西地区积水，露出田土之后，也立即以围为单位，编号登记，让民众提出租佃申请，由出租多者取得佃权。紧接着又以御笔命令赵霖再修围常湖、华亭泖为田，并且召人租佃，这些事实显示出当时所以积极兴修圩田，租入是重要的考虑。浙东地区的湖泊，这时也为了租入的理由，而放弃了原本禁止开辟湖田的禁令，于是越州鉴湖、明州广德湖以及其他一些湖泊，湖田面积都持续扩大。江东、浙西圩田和浙东湖田的大量开辟，对当地的水利逐渐发生不良的影响，湖泊、沼泽原有的调节水量功能丧失，干旱时更容易缺水灌溉，大雨时也更容易酿成水灾。

至于田租收入的用途，南宋初年吏部尚书吕颐浩等人曾经指出：

> 农田水利，东南所入甚厚，如越州鉴湖、明州广德湖（原书误为"湖州广德湖"）、润州练湖所收租课，依靖康元年五月五日指挥发运翁彦国拘收，专充籴转般代发斛斗本钱。皆系常平司所管田产，始者取充应奉，次取充漕计，见取充发运司籴本。伏望追还常平司桩管，以待朝廷缓急移用。（《宋会要辑稿·职官四三·提举常平仓农田水利差役篇》"建炎三年正月十一日"条）

可以看出，东南各州的圩田、湖田租入成为支持宫廷挥霍的财源，到宋金战争爆发之后才转移为政府的经费。同样以财利为政策目标，但是宋徽宗时代的意义已不能和宋神宗时代相提并论。

所谓"应奉"，是指应奉御前。当时蔡京倡"丰亨豫大"之说，导引宋徽宗奢侈挥霍，"丰亨""豫大"二词均出自《易》。"丰"是卦名，据孔颖达疏，财多德大谓之丰，丰有多、大之义，德大则无所不容，财多则无所不济，所以谓之丰亨；"豫"也是卦名，据郑玄注，顺其性而动者莫不得其所，所以谓之豫，圣人以顺动，所以刑罚清而民服，"由豫大有得"意为用豫而行则大有所得，也意味着其志大行，志行之后，作乐崇德，以殷盛之礼，祭祀天地，配以祖考。蔡京献此词于宋徽宗，为之找到了以礼乐祭祀为名来耗用国家财物在经籍的依据。政和六年（1116）七月，宋徽宗曾下诏，诏中先讲自己继位以来的种种功绩，包括民生安乐，纳土开疆，"兴事造功，制礼作乐"，人才兴盛等等，然后说，"挟奸罔上者，于太平丰亨豫大之时，欲为五季变乱裁损之计。……为臣不忠，罪莫大于此！可令御史台觉察纠奏"（《东都事略·本纪十一》）；此诏并且榜于朝堂，刻石尚书省，在这种情况之下，群臣自然不敢再有谏言。上疏的官员应是御史黄葆光，当时由于应奉之政，添设了许多机构，也增添了许多吏员，蔡京又动辄给赏，加上其他官俸、吏禄开支增加的问题，黄葆光建议减损，得罪了蔡京，于是有宋徽宗所颁布的诏书。

在上引宋徽宗诏书中，所以会认为在"丰亨豫大之时"，不应为"变乱裁损之计"，又和蔡京对他进言的"唯王不会"有关，"会"是会计的意思。崇宁五年（1106）六月，左正言詹丕远在劝谏宋徽宗时，乞请罢营造，止浮费，宋徽宗回答时提到"（蔡）京于财用未尝以不足告，惟《周官》'唯王不会'之说"，其后詹丕远也因为续有其他谏言而遭罢。宋徽宗回答詹丕远时所说的《周官》，应即亦称《周官》的《周礼》。所以马端临在《文献通考·国用考》中，讲蔡京"增修财利之政，务以侈靡惑人主，动以《周官》'唯王不会'为说。……又专用'丰亨豫大'之说，谀悦帝意。"《周礼·膳夫》有"岁终则会，唯王及后、世子之膳禽不会"之句，书中类似这样的文句颇有几处，或是讲王及后之饮酒，或是讲王及后之服，或是讲王之裘与其皮事，讲到王的弓矢之事时则是说"无会计"。这些应该就是蔡京所讲"唯王不会"的来源，就如"丰亨豫大"一样，也是出自经籍。

有学者指出，"丰亨豫大"一词的政治意涵其实是指君主在施政上的成功，使得人民因生活安乐而豫悦，应奉的主要目的不在于宋徽宗本人的享乐，而在于供京师各种建筑工程与礼乐工程之需；这些工程的用意，则在于宣扬圣君的理想之治。至于"唯王不会"，同样是说一个理想君主在治理有成之后才可以有的奉养。仅就"丰亨豫大"此词在儒家典籍上的意义而言，这一个看法无疑是正确的，然而可以思考的是，蔡京对于此词的解释，其实不免具有选择性。孔颖达的疏文也对于"丰"卦的卦文讲到"日中则昃，月盈则食。天地盈虚，与时消息，而况于人乎，况于鬼神乎"，有所解释，"王者以丰大之德，照临天下，同于日中，然盛必有衰，自然常理"。他认为经文所以要如此讲，是对王者"勉令及时修德，仍戒居存虑亡也"，蔡京不以此忠谏宋徽宗，不免令人怀疑他的用心。

至于"唯王不会"，即使就典籍上的意义来讲，也仍然和宋徽宗对此词的理解，以及蔡京所赋予此词的意义，有可以分辨之处。《周礼》书中所讲"不会"的膳、酒、服、裘，都不过是王、后及世子的祭祀之费，供宾客之礼以及自身日常生活的衣食之需，弓矢也只是王用于打猎，包括王室所用、政事支出在内的其他费用都是要会计的，不只需要会计，还必须向王报告。可是蔡京却把"唯王不会"扩大到宋徽宗衣食之需以外庞大的各类经费，而且不把国家财用开支的实际情形向宋徽宗报告。即使是王安石在《周官新义》中对于此词的解释，也和蔡京有别，他在"岁终则会，唯王及后、世子之膳禽不会"句后，解释说，"不会"并非不会其

出，只是不计其多少，王、后所用的膳、禽、饮酒及服皆不会，是
由于"至尊不可以有司法数制之"，世子只有礼仪中的膳食可以不
会，而日常生活食用的膳禽，以及饮酒及服都要会，那是要防其
荒侈，为世子时既已防其荒侈，岂有期望其日后成为君主时任意
挥霍之理；王的开支虽不计其多少，何以仍需会计其支出？王安石
在讲酒的开支"岁终则会，唯王及后之饮酒不会"之后有所解释：
"王燕饮酒共其计者，至尊不可以有司法数制之，故共其计，使知
其不节，则自戒也。"可以了解，王安石并不认为"唯王不会"就
表示君主可以任意挥霍，而认为以王者之尊，在得知开支过大时，
应能自我节制。

从王安石在《周官新义》中对"唯王不会"的解释，看他对宋
神宗所说的"人主若能以尧、舜之政泽天下之民，虽竭天下之力以
奉乘舆，不为过当，守财之言，非天下正理"，其意应也在于君主
本身的自我节制比起限制其开支更为重要，所以他会接着说："然陛
下圣心高远，如纷华盛丽无可累心，故安于俭节，自是盛德，足
以率励风俗，此臣所以不敢不上体圣心也。"（《续资治通鉴长编》
卷二四一"熙宁五年十二月丙申"条）对王安石来讲，君主以自
身的节俭来率励天下的风俗，要比竭天下之力来供奉自己更为重
要。由此看来，蔡京为宋徽宗的任意挥霍提供经籍上的理由，实
与王安石并无关联；杨时在《上钦宗皇帝书》中视王安石"若能以
尧、舜之政泽天下之民，虽竭天下之力以奉乘舆，不为过当，守
财之言，非天下正理"之言，开启日后蔡京等人轻费妄用、专以
侈靡为事的看法，其实是激于国家的巨变而产生。倒是无论王安
石或蔡京对于经籍的解释，都与自北宋中叶以来在经学上以己意
释经的风气有关，在这一方面，无疑可以视王安石为蔡京的先导。

总之，视"丰亨豫大"为理想的圣君之治，而"唯王不会"是

理想之治下的君主所应有，终究只能在当时的政治宣扬上具有意义。宋徽宗是否认真想过他的统治已达"圣君"水准，无法知晓；至于蔡京，他本人大概也未必认同，只是以此说来奉承宋徽宗，并借以夸耀自己辅治的贡献。对于许多臣民来讲，他们对此事的看法未必与宋徽宗或蔡京相同，否则不会有官员提出裁减浮费的谏言。这类谏言虽然在政和（1111—1118）年间受到一时的压制，但是仍不时会有人无惧于获罪而提出，到宣和二年（1120）方腊之乱起后，愈为多见。北宋末、南宋初，人们经历了国家的巨变，对于宋徽宗的任意挥霍，更有深刻的感受，靖康元年（1126）侍御史孙覿等人上疏论蔡京误国，就把"托丰亨豫大之说，倡为穷奢极侈之风，而公私积蓄扫荡无余"列为其过恶之一。

财利色彩也同样见于复行之后的市易法。绍圣二年（1095），首先恢复征收免行钱，依旧施行于开封府，但已较熙宁、元丰年间多取一分宽剩钱。绍圣四年（1097），复设市易务，仍然收息二分，但限制只用现钱交易，不许赊请。元符二年（1099），州、县、镇领的抵当库也都恢复设立，回到元丰末年的情况。市易务后来改名为平准务，元符三年（1100）一度停废，建中靖国元年（1101）又恢复，一直维持到北宋灭亡。平准务设于京师，地方上则从崇宁二年（1103）起普遍设置市易务，遍布州、县及大镇。比起熙宁、元丰时期的市易网络更加密集。市易法复行之初，仍然以"平物价、抑兼并"为标榜，但在实行的过程中，同样和以前一样有贩运物资、垄断市场的现象。崇宁四年（1105），市易务取代了全国的茶场，成为征收茶息的机构，更清楚地是作为一个财政机构而存在。而市易收入和抵当收入的多寡，则成为政府评定地方官政绩的标准。这些收入也成为蔡京营谋"丰亨豫大"的经费来源，以市易务所收茶息来讲，每年输送到京师的就达一百万贯之多。

复行之后的青苗法，也不能免于同样的特色，而且如同熙、丰时期一样，出现了诸多弊端。青苗法恢复行使在绍圣二年，大致上以元丰年间的规定为依据，在内容上没有太大的变化。当时首先提出建议复行的是户部尚书蔡京，他在奏疏中说："生财之道，益国裕民，无以易此。"很明显已经有"生财"的动机在。而复行之后，"生财"或者有之，却没有完全达到"益国裕民"的目的。宋徽宗政和八年（重和元年，1118），臣僚上言青苗之弊：

> 访闻近年以来，常平司往往失职，督察不严，州县官迫于一时籴买，谓民艰于应副，因循失催，输纳不及时，致来春新陈不接之际，尚行催纳。民户既无可输，即于当年违法再给虚转文历，便充本年见欠之数，顽民缘此拖欠愈多。兼访闻形势之家，法不当给，而迩来诸路诡名冒请者亦众，盖欲复行称贷，取过厚之息，以困贫弱。当纳之期，至有失陷，或无可催理，不免令同保备偿，愈滋拖欠，至有以新给折旧欠。（《宋会要辑稿·食货五·青苗篇》"政和八年四月二十九日"条）

这一段文字说明了当时实施青苗法所产生的两个问题：一个是民户无力偿还，于是以今年的借贷偿还去年所借的青苗本息，这样年复一年，便陷于长期负债之中；另一个是借贷人户中有不少并不是农民，而是富有的形势之家，他们以低利向政府借青苗钱，再以高利转借给农民。这种情形以后并没有改善，宣和五年（1123），诏书中仍然请"州县每岁支俵常平钱谷，多是形势户请求，及胥吏诈冒支请"（《文献通考》卷二十一《市籴考·常平义仓租税》）。

青苗息钱的收入，归属于地方上的提举常平司，据崇宁二年（1103）的规定，同样是常平司所管的农田水利、山泽、市易、抵当，所用钱物都可以支用常平息钱。亦即以青苗息钱作为政府其他方面经营的资本，有辗转再生财的作用。同时法令也规定，常平的息入不准用于常平以外的事情。但是这样的规定，显然无法贯彻实施。从大观三年（1109）起，就不断有官员指出常平钱谷为其他机构支借的情形，并且说是由于"用度浸广"所造成的。包括青苗息钱在内的常平钱谷究竟被挪用到哪些方面，南宋初年的官员作了清楚的说明。据建炎二年（1128）臣僚的上言："伏见神宗皇帝修讲常平之政，置提举官，钱谷充足，不可胜校。崇宁中始取以充学校养士之费，政和中又取以供花石应奉之资，仅费三十年，所有无几。"（《宋会要辑稿·职官四三·提举常平仓农田水利差役》"建炎二年八月一日"条）同年，叶梦得、孙觌、张征等官员也说："故如青苗敛散，追呼骚扰；市易物货，苛细争夺；农田水利之官，漫诞欺罔之类，明知其弊，不能革去，所以民至今已为病。其后应奉花石，取以资不急之用，遂失创法本意。近又缘军兴调发，诸司或许借贷，于是移易侵渔，扫地殆尽。"（同上"建炎二年十二月八日条"）所谓"花石"，指蔡京、童贯、朱勔等人运浙中奇花异石到京师，以讨好宋徽宗。常平钱谷移作学校养士之费，仍然可以说是用于国家经费；而挪用作花石应奉之需，则只是无谓的浪费了。这不仅虚竭了国家的经费，也导致东南的动乱，宣和二年（1120）爆发了延续一年多的方腊之乱，江浙人口大量伤亡，就是花石纲引起民怨所造成的。

元祐（1086—1094）年间养马改行监牧，效果并不是很好。元祐六年（1091）枢密院上言，元祐初新恢复的七处牧马监，所生驹数不足以补充死损之马，又多低小，不合用为军马的规格，深恐会有不赀之费而无军备之实，因此要差官至诸监询访利害，并且要加以详究讲议。可见在元祐后期，问题已经清楚地显现。到绍圣初年，仍有官员言及类似的问题。于是从绍圣（1094—1098）年间以后，又改为将军马交给民户畜养。

不过熙宁、元丰年间所行的保马法、户马法并没有恢复，而是改行一种给地牧马法。这个办法是将牧马草地放佃给民户耕作，不收田租，可是佃田一顷，要养官马一匹。从绍圣三年（1096）开始实施后，收效不大，愿意为官府养马的人不多，到宋徽宗政和二年（1112）以后，在蔡京的主持下积极推行。除原有的马监牧地外，官府所领的荒田、逃田也用来放佃，同时立定养马数量标准，地方官能够达到标准的就给予奖励。在奖赏的督促下，强制民户养马的情形恐怕不能避免，而养马的数量也大为增加。并且从政和七年（1117）开始举行春、秋集教，以备选用。当实施之初，民间颇感骚扰，有人提出反对。可是蔡京坚持，说"岂不知扰"，认为实施既久之后，养马户既可获益，而"官未尝有刍秣吏卒之费也"。可见是从节省经费着眼。但是到宣和二年（1120）蔡京去职，此法也遭到废罢。废罢之后缺少良好的善后措施，所有马匹全数拨给童贯，以及送到陕西补诸军之阙马者，总共有九万匹之多，可是运送时不知体恤，马匹死于路上的十之八九。到宣和末年金人入侵，宋朝顿时有缺马的困扰。

方田均税法复行的时间最晚，一直到宋徽宗崇宁三年（1104），蔡京才提出实施方田均税法的建议，实施到大观四年（1110）一度停罢，到政和二年又再实施，到宣和二年再度废罢。两次停废，都是在蔡京去职的时候。方田均税法以均赋税为目标，但是从实施以后，有关执行不公、实则增税的控诉就不曾间断。宋徽宗在大观四年（1110）二月的诏书中，就指出"贿赂公行，高下失实，下户受弊，有害法度"，也就是富家并没有因为方田而承当应该负担的赋税，下户反而蒙受弊害。宣和元年（1119）大臣的上言中，有更加具体的描述：

> 御史台受诉，乃有二百余亩方为二十亩者，有二顷九十六亩方为一十七亩者，虔州之瑞金是也。有租税一十三钱而增至二贯二百者，有租税二十七钱而增至一贯四百五十者，虔州之会昌是也。问其所以然之故，云方量官惮于跋履，并不躬亲，而行缠拍峰、验定土色，一付之于胥吏，遂使朝廷良法美意，壅格而不下，究可胜惜哉。（《宋会要辑稿·食货四·方田篇》"宣和元年二月二十四日"条）

可知执行过程中的一些问题，使得赋税的负担反而更加不均。这也许不仅是官吏执行的问题，政府未必没有增税的企图，政和三年（1113），就有官员上言："昨来朝廷推行方田之初，外路官吏不遵诏令，辄于旧管税额之外，增出税数，号为蠲剩，其多有一邑之间及数万者。"（同上"政和三年五月二十六日"条）这显然是地方政府的问题，而不是官员个人的问题。可见借方田而增税，是各地常见的现象，种种问题，引起民怨，宣和初年华北的宋江之乱，东南的方腊之乱，未必不与方田均税法施行的失当无关。

从绍圣到宣和，再度全面推行新法，也恢复了以财利为中心的政策目标。这一期间，宋朝又再度在西北采取拓边的政策，对西夏进行攻击，军费消耗极大。再加上因为复行新法而获得收入，大量用来供应宋徽宗的挥霍，所以财政并没有获得改善，地方尤其困竭。各项措施的失当引起了民怨和盗乱，即使在宋江之乱和方腊之乱平定之后，盗贼的乱事仍然持续不断，河北、京东尤其严重，国家的基础已不稳固。宋朝在宣和元年（1119），军事上大胜西夏，虽然灵州未复，西夏未灭，但已迫使其求和，于是进一步有联金灭辽之举。辽国已灭，燕云已复，完成了当初宋神宗的心愿，然而随之而来的，却是事先难以料及的后果。

就如学者所论，自澶渊之盟以来，宋、辽一直处于和平状态，即使熙宁（1068—1077）年间的边界纠纷亦未改变。宋朝由于有盟约可恃，心防已懈，河北边备日弛；加以自宋神宗以后，开拓熙河，进取西夏，尤其是元丰（1075—1085）年间以来，对夏军事战略转为主动，因而军力长期集中运用于西北，更加无心顾及对辽边务，河北边备废弛的问题也就愈为严重。在国力既不足以支持，河北边备又严重废弛的情况下，童贯所率领的西北劲旅东调，先平定方腊之乱，继而伐辽。可是军中战马既缺，而童贯又仗恃其在西北战胜的经验而轻敌，竟为辽军所败。北宋收复的燕云实际为金军所下，而辽国亦为金军所灭，并因此引来金人入侵，在河北防务无以抵御的情况下，收复燕云竟成为北宋走向灭亡的前奏。这样的结果，既与王安石的初衷相违，又岂是当初宋神宗大力支持王安石推动新法的目的？

# 第三编 参考书目

## 一、专书

方诚峰:《北宋晚期的政治体制与政治文化》,北京:北京大学出版社,2015年。

王保珍:《增补苏东坡年谱会证》,台北:台湾大学文学院,1969年。

何冠环:《功臣祸首:北宋末内臣童贯事迹考》,台北:花木兰文化事业有限公司,2020年。

李震:《曾巩年谱》,苏州:苏州大学出版社,1997年。

沈松勤:《北宋文人与党争:中国士大夫群体研究之一》,北京:人民出版社,1998年。

涂美云:《北宋党争与文祸、学禁之关系研究》,台北:万卷楼图书股份有限公司,2012年。

张秉权:《黄山谷的交游及作品》,香港:香港中文大学出版社,1978年。

陈垣:《通鉴胡注表微》,台北:华世出版社,1974年。

童永昌:《"志于便民":北宋熙宁至元祐时期的民情与朝议攻防(1069—1094)》,台北:台湾大学历史学研究所硕士论文,2009年。

杨小敏:《蔡京、蔡卞与北宋晚期政局的研究》,北京:中国社会科学出版社,2012年。

贾志扬(John W. Chaffee)著,赵冬梅译:《天潢贵胄:宋代宗室史》,南京:江苏人民出版社,2005年。

刘昭明:《苏轼与章惇关系考:兼论相关诗文及史事》,台北:新文丰出版公司,2011年。

245

萧庆伟:《北宋新旧党争与文学》,北京:人民文学出版社,2001年。

罗家祥:《北宋党争研究》,台北:文津出版社,1993年。

## 二、论文

王内山精也著,朱刚译:《"东坡乌台诗案"考——北宋后期士大夫社会中的文学与传媒》,收入内山精也著,朱刚等译:《传媒与真相——传媒及其周围士大夫的文学》,上海:上海古籍出版社,2013年。

内山精也著,朱刚译:《"东坡乌台诗案"流传考——围绕北宋末至南宋初士大夫间的苏轼文艺作品收集热》,收入内山精也著,朱刚等译:《传媒与真相——传媒及其周围士大夫的文学》,上海:上海古籍出版社,2013年。

孔学:《王安石〈日录〉与〈神宗实录〉》,《史学史研究》2002年第4期,2002年,北京。

方诚峰:《司马光〈潜虚〉的世界》,《清华大学学报(哲学社会科学版)》2017年第1期,2017年,北京。

王曾瑜:《北宋晚期政治简论》,收入氏著《丝毫编》,保定:河北大学出版社,2009年。

王曾瑜:《洛、蜀、朔党争辨》,收入氏著《丝毫编》。

王德毅:《北宋九朝实录纂修考》,收入氏著《宋史研究论集》第2辑,台北:鼎文书局,1972年。

平田茂树著,顾国玉译:《从刘挚〈忠肃集〉墓志铭看元祐党人之关系》,收入氏著,林松涛、朱刚等译:《宋代政治结构研究》,上海:上海古籍出版社,2010年。

朱刚:《乌台诗案的审判制》,《北京大学学报(哲学社会科学版)》第55卷第6期,2018年,北京。

朱瑞熙:《宋朝的"借借"》,收入氏著《嚠城集》,上海:华东师范大学出版社,2001年。

朱义群:《继志、国是与党祸:北宋哲宗朝"绍述"论分析》,收入邓小南主编:《宋史研究诸层面》,北京:北京大学出版社,2020年。

朱铭坚:《党争漩涡中的太学——以北宋哲宗朝太学的人事变为中心作考察》,

《新史学》29卷第2期，2018年，台北。

佐伯富:《论宋代的皇城司》，收入刘俊文主编，索介然译:《日本学者研究中国史学论著选译第五卷：五代宋元》，北京：中华书局，1993年。

李如钧:《予夺在上——宋徽宗朝的违御笔责罚》，《台大历史学报》第60期，2017年，台北。

李裕民:《宋神宗制造的一桩大冤案——赵世居案剖析》，收入氏著《宋史新探》，西安：陕西师范大学出版社，1999年。

李裕民:《乌台诗案新探》，收入氏著《宋史考论》，北京：科学出版社，2009年。

李荣村:《宋代湖北路两江地区的蛮乱》，收入宋史座谈会编:《宋史研究集》第15辑，台北：编译馆中华丛书编审委员会，1984年。

沈松勤:《"崇宁党禁"下的文学创作趋向》，收入氏著《宋代政治与文学研究》，北京：商务印书馆，2010年。

沈松勤:《论"元祐学术"与"元祐叙事"》，收入氏著《宋代政治与文学研究》。

林天蔚:《讲议司的分析——蔡京夺权误国所凭借的机构》，收入氏著《宋史试析》，台北：台湾商务印书馆，1978年。

林天蔚:《"激靖康之祸者，君实乎？介甫乎？"——北宋党争与实录纂修之关系》，收入氏著《宋代史事质疑》，台北：台湾商务印书馆，1987年。

金中枢:《车盖亭诗案研究》，收入氏著《宋代学术思想研究》，台北：幼狮文化事业公司，1989年。

金中枢:《论北宋末年之崇尚道教（上）——因素》，收入氏著《宋代学术思想研究》。

金中枢:《论北宋末年之崇尚道教（中）——措施》，收入氏著《宋代学术思想研究》。

金中枢:《论北宋末年之崇尚道教（下）——影响》，收入氏著《宋代学术思想研究》。

侯道儒:《司马光〈太玄集注〉中的君子与小人》，《台大历史学报》第58期，2016年，台北。

胡昭曦:《〈宋神宗实录〉朱墨本辑佚简论》，《四川大学学报（哲学社会科学版）》1979年第1期，1979年，成都。

夏长朴:《司马光疑孟及其相关问题》,收入氏著《北宋儒学与思想》,台北:大安出版社,2015年。

马力:《宋哲宗亲政时对西夏的开边和元符新疆界的确立》,收入邓广铭、漆侠主编:《宋史研究论文集:一九八七年年会编刊》,石家庄:河北教育出版社,1989年。

张其凡:《陈瓘与〈四明遵尧集〉——北宋哲徽之际党争的一个侧面考察》,收入氏著《宋代人物论稿》,上海:上海人民出版社,2009年。

张晓宇:《从黄隐事件论元祐初期政局与党争》,《中国文化研究所学报》第六十六期,2018年,香港。

程元敏:《王安石雱父子享祀庙庭考》,收入氏著《三经新义辑考汇评(一)——尚书》"下篇·考征",台北:编译馆,1986年。

程民生:《北宋的探事机构——皇城司》,《河南大学学报(哲学社会科学版)》1984年第4期,1984年,开封。

辜瑞兰:《青苗法之变动》,《大陆杂志》第30卷第9、10期,1965年,台北。

杨志刚:《〈司马氏书仪〉和〈朱子家礼〉研究》,《浙江学刊》1993年第1期,1993年,杭州。

雷飞龙:《北宋新旧党争与其学术政策的关系》,《政大学报》第11期,1965年,台北。

赵晶:《文书运作视角下的"东坡乌台诗案"再探》,《福建师范大学学报(哲学社会科学版)》2019年第3期,2019年,福州。

刘成国:《王安石与曾巩交疏辨》,收入氏著《变革中的文人与文学》,杭州:浙江大学出版社,2011年。

蔡涵墨(Charles Hartman)著,卞东波译:《1079年的诗歌与政治:苏轼乌台诗案新论》,《励耘学刊(文学卷)》2014年第2期,2014年,北京。

郑进发:《书法家的米芾》,《史原》第6期,1975年,台北。

戴建国:《"东坡乌台诗案"诸问题再考析》,《福建师范大学学报(哲学社会科学版)》2019年第3期,2019年,福州。

戴建国:《宋代刑罚体系研究》,收入氏著《宋代法制初探》,哈尔滨:黑龙江出版社,2000年。

戴建国:《宋代诏狱制度述论》, 收入氏著《宋代法制初探》。

戴建国:《熙丰诏狱与北宋政治》,《上海师范大学学报（哲学社会科学版）》, 第 42 卷第 1 期, 2013 年, 上海。

罗家祥:《北宋哲宗"绍述"论略》, 收入本书编委会编:《漆侠先生纪念文集》, 保定: 河北大学出版社, 2002 年。

Chu, Ming-kin, "Official Recruitment, Imperial Authority, and Bureaucratic Power: Political Intrigue in the Case of Yu Fan," *Journal of Song-Yuan Studies*, Volume 45, 2015.

Skonicki, Douglas Edward, "Song Dynasty Views of Diagram and Number: A Study of the Qianxu 潜虚, Attributed to Sima Guang 司马光," *Journal of Oriental Studies*, Volume 49, Number 2, 2017, Hong Kong.

# 第四编

# 新法对南宋财政、政策与制度的影响

# 第十五讲

# 财政进一步的集权中央

北宋建立之初，为了扭转从晚唐、五代以来藩镇割据的局面，采取中央集权政策，将地方的政权、军权、财权，都收归中央。在财权方面，最为人所熟知的，是改变唐代财赋留州、送使、上供的分配方式，设置转运使，地方所收赋税除酌量留用之外，其余悉数由转运使运至京师。这只是宋代财政集权中央的开始，此后这一个趋势继续发展，到南宋时达于顶点。而在这一个发展的过程中，新法施行时期是关键的。

对于宋代财权不断往中央集中的过程，南宋中叶，陈傅良在《赴桂阳军拟奏事札子第二》中有所叙述：

> 国家肇造之初，虽创方镇专赋之弊，以天下留州钱物尽名系省，然非尽取之也。当是时，输送毋过上供，而上供未尝立额。郡置通判，以其支收之数，上之计司，谓之应在，而朝廷初无封桩起发之制。自建隆至景德四十五年矣，应在金银、钱帛、粮草、杂物，以七千一百四十八万计，在州郡不会，可谓

富藏天下矣。大中祥符元年，三司奏立诸路岁额；熙宁新政，增额一倍；崇宁重修上供格，颁之天下，率一路之增至十数倍（按：疑当作"数倍"，"十"为衍文），至今为额。其他杂敛，皆起熙宁，于是有免役钱、常平宽剩钱。至于元丰，则以坊场税钱、盐酒增价钱、香、矾、铜、锡、斗、秤、披剃之类，凡十数色，合而为无额上供，至今为额。至于宣和，则以赡学钱、籴本钱、应奉司诸无名之敛，凡十数色，合而为经制，至今为额。至于绍兴，则又始以税契七分、得产勘合、添酒五文、茶引、盐袋、耆户长壮丁弓手雇钱之类，凡二十余色，合（按：原作"今"，误）为总制，至今为额。最后则以系省不系省经制，有额无额上供、赡军、酒息等钱，钧拨为月桩，又至今为额。至所谓凑额、籴本、降本、折帛、坊场净利、供给吏禄之类，令项起发者，不可胜数。且夫自系省而有上供，自上供未立额而有年额，又有无额；自有无额上供而后有经制，而三榷之入（按：盐、酒、茶）尽归京师。至经制悉矣，故夷狄之祸起。且夷狄安能一旦入中国哉？民心离则天心不享，则其祸必及于此，而渡江诸臣不惟尽循宣和横敛之旧，又益以总制、月桩、令项起发。（《止斋先生文集》卷十九）

这段文字，说明了宋朝中央政府对于地方租税在支配上逐渐加强的经过，而其中的转变关键，在熙宁（1068—1077）、元丰时期（1078—1085），一方面在地方上增加了不少征敛的名目，另一方面这些名目所得的收入都由中央政府来控制。宋徽宗时期继承熙宁、元丰时期的趋势而扩大，南宋初年又继承北宋晚期的趋势而更扩大。对于这一个发展，以下再稍为详细地来讨论。

北宋初年，虽然设置转运使，将地方财税输运到中央，但是这一个规定并没有彻底实施，仍有相当的财税留在州郡，而以系省为名。所谓"系省"，就是隶属于朝省，或隶属于中央政府。州郡向京师输送财赋，称为"上供"，在宋朝初年，也并未立下固定的数额，依每年地方税收的情况而变动。留在地方的财赋，每年州郡通判必须以元管、新收、已支、见在的数额申报到三司，称作"应在"，朝廷并没有封桩起发的规定。所谓"封桩起发"，就是将财税就地封存，等待朝廷指示征调，不许地方动用。即使是应在的申报，朝廷执行也很宽松，不会严格审核。因此到宋真宗景德（1004—1007）年间，全国各地州郡没有列入中央岁出入会计的应在钱物达到七千多万，陈傅良称赞说是"富藏天下"。上供立额开始于宋真宗时期，据陈傅良的考订，米纲立额始于景德四年（1007），以景德二年（1005）以前十年的酌中数为额；银纲立额始于大中祥符元年（1008），以当年之前最多一年的数目为额；钱纲立额始于天禧四年（1020），以当年数为额；绢绵纲在这时大概也已有额。虽然已经立额，但是陈傅良在另外一段文字中说："然而前朝理财务在宽大，随时损益，非必尽取。"对于宋初理财的宽大之制，马端临认为含有深意，他在《文献通考》卷二十三《国用考·历代国用》中，有这样一段评论：

　　然且犹存上供之名，取酌中之数，定为年额，而其遗利则付之州县桩管，盖有深意：一则州郡有宿储，可以支意外不虞之警急；二则宽于理财，盖阴以恤民，承流宣化者。幸而遇清介慈惠之人，则上供输送之外，时可宽假以施仁；不幸而遇贪饕纵侈之辈，则郡计优裕之余，亦不致刻剥以肆毒，所谓损上益下者也。呜呼，仁哉！

陈傅良和马端临都亲身体验到南宋财政过度中央集权所带来的弊害，所以对宋初地方政府还有权运用相当数量的税收，特别感到怀念。

宋朝中央政府这种对于地方财税"务在宽大"而"非必尽取"的态度，大体延续到宋英宗时期。治平二年（1065），三司岁计已入不敷出，但是地方积财达到一亿六千多万，超过这年三司岁入的一亿一千多万。从宋神宗时开始，有了比较大的转变。据陈傅良所讲，上供额在熙宁年间增加了一倍，到崇宁年间（1102—1106）又增加了一倍。熙宁年间和崇宁年间上供额重新修订，增加定额的详情，不尽可知，但是有关这段时期上供数量增加的说法，在宋人的言论中并不乏见。这种情形，显示了中央政府对地方财税控制的进一步加强。

控制的加强，也很清楚地表现在因为实行新法而新增的收入上。陈傅良所谓的熙宁年间所起的杂敛，如免役钱、常平宽剩钱，都和新法有关。熙宁年间新设提举常平司，免役钱、青苗息钱、市易息钱、坊场钱等新法收入都由常平司掌管，而由朝廷指定封桩，以待非常之用。封桩起发的制度，开始于此时。封桩财物也有一部分要运到京师，元丰年间所建立的元丰库，就是用来储存由各路起发来的常平封桩财物的。这几项理财新法所获得的收入颇大，地方政府不得支用，无论是运到京师，或由朝廷指定运到其他特定地点使用。元丰五年（1082）三月、十月，八个月之间，两次已共运诸路常平所管钱一千三百余缗到元丰库，足见数目之多。元祐二年（1087），户部尚书李常曾说，先帝（神宗）辛劳于储积边备，如今天下常平免役坊场积剩钱共达五千六百余万贯钱，京师米盐钱及元丰库封钱及于一千万贯，金银谷帛的总数又超过上述数量的一半，不必担心边备不足。比较李常所说的天下常平

256

免役坊场积剩钱和京师米盐钱及元丰库封桩钱，可知地方尚封桩有比京师更多的常平钱物，有待中央支用的指示。而上述李常所说京师及地方所储积数量颇大的常平钱物，是准备用作边费的。这样的情形，使得中央和地方在财政权力分配上的差距进一步扩大。

除了因为实行新法而出现的封桩起发之制外，在元丰年间又向地方加征无额上供。上供收入之外的其他许多琐细杂项收入，合起来称为无额上供。所以称为无额，是因为这些杂项收入多少不可认知，无法有定额。陈傅良举出了许多名目，最后一项披剃，可能是指出售僧尼度牒的收入。无额上供的出现，使得地方上供到中央的财物更为增加，相对来讲，地方政府对于税收的支配权力又进一步被削弱。而在这段时间，朝廷对于地方政府支用系省钱物的控制也加强了，元丰元年（1078）规定，凡是出纳移用，都要向三司申报。

崇宁以后的财政政策，是继承熙宁、元丰而加以扩大。南宋中叶，叶适在《财总论二》中很清楚地指出了这种承袭关系：

> 是以熙宁新政，重司农之任，更常平之法，排兼并，专敛散，兴利之臣四出候望，而市肆之会，关津之要，微至于小商、贱隶什百之获，皆有以征之。盖财无乏于嘉祐、治平，而言利无甚于熙宁、元丰，其借先王以为说而率上下以利，旷然大变其俗矣。崇、观以来，蔡京专国柄，托以为其策出于王安石、曾布、吕惠卿之所未工，故变钞法，走商贾，穷地之宝以佐上用，自谓其蓄藏至五千万，富足以备礼，和足以广乐，百侈并斗，竭力相奉。不幸党与异同，屡复屡变，而王黼又欲出于蔡京策划之所未及者。（《水心先生别集》卷十一）

叶适所说的蔡京"托以为其策出于王安石、曾布、吕惠卿之所未工",是指蔡京在崇宁元年（1102）拜相之后,用熙宁年间设置制置三司条例司的旧例,设置讲议司,讲议熙、丰已行法度及神宗欲为而不暇为者。也就是说,蔡京要扩大施行在熙宁、元丰年间所已推行的开辟财源政策,他认为还有一些政策是宋神宗想推行而还来不及推行的,如今要由讲议司这个机构来讨论如何施行。

蔡京一方面继续绍圣（1094—1098）以来复行新法的政策,而新法的各项收入也仍然隶属于提举常平司。宋徽宗即位之后,于元符三年（1100）三月至建中靖国元年（1101）,曾五次下令将诸路常平司所积钱运至京师,几乎取之殆尽。此后常平收入的钱物,仍然常封桩或运往京师,成为中央政府的财源。例如市易钱物,就是如此。包括常平钱物在内各类地方赋入,又有相当的一部分被挪移作为应奉之用,运送到中央。"应奉"起于蔡京命朱勔取浙中珍异进奉,为宋徽宗享乐之用,数量逐渐愈来愈多,于是有花石纲,并且在平江府设置应奉局,由朱勔主持,各地起而效法。应奉的经费其实不限于出自常平司,当时东南地区的监司、郡守、市舶司"率有应奉",甚至"空竭县官经常以为应奉"。蔡京在宣和二年（1120）去位之后,王黼当国,又设置应奉司,由自己亲领,而宦官梁师成副之,"不以是何官司钱物皆许支用",于是"极天下之费卒归于应奉",然而当应奉财物送达京师,却"四方珍异悉入于二人之家"。王黼表面上反蔡京之所为,暗地里变本加厉,应奉即是其中之一。挪用地方经费到这样的程度,非熙、丰时期所能想象。

另一方面,在蔡京的主持下,崇宁以后在财政制度上也有一些出于熙宁、元丰之外的新发展,这就是茶、盐钞引法的广泛推行,使得茶、盐专卖的收入集中到中央。

宋代茶法从宋初以来，除四川地区实施自由通商之外，其他地区均实施专卖（禁榷）。东南各路从宋太宗时起，茶榷和政府筹措边粮的入中法相结合，商人运送粮草或现钱到边区或京城，政府给以茶引，商人凭茶引到指定地点领茶运销。这种情况一直延续到宋仁宗嘉祐四年（1059）；在这一实施禁榷期间，由于因应时势，入中在制度上常有变更，而有所谓贴射法、三说法、三分法、见钱法等。嘉祐四年以后，停罢茶榷，改行自由通商，仅征收茶税。自宋神宗熙宁七年（1074）起，四川茶改行禁榷，用来运到西北边境买马，东南各路则仍维持开放自由贸易。到宋哲宗元祐五年（1090），四川茶榷区大为缩减。绍圣四年（1097），成都府路茶恢复征榷。宋徽宗崇宁元年（1102），蔡京将茶榷推广到全国，在东南各路产茶区实施新的榷法，规定商人到京城榷货务纳钱，请长引或短引，到茶场领茶运销，严禁商人和产茶的园户自相贩易。后来又将茶场并入市易务，由市易务来征收茶息。政和二年（1112），修订原来的茶引法，管制更严，在产茶区设合同场查验茶引，同时由官府制造装茶的笼篰出售给商人，有一定的规制。透过愈来愈严格的茶引法，中央政府所获茶利大增。元祐（1086—1094）年间，四川以外的茶税收入只有七十万贯；而在政和（1111—1117）年间，每年从东南地区取得了四百万贯的茶息。

中央获利更大的则是盐榷的收入。宋初以来的盐法，大体上也实施专卖，仅元丰三年（1080）以前的河北、京东盐行自由通商之制。盐专卖法，就宋人用语来讲，又有官鬻、通商两大类。"官鬻"为官直接专卖，政府向盐民收盐，由官府运销，转卖于民间；"通商"则为官间接专卖，政府向盐民收盐后，转售给商人，由商人运销，而和上述元丰三年河北、京东盐所行的自由通商制有别。自宋初以来，盐榷的通商制度也和入中法相结合，商人用来领盐的凭证，称作"交引"；后来改称"盐钞"，约自宋仁宗庆历四年（1044）之后，使用盐钞领盐的情形开始出现，此后使用愈来愈常见。细加分别，交引兼具领盐、运盐凭证的作用，而盐钞则只用来领盐；自盐钞使用逐渐普遍之后，商人运盐另外要请领"盐引"。官鬻和通商的地域时有变化。大致说来，除上述河北、京东盐外，四川、福建、两广盐各行销于本区，一直实施官鬻；解盐主要营销于北方各路，并一度销入四川，分官鬻、通商迭经反复，有时两者并存，而各有指定的营销区。不过与入中制度相配合的钞盐制，主要是行于解盐营销区；淮浙盐产量最大，营销于东南诸路，市场也最广，同样是官鬻、通商两者迭经反复，有时两法同时并存，但是以官鬻为主。至于盐利的归属，通常的情形是官鬻则盐利归于地方政府，通商则盐利归于朝廷。

盐利自地方大幅转归中央，始自蔡京执政。蔡京在崇宁元年（1102）以后，严禁河北、京东、淮浙所产食盐官鬻，一律实施通商，使得盐利大量从地方转移到中央来。崇宁（1102—1106）、大观（1107—1110）年间，蔡京又以贴纳、对带、循环等法，屡次变更盐钞，盐钞才一售出，就改换新钞，商人须贴输现钱，才能以旧钞换新钞；到后来甚至一连更改好几次，商人竟要连缴三次钱，才能取得原初所购买数量的盐货，如果筹不出钱来贴换盐钞，旧钞便成为废纸。政和三年（1113），将政和二年实施的茶引法推广到盐榷，同样设置合同场查验盐引，运盐也限用官袋，每袋有一定的斤重，只能用一次，于是管制比以前更严格。新的盐引法实施之后，宣和（1119—1125）年间，京师榷货务所收的淮浙盐钞钱至少在二千五百万贯以上，比起元丰年间京师岁入末盐钞钱三百万贯，增加了七倍多。宋代沿海的海盐、四川的井盐及河东的土盐均称末盐，解池所产的解盐则称颗盐，末盐钞主要应指海盐的盐钞。崇宁元年以来蔡京这一连串有关盐法的措施，也就是前引叶适所说的"变钞法，走商贾，穷地之宝以佐上用"。

茶、盐之外，酒也是宋代政府专卖收入的大宗。宋初以来，榷酒的课利归地方政府。宋代榷酒的方式，大致上是在京城由酒户向官府购买酒曲酿造，在州城由官府设酒务经营，在县城及市镇由民户向官府买扑坊场经营，在乡间则由酒户自酿自卖，而向官府缴纳税课。其中买扑的方式，亦即承包，在熙宁变法以前，主要与差役法互相配合，民户如果轮差衙前之役而职务重难者，任满之后，可以买扑坊场作为酬奖。熙宁三年（1070）实施免役法，衙前不再轮差乡户，坊场用以酬奖卸任衙前的办法也随之取消，完全交由民户自行向官府申请买扑。在这同时，中央将酒课改由新设的提举常平司掌管，封桩以待朝廷起发支用，成为中央政府所支配的财源。不过坊场钱只占酒课的三分之一左右，酒务的收入才是酒课的主要来源。到崇宁年间以后，坊场钱之外，原属地方政府收入的州县酒务课利，也已不能完全支配，也约有三分之一到二分之一左右收归上供。这样一来，榷酒的课入已大部分收归朝廷掌控。酒榷收入加上茶榷、盐榷的收入收归中央，政府专卖收入的绝大部分，都已经归属中央政府，这也就是陈傅良《赴桂阳军拟奏事札子第二》中所说的"三榷之入尽归京师"。

宋徽宗时期，中央政府的收入虽然大增，但是开支也远比以前为大，在财政上并没有宽余。所以如此，由于新增的收入一方面为宋徽宗个人及其宠幸的享受所耗费，另一方面则支用于西北的边事。宋朝在西部与西北的拓边，导致边费开支的扩大，也正是熙宁变法时期推动诸项理财新法，强化财政中央集权的重要原因。宋徽宗时期中央财政既然依旧难有盈余，所以到宣和二年（1120）方腊之乱发生以后，东南残破，地方在乱平之后，因进行复原而用度百出，中央政府并没有能力给予财务上的支援。当时的发运使兼江淮荆浙等七路经制使陈遘，便建议征调经制钱。经制钱的来源，是由州县"度公私出纳，量增其赢"，聚少成多，调拨为经制司经费。例如量添酒钱、增收典卖契税钱、增收公家出纳头子钱等，此外大概也包括了陈傅良所讲的"赡学钱、籴本钱、应奉司请无名之敛"，都是一些苛细的税目。经制钱的征调，起先行于东南地区，然后又行于京东、京西、河北，岁入数百万缗，用来供江浙受战祸影响地区十三州县及转运司的支用。这使得受征调各地的政府和人民，必须承受较重的赋税压力，而为了供应经制钱而增收的税收，也非当地政府所能支配。征调到的经制钱虽然拨给特定的地方政府来支用，但这已是在中央政府命令下所作的调拨，可以视为中央政府的支配。

上述从熙宁以来的新发展，包括上供额的提高，封桩起发、无额上供的出现，茶、盐、酒利的收归中央，以及经制钱的调拨，都为南宋所继承。陈傅良所讲的"渡江诸臣"，主要应指宰执以及其他可以参与决策讨论的官员。其中有的在北宋末年当过总理一州事务的州郡长官，征收财税是他们重要的工作，更有的做过处理一路财税事务的转运官员，这种经历使他们熟知中央政府增辟财源的方法。南宋初年，军情紧急，朝廷飘摇，亟待理财，他们延续宣和旧政是很自然的事；然而即使延续宣和旧政，国用仍然不足，于是进一步仿宣和之旧，以新的名目来为中央政府开辟更多的财源。吕颐浩是这一类人物的代表。他在政和（1111—1117）、宣和（1119—1125）年间，历经提举蔡河拨发措置籴买、河北东路提举常平等事、河北路转运判官、都转运副使、都转运使等职务的磨炼，到南宋初年任职中央政府时得以一展财税方面的长才，除了他自己有所表现之外，执政期间，也在户部任用了一些善于理财的官员。经制钱曾在靖康元年（1126）废除，但是到南宋初年，由于国用不继，在宋高宗建炎二年（1128）又经当时担任户部尚书的吕颐浩和翰林学士兼侍读叶梦得共同建议而恢复，包含有权添酒钱、量添卖糟钱、人户典卖田宅增添牙税钱、官员等请俸头子钱、楼店务增添三分房钱等五项名目，地方收到后运往行都。以后这项征调成为定制，名目不断扩大，征收的钱额也不断增加，仅东南地区就岁收六百万贯，四川尚不包括在内。

不仅经制钱继续存在，南宋初年又出现了新名目的财政调拨，也就是陈傅良所提到的总制钱和月桩钱。总制钱起于绍兴五年（1135），当时因北宋政权崩溃，南宋朝廷权威尚未树立，各地随之而起的一些较大规模盗乱才勉强平定，外患仍然紧迫，中央政府历经动荡，财政困乏，于是设置总制司，由参知政事孟庾提领。孟庾在北宋末年也有过理财的经验，他被视为王黼的门客，于宣和五年（1123）任两浙转运，当是为王黼运江浙的应奉财物到京师。建炎四年（1130）九月以后，已经可以看到他以户部侍郎的身份，提出一些关于财税的建议，包括在绍兴元年（1131）四月提出的诸路无额钱附经制钱起发，共有钞旁定帖钱、卖糟钱等七色（即七种）；同年九月，先是改试户部尚书，随后即以户部尚书兼参知政事奉派出外督办军务。他在外颇有一段时间，回朝之后，于绍兴五年（1135）闰二月以参知政事的身份建议设置总制司并奉派提领。新设的总制司，专门检核内外官司隐漏遗欠，于是有总制钱的征调。总制钱也和经制钱一样，包含很多零细的税目，主要有增添茶、盐、酒钱、契税钱、免役钱、头子钱等，陈傅良说有二十余种名目，更详细的名目可以看《庆元条法事类》卷三十，大约有四十种之多。其中有一些和经制钱的名目是重复的，例如头子钱，地方所征收到头子钱，一部分作为经制钱起发，另一部分作为总制钱起发。另外值得注意的是，这些名目中有一部分可以溯源到新法，例如免役一分宽剩钱、耆户长雇钱、壮丁雇钱、抵当四分息钱、官户役钱不减半民户增三分钱等。东南各路岁收总制钱，后来增加到七百八十余万贯。

陈傅良列举于总制钱之后，但已先施行于绍兴二年（1132）的月桩钱，吕颐浩也是建议者之一。当时他以宰相的身份，与另一位宰相朱胜非共同奏言，由转运司每月桩存酒税、上供、经制等钱供应军费，起初行于江东，后来江、浙、湖南等路都有。由于要求数额很大，地方政府从规定名目中所拨发的数量，不能给十之二三，于是州县只有横敛于民。东南各路月桩钱的岁收，后来达到三百九十多万缗。

上述经制钱、总制钱、月桩钱三项岁额，在战争停止之后仍继续存在，已成为南宋中央政府的经常性收入。这三项岁额，都只是东南诸路的部分。此外，四川经、总制钱岁额曾达五百四十余万缗，四川折估钱以赡军为名，类似东南诸路的月桩钱，岁入曾达七百一十余万，数额也颇为庞大。

这些财政征调，起于南宋初年军费上的需要，但是在宋金和议达成之后仍然继续存在，已经成为中央政府的经常性收入，也为中央政府支出的重要财源。正如叶适所说，"凡今截取以界总领所之外，户部经常之用，十八出于经、总制"（《水心先生别集》卷十一《经总制钱一》）；不仅户部经常之用属于中央政府的支出，淮东、淮西、湖广、四川四总领所，凡负责筹应边防的军费，也属于中央政府的支出。许多地方税收于这些征调而于中央，使得中央与地方在财政的分配上，中央的一端更为偏重。

此外，陈傅良还提到了一类令项起发，"令"的意思可能是"专"，"令项起发"即"专项起发"。所谓令项起发，大概是指中央政府向地方征调某种专用款项或者某种税收所得。例如陈傅良所提到的籴本，是政府籴买粮草的本钱，一般在两税上附加，由地方政府向人民征收。折帛指折帛钱，政府将两税中的绢帛或向人民征收和买绢，要人民折成价钱缴纳，但是政府所定价钱要比市价高出很多，后来变成一种税目。坊场是指将酒坊、酒场承包给人民经营的收入，前面已经提到。吏禄则是供给京师吏员的经费，有各种不同的来源。

大量的财源集中到中央政府，使得地方政府在财务运用方面的能力愈变愈薄弱，此一趋势，虽然是长期发展而成，却开启于熙宁、元丰年间，到崇宁年间以后愈见加重，南宋只是继承了这一个趋势。尽管南宋中央政府调取地方财税的数量远比北宋晚期来得多，其实各种调取的方式都已经见于北宋晚期。地方政府财务的薄弱，对于南宋的地方行政产生了不良的影响，也增加了民众的负担。

首先，南宋政府向民众征收免役钱，却又将免役钱作为总制钱的名目而调拨到中央，使得地方政府没有钱雇募役人，于是南宋的役法，名雇实差。自北宋熙宁年间免役法实施以来，由于免役钱移作他用，熙宁末已有以保甲执役的情形；到绍圣年间以后，保甲法与役法的结合已经稳固，差役的重担实际上是由保正、保长来承担。南宋的役法既然名雇实差，于是保正、保长必须承担差役的情形，这也和北宋晚期一样，地方官对这种情形甚至视为当然，过去差役的弊端也重新出现。陈傅良对这个问题曾有所评述：

　　所谓免役钱者，本以恤民，使出钱雇役而逸其力也。自罢募户长而取其钱，今隶总制；罢募壮丁而取其钱，今隶总制；罢募耆长而取其钱，今隶总制；而又以三分弓手雇钱，一分宽剩钱尽隶总制。而又以罢虞候重禄钱，罢诸州曹官、当直、散从官雇钱，罢学事司人重雇钱，宣和籴本之类，尽隶总制。至于官户不减半役钱，在京吏禄，在京官员雇人钱之类，又令项起发，则免役钱之在州县者日益少，而役人无禄者众矣。夫使民出钱募役而逸其力，未为非良法也，而反取其钱以赡他用；既取其钱以赡他用，则必且白著，而役法不得不坏。何谓役法坏？今天下州县之胥皆浮浪之人，而乡村催科，专责之保正长是也。以州县浮浪之人行遣公事，蠹民诚甚，然未易改也，臣不暇论。若夫乡村保正、长任催科之责，破家荡产者，往往而是，独奈何弗救乎？（《止斋先生文集》卷二十一《转对论役法札子》）

陈傅良清楚地指出了役钱移用和保正长承担差役的关系，也指出了保正、保长承担差役之后的惨况。然而要注意到，差役落在保甲身上，是北宋自熙宁以后已经存在的事实；而保正、保长承担差役之后的惨况，早在宋徽宗时也已明显。

其次，地方所收钱谷大部分用来供给中央政府的需要，能留用于地方者有限，造成地方财政的困难。这种情形，南宋时人多有言及。例如朱熹知南康军时，岁入苗米四万六千石，以三万九千石上供，所余七千石只能供给当地禁军二百人三个月军粮；江西诸州郡的赋入苗米，取充上供者也多达七分至九分。两者都只是就苗米而言，尚未包含经制钱、总制钱、月桩钱及其他类别的上供钱币，而问题已经如此。

至于钱币的部分，以庆元府为例。始修于宝庆三年（1227），修成于绍定二年（1229），续有增补至咸淳年间的《宝庆四明志》，在卷六《叙赋下·朝廷寞名》记载庆元府（明州）共有银、绢、

绅、绵、绫、盐钞纸、钱等七项，钱的部分，有折帛钱、无额上
供钱、御膳羊钱、供给钱、起发七分酒息钱、籴本钱、僧道免丁
钱、经总制钱、内藏库钱、左藏库钱十类，其中数量较多者是折
帛钱十七万六千余贯及经总制钱正额钱二十一万五千余贯，经总
制钱正额钱又包含有经制钱九万余贯、总制钱十万五千余贯，以
及添收头子钱、增收勘合钱、改拨牙契钱、无额钱等各数千贯。
在"经总制钱"下，以小字注说明了经制钱和总制钱的起源，各
自包含的细项，州、县中负责拘收的官员，并且说明原本分属经
制司的经制钱与总制司的总制钱，皆归户部主管，于是"州县往
往以两项窠名混而为一"，这应是"经总制钱"之称的由来。在
"正额钱二十一万五千三百七贯百三十文"下，又以小字注说明原
本经制钱和总制钱两项合计的经年额是四十一万余贯，后来由于
各种原因，原额年年亏收，累年只能收及二十余万贯；嘉定四年
（1211）在提点刑狱摄庆元知府程覃的陈请下，减免了十六万三千
余贯。以之推算，在这次减免后该还有二十四万余贯的年额，比
起《宝庆四明志》所载的正额钱仍多出约三万贯，如再加上内藏
库钱和左藏库钱的部分，则约略相当。

即使经过嘉定四年的减免，庆元府仍然无力承担。《宝庆四明
志》对于这种情形，在无额钱四千余贯之后有这样一段说明：

> 右本府岁于军资库拨钱六万五千一百九十八贯付通判厅
> （商税一万二千六百二十九贯，生煮酒二万九千三百六十九贯，
> 诸仓头子二万三千二百贯），余钱并系通判厅于六县及仓库场
> 务自行拘催，然常催不及额。内水军官兵宣限券食、春冬衣钱
> 共一十五万七千八百二贯文，及韶王府香火官茶汤、俸料钱、
> 史越忠定王府宣借入春冬衣钱，并就内截支，尚且不足，余经

> 总制钱五万缗发付户部，每无可解。本府不免于交承钱内兑借
> 应副，通判厅起发，次年于合拨仓库场务钱内消还。消未足而
> 又借，致本府交承钱常挂欠五六万缗。积习已久，弊不可革。
> 守尚书胡榘尝申省，乞减下本府岁所解户部经总制五万缗，以
> 宽州郡。朝廷下户部勘当，户部难其请，不报。

从这段说明可以看出，庆元府上供给朝廷的经总制钱，一部分拨
自储存州用钱物的军资库，另一部分则由通判厅自行向府属六县
及仓库场务拘催。拨自军资库的部分有固定的数额，拘催的部分
常不及额。可是通判厅取得的数额，还要截除用在庆元府的水军
衣粮、韶王府〔韶王为濮安懿王之后士歆，于庆元二年（1196）
去世后追封韶王〕香火官及史越王忠定府〔史越忠定王为史浩，
于绍熙五年（1194）去世后，初追封会稽郡王，谥忠惠；至嘉定
十四年（1221），改追封越王，改谥忠定〕宣借人（调借自其他单
位的人员）的相关经费，其中水军衣粮一项，即达十五万三千余
贯，应是三项中数量最多者。但即使截取了原本用来上供经总制
钱经费的一部分，这三项经费仍然不足，还使得上供户部的经总
制钱额仅存留五万余贯，不足以如额解缴。在这种情况之下，不
免交承钱兑借（交承钱物为前任官在任期内尚未使用的钱物，后
任官到任交接后，经核对呈报朝廷，另库桩存，须待朝廷指示才
始得动用），通判厅才得以如额解缴，而于次年合拨仓库场务钱内
消还；可是消还不足而又再借，导致常欠交承钱五六万缗，年复一
年，弊不可革。于宝庆元年（1225）至绍定元年（1228）任庆元
府知府的胡榘，曾向朝廷请求减免本府每年解缴户部的经总制钱
五万缗，但是未获接受，于是上述情况也就只有因循不改。

从上述说明看，在上供钱物中，仅经总制钱一项，对庆元府

的财政已造成如此大的压力，其中水军衣粮经费不足，就如朱熹所说的上供秋苗米造成南康军禁军军粮不足一样；至于需要兑借交承钱才能如额上供，则更是南康军上供秋苗米所未见的问题。而庆元府的上供钱中，还有其他名色，合起来看，影响显然会更大。庆元府虽然不如平江府那样富庶，但位于江浙，经济情况也不算太差，又是宋宁宗未继位前藩府之所在（当时尚称明州），当时权相史弥远的乡郡，犹且如此，其他州郡所受到的影响，可想而知。

县用的困窘，则更甚于州郡，这种情形，当时人多论及。较为具体的一例子，是淳熙（1174—1189）、绍熙（1190—1194）间的荆湖北路岳州临湘县。当时知临湘县王炎在一封写给荆湖北路转运判官薛叔似的信中说：

> 临湘，陋邑也。有名之财州专之，无名之须县任之。自早至暮，凡所以对吏民者，不复论教化，不暇谋抚字，不及议狱讼，又不及语催科，惟违法取钱物则汲汲焉。炎固尝言之，大监则固尝知之。（王炎《双溪类稿》卷二十《上薛大监书》）

究竟是怎样的情况，使得王炎以临湘知县的长官身份，无法执行正常政务，而只是"违法取钱物则汲汲焉"？换句话说，"无名之须县任之"的实况是如何？这从接下来他对薛叔似所提的三项建议可以看出端倪。

信中接着说，最近朝旨要为缺乏之县减除财赋征收规定之外的无名之须，亦即无窠名之征，荆湖北路提点刑狱丁逢正在垂问，而薛公也巡行至此，因此提出三项建议。第一项是由于所有税米都由民税户送纳州仓，导致临湘县的令佐俸给、铺兵的添支以及马纲的批支，一年用米约三百石，都无米可支，而雇夫匠、用水手所支之数还不在内；原本州里还拨一百石米给县，后来又减半，既无米可支，于是只能折支官钱，钱又不足，不免减克。王炎因而请求允许县里截留正米、耗米共三百石，作为官、兵、马纲一年之用，以免县里有以米折钱而又减克的违法行为。第二项是临湘县前此所征收的无窠名钱，共有马草钱、捕盗钱、招军钱、陈设钱、拣汰使臣钱、煮酒钱、供给钱、遥领钱八色，其中马草钱已得到转运司的蠲除，捕盗钱、招军钱、陈设钱已得到提刑司的蠲除；拣汰使臣钱、煮酒钱两种，岳州以上供为名取之于县，上供事属总领所，不敢轻议；所余供给钱、遥领钱两种，归于岳州公库。王炎认为县如果没有违法之取，怎能如额上缴州所要求的无窠名之赋，因此他建议岳州守臣应该节省浮费，蠲除供给钱、遥领钱，既可使得县减轻压力，而且对于用以备公家经费的岳州上供、送使、留州之财，也无所损。第三项是临湘县的夏税完全由税户赴州库送纳，用于上供，本来应该纳绢，如今不纳绢而纳钱，既已折钱，却又敷派临湘县上供绢七十二匹，然而州并未发给临湘县购绢的本钱，县无本钱支给，只能科敷于民。王炎指出，西边的江陵府，东边的鄂州，都没有这种事；他因此建议转运司下令，上户所纳绢成端匹者纳本色，下户所纳只是畸零者则折纳钱，如此既可以得钱，又可以得绢，对于上供无所损，对于民众深有益，只是岳州的羡余会稍有所亏。

从王炎所提出的三项建议看，第一项和第三项，都是由于临湘县的二税由税户直接缴纳至州，而非先缴纳于县后再由县上缴至州所导致。这种情形，也许为岳州或其他若干州县所仅有，而非普遍的现象。至于第二项所举的八种无窠名之征，则是许多州县所共有的负担。这八种无窠名之征，其中六种在县上缴于州之后，应是再由州分别缴往转运司、提刑司和总领所，另外两种则是缴至州库，成为州的财用来源；归属转运使的一种和归属提刑司的三种均已获蠲除，归属总领所的两种，则由于以上供为名，王炎不敢轻议，至于归于州用的一种，他认为只要州能节省浮费，亦可蠲除，但是在岳州的立场，则可能是，如要省浮费，则亦谈何容易。

在写信给薛叔似约略同时，王炎也有两封信写给知岳州刘俣（第一封信载《双溪类稿》卷二十，第二封载同书卷二十一），同样是讨论临湘县所面对的财税压力。第一封信讲了临湘县的违法之取与无名之征。在违法之取中，除了和籴上供米实无价钱是湖北一路皆然，词状到官则买印纸、耕牛倒死则纳纲钱只是其小者，可以不论。其他违法者，不可累数，王炎举出了十五项：其一是词讼已毕，献助版帐钱；其二是报役已满，献助版帐钱；其三是牙侩、里正、揽户给价值之半，岁买圣节银；其四是公吏、里正、揽户、僧寺，岁敷煮酒钱；其五是僧寺、师巫，月纳醋钱；其六是屠户科买圣节猪、羊，给价值之半；其七是四时祭祀，猪、羊亦给价值之半；其八是冬至节仪不给价钱，猎户名下科敷鹿鹿（按："鹿鹿"疑是"鹿皮"之误，鹿皮可以用为贡品）；其九是知县、通判以下，公用里正名下科绢、工匠名下科漆；其十是塑画春牛，于里正名下科敷工匠雇钱；其十一是上供煮酒，里正名下科敷米本；其十二是马纲经过，大小保名下科敷谷斛；其十三是上供绢于正税外，又于上户名下白行科敷；其十四是役人雇钱，钱、会中半，支出暗行尅落；其十五是铺兵添支、马纲批支，县仓无米，折支官钱，其钱又无窠名，每升折钱十文。王炎进一步说明，所以会有这些弊端，是由于税户直接送纳二税至州仓，县不得受纳；鱼湖之利，县不得移用，归之于州；营田之麦，县不得移用，归之于州。州专有名之财，而县应无名之求。他举出了九项无名之征，除了在写给薛叔似信中所举的八项之外，又多了第九项所举的上供绢派之于县。如此一来，县不得不违法取之于民；州将这九项无窠名之征，立在版帐钱的岁额之下，书之于青册，立定期限，断不可违。向县民违法取钱，其罪大而缓；欠州所要求的无名之征，其罪小而速，所以县令宁避小祸不顾大罪。这种情形，因循至今，几已数十年，"临湘之令，其难甚矣！临湘之民，其穷久矣！"

在第二封信中，王炎举出了他所见到的临湘县的一些情形，以及他所听闻的最近几任知县的态度与际遇，来说明"临湘之令，其难甚矣？临湘之民，其穷久矣？"他说他初到官时，看到县库无钱，县仓无米，看见市井则百家之聚是终日无声，县的西境则烟火萧条，老稚菜色。这些情形使得他心中怆然，语带悲伤地问县吏何以至此，县吏蹙额回答说"本县缘有版帐之钱，百姓所以重困也"；又问父老，弊病究竟出在哪里，父老回答说："吾邑之病，其所从来久矣，二税归州受纳，此焚琴煮鹤之举也，加之以马草、煮酒、供给钱而县则大困矣，又加之以拣汰使臣、招军捕盗等钱，而县则不可支吾矣。"吏人和父老所讲的这些情形，大致上已见于王炎写给刘俣的第一封信中。父老继续对王炎说："前此知县有受命而不敢之官者，侯通直、马宣教、李承事是也；有以病而丐去者，胡宣教是也；有以按劾而罚者，井宣教是也；有以忧虑而物故者，张通直是也。"通直郎、宣教郎、承事郎是这些知县的阶官之称，也用以寄禄。王炎说自己得知前几任知县的情形，"悚然而惧"，不敢供职，可是又已交接，想要以寻医为理由去官，再三申闻于州，当时的卢姓知州不容他离去，才勉强留下。

以上较详细地摘录了王炎写给了薛叔似和刘俣三封信的内容，是由于其内容有助于较为具体地了解当时县邑财政困难的情形。王炎所举出导致临湘县财政困难的原因，有的可能是临湘县或岳州属县所特有，如二税由税户直接缴纳于州，而非先缴至县，

272

再由县上缴于州；有的却是不少州县所共有，如版帐钱的负担，版
帐钱的性质同于月桩钱，也是为供应军用而产生的一种财政调拨，
因此负担月桩钱调拨的州县应该也会有类似的情形。而各种由州
中央财政调拨而出现在地方上的一些无窠名之征，不仅见于版帐
钱、月桩钱，也见于经、总制钱。绍熙元年（1190）四月，有臣
僚上言：

> 经总制、月桩、版帐钱初立定额，所在州县迫于监司行
> 移，趁办不敷，则巧作名色，科敛于民。如经总制不足，即令
> 民户于丁田米税役钱每石每钞有暗收补亏钱，商旅经由场务，
> 征税之外，则有贴纳补助钱；月桩、板帐不足，即令民户于词
> 状著到，或纳买盐钱，或纳甲叶钱，争讼理直则纳盐醋钱，理
> 曲则有科罚钱。似此之类，所在不一，惟两浙、江西、福建、
> 广右为甚。（《宋会要辑稿·食货六四·经总制钱》"绍熙元年
> 四月二十一日"条）。

就是把经总制钱和月桩钱、版帐钱相提并论，指出州县由于难以
调拨如额，只有巧作名色，苛敛于民。而此一臣僚的上言，应正
是上述王炎在写给薛叔似的信中所说，最近朝旨要为缺乏之县减
除财赋征收规定之外的无名之须的来由。由于此一臣僚的上言而
有朝旨，由于朝旨促成了王炎提出请求的动机，于是除了向巡察
至此的湖北路提刑丁逢当面报告之外，并写信给湖北路转运判官
薛叔似和知岳州刘俣，详述临湘县所难以承受的财税压力。

王炎的努力，收到了效果。刘俣在和丁逢、薛叔似商议后，
将岳州四县版帐钱岁额二万一千余缗中，无窠名者一万一千余缗
尽数蠲除。可知在岳州的版帐钱中，无窠名之征竟占岁额的一半

以上，所占比例不能说不高。此事载于《建炎以来朝野杂记·甲集》卷十五《月桩钱·版帐钱》，在讲此事之前，先指出绍熙元年（1190）夏有议者上言，请令监司、州郡宽属县无名之取，以纾民力，这应指上引绍熙元年四月的臣僚上言；在此事之后，又说"举一郡而言，则其余可知矣。又其余郡未减者，今犹存"，也就是这是一个普遍性的现象。而许多未如岳州一样减除版帐钱中无名之取者，到十余、二十年后的庆元（1195—1200）、嘉泰间（1201—1204），李心传写《建炎以来朝野杂记·甲集》时，版帐钱中的无名之取依然存在。更晚到俞文豹序于淳祐十年（1250）的《吹剑录·外集》中，仍然记载了版帐钱"率皆无名，凿空取办"，而"士大夫诉作县之难，则首以版帐为言，盖出于无名也"。

这种情形使得地方官十分难做，尤其以县官为然，在任内必须千方百计筹措上级政府所要求的财税，而无暇顾及其他工作。就如王炎在写给薛叔的信中所说的，自己上任临湘县知县之后，"自早至暮，凡所以对吏民者，不复论教化，不暇谋抚字，不及议狱讼，又不及语催科，惟违法以取钱物则汲汲焉"。这不独临湘一县为然，而是一种普遍的现象，所以叶适在上于淳熙十六年（1189）宋光宗初即位时的《应诏条奏六事》中说：

> 而今日独奈何民力最穷，州县最困欤？试即士大夫而问今天下之县曰："某可为欤？某不可为欤？"其不可为者十居八九矣。又试即士大夫而问今天下之州曰："某可为欤？某不可为欤？"其不可为者十居六七矣。又问其"不可为者何事欤？"曰："月桩、版帐钱尔，经总制、上供尔，归正人、官兵俸料尔。"又问："民力之所以穷者何说欤？"曰："役法尔，和买尔、折帛尔，和买而又折帛尔。"（《水心先生别集》卷十五）

士大夫认为州县不可为的想法，正是地方官不能安于其位的表现。而他们所以认为州县不可为，原因就在于州县承担了中央过多的财税要求，而不得不把这些要求摊落到民众的身上。而所以会"民力最穷，州县最困"，原因也就在于此。

由于县所承受的这种压力要较州来得大，于是就如王炎知岳州临湘县时所面对的，无法不对民众有法外之敛，这一类的苛敛名目繁多，而且普遍见于各地。繁多的苛敛不仅加重了民众的负担，也给予胥吏、贪官营私舞弊的机会。而监司一方面极力向州县催督财赋，另一方面，本于督察地方行政的职责，对于地方官苛敛于民的行为也不能完全不追究。例如黄榦知临江军新淦县时，为了一县的岁计，秋苗米每一石另收加耗等七斗，有一谢姓寓公拒绝缴纳，而且"具公状申诸司矣"；黄榦则认为，不如此则无法满足财税上缴及县用之需，是不得不然之事，而且江西诸郡都是如此，并非新淦一县为然。这类人物在地方上多有众多的田产，应纳的苗米也多，如果不肯缴纳，县计就会发生问题，这分税苗也会分摊到其他税户的身上，使得一般民众的负担更重。而此人所以控告到监司，无非是想要监司纠劾黄榦违法。黄榦自上任以来，已自知因触犯地方豪横种种利益而将导致构陷，他只能坚定自己的意志，强调自己"为新淦百姓吐得一口气，便罢黜亦无憾矣"。（《勉斋先生黄文肃公文集》卷三《与李敬子司直书》）

种种压力使得基层的县官十分难做。就如前述王炎感叹自己汲汲于非法钱物，而无暇顾及正常的县政，以及俞文豹感叹于当时士大夫诉说作县之难，首在于以无名凿空之取，才有办法达成版帐钱如额上缴的要求，其他人也多有这类感叹。孙应时在绍熙二年、三年（1191—1192）间任严州遂安县令，在一封写给新上任知州冷世光的信中说，"徒以凿空取办之赋，常有汗颜落笔之惭。

诚本末源流之难言，顾期程督迫之已峻，愿裁阔狭，少借宽容。惟庶几通郡邑之情，亦不敢阙公上之计"（孙应时《烛湖集》卷四《迎知严州冷殿院简四》），这封信中所表达的，是州对县追督赋税的急迫，而县无余财可以上缴，只能向民众以无名之敛来征取，孙应时因此在下令征取时，会有"汗颜落笔之惭"，却又不得不如此。刘宰在《武进县门记》中说，常州武进县的情形是，"赋上于州，县无赢财，而有经费，率凿空取具。哗民小不慊，撼为厉阶，积四政不善去"（刘宰《漫塘集》卷二十）。"赋上于州，县无赢财"的情况，尽管使得武进县的财政困难，但情况已比上述王炎所讲的岳州临湘县来得好，不必为上缴于州的各项费用而伤神，但是县本身的开支，仍然要依赖"无名凿空取办之赋"来解决，导致哗民捃拾知县在征敛上一些不得不然的过失，控告于监司，因而在嘉定六年（1213）黄士特上任之前，连续有四任知县因罪而罢职，黄榦在临江军新淦县所担心的事情，在武进县确曾发生。县官承担这种财税上的压力，使得他们难以安于其位，当时有人形容说"椎斧相临"，"士大夫作县，如赴汤蹈火"；也有人形容说"为令丞者日坐汤火涂炭而每不聊生"；更令人印象深刻的，则是方大琮所说的"士大夫指邑为债、为汤火，有始入县斋，粘每岁之月于壁者，了一月则勾去一月，唯恐脱之不速也"（《铁庵方公文集》）卷三十七《跋建阳赵宰罗源、常宁二谱》）。基层地方官普遍抱着这种心态，地方行政怎能办得好？

不过南宋地方官所面对的这种州县困而民力穷的问题，其实也导源于宋神宗时期。元祐初年，陈次升已经指出，由于上供名目增多，地方财用日益不足，"必至于多方以取于民。非法之征，其来乃自乎？"（陈次升《谠论集》卷一《上哲宗论理财》）。到宋徽宗时期，这种现象愈益明显，南宋只是继承了既存的问题而更加扩大。

财政中央集权趋向经过熙宁（1068—1077）年间的关键时期，以后持续发展，到南宋时期达到高峰。在地方政府愈来愈为朝廷的财税要求而困扰的同时，中央政府所掌握的财源也不断地增加，到南宋达于顶点。尽管如此，南宋中央政府的财政问题是否已能解决？答案正如叶适所质问："是自有天地，而财用之多未有今日比也。然其所以益困益乏，皇皇营聚，不可一朝居者，其故安在？"（《水心先生别集》卷十一《财总论二》）。他在写于宋光宗时的奏札中，已为此一问题而担忧，当时的情况是"入既若是，出亦如之。盖仓猝不继，相视无策，遂印两界会子而权之者，有数年矣"，政府已要靠增加纸币的发行量来解决岁入与岁出的不平衡，而这仍是在国家承平无事的时候，"设更有事，其一切不顾而取之者，又将覆出欤？"这一个问题，叶适认为不仅是财政的问题，而且是整个立国政策的问题，"若治国之意终于未明，则今日之财亦终未善，而无所复论矣"。那么立国政策的问题究竟出在那里？"然则尽收威柄，一总事权，视天下之大如一家之细，孰有如本朝之密者欤？……岂其能专而不能分，能密而不能疏，知控持不知纵舍欤？"（《水心先生别集》卷十五《应诏条奏六事》）问题在于国家集权过甚，而财政的中央集权只是整个国家集权政策的一端而已。所以他解决问题的主张，是在减省官员、胥吏之后，要将兵、民、财赋之权下放于地方。

然而整个国家政策的过度中央集权，在南宋人看来，固然始于宋初，也仍然以熙宁变法为关键。陈亮在宋孝宗时上书言事，就指出王安石"以正法度之说，首合圣意，而其实则欲借天下之兵尽归于朝廷，别行教阅以为强也；括郡县之利尽入于朝廷，别行封桩以为富也"，而这样的政策方针，是由于"彼盖不知朝廷立国之势，正患文为之太密，事权之太分，郡县太轻于下而委琐不足恃，兵财太关于上而重迟不易举。祖宗惟用前四者以助其势，而安石竭之不遗余力"（《龙川集》卷一《上孝宗皇帝第一书》）。陈亮之意，是认为王安石不能体认宋初以来已有过度中央集权的趋势，对于此一趋势不但不能挽回，反而更加强力往前推进。熙宁变法将宋初所订定的立国政策更为推进后，沿用到南宋，由于此一立国政策而导致中央与地方财权分配上所衍生的弊病，已成为当时人所关注问题的重心。虽然有人疾呼扭转此一政策以解决财用困竭的问题，却难以得到回应。原有的趋势继续存在，叶适所担忧的国家财用问题，在他于宋宁宗嘉定十六年（1223）去世之前，已因宋金战争的再度爆发而日益严重，到他去世之后，更愈演愈烈。"设更有事，其他一切不顾而取之者，又将覆出欤"的情况，在南宋晚期果然出现，而毫无节制地发行会子，更成为南宋朝廷解决财政枯竭问题的主要策略，为国家与社会带来莫大的祸患。

# 第十六讲

# 从保甲法到保伍制

熙宁变法时期所建立的制度，或是所实施的政策，并没有因为北宋灭亡而跟着消失。尽管在南宋初建立时，曾经把北宋亡国的责任归咎于蔡京的祖述王安石，部分的新法也因此而废除，但是长期来讲，新法的影响仍然存在。大部分的政策、制度，如果不是沿袭了下来，就是以另外的面貌重新出现，在沿袭与重现的过程中，内容也不免有所变化。个别来讲，将军马交由民户畜养的政策在南宋已经不再执行，军器监在南宋仍然是中央政府的一个部门，至于其他新法，则牵涉比较多的问题，可以稍作探讨。

## 一、起自建炎忠义巡社的南宋保伍

如同保马法、户马法及军器监，保甲法也属于军事方面的新法。不过保甲法除了军事功能外，还兼具维持地方治安的功能。保甲制度在南宋继续存在，都保的"都"字，甚至已成为乡里之下的地方行政区划单位，所以在地方志或者其他史料中，可以看见第一都、第二都等编制。但是就如前面所讲，由于免役钱被移作总制钱起发上供，差役落到保正、保长的身上，所以南宋时人甚至把小保、大保、都保的组织称为役法，而保正、保长也必须承担维持地方治安以外的各种杂务。由于保甲法已演变成为役法，南宋各地的地方政府，为了地方治安的需要，往往又另外组织民众为保伍，不过有时也仍称保甲。

"保伍"之称，已见于熙宁年新法实施以前，一些地方官为了防盗，而施行保伍之法，王安石也是其中的一人。其实当时保伍的实施是朝廷本有的规定，只是"虽有此令文，州县多不举行"。到熙宁新法实施，保甲法成为全国普遍推行的制度，保甲法的"保甲"其实也就是"保伍"，北宋熙宁（1068—1077）、元丰（1078—1085）年间，已有以保伍称保甲的情形，到哲宗、徽宗时期，这样称呼更为常见。南宋的保伍组织，虽然仍然以熙宁保甲法为基础，但是往往因应各地的情况，而有所差异。

南宋保伍最早见于建炎元年（1127）的忠义巡社。建炎元年八月，取法河北坊郭、乡村民户自行集结的强壮巡社，下诏诸路州军府巡社并以忠义巡社为名，专隶于安抚司。三省枢密院在诏下同日，即参酌立定可行之法，遍下诸路。在详细的办法中，有几条就是比照保甲来处理；从若干条文也可以看出，忠义巡社兼具熙宁保甲中的家保与教阅保的性质。各路忠义巡社在建炎元年十二月、二年（1128）四月，即因扰民，为言者所论而废罢，但仍可存留十分之一；建炎三年（1129）六月，又有言者论及，于是连这十分之一也废罢。可是到七月，知滁州向子伋提出了不同的意见，他请求用民兵，复巡社，专保乡井，不得调发守隘，且不得差出州界，获得朝廷的接受。但此后可能由于实际的需要，仍然有差往守隘的情形，所以在次年十月，就有官员徐端礼建言，乡社若差往守隘防托，应加激赏以劝功，每乡首领，限定名额，由州县出给文凭免其身役，若功绩显著，量加爵赏。徐端礼所说乡社，应即忠义巡社。

忠义巡社的创设期在建炎（1127—1130）年间已告一段落，绍兴（1131—1162）年间受到关注的程度，随着宋、金关系的紧张或和缓而有所变化，这段时间，已经少见使用"忠义巡社"一词，而称之为"忠义社""义社""巡社""民社""乡社"或"保社"，有时甚至就直接称之为保伍。在绍兴十二年（1142）以前，宋、金两国处在紧张的状态，有时还会有战争发生，绍兴八年（1138）尤其是两国大规模战事开始的关键，所以这时就可以看到叶梦得和朝廷之间关于"团结乡社"的讨论。到绍兴十二年（1142）宋金和议达成之后，朝廷对此事也就不再像过去一样关切，各地的忠义巡社的存亡，大概要本于地方官员和巡社主持者的态度。就记载所见，只有福建忠义社维持较久。绍兴十七年（1147），知福州沈调仍然上言有关福建忠义社户不得安处事宜；福州州城内的忠义社，至乾道二年（1166）尚仍存在，而且在这年又增设城外草市忠义社。《建炎以来朝野杂记》载福建忠义社，即归之于福建保伍。要到绍兴末年，宋、金战争再起，巡社的讨论才再兴。

在组织上，每一乡村民户都要加入忠义巡社，客户如果在该乡有家属、烟爨而有意加入的，也可以接受。其组成则经由各乡民众自相团结，每十人为一甲，互相保识，于甲内推择一名为甲长；每五甲为一队，有马者另为队，于队内推择一名为队长；每四队为一部，于部内推择一名部长；每五部为一社，社内推择二人，上名为社长，次名为副社长；每五社为一都社，于社内推择二人，上名为都社正，次名为副都社正；若及两都社，也就是及一万人以上，于社内推择首领，为忠义强壮巡社都总辖，副首领为副都总辖。各阶的部辖人，都是在社内互相推择来自有信义及有材勇智略，而且财力高强者，为乡里所推服者充任。这样的组织，和熙宁年间所推行的保甲法，显然较为复杂，各阶的名称也颇有差异；却类似南宋初年李纲讲军队保伍之联的军队团结之法，由下而上分伍、甲、队、部、军等阶层，同样分成五阶，而有甲、队、部三阶的名称相同。此外，忠义巡社的保伍和李纲所讲的军队组织，都是以"人"为单位组成的，这和熙宁保甲以"家"为单位组成，也不相同。

以后的南宋保伍，在很多方面并不见得就与南宋初年的忠义巡社相一致，而是呈现多样的面貌。例如有以家为单位组成的，也有以人为单位组成的；各阶部辖人的称谓，以及各阶的名称，也互有不同。尽管如此，南宋初年的忠义巡社仍然对后来的南宋保伍有不可忽视的影响。

第一，忠义巡社最高阶的首领，也就是"都总辖"到后来已少使用，却以"总首"，也就是"都总辖首领"的简称留存下来，成为不少保伍组织最高头目的共有名称，特别是在湖北、京西和两淮一带的保伍。"总首"一词，后来不仅用于保伍，又成为民兵部队统兵者的名称，而南宋的民兵或乡兵，本来就多出自保伍。

第二，忠义巡社在推行之始，即有民社或乡社之称；而其施行办法，又以团结社民成保伍为基础。因此，后来记载中所说的"民社""乡社"，或团结"民社"、团结"乡社"，有时就是指保伍而言。举例来说，曾担任知庐州的刘纲，在绍兴三十年（1160）去世，宋高宗说刘纲在淮西，"措置民社有方"，惋惜他在赴任新调的职务知扬州时，尚未抵达就去世。同一年，薛季宣任鄂州武昌县令，为了防备盗贼及金人南侵，要"联保甲"，推行之前，找了河北陕西"弓箭手保甲法"及刘纲在淮西所行的"保伍要束"来参考。由此看来，刘纲在淮西的措置民伍，实质上就是推行保伍。另一个例子是抚州金溪县的乡社。在陆九渊写于绍熙元年（1190）的《葛致政志》中，先述建炎间，盗贼蜂起，"所在为保伍以自卫，郡每被寇，必檄以捍御"；接着说："临川为寇冲，虏骑侵轶，亦尝及城下，皆赖乡社以免"，"虏骑"即金军；然后讲到葛赓善用长戈与慷慨徇义，及其所部的勇敢，因此常被推为前锋；当金军离去之后，接着叛军数千到抚州州城下，城中正为之恂惧，金溪乡社来到，城中大喜。前后比对来看，前文所说的"所在为保伍以自卫"的"保伍"，就是后文所说的"金溪乡社"的"乡社"。到宝祐（1253—1258）年间，徐经孙的《陈政事四条》中仍然可见有"团结民社"一词；"团结乡社"一词，则在袁甫上于嘉熙元年（1237）的《奏边四事札子》中仍可见到。所谓"团结民社"或"团结乡社"，也就是团结民社成保伍或团结乡社成保伍的意思。具有这种意义的民社或乡社，有时就简称为"社"。例如同在抚州金溪县，由邓、傅二家所率领的乡社，在记载中常称之为"邓、傅二社"。邓、傅二社维持的时间甚长，从建炎年间建立之后到开庆（1259）、景定（1260—1264）年间仍有活动，入元之后始为官府所废。忠义巡社又有"忠义社"或"义社"之称，但是"忠义社""义社"两词，到南宋中晚期，已较罕见。

　　第三，忠义巡社所留下的更重要遗产，则是其教阅保甲的特色，就这一点而言，可以说是源自熙宁保甲法。当忠义巡社在建炎年间初设时，社户是要接受武艺教习的，也可以自置合用器械、甲胄，这是因应当时情势使然，必要时他们要受到调动，担负捍御金人或捉杀群盗的任务。受武艺教习及自备合用武器这两项特色，也见于此后南宋各地许多保伍，特别是在对金、对蒙情势紧张期间，及寇乱经常发生之处。

关于南宋保伍在对抗金、抗蒙，以及防治内变与走私的过程中所发生的作用，由于史实烦琐，将另外在附录中讨论。

## 二、保伍与维护地方治安

具有教阅保性质的南宋保伍，同时也具有维护地方治安的职责，可以说是以教阅保兼为家保，这和北宋熙宁年间的教阅保并无不同。建炎元年所颁布的忠义巡社规条，有这样的条文：

> 每十人结为一甲，互相保识，觉察奸细贼盗、窝藏外来奸细贼盗等事。如失觉察者，减罪人罪三等，甲长、队长各减一等，社长、副社长又减一等，社正副及都副总辖又减一等；能自觉察捕获者，依条格推赏。(《宋会要辑稿·兵二·忠义巡社》"建炎元年八月十三日"条)

结保防盗，正是家保的职责。除了防盗之外，南宋保伍还有防火的任务，这同样是已见于北宋的保甲。序于北宋政和七年（1117）的李元弼《作邑自箴》，在卷六《劝谕民庶榜》中，有这样的条文：

> 凡有贼发火起，仰邻保立便递叫唤，急疾救应，不须等候勾追，却致误事。若官司点检或保众首说有不到之人，其牌子头并地分干当人一例勘决。

可见捕盗与救火同为保甲所具有的职责，为了防止盗贼活动与火势扩大，同保相邻的居民须必须互相呼唤，彼此合作。北宋保甲这两项职务同样见于南宋保伍，即使在战争期间的军事重镇。薛季宣于绍兴末为鄂州武昌县令，奉朝廷令组织保伍。当时正是金海陵帝侵宋之际，而鄂州是军事重镇，组织保伍自然有军事的意义，但实际上，薛季宣不仅为可能来临的战争预作准备，施之击刺驰射的训练，也用之于疏浚久已不通的环邑沟渎，二日而毕；用之于经常发生火灾的市区救火，分保伍为数队，每队各专用钩、绳、梯、缶等四种的其中之一，以求已起的火势不致扩大成灾。

　　在战事已过的平静时期，特别是在内地而无寇乱的地区，保伍的家保功能自然更加明显。例如在福州，建炎年间，由于同在福建路的建州，发生叶浓、范汝为等寇乱，福州城居编户因而自结忠义社，于是州城设置左右南北厢，以有产业人户为社首、社副，到寇贼平定之后，改命社首、社副专掌防火器械，以备缓急。这时的社首、社副是每年更替。由于范汝为之乱以后又陆续有其他寇乱发生，所以上述寇贼平定之后，应已近绍兴后期。值得注意的是，福州的忠义社并未改称保伍或乡社，而仍使用原先的称呼，或仅称为社。可是如前所言，《建炎以来朝野杂记》已将福建忠义社归类福建保伍。

　　乾道宋金和议成立之后，曾下诏诸路保伍所置枪刀尽数纳官，用意应在战争已经结束，此后保伍仅用于维持地方治安，但是湖北路州县获准旧存留。《宋会要辑稿·兵二·乡兵》"乾道元年（1165）十二月十四日"条：

　　　　诏荆湖北路州县所团保伍军器，权行依旧存留，免行纳官，使其弹压盗贼，各保乡闾。〔以本路安抚提刑官（按："官"字后当有"言"字）："本路系产茶去处，常有兴贩私茶群众，

> 劫财物、杀人，遂团结保伍，量置枪刀。近准指挥、令人户尽数纳官，如有藏匿，许人陈告，依条断罪。诸路依此。缘本路实有上件利害，仍乞依旧存留"，故有是命。〕

从注文可以看出，朝廷原本颁布了一道全国性的命令，要求保伍缴回过去所置刀枪，可是荆湖北路提出了不能缴回的理由，希望能依旧存留，获得朝廷的核准，所以有乾道元年（1165）十二月十四日的那道给湖北路的诏令，这表示朝廷采信了湖北路所提出的理由。至于其他各路的保伍，应该仍然要把所置刀枪缴回。既然把刀枪缴回，保伍就无法参与战斗，只能做诸如防火、防窃盗以及发现可疑人物等维护地方治安的工作。南宋政府所以如此，应由于宋金和约已经签订，并付之执行，战争应不至于发生，也无虞于金军的入侵，也就不需要用保伍来参与战斗。保伍如继续拥有刀枪，一方面难免会引致金人的疑虑，另一方面也不无可能在南宋境内引发不测的事端。

到淳熙年间（1174—1189），又有相关的诏令颁布。淳熙二年（1175）三月和八月的两道诏令，显示出朝廷的态度前后的不同。前一道诏书中说：

> 刑部检坐条法指挥，行下诸路帅、宪司，委州军县镇及乡村将结甲保伍之法常切遵守，不得辄有追集骚扰，止差官巡门结定，务要盗贼屏息，民得安居。候结讫，开具置册缴申枢密院。如窝藏奸盗，甲内不相救应觉察，一等科罪。（《宋会要辑稿·兵二·保甲》"淳熙二年三月二日"条）

在这道诏令中，保伍的任务主要在于防止盗贼在保内活动，所以

不得窝藏奸盗，发现盗贼活动则保内人户必须彼此互相救应。至于
所谓"不得辄追集骚扰"，是指用保伍于差役，显示朝廷在防备后
起的保伍制也有如熙宁以来的保甲法一样，变质为役法。在这道
诏令中，保伍的性质仍然纯为家保，并未提到刀枪、弓箭等武器。
然而在后一道诏书中，却已明确地要求保伍置备器仗及民户练习
弓箭：

> 诸路帅、宪司结定保伍，置办救火、捕盗器仗，州县委知
> 通、令丞，镇寨乡村委县官点检。仍劝谕民户从便习弓箭。如
> 射艺精强之人，许自陈，委守臣按拍，优加旌赏。（同上"淳
> 熙二年八月二十五日"条）

从三月到八月，还不到半年，南宋的保伍政策所以有如此明显的
改变，关键在于这年四月，赖文政领导的茶商叛乱发生于湖北、
湖南两路接壤之境，而且势力迅速扩大，八月下旬，已从湖南流
窜入江西，再流窜入广东，在官军追剿下，声势略为受挫，但完
全消灭要到这年的闰九月。南宋朝廷在八月下旬颁布这样一道诏
令，应该是鉴于原初茶寇势力扩展的迅速，当其已走向消沉之际，
预防其再起；另一方面，也应该有防备其他变乱事件发生的作用。

就如上述乾道元年的诏令，荆湖北路表示不适宜于本路施
行，淳熙二年诏令之后，也列有一条史料，记载四川制置使胡元
质在上言中说明，要求保伍置办捕盗器仗，在四川并不适用。胡
元质的上言见于《宋会要辑稿》载《续会要·保甲》"淳熙六年
（1179）五月一日"条：

> 近降指挥，诸路帅宪司责州军县镇乡村结保伍，令置救火

287

> 捕盗器仗。川蜀州县地狭人稠，少有荒迥可以容隐盗贼去处。
> 止是穿窬，易于擒捕。旧存禁约，民间不得私造军器，今若令
> 自造，非唯有骇观听，又使平时所禁，一旦尽弛，非便。乞依
> 旧来结甲体例，遇有盗贼，止声鼓递相呼集救应收捕。

胡元质的理由，主要是四川由于人口稠密，盗贼无处隐身，所以
只有穿窬小盗，容易擒捕。他的建言获得朝廷的接受，在他的上言
中，前几句话，看来和淳熙二年八月的诏书相对应。但是淳熙二
年（1175）八月和淳熙六（1179）年五月在时间上相距稍远，因
此，对于胡元质的上言因何而起，应另加思考。值得注意的是，
淳熙六年曾发生两件影响较大的民变，一件是起自这年元月的郴
州陈峒之变，一件是炽盛于这年六月的广西李接之变。李接之变
已在胡元质上言之后，可以不论；陈峒之变炽盛于这年三月，影响
及湖南、广东两路，合两路军力而后在七月平定。可能由于陈峒
之变的扩大，朝廷重申淳熙二年八月的诏令，而由某一相关单位
以指挥发下各路，于是引致胡元质的上言。无论如何，这件事反
映出到淳熙（1174—1189）年间为止，各路的保伍本质上是以捕
盗、救火为主的家保，只有遇到如影响较大的民变等特殊事件发
生，朝廷才会要求地方上的保伍置备刀枪、练习弓箭。依照胡元
质所言的"指挥"的要求，保伍已经可以备置救火、捕盗器仗，但
是否要对保丁施加教阅或点检，仍然未见说明。

同样见于《宋会要辑稿》载《续会要·保甲》的湖南安抚司
在庆元二年（1196）十一月十八日上言，认为潭州所条画措置的
"保伍防闲盗贼合行事件"，确是经久可行，请求颁下湖南路所辖
州军依照实施，获得朝廷同意。从此一规划的内容看，保伍不仅
可以置备器仗，而且有点检。其相关条文如下所列：

一、村疃保伍自有旧法，缘县道失于检举，遂至废弛。湖湘乡分阔远，间有盗贼窃发，彼此不相救应。今措置团长，以便民情，初无骚扰。团长不久充，则无武断乡曲之患；官司不差使，则无追呼之弊。

一、诸县管下乡分，五家结为一甲，家出一丁，其丁多之家两丁；一甲之内推一名为甲头，五甲内轮一名为队长，于都内又推一名物力高者为团长，同保正副统率其丁，器仗等各随所有。遇盗贼有先觉处，鸣击梆鼓。队长即时率甲士，或拦于前，或截于后，上连下接，其贼自无逃遁。团长一年一替。

一、今来结甲，专委知县、县尉告谕，令保正副就乡结甲，具已推团长等姓名申县，即不得差公人骚扰，县尉许行点检，一年不得过二次。非捕盗贼不许役使及追赴县点集。如违，许人陈告，定行按核。

这三条是潭州所规划保伍防闲盗贼办法的前三条。从这三条条文，至少可以看出以下几点：

第一，保伍组织是如此的，五家组成一甲，有甲头一人，五甲组成一队，有队长，队长之上有各都的都保正、副，又有团长，和都保正、副一同统率保丁；保丁来自甲户，每家出一丁，丁多之家出两丁。团长出自推选，必须是"物力高者"，亦即资产较为丰富的人家，任期一年，期满另行推选。

第二，保伍置备器仗的办法仍然在使用，而"湖湘乡分阔远"和前述胡元质所说的四川"地狭人稠"的情况正好不一样，以胡元质的话去推想湖南地区，成伙的盗贼就较易有隐身之处，难以捕获。在这种情况之下，保伍配备器仗，以便在发现其踪影时，尽快捕得，使其无法逃匿，成为解决问题的办法之一。

第三，有"点检"的程序，一年不得过两次，由县尉主持。具体的情形如何并不清楚，或许是将全县各都保的保丁聚集于县，逐保检视；是否同时施加训练，则不清楚。

第四，保伍合力捕盗。当发现有盗贼活动，鸣击梆鼓，队长立即率领甲士围捕，或拦于前，或截于后，上连下接，盗贼自然无处逃遁。从捕盗的方式看，尽管保伍持有器仗，又经过点检，可是所捕的盗贼，应该只是为数不多的盗伙，甚至只是个别的窃盗，而非成群结队的寇群。寇群常自外地而来，而盗伙和窃盗在本地就会发生。就此看来，湖南安抚司所言，由潭州所规划，并将实施于湖南全境的保伍组织，在本质上仍然是维护地方治安的家保。

此后从嘉泰（1201—1204）、开禧（1205—1207）到嘉定以后，南宋的对外关系趋向紧张，冲突日起，内部则民变日增，沿海的走私活动也日盛，面对这种变局，南宋保伍的教阅保特性日见突出。这种情形，可以参考附录。即使如此，家保的特性并未消失。写成于宋理宗时代的胡太初《昼帘绪论》讲到，当灾歉发生时，如不幸有盗贼窃发，知县"则当下都申严保伍，每五家为一甲，五小甲为一大甲，保长统之。有警则鸣梆集众，协力剿捕，捕到则官支犒赏，激励其余"（《昼帘绪论·赈恤篇第十一》）。比对这段话中的保伍捕盗，和上述湖南安抚司所言的保伍捕盗，可以认为，胡太初所说的保伍，同样具有家保的特性。

家保特性在南宋保伍中的长期存在，有助于地方官在治理县政时发展出一些新的治理技术。其中最值得注意的，是以保伍为单位所绘成的鱼鳞图。见于南宋记载中的鱼鳞图有两类：一类是经界法中的鱼鳞图，以土地为对象绘制；另一类是保伍法（保甲法）中的鱼鳞图，以住屋为对象绘制而兼及其他。这两类鱼鳞图的"鱼鳞"，都应该是取其相互接次而形若鱼鳞的意义，究竟哪一类鱼鳞图先出现，仍有待探讨。

保伍的鱼鳞图，较早见于乾道后期知衢州龙游县张祖顺的墓志铭。其事迹见楼钥《攻媿集》卷一○四《知梅州张君墓志铭》，张祖顺在龙游，"设保伍之法，绘为鱼鳞图，居处向背、山川远近如指诸掌"，同时"籍其家之长幼、姓名、年齿、生业，纤悉毕载"，这些资料对他了解保伍内居民的行为与活动，大有帮助。他想要献之于朝，通行天下，但未能实现，晚年任知梅州，上任未几，即于庆元三年（1197）去世。梅州由于与汀、赣二州接境，岁暮常有贩售私盐的盐子来此活动，他们千百成群，名为负贩，实是剽掠，影响到地方的安宁。他才上任，即施行过去在龙游时的鱼鳞比伍之法，群盗为之屏迹。所谓"鱼鳞比伍之法"，应即绘制保伍的鱼鳞图，用之于了解并掌握保伍内民众的行为与活动。

地方官员绘制治理区内的地图以供施政的参考，并不始于张祖顺。例如北宋政和年间，李元弼在其所著的《作邑自箴》中，至少有两处言及此事。一处在卷一《正己篇》，讲的是要乡司（即乡书手）提供村落的地形高低，画三幅图，两幅分别张挂在办公厅和休憩之处，一幅连乡司所供文状收入库藏。图上地势的高平低下用不同的颜色的牌子来分别，用途是遇有水旱灾，要了解灾情时易于检阅，检旱时以低为先，检涝时以高为先。这几幅图都与保甲法无关。另一处在卷三《处事篇》，讲要求各耆长提供其所管乡分图，须画出地方的阔狭、地里、村分、四至，说明某村有哪些寺观、庙宇、古迹、亭馆、酒坊、河渡、巡铺、屋舍、客店，数目有多少，以及耆长、壮丁所居之处，至县的确实里程。由于李元弼著作此书时，"耆长只得管干斗打、贼盗、烟火、桥道等公事"(《作邑自箴》卷七《榜耆壮》),实即南宋时期保伍的职责,因此可以认为李元弼所说耆长所提供的地图,有类于南宋张祖顺所绘的鱼鳞图,只是当时还没有鱼鳞图之名。

题为陈襄所作,但实际写于南宋高宗、孝宗之际的《州县提纲》,在卷二有《详画地图》条,则讲到县官视事之后,必定要下属详画地图,载明境土都保的广狭、人民的居止、道途的远近、山林田亩的多寡高下;在各乡邑交上图后,总合成为一大图,置于坐旁,所以能周知所治之内的人民、地理、山林、川泽,凡有争讼、赋役、水旱、追逮。所说的地图,虽然最后总合为一大图,但实际上是以都保为单位,而内容与《作邑自箴》所说由耆长提供的地图有相同之处。《州县提纲》的著述,应略早于张祖顺知龙游县。

与张祖顺约略同时而稍晚,也可以看到有地方官运用保伍地图来施政。据真德秀在《显谟阁学士致仕赠龙图学士开府袁公行状》(《真文忠公文集》卷四十七)所述袁燮事,淳熙十三年至十五年(1186—1188)间,袁燮正担任江阴军江阴县尉,江阴军只统领江阴一县。在江阴县尉的住舍旁,有黄田港,民居向来稠密,袁燮上任之初,已用保伍法加以编排,并运用来施行火政,亦即防火、救火之政。浙西大饥,袁燮奉命执行江阴军的赈恤,他以经理乡野之政自一保始,而绘制保伍地图为荒政之要,于是每保画一图,登载田畴、山水、道路、桥梁、寺观,而以民居分布其间,每户的营生之业、丁口、老幼人数都附见;合诸保为一都之图,合诸都为一乡之图,又合诸乡为一县之图,这幅图可以用来正疆界、稽户口、起徒役、备奸偷。由于这幅图,在赈恤时民被实惠,而奸欺者无所容身。他所以能够在赈济的过程中,做到据实核发而没有欺伪之弊,正是由于运用保伍及保伍图所载资料的缘故。可以看出，即使他绘制保伍图在张祖顺任龙泉知县之后，也没有用鱼鳞图来称呼这幅地图。

在淳熙、绍熙之间，岳州临湘县又曾施行所谓的"鱼鳞保甲法"。王炎在绍熙间曾任临湘知县，有一篇序文言及此事，他先说明临湘过去曾是盗区，以及所以多盗的原因，然后就言及先后两位县尉吕谦、赵师致力于推动鱼鳞保甲法：

> 前县尉三衢吕君谦始籍编户为鱼鳞保甲法，选其丁壮，联什伍，备器械，断贼蹊径，讥察之谨甚。其遇有警，鸣枹鼓，众即云集，盗皆缘手擒获无脱者，繇是临湘无盗。吕君去，保甲之法随弛。阅三年，盗再发于境，巴陵簿赵君师移尉临湘，复修保甲法，视吕君所规画加详焉。于是小民之游手者、黠徒之遁窜者俱无所容。盖赵君临事精悍，御下严明，往来田野毫发无侵于民，故有所施为，民乐趣之。是以盗贼屏迹，境内安堵。将具其事上之台府，某曰："赵君勤其官能如是，尉之职举矣。"（《双溪类稿》卷二十四《鱼鳞保甲编序》）

可以看出，吕谦任临湘县尉在王炎到任之前，而赵师则是王炎任内的县尉。序中并没有说明两位县尉所推行的保甲法何以称为"鱼鳞保甲法"，也没有说明是否绘有鱼鳞图。但是可以了解，"鱼鳞"和"保甲"两词，由于有某种关联存在，而为人所认知。至于"鱼鳞"与"保伍"的关系，应该就是张祖顺在梅州所用的"鱼鳞比伍之法"的"鱼鳞比伍"，将前后相接的邻近人家结合为同一保伍。

由于这种关联，而有陈傅良对保甲法与役法的分别。他在上于绍熙年间的《转对论役法札子》中说：

> 役法者，五等簿是也。保甲法者，鱼鳞簿是也。五等簿者，以通县计之，自第一至第几，以其户强弱各自为簿。鱼鳞簿者，以比屋计之，自第一都至第几都，不以其户强弱并为一簿。

五等户的"五等"，所指的是户等分为五等，将有产的人家依资产的高下，亦即多寡，自上而下分等，最高者为第一等，然后依次为第二、三、四、五等，由于不同的户等登记在不同的簿册，所以说"以其户强弱各为簿"。"以比屋计之"的"比"，就如前述"鱼鳞比伍之法"的"比"，有相接相邻的意思，也就是以居住在附近相邻接的人家为一都，此一"都"字，即都保的"都"，第一都到第二、第三、第四、第五都，以至于更多的都数。各都的居民在经济能力上均有高有下，并没有哪一都住的全是富户，哪一都住的全是贫户。同一都的人户，登记在同一簿册，所以说"不以其户强弱并为一簿"。役法是据五等簿所登记的户等高下来轮充的，而保甲是据鱼鳞簿来确定某一户人家是属于某一保而须承担此一保甲的职责的。陈傅良所以如此分辨，是由于自元丰年间以来，保甲法与役法已相混淆，以保甲来催科赋税，也就是陈傅良所说的"以保甲法乱役法"。这种情形，自绍圣以后至南宋时期愈益严重，甚至雇钱不给，保甲与差役两种负担齐聚于保甲身上，而又没有雇钱，不少人家因此而破产。陈傅良虽然清楚地说明了问题的由来，可是"鱼鳞簿"或"鱼鳞图"的名称，在北宋尚未曾见，他是借当时的名称来说明自北宋以来的史事。至于陈傅良所说的"鱼鳞簿"，其中是否有图，或只是文字登记的簿册，并不清楚。

"鱼鳞图"一词，自从张祖顺使用之后，又见于嘉定十七年（1224）建康府的《平止仓须知》。当时的建康府知府余嵘，由于前一年的夏天，建康府发生水灾而建平止仓，以备灾情再次发生时，有仓粮可充赈济之用。在《平止仓须知》中，有以下两条：

> 城内五厢、城外二厢已造鱼鳞图，以银朱、土朱、墨字三色标题。其委系下户日籴之家了然在目，恐民居迁移，增减不常，宜每岁春首编排一次，计口出给历头，大人日一升，小儿日半升。既籴，即于各户历头内戳一某日籴讫印子。（《景定建康志》卷二十三《城阙志·诸仓》）

这一条是讲建康府城内外各厢的。另一条则是讲建康府城之外的五县（上元、江宁、句容、溧水、溧阳）：

> 五县并已如式创造鱼鳞图，或遇诸县籴价踊贵，亦当发米赈粜。所有船脚钱不可于元籴价上再加。（同上）

这两条都只提到鱼鳞图，没有提到保伍，但是应该指的就是以保伍为单位所绘的鱼鳞图。各县编排有保伍固然不成问题，而府城内外各厢，前已述及福州州城的情形；又如临安府，据《宋会要辑稿·兵二·乡兵》所载，在隆兴二年（1164）也曾在府城内外地区团结保甲。可以认为，上述《平止仓须知》中所言及的鱼鳞图，是以保伍为单位而绘成。从建康府城内外鱼鳞图的记载，或许可以看出，鱼鳞图的绘制到嘉定末年已经不是一件罕见的事，而且每年修改，使之能符合实际的情形。

## 三、保伍与教化、赈济

保伍在治安、军事方面的职责，都是继承北宋的保甲法而来，除此之外，南宋保伍又常被赋予教化和赈济的责任，这是较新的发展。

运用保伍来事教化，较早见于淳熙初年张栻任知静江府兼广南西路经略安抚使时。他在写给友人的一封信中，讲道：

> 某承乏亦且一载矣……惟是区区不敢苟目前，为之久远之虑，日夜在怀。保伍法先行于静江，境内极得其效，非惟弭盗，亦且息讼，因渐教以相亲睦扶持之意，继复推之一路，有数州者能料理有方。（《南轩集》卷二十八《与曾节夫抚干·又》）

此信当写于淳熙二年（1175），对张栻来说，在静江府及广西其他各郡推行保伍法，当即其"久远之虑"之一，他认为在静江府施行的效果非常好，除了弭盗是此法应有的功效之外，还能有助于息讼，这已经初步有了教化的效果，张栻还打算进一步教民众了解彼此互相亲睦扶持之意。

朱熹在绍熙元年（1190）知漳州，任内也注重运用保伍劝谕民众向善。此事见于他以知州身份公告的《劝谕榜》：

> 劝谕保伍互相劝戒事件。仰同保人互相劝戒，孝顺父母，

恭敬长上，和睦宗姻，周恤邻里，各依本分，各修本业。莫作奸盗，莫纵饮博，莫相斗打，莫相论诉。孝子顺孙，义夫节妇，事迹显著，即仰具申，当依条格旌赏。其不率教者，亦仰申举，依法究治。（《朱文公文集》卷一百《劝谕榜》）

这段文字，列于《劝谕榜》第一项，应当最受到他的重视。在他所颁布的《揭示古灵先生劝谕文》之后，也列有这段文字。古灵先生即北宋仁宗、神宗时代的陈襄，他的劝谕文是在任台州仙居县令时所作，当在他的仕宦早期，即宋仁宗时。此文和朱熹所讲的，在文字表达上虽然有异，但在内容的要点上大致相类似。至于朱熹榜文的特殊之处，则是他希望同保之人，能够彼此互相劝诫，赋予了保伍在防盗、防火之外的新任务。

对于保伍能够承担起教化的任务，在张栻、朱熹之后，至少又见于黄榦、虞刚简、真德秀等人。黄榦在嘉定十年（1217）知安庆府，颁有《安庆劝谕团结保伍榜文》（《勉斋先生黄文肃公文集》卷三十七），榜文最后说："凡尔百姓各宜为乡间室家相保之计，解仇息讼，务相和叶，闲暇之日阅习武艺，务令精熟，遇有缓急，递相应援，以保室庐，以安妻子。守御之策，无易于此。"这段榜文的主旨虽然在于后半段，要编入保伍的民众能勤练武艺；在战事发生时能互相应援，才能保室庐、安妻子。但是要怎样才有办法做到，就要靠这段榜文的前半段，平时就要能"解仇息讼，务相和叶"。黄榦借着告谕地方上保伍要发挥战力，保家卫乡的机会，同时也劝谕他们要能化解仇怨，和谐相处，才有可能到有战事时，以彼此互相应援而使战力充分发挥。虞刚简在嘉定十五年（1222）任夔州路提点刑狱兼提举常平，他为了组织保伍以消弭盗贼，而向朝廷上言，指出弭盗之计，无出于保伍之法，而保伍之法弭盗的基础，则在于"使之比联保爱，出入守望，使民相亲相恤，相友相助，平居无乖争之习，缓急有相救之义，而又有以察奸，不敢容奸"（《宋会要辑稿·兵二·保甲》"嘉定十五年九月十六日"条）。虞刚简的说法，其实也就如同黄榦的说法，在期望保伍能团结合作执行弭盗任务之先，要先诲喻他能相支相助，能做到"平居无乖争之习"，然后才可能"缓急有相救之义"。

讲得最清楚的是真德秀。真德秀对济王案有不同意见，在宝祐元年（1225）受劾贬窜，至绍定五年（1232）获新任命之前，一直住在家乡建宁府浦城县，在居乡的第六年，当时的浦城知县与县丞承上司之令，要编排保甲，引起了诸隅民众的疑虑。当时真德秀已在中央、地方都担任过重要职位，他为释邻里乡党之疑，发布了《浦城谕保甲文》，向邻里说明，官府施行保甲，不仅可以防备不虞之患，也可以因此而与里社相亲，渐复古代乡田同井之义，亦即出入相友、守望相助、疾病相扶持的古意。又指出县令、县丞施行保甲之议，不过是提防窃盗和火灾，"一家有盗不能自获也，邻里毕至则其获必矣；一家有火不能自灭也，邻里毕至则其灭必矣"，不会增重民众的负担。他要趁此机会，在此月中旬，与同社百家一起行祀礼于本坊之社，届时将"陈说邻里乡党相亲相睦之义，及官司所以团结保甲本意"，好让大家清楚明白，不再疑惑。真德秀显然认为，邻里之间能相亲相睦，才可能做到"一家有盗不能自获也，邻里毕至则其获必矣；一家有火不能自灭也，邻里毕至则其灭必矣"，因此要趁施行保甲的机会，向邻里讲解说明其间的关联，从而恢复出入相友、守望相助、疾病相扶持的古意。

运用保伍于赈济较早见于题为陈襄著的《州县提纲》，由于书中引用到绍兴二十八年（1158）指挥，此书著者不可能是前述北宋仁宗、神宗时的陈襄。究竟是南宋人托名陈襄，或是南宋另有一同姓同名的陈襄，并不清楚。由于书中引用了绍兴二十八年指挥，此书或许有可能是高宗、孝宗之际的著作。此书卷二有《户口保伍》条，讲到县政以户口、保伍最为要急，县官始至，须令诸乡严户口保伍之籍，遇到水旱赈济，可以按籍而知。虽然说得很简单，但是朱熹知南康军，在淳熙七年、八年（1180—1181）间，遇到旱灾，在赈济过程中许多工作确实都运用到保伍。淳熙七年六月十日，朱熹在一件题为《行下三县抄札赈粜人户》的文件中言及，合赈粜人户"逐一仔细填写姓名、大小、口数，令本都保正长等参考诣实缴申"。"三县"即南康军所辖都昌、建昌、星子三县。

十一月初五日，朱熹在一件题为《申诸司乞行下江西不许遏粜》的文件中言及，南康军曾依据八月十九日有关因灾伤而合通放米斛、不许遏粜州县的圣旨节文，移文隆兴府，已得其回复说，已行文下所属诸县，许南康军所差人收粜米谷，并予放行。但是建昌县四散收粜到隆兴府靖安、新建县乡人米谷，却为隆兴府奉新县派人把截，不许装船发运，并且不放船往来。南康军已曾向江南西路诸监司申报建昌县要"差保正、隅官防护所粜米船"，但是到十月二十四日，又被奉新县差人于要路把截，不允许南康军乡人搬粜米谷。南康军因此在十一月初五日再次申报江南西路诸监司，要求行文隆兴府通放南康军的粜运米船。"隅官"也是保伍组织中统率者的一种称呼。

十一月二十九日，朱熹在一件题为《措置赈粜场合行事件》文件中的"粜支外令施行下项"部分言及，在赈粜、赈济前十日，"勒逐都保正，将置场处用棘刺夹截，作两门两重，极小，只通一人来往，外门之内、里门之外须极宽，可容一场赈粜、赈济人。外门之侧为一窗，后夹截交钱位子一间。依使军立去样式，告示保正夹截";"官米陆路即仰保正轮差能檐（担）擎籴米人户般送，每石依上项计里数支雇米"。"上项支计里数支雇米"即搬运"每石三十里外支米三升，三十里内二升，十里内一升，其米就所籴内支"。在"施行置场赈粜、济所约束事"部分则言及，各都保受赈粜人户到赈粜场籴米的详细过程，大致上是有官员监督，都保正、保长引领各都保受赈粜人户到场，排队依序籴米，隅官负责收钱，一保接一保地办理。

淳熙八年二月十八日，朱熹在一件题为《施行阙食未尽抄札人等事》的文件言及，南康军管下三县"诸乡保正当来受情，不行依公抄札阙食人户"，如有将已获得赈济或赈粜而隐瞒实情的人户抄作阙食人户，而实际是阙食人户却不抄札的情形，不打算便加追究，合加约束。接下来的几条，都是约束事项，轻则重行办理，重则送狱。同日，有另一件题为《审实粜济约束》的文件，朱熹也是针对隅官、保正而行文属县，主要是说明哪类人家合于粜济，哪类人家不合粜济，让隅官、保正处理时知所依据，以免引惹词诉。

从上举各项文件，可知朱熹在南康军办理救荒，从抄录待赈济或赈粜的人户，到防护运米船赴外地购米航运时的安全，到兴设赈粜场，到在赈粜场中办理赈济与赈粜，都运用到地方上保伍组织中的隅官、保正、保长等人，隅官、保正如有办理不实的情形，也会遭到官府的追究，受到轻重不等的处分。

大约在朱熹于南康军赈荒之后六七年，也就是淳熙十三年至十五年（1186—1188），袁燮也在浙西江阴军赈恤饥民。其运用保伍与保伍图来推行赈济，已见前述。值得详述的是二十余年后黄榦在汉阳军的救荒。

黄榦在嘉定七年（1214）十月出知汉阳军，到任后即面对着救荒的工作。他从事赈荒，同样运用保伍。所以他在《汉阳军条奏便民五事》(《勉斋先生黄文肃公文集》卷二十二)所列五事中，第一项就是"结保伍"，其中说道"今者蒙恩假守汉阳，适值大旱，细民艰食"，于是"推行保伍之法，户籍多寡，蓄积有无，皆可得而周知"，可知推行保伍之法是他在汉阳救荒的重要策略。

汉阳军辖汉阳、汉川两县，黄榦认为汉川县素有蓄积，到任未及半年的王知县晓事，能究心荒政，不必他费心，所以只是将汉阳县的救荒事宜加以规划。其详见于《汉阳军管管下赈荒条件》(同上，卷三十一)，大要如下。

(一)汉阳县的二十村分为四隅，每五村为一隅，每隅委请现任官一人主持，遍走村落，办理救荒工作；并巡视粜米之家，视情况予以奖惩；如无现任官，则选用寄居官。各乡以比近之家组织保伍，五家为一小甲，置小甲首一名；五小甲为一大甲，置大甲首一名；四大甲为一都，置一都正；合一乡的都分共有几都，置一乡官。乡官总一乡赈粜之纪纲，都正掌百家赈粜之事，都是选税户有物力者担任。各乡保正副要听从分管该处乡村的官员差使。都正应即都保正，此一称呼，在南宋初见于绍兴二年(1132)闰四月十日及绍兴四年(1134)正月二十四日的臣僚上言。

(二)每村各画一图，有山水、道路、人户居止，并各置一籍，抄上人户姓名及其谋生艺业。各乡也要画出地图，应是合各村的地图而成，有山川、道路，人户各注明于道路之旁，能自食者(乙户)、不能自食而合粜官米者(丙户)、能自食而有米可粜以备赈粜者(甲户)、不能自食亦无钱籴米者(丁户)，分别用不同标志标明，各开具数目。

(三)各都细算待粜而食之家合粜官米数、本乡积蓄之家有米出粜以供收籴米，其余欠米数，应如何设法收籴。

301

（四）各乡劝粜到米谷，具到数目，官府先约计乡里价例，支价钱偿还，而以米谷寄存于其家，不得移动。然后计算劝到米谷数量及本乡合粜人户数多寡，若有余则移往其不足之乡，若不足则由官府移米补足。

（五）各乡粜米人户至粜米之家就粜，如乡村地理阔远，则由官府搬担分散寄存于乡官或都正之家，使人户得以就粜。粜米所收到钱，每月由官府遣人至粜米之家搬取。

（六）粜米历的给付日期，粜米日期的起始与结束、数量、次数均有规定。

（七）应合赈济人户数申报到军，由本军自行处理。

以上各项，除第一项直接与保伍相关外，第二项绘制地图中的相关事项，特别是人户是否能够自食，或是有赈粜或赈济的需求，或是不仅能自食，且有余米可以出粜，都有待保伍的调查。第三项中相关数量的调查，也同样要靠保伍。第四项中的相关数量，可以基于第三项中的相关数量计算而得到。第五项则不仅乡官、都正之家可以是分贮赈粜米和施行赈粜的场所，在赈粜的过程中，也需要有保伍协助维持秩序。第六项粜米历的给付及第七项中相关讯息的传达，大概也是要靠保伍。总之，黄榦的汉阳军赈荒，就如前引他在《汉阳条奏便民五事》中所说的，要先"推行保伍之法"，然后"户籍多寡、蓄积有无"，才"皆可得而周知"；除此之外，保伍还承担起一些其他的工作。

# 第十七讲

# 源自方田均税法的经界法

在宋徽宗宣和二年（1120）停止实施的方田均税法，在南宋时期以另外一种面貌出现。从绍兴十二年（1142）以后推行的经界法，名称虽然不同，但是同样以整理地籍、均平赋税为目的。"经界"一词，出自《孟子》"仁政必自经界始"，孟子谈的是井田，不过南宋的经界法，要做的只是均税，而非均田。经界法的实施，出自两浙转运副使李椿年的建议。他提出了经界正与不正的十利十害，主要在于说明由于富家兼并、兵火焚毁税籍以及胥吏舞弊等原因，使得地籍不正确，赋税负担也由此而不均，贫富的差距日益增大，政府的税源则大量流失。李椿年在上言中提道：

> 臣昨因出使浙西，采访得平江岁入七十万斛，著在石刻。今按其籍，虽有三十九万斛，实入才二十万斛耳，其余皆以为逃亡、灾伤倚阁，询之土人，颇得其情，其实欺隐也。臣尝闻于朝廷，有按图核实之请。其事之行，始于吴江，知县石公辄已尽复得所倚阁之数外，又得一万亩，盖按图而得之者也。

以此知臣前所请不为妄，而可行明矣。(《宋会要辑稿·食货六·经界篇》"绍兴十二年十一月五日"条)

可知经界法的施行，除了要清理隐漏田土、赋税，使贫富各按其经济能力来负担赋税之外，也有增加政府赋税收入的作用。而在李椿年提出经界法的建议之前，吴江县已曾经按图核实，收到清理出隐漏田土与赋税的效果。当时所以要实施这一项政策，就财政这一方面讲，应该和南宋初年政府需财孔亟有关。

李椿年提出的建议得到朝廷接纳后，首先在平江府推行，然后推广到其他各地。在李椿年主持下，主要内容是丈量土地、绘制各户的地籍图，称为"砧基簿"，包含田的形状、亩数、四至、土地所宜，分别储存于转运司及州县。其间，李椿年一度因为丁忧而去职，改由王鈇主持，将办法改为让民户结甲自陈。后来李椿年免丧复官，仍然恢复清丈绘图的方式。从绍兴十二年起，到绍兴十九年(1149)停止实施为止，全国除了两淮、京西、湖北等位于宋金边界的几路，以及内地少数的一些州郡之外，全国各地均已实施。实施的过程虽然也有很多争议，但是均税的效果得到了后人的肯定，朱熹就曾经讲，经界结束之后，"田税均齐，里闾安靖，公私均享其利"。

经界法不可能将赋税不均的情况完全革除，执行的过程中也不可能不出现弊端，而所以得到后人的肯定，主要的原因可能有以下几点：第一，李椿年原本未必没有增加税额的企图，但是他能接受别人的意见，逐渐调整自己的心态。当一开始在平江府实施时，他准备以石刻上的七十万石为税额标准，由于知平江府周葵的坚持，改以《图经》所记载的三十四万石为标准。后来又接受龙游县核实官汪大猷的建议，如果民众申报田亩面积反而较丈量面积为多的，可能是民众不懂丈量方法的结果，应该允许他们提出陈请，再加以验实改正。第二，有人向李椿年提供比较精密的步田之法，能够丈量各种奇形怪状的田地，比较不容易发生误差。第三，方田均税法实施时，仍无法确定是否绘有土地的图形，而在经界法实施时，已经可以确定绘有地籍图。绘制的过程，是由各都耆邻保集合田主、佃客，逐坵计算面积，保正长在图的四角签字，然后由官员按图核实。图画好之后，由人户将自己分散在各乡的田产制成砧基簿，也是画田形坵段，写出面积、四至，说明是来自典卖或是祖产，送到县里查验后发还，县里根据人户的砧基簿，编制每乡各一份砧基簿，制造三本，分别存于县、州、转运司，以后田产典卖登记都要同时携带契约和砧基簿，官府所藏的砧基簿，则每三年更新一次。这样一来，征税有比较确定的依据，手续虽然比较麻烦，但是也比以前不容易发生流弊。

李椿年推行经界法既然收到了均税的效果，于是获得以后南宋地方官的仿行。福建漳、泉、汀三州在绍兴（1131—1162）年间没有实施经界，福建转运判官王回在淳熙十四年（1187），知漳州朱熹在宋光宗绍熙元年（1190），先后建议施行，但是都因为势家的阻扰，而未能实施。在朱熹的文集里，还可以看到他所拟的详细办法（《朱文公文集》卷十九《条奏经界状》、卷二十一《经界申诸司状》、卷一百《晓示经界差甲头榜》）。可以看出，他已经向朝廷报告，也已经向福建路各监司报告，并进入实际执行阶段，以榜文告知民众。他计划依仿绍兴年间李椿年的办法，打量田土，编造图册，并认为只要花几个月的时间就可以结束，可是终究未能做成。他在榜文中说，此事只要几个月即能完成，显然太过理想，同时丈量所需的人力、经费，他也欠缺估计，假使没有得到朝廷的支持，是不可能做成的。

到宋宁宗后期及理宗时期，由于绍兴经界历时已久，地籍发生混乱，赋役不均的情况也逐渐严重，于是各地又有区域性的经界法实施。经历过庆元党禁与开禧北伐的纷扰，到宁宗后期的嘉定（1208—1224）年间，可以看到一些州县官员在他们的治所设法改善经界不正的问题。

举一些例子来说，朱熹的门人张洽于嘉定元年（1208）登第，初任江陵府松滋县尉，由于当地经界不正的情形愈来愈严重，他向县令建议实施推排法。在县令的支持下，张洽下令民众自实其田产疆界及产业数量，投之于官府所设的柜中，然后与原有的登记互相核对计算后，排列其高下。张洽这项措施所收到的效果，首先是吏人无法于其间上下其手，其次则是在十几年之后，有土地诉讼的人，仍然援引这次重新核算过的资料为依据。所谓推排，原指州县每隔三年一次，依人户家产物业的增减，升降其户等，重新编造簿书，作为官府征税、排役的依据。户等和征税的关系，主要是指二税以外的一些摊派，如和籴、和买等，要视户等的高低而定。至于二税，则是依田产的多寡而定，和户等无关。尽管户等和二税的征收无关，但是推排人户产业的多寡，是包括田产在内，而且对许多民户来讲，可能是最主要的一个项目，政府也就可以从推排中，得知其田产的增减，从而增减其二税负担。张洽所行的推排，则是借之以改善经界不正的问题。他施行推排的做法，就是自实，由人户自行申报，而不经由府胥吏与地方上役职之手。而他以民户自实来改善经界不正，和朱熹计划经由官府主持的打量，在方法上有所不同。但使用这种方法来重编官府簿书，已有前例。上述绍兴年间李椿年主持经界法的过程中，当他守丧期间，就曾经在王鈇主持下，改用结甲自陈的方式，这也就是一种自实的方法；但结甲自陈仍然有同甲人户的互相监督、纠举，和张洽完全要求民户自行申报仍有差别。更接近的成例则是北宋熙宁（1068—1077）年间吕惠卿的手实法，在王安石第一次罢相期间，吕惠卿以参知政事领司农寺，认为过去用来排定户等的五等丁产簿，凭编造的乡书手会同户长提供各户资产资料，往往隐漏不实，建议实施手实之法，由民众自行申报，如有不实，许人纠告，此法到王安石重返相位之后即罢除。以自实的方式来实施推排，并借之以正经界，此后仍然继续见之于实施，甚至在南宋末年成为全国性的政策。

继张洽之后，陈俊卿之子陈宓，少年时代曾在莆田家中受教于来访的朱熹，于嘉定三年（1210）冬天就任知泉州安溪县，至六年（1213）十月受代，在任职期间，也曾致力改善当地经界不正的情形。泉州有如漳州，在绍兴年末曾施行经界。他在上任半年之后开始行动，要求民众有产之家自造砧基簿一式两本，逐一开具乡贯、地名、亩步、四至、产钱、官米若干，经过官府印押后，一本自收，一本留在官府；此后遇有买卖，则买卖双方同带自家砧基簿到官府过割。对于在过程中可能发生的弊端，他也拟定了防备的方法。他从嘉定四年（1211）大约春、夏之间开始推动，到嘉定六年秋天新任知州黄中上任时为止，两三年间，造到一千七百本簿，都属次产人家，认为其余小民不难劝晓，而且这是他们的素愿，惟有在城官、民寄庄以及大寺产业，则非一个县官之力所能必为。他在一封信中向黄中表示，这件事是"经界之次策"，实施之后数十年，"虽未行经界，而亦享经界之利"；在另一封信中又期望黄中能以知州的身份，下令实施，"则半岁之间，不劳而集"。陈宓在任时的措施，既未如朱熹在漳州计划经界一样，准备对民众田产进行丈量，也就无法由官府来编造相关的簿册，而是由民间自行造簿，就性质来讲，也属于自实。此事到他的知县职务受代之后，后续情形如何，则已不得而知。

和张洽、陈宓大约同时，杨圭在知台州黄岩县任内也由于县中地籍已经有七十年没有重修，而对境内民田重行经界。这件事历经二年，在嘉定四年（1211）完成，办法是"亩算而步析之"，很清楚是实地清丈，和张洽、陈宓以不同方式让民众自实不同。在杨圭知台州期间，未见到当时的先后两任知州常建、黄㲄有推行经界的记载，也未见到有关台州其他各县推行经界的记载，在黄岩县实施经界显然是杨圭自发的政绩。

从上举三个事例看，在嘉定前期，地方自行改善经界不正的问题，已经出现两类方式，一是包括推排在内的自实，一是实地清丈。以后地方上经界的事例愈为多见，所用的办法，大致上也都可以分别归属于这两类。

自嘉定后期至理宗前期的宝庆（1225—1227）、绍定（1228—1333）年间，有稍详记载的州县经界事迹，几乎都是采用清丈的方式。例如嘉定后期的浙东的台、婺两州。台州施行经界，始于嘉定十四年（1221）至十六年（1223）齐硕担任知州期间，在其任内，宁海、黄岩两县已实施，临海、仙居两县正在施行而尚未完成，天台县的情形则未见记载；也因此，在修成于嘉定十六年的《嘉定赤城志·版籍门》中的田亩数字，只有黄岩、宁海两县记载的是"界田"，其他临海、仙居两县记载的是"祖田"，天台县的记载既不称经界田，也不称祖田，而称为"三等田"。继任知州王棁任期自嘉定十六年至理宗宝庆元年（1225），继续推动并应已将这项工作完成。《台州金石录》卷九载有写成于宝庆元年十月，立于仙居县的《修复彭溪山学业始末记》碑，原碑全名为《嘉定修复经界彭溪山学业始末记》，言及仙居县学县境内的彭溪山有学产，有若干为承租户及豪户侵占，于经界时擅作己业打量，经刘姓县丞努力之后收归仙居县学，另造砧基簿。刘姓县丞即刘垕，于嘉定十七年（1224）到任，此时已在知州王楒任内，这篇记文写成于宝庆元年十月，此时王楒尚在任，这或许可以说明，仙居县经界的完成是在王楒任内。记文中的"昨缘本县修复经界，承学职列状，有彭溪山学业为租户及豪民擅作己业打量"这几句话，或许也可以说明，包括仙居县在内的这次台州经界，是以丈量的方式来进行的。

婺州实施经界，更先后历三任知州。最先推动的是赵恕夫，任职于嘉定十年至十二年（1217—1219）。他推动实施经界已经整有伦绪，但任期未满，在嘉定十二年正月即为言官论罢，原因应在于他得罪了当地豪强之家，这些人家不乐于经界损害到他们的利益。由于期望经界的士、民，相率向朝廷请求继续推行，于是在赵师嵓于嘉定十四年出任知婺州后，恢复这项施政，他先从经界文书已经略备的兰溪县做起，再及于其他县份，并且向御史台提出请求，不要接受那些豪户们的申诉。两年之后，亦即嘉定十六年，由魏豹文继任，推行更为积极，于是过去为逃漏税役，而假借析户、隐田等办法来减少名下田产登记的上户，都被查出。事成后编成结甲册、户产簿、丁口簿、鱼鳞图、类姓簿等资料达二十三万余九千余册，在他于次年卸任前上于朝廷。从赵师嵓重行经界以来，先后历时三年。自赵恕夫以来推行经界的成效，见于绍定二年（1229）新任知州莫泽上任前，向理宗朝辞时两人的对话，理宗问他过去魏豹文任知州时曾施行经界，做得如何？莫泽回答说，婺州以往凋，都由于税籍不明，如今经界既正，赋役均平，所以出任此职后，施政将不费力。婺州这次经界所采取的方式，除了和台州一样可以从后述宝庆、绍定间抚州金溪县经界的记载中推知外，在杜范写于嘉熙二年（1238）的《常熟县端平经界记》中，还提到自己多年前在婺州经界时，以婺州司法参军的身份，督役义乌县的经验，"亩量步会，阅三岁而后成，旁视他邑，犹有窘步其后者"（《重修琴川志》卷六《叙赋》；杜范《清献集》卷十六载此文，题为《常熟县版籍记》），"亩量步会"四字，清楚地说明了其采用的方式。

又如从宝庆年间到绍定初年的抚州金溪县。施行经界始于宝庆二年（1226）冬天，而结束于绍定二年（1229）的秋天。金溪县由于版籍荡然、库帑赤立，已经多年，知县章劢上任之后，为此焦头烂额。随后朝廷由于臣僚建议，申明县官应依照法令规定，从事例行的推排，各地应命者鲜少，但他则更进一步，接受了地方耆老的建议，从事经量，"于是稽绍兴之故规，参婺、台之近例，僚友叶心，乡官效力，周行畎浍，亲展尺度，揆量既定，簿正一新"（《雍正抚州府志》卷三十九《艺文志补》载潜敷《宝庆修复经界记》），事后也编成了数量众多的丁口田簿、鱼鳞图及簿、攒结簿、摆算簿、类姓簿、编并簿、科折簿、税苗簿、役钱簿等帐籍。这次章劢在金溪县施行经界，既是"经量"，又曾"周行畎浍，亲展尺度，揆量既定，簿正一新"，从这几句话看，无疑是采用清丈的方式。从他"稽绍兴之故规，参婺、台之近例"的做法看，除了绍兴年间李椿年所实施的经界法之外，前述嘉定后期台、婺两州的经界，同样也是他参考的对象。而如前所述，台、婺两州的经界，都采用清丈的方式。

再如理宗绍定年间的处州丽水县、松阳县，以及信州永丰县。处州丽水县的知县林棐，在绍定二年（1229）八月新任知州叶武子上任之前所从事的修复经界，由于曾"履亩"，应是施行清丈。也由于只是从田亩经界着手，只及于实业物力，而未及于田亩之外的浮财物力，所以在叶武子上任州知州之后，即考虑到浮财物力问题而设法加以处理。曾在林棐知丽水县时担任主簿，秩满后，摄同州松阳县令的王圭，随后即真，自绍定二年十月至四年（1231）五月施行经界。据程瑜《松阳县经界记》的记载，王圭在施行时，"谨官守，立程度，联什伍，表界分，会郡邑之已行而择其善，诹乡耆老旧闻而酌其宜"（《光绪松阳县志》卷十一《碑记》），从"会郡邑之已行而择其善"这句话看，自然以他先前在丽水县的经验为主，也应是施行清丈。

　　信州永丰县的经界，也大约实施于绍定二、三年间。当时信州的知州是汤谌，知县则是何克忠；到绍定四年正月，汤谌即因其母过世而守丧，事见《栝苍金石志》卷七载汤诜《齐国夫人潘氏纳圹志》。何克忠上任后，对地方上的民瘼用心了解，有志于修明版籍。既取得知州的支持，他与"士民出入阡陌，殚再岁之劳以讫事"，应该是采取清丈的方式。全县"六乡五十一都之甿、五百二保之众"的田产，在经过清丈之后，编成"不啻有千计"的砧基簿而贮存于仁政楼。当时尚未登第而居于信州上饶县家乡的徐元杰，应何克忠之请，为其撰写《仁政楼记》，文中起首在说明仁政楼是经界图籍贮存之所后，即说"经界颠末，汤侯纪之悉矣"。"汤侯"为当时的知州汤谌，当何克忠请徐元杰为仁政楼作记文时，应同时将这篇详悉记载永丰县经界始末而今已不传的文章转致，供其明了永丰县经界始末。徐元杰当时既在信州家居，对永丰县实施经界一事应已多有听闻，又得何克忠提供资料，邀写记文，此后对于此事必定更为关注。所以在淳祐四年（1244）他在朝担任崇政殿说书时，在四月十二日向宋理宗进讲，两人讨论到经界，他提及当其尚住在信州时，何克忠在永丰县施行经界一事。理宗问"莫扰否"？他回答"才扰莫不成"；理宗又问"今有成效否"？他回答"已讫事，但豪强多不乐，至今犹敢沮扰"，肯定了何克忠的努力与贡献，但也指出了问题所在，尽管经界已经完成了十余年，豪强的破坏仍未消失。这或许不只是永丰县一县所特有的问题，也是各地共同的问题。

但是到了端平（1234—1236）、嘉熙（1237—1240）年间，见于记载的地方经界，转为以自实的方式来实施。例如在嘉兴府华亭县，摄县令杨瑾施行于端平元年（1234）三月至端平二年（1235）四月间。杨瑾在绍定五年（1232）就到嘉兴府担任监税，次年赵与𥯤来任知府，有意整理地籍、税籍，并从接近郡治的县邑做起，引杨瑾于幕下，设置围田局，整理围田的隐匿逃漏有成绩后，又任命其摄华亭县，到民众感服其施政的德意后，开始施行经界。他的办法，据袁甫《华亭县修复经界记》的记载，是"礼属乡官，分任其责。不履亩，不立限，不任吏。每都甲首，乡官择之；每围清册，甲首笔之"（《蒙斋集》卷十四），既然"不履亩"，显然是由民众自己申报，是属于自实的方式。完成之后的文籍，有归围簿、归保簿、归乡簿及整归为一县的都头簿等。对于这次经界，经士、民的推举，杨瑾得以由摄华亭令而即真，并展开随经界完成后而来的赋税整理。

又如知平江府常熟县王爚于端平元年八月到任，任内也曾实施经界。王爚刚上任时，刚好"府檄修复经界"，知府张嗣古并颁发嘉定经界成例供各县参考，应命实施者只有常熟、嘉定两县。嘉定县施行详情未见于记载，至于常熟县，则王爚在施政获得民众信任之后，才付之施行，始于端平二年夏天，而结束于当年的冬天，前后不过数月。虽然这次常熟县施行经界，是遵照绍兴年间成法，又参考朱熹在漳州所规划的条目，也就是采用清丈的方式；但实际上，却非由官府主持清丈，而是交给民众自行清丈。官府只是将绍兴条法及朱熹在漳州所规划的条目，随乡俗损益，刊印发给乡、都的役职，向他们讲说，然后由民众自行"履亩"，役职加以验实后，书之于石，据以制成全县五十都、每都十保的核田簿、鱼鳞图、类姓簿及物力簿，再以田亩数量计算其赋税负担，制成砧基簿。这是一种经由清丈的自实，整个过程由民众担任的役职与民众自己来执行，不经官府吏人之手，是为了避免胥吏舞弊扰民。由于仅以数月的时间而完成过去其他地方需用上两三年才能完成的事，杜范应王爚之请撰写《常熟县端平经界记》，以之与自己从前在婺州的经验相比较，对之大为赞叹。

到淳祐年间（1241—1252），仍然不乏施行经界的记载。例如淳祐初年的宰相史嵩之急于经界之政，而当时一些州县对于此事多一副吏手，导致胥吏与豪民相表里，暗增下户税额，安吉州乌程县令诸葛千里是其中之尤者，因此为监察御史吕午在淳祐四年（1244）所劾罢。可以和诸葛千里在乌程县相对比的，是婺州东阳县知县程沐，他也是在淳祐初年施行经界，在施行过程中，以士人主持都局，加上相关措施合宜，因而人情翕然，显然效果较佳。淳祐四年至淳祐六年（1244—1246）间，孙子秀知镇江府金坛县，任内曾"厘经界"。淳祐四年登第的胡崇，在淳祐九年（1249）吴渊任沿江制置使兼知建康府之后，在担任建康府句容县主簿期间，曾被吴渊辟入制置司任职，奉派至溧阳县推行经界法，他表明"一毫无扰，寸土必明"，以自实的方式完成任务。当地的豪户本以立诡户户名逃避役职，而胡崇将十万户缩减为三万户。淳祐十一年（1251），信州、常州、饶州及嘉兴府曾施行经界；次年，由于信州知州徐谓礼奉行经界苛急，导致饥民啸聚为乱，盗起玉山县，朝廷因而下诏停罢各郡经界。不过上述州县施行经界，除建康府溧阳县外，其他州县在施行方式上究竟是采用自实或清丈，均已不得而知。

到了宝祐（1253—1258）年间，就有由朝廷推动的自实。自实法施行时原名手实法，由于经界法施行中辍，殿中侍御史吴燧建议令州县以排定保甲，施行手实法来取代，而于宝祐二年（1255）十二月诏令两浙、江东西、湖南州军施行；至次年三月，在宋理宗与宰相谢方叔的对话中，手实已改称为自实，谢方叔回答理宗的问题除说了"自实即经界遗意"外，又说"当检制吏奸，宽其限期，行以不扰而已"，于是又依据谢方叔回答的后半，下了另一道诏令。确定施行之前，参知政事徐清叟已曾认为"自实乃秦之弊法，不可再复"；诏令颁布后，福建计度转运使高斯得也上言说，"秦始皇三十一年（公元前216），令民自实田。主上临御适三十一年，而异日书之史册，自实之名，正与秦同"。施行才几个月，两浙、江东西民众深觉其苦，于是在这年七月停止施行，宰相谢方叔、参知政事徐清叟也为御史所论罢。尽管如此，但此后随之而实施的修明经界，以及景定五年（1264）贾似道所推行的推排法，虽然避开了自实之名，实质却与自实无异。

自嘉定年间以来，已有"修复经界"一词，在采行方式上或以清丈，或以自实，并不一致，与宝祐年间的"修明经界"仅以自实的方式来施行有所不同。"修明经界"又称"修明版籍"，"版籍"有时也写为"板籍"。施行始见于宝祐四年（1256），正紧接于自实停止实施之后。曾经施行的州郡见于记载者，至少有镇江府施行于宝祐四年，郡守应是赵与訔；常州施行于宝祐四年，郡守是赵时瀹；平江府施行于宝祐五年（1257），郡守是赵与懃，当时的常熟县知县是王文雍；严州行于宝祐六年（1258），郡守是谢奕中，当时建德县知县是潜说友。潜说友写有一篇序文，记述严州建德县这次施行经界，"修明经界"用自实的方法来完成，即见于接下来对这篇序文的讨论。

*314*

至于"修明经界"一词，意即"按经界之旧而修明之"，其实际情形见于严州建德县知县潜说友写于开庆元年（1259）的一篇序文。这篇序文较早载于《景定严州续志·税赋》的小字注文中，并无篇名，此后一些明清地方志引录，则称之为《经界图籍序》或《建德县经界图籍序》。依据这篇序文的说法，严州在淳熙年间曾施行过经界，这时据绍兴年间经界还不是很久，可是图籍多已散失，朝廷因而要求转运司长官督促州县加以补葺。自淳熙年间之后，长期以来所出现的弊端，可以推想得到的，如豪富人户隐寄田产以规避赋税，如赋额因奸猾胥吏任意解释法规而销蚀，这类问题岂仅见于严州。宝祐六年，户部要求州郡依照旧额上缴赋税。知州谢奕中考虑到，如果泛然以赋税旧额责之于县，则一些产去税存的人户不堪承担，因此向朝廷提出"按经界之旧而修明之"的请求，获得许可，于是施行。要了解这一句话的含义，不妨从潜说友在建德县的施行入手：

> 遂询佥谋，宾乡望，严选任，曾不期月，而九乡二十一都各以其籍来上。乃视乡分广狭，计物力多寡，裁其溢而核其亏，因其轻而革其重，不底于均不止，于是旧额无损，而新征顿轻，义役成规，藉以息民词，科买均配，借以应上命。宿奸老蠹既为之风潇雪涤，而数十年之苦于白输者，脱然如沉疴去体。

潜说友在和属僚讨论过后，不用胥吏来办理，而礼请各乡孚人望的人士来主持，对实际执行者也严谨选任。不到一个月，各乡就呈上了完成的地籍。这几句所讲的，是属于土地经界的部分。至于接下较长几句话，则是讲县府如何运用新调查得到的地籍，来调整民众的赋税负担，达成了朝廷的征科要求，也完成了知府谢奕中的期望。值得注意的，是土地经界部分中的"曾不期月，而九乡二十一都各以其籍来上"这两句话，九乡二十一都新地籍调查的完成，只用了不到一个月的时间，如果不是由有田之家自行申报，而是经过丈量，这是不可能的。也就是说，所谓"修明经界之旧"，采取的是自实的方式，可是避开了自实之名。不过潜说友在办理此事时，由于在各乡执行经过"宾乡望，严选任"的程序，也就较不易出现胥吏执行所会有的一些弊端。

"修明经界"的特色之一，是经由有田之家自行申报，因此在短时间内即可完成。所以会有这项特色，应由于"修明经界"只是按"经界之旧而修明之"，于是不必再重新来丈量。但正因这项特色，也就容易有申报不实的情形；如果主政的郡守急于向朝廷表功，问题就更大。由于前一项问题，所以到景定元年（1260），孙子秀在婺州才会施行挨究法，以丈量和自实兼行，此事详见后文。而宝祐五年赵与𥳑在平江府所施行的修明经界，正是前、后两项问题同时出现的例证。黄震于度宗咸淳八年（1272）四月任知抚州时，曾有一封信写给当时新上任的江西转运判官钟季玉，说明他上任一年多来，何以不肯执行转运司发下催行推排的命令，而一再要求延展。信中举了几个前例，首先是高宗绍兴年间的经界，"李椿年侍郎与秦会之丞相两才相遇，上下坚守"，其时正在乱离之后，吏、民之间尚未能朋奸为弊，仍未能尽行于全国各地。其次是光宗绍熙元年（1190）朱熹在漳州试图推行经界，"以寿皇之英明，朱晦庵之才望"，结果由于土豪的诬诉而停罢；寿皇指孝宗，黄震可能误以朱熹推动漳州经界是在孝宗时，不过孝宗确曾于淳熙十四年支持福建转运判官王回于漳、泉、汀三经界的建议，其

后也由于有人言其不便而停罢。再其次即是知平江府赵与𥲅在理宗
宝祐五年（1257）施行经界的例子：

> 近世赵节斋以间出之吏才，收拾一时之少俊，生长浙西，
> 三典吴门，而一经推排之后，苗税飞走，反以羡闻。至程讷斋
> 丞相出镇，无以填纳虚增之额，先皇帝始太息而诏减之。（《黄
> 氏日抄》卷八十四《与钟运使》）

赵节斋即赵与𥲅，"三典吴门"指他曾三次知平江府，宝祐五年是
在他第二次知平江府任内；程讷斋丞相为程元凤，先皇帝指理宗。
黄震在这封信中，把李椿年、朱熹以丈量方法实施的经界，宝祐
年间以自实方法实施的修明经界，以及景定五年（1264）以后贾
似道所定策，以自实方法实施的推排，相提并论，应由于上述的
"修明经界""推排"与"经界"，彼此实质相同，同样是为了地籍
登记的正确而实施，只是所用的方法有别。但是朱熹所试图实施
的漳州经界，因土豪的诬诉而停罢；赵与𥲅在平江府所行的修明经
界，虽顺利完成却导致"苗税飞走"，亦即原有应收到的田赋，因
田产隐匿而丧失，可见丈量与自实两种不同的方法，对富豪之家
的影响也有异。所以黄震在讲过赵与𥲅在平江府的例子之后，接下
来所说的是"其余凡经推排之处，坐此弊者十尝七八"，并且举了
当时吉州永丰县推排之后的情形为印证。"苗税飞走"这四个字，
指出了自实的问题所在。此即前述"修明经界"可能会发生的前
一个问题。

　　至于前述的后一个问题，黄震在信中所说的"反以羡闻"是一
条线索，可以由此去探寻。程述祖《程公元凤家传》载程元凤判
平江府时事：

前牧希求望外恩赏，取六邑籍版纷更之，号修明局，岁增解农寺米五万石，以无为有，猎取美名；暨农寺索偿，则移补塞责。先公恻然，虑后来者长此不已，吴民愈不堪命，疏豁除之。（程敏政《新安文献志》卷七十五）

程述祖是程元凤之子，所以在家传中称其父为"先公"。"前牧希求恩赏，取六邑版籍纷更之"，即指宝祐五年（1257）赵与懽行经界一事；"号修明局"，说明了平江府这次经界是宝祐年间的修明经界。至于"岁增解农寺米五万石"的"米五万石"究竟从何而来，以及此一数量在平江府上供米粮中究竟占何比例，则《洪武苏州府志·税粮》有较详明的记载。据《洪武苏州府志·税粮》，宝祐年间税苗额原共二十八万八千六百余石，除去坍江事故及钱零下户拖欠的部分，实际计是二十五万三千余石；到宝祐五年，"讲行修明"，合并坍江事故及钱零下户拖欠这两项原已豁除的数量计算，增为三十万三千八百八十石，以之为定额。宝祐五年的定额比起之前的实计额，多出了五万石，此一数量，也就是在前引《程公元凤家传》中所说"岁增解农寺米五万石"的数量。增解的五万石米，依《洪武苏州府志·税粮》所述，是在景定元年（1260）由程元凤呈请朝廷豁除，景定元年是程元凤任判平江府的第一年，也就是说，他一上任就处理了这件事。

是否由于赵与懽所造成的问题，结束了"修明经界"，不得而知，不过有关"修明经界"的例子，自严州行于宝祐六年（1258）之后，即不再有其他州郡见于记载。此后到景定五年（1264）推排法实施之前，施行经界的州郡至少尚有婺州在景定元年、台州在景定二年（1261）、宁国府在景定四年（1263）。其中孙子秀在婺州实施的是挨究法，官府以都保扞量册和自实册互相比对，查究是否有田产隐寄逃税的情形，施行尚未结束，即因触犯了当地贵盛之家的利益，而罢官归乡。"扞量"或许同于"打量"，有丈量之意，李椿年于绍兴年间施行经界法，即用打量的方式，朱熹准备在漳州行经界法，曾多方寻访绍兴年间户部行下的"打量攒算格式印本"，在未能求得全文后，曾向朝廷提出请求，看户部是否能将原本找出，誊录发下；也就是说，孙子秀在婺州所行的挨究法，是兼用丈量与自实两种方式。至于王华甫在台州及赵汝楳在宁国府所实施的经界法，记载都十分简略，不得其详。但赵汝楳的前任杨琪，在前一年十二月才以新知宁国府的身份改知绍兴府，他最快也只能在景定四年正月上任，到这年三月就以推行经界能不扰而办，获得所兼职名的升迁，九月即赴镇江府出任淮东总领；从上任到三月，短短两三个月之内，即能完成全府经界，除采用自实外，别无可能。从孙子秀在婺州和赵汝楳在宁国府这两个例子，可见尽管不再有"修明经界"之称，至少自实仍是他们所采用的方式之一。

推排法从景定五年九月开始实施，是景定（1260—1264）年间贾似道为了挽救国家财政的困竭，在公田法之外的另一项有关土地的政策。推排法实即经界，采用的方法则是自实。尽管监察御史赵顺孙在咸淳元年（1265）上疏，和司农卿兼户部侍郎季镛在咸淳三年（1267）上疏，都强调推排不同于自实，但实际上并非如此。他们所以撇清两者之间的关系，只是为了避免重蹈先前宝祐二、三年间谢方叔推行自实政策的覆辙，以免"自实"之说遭受批评而导致政策停顿。推排既非自实，那么又从何得知民众现有的土地、赋税数额及其他相关资料？赵顺孙的说法是委之于乡、都，由乡官、都保正等人员，按嘉定以来经界所留存的成牍（版籍），更换业主的姓名，没有晚近所修版籍的，才需要就各家田地的鳞次栉比而求，稽其亩步，订其主佃。季镛则说是以县统都，以都统保，选任才富公平者来执行，订田亩税色，载之图册。但是不正由于版籍不明，才有必要重行经界，怎能再依照旧有的版籍就能完成？稽亩步、订税色既要求其能如赵顺孙所强调的"径捷易行"，而不至于如季镛所说的"久不讫事"，又怎能再由乡、都人员来逐家清丈，而不求之于田主本人？他们两人应该都没有将推排的过程讲得清楚明白。

赵顺孙与季镛均依附贾似道，所以为政策的名称辩护，但是在右正言刘黻于咸淳四年（1268）二月所上的《论经界自实疏》中，却另有说法：

> 臣闻经界，仁政之先务；推排，经界之画一。自昔立法所以为民，而利民之法，每不能以无弊，顾推行之何如耳。今州县之不可为，大率生于版籍之不明，赋税走失，而官与民俱病。申经界之政，以整齐天下，顾何所不可？而归之于推排者，虑经界之行，不可以不察，察则扰；不可以不要之于久，久则玩。于是求其易简而可行者，有推排之法在。实而田产，正而赋税，若秦法令黔首自实田之意，不过仿昔人经界之遗意。

"实而田产，正而赋税"的"而"，义应同"尔"。刘黻指出，推排就是在当时情况之下，经界之"易简而可行者"。接着他就对秦朝的"令黔首自实田"另作解释，认为这就如孟子所说，是仁政之先务，可以使得田产实而赋税正，于是避开了这是"秦之弊政"的看法，而成为一项为了解决州县版籍不明、赋税走失问题所必须有的措施，也就不至于引起对这项施政的反感，同时也表明了当时的推排之政，在实质上就是自实。

这篇奏疏接着讲到推排之令的具体措施：

> 籍则自置，赋则自陈，各实其所自有，而不堕于以有为
> 无，以多为少之弊。合并其所伪寄者，挨究其所逃亡者、户绝
> 者，不惟官之便，亦民之便也。朝廷有令于郡县，亦既阅三载
> 矣，而能行君之令，以致之民者，凡有几人？是尚可诿过于朝
> 廷之趣办哉！（刘黻《蒙川遗稿·补遗》）

既然"利民之法，不能以无弊"，在施行过程中，就会设法尽量
避免其弊端。因此，具体的措施是有田之家"籍则自置，赋则自
陈，各实其所自有"，这正是在自实的要求下所应有的，是为了避
免"堕于以有为无，以多为少之弊"，弊端既防，进一步则可以
"合并其所伪寄者，挨究其所逃亡者、户绝者"，改正版籍原有的
误失，而使得推排的政令得以落实。引文的最后几句感叹政令的
颁行历时已过三年，却尚少有州县奉行，这几句话，也清楚地说
明了前述推排性质为自实，及其具体措施，都确为此项政令所有，
不能视为刘黻个人的期望。

比对前述赵顺孙、季镛的上言和刘黻的上疏，可以看出，彼此
各有偏重。不过赵顺孙所说的乡、都人员，季镛所说的都、保人
员，在刘黻的上疏中并非完全没有提到，他在奏疏结尾部分讲到
的乡、隅官，相当于赵顺孙所讲的"乡"这一层的人员，也就是
乡官。刘黻在这个部分向朝廷提出建议，要使州督责县，县督责
乡，乡、隅官应负起稽考有田之家原管产业数量的责任，要求户
户登载，供申时必须保明无隐漏、无诡挟，确符原管数额；本户版
籍既已申明，日后如有不见于登载的产业，允许受其隐寄的人户
自首告发，以这项产业充其奖赏，乡得其实再申之于县，县得其

实再申之于州，从此赋额一定，三年之后重新调查升降。这可能是乡、隅官在推排法中原有的责任，刘黻的建议只是要加强督责，并且立定告发给赏的规定。结合赵顺孙、季镛和刘黻的言论，可以把推排法的执行，大致上分为州县、乡都官、有田之家三层来看，三层彼此牵连，无论哪一层出了问题，都会影响到推排法实施的成效。

推排法在景定五年（1264）九月颁下后，各地施行情况不尽相同。尽管季镛在咸淳三年（1267）上言时，曾讲到他自己在知平江府任内，已经施行推排法，如今听说绍兴府已就绪，湖南转运司长官也一路告成。不过季镛所说应只是很少数的几个例子，而非普遍的情况。次年二月，刘黻在《论经界自实疏》中就说道"奈之何猛者务必深切于行，而宽者付之悠悠而不行，均之为失朝廷之本意"。比刘黻晚一个月，王梦得在上任知建昌军前的上殿奏事，更强调自推排之令颁布以来，竟无一处就绪。直到咸淳八年（1272），黄震在知抚州任内，仍然不愿执行转运司要求限期施行推排法的命令，并且写信给江西转运判官钟季玉，说明他何以如此。

至于在推排法已经实施之处，至晚从咸淳三年开始，就有人指出此法在施行过程中所呈现的问题。当时在临安的林希逸，在这年二月，写了一首题为《有感》的诗，诗中有这样两句：

> 楮欲秤提官自抑，苗多走弄吏尤奸。（《竹溪鬳斋十一稿续集》卷二）

在这两句诗下，作者自注说，"时有秤提、推排指挥"，前后两句都涉及时政。前句的"楮"即楮币（纸币），"秤提"即提升纸币的币值，景定四年（1263）实施公田法，理由之一就是要遏止会子的大幅贬值；实施之后显然没有效果，所以次年十月，又发行关子来取代十八界会子，以一准三，结果却是关子贬值更快，这就是诗中所说的"官自抑"。后句的"苗多走弄"指富家隐寄田土，以逃避二税，即所谓飞走税苗，"吏尤奸"则是指州、县衙派往各乡、都督责推排的胥吏，收受贿赂，纵容田主以隐寄田土来逃避二税。至于在推排法下"苗多走弄吏尤奸"更清楚的说明，见于咸淳四年（1268）三月知建昌军王梦得在上任前的奏事。

正在奉祠中的王梦得，于咸淳元年（1265）获得起用，差知建昌军，由于尚有官员在任，所以他待次到咸淳四年三月，才接到诏旨，要他上殿奏事后赴任。他在奏事时，言及见于推排法的问题，他说今日地方上治民的州郡长官，仅是处理地方所收财赋以纲运解送到中央，就足以让他们因事务丛集而难有余暇，纲解所以难，则是由于赋税失陷。为了处理赋税失陷的问题，于是：

> 都省有推排之令，布告四方，越四载未有就绪者，何哉？要须先定规模，曲尽事情，使之持久而不变，然后可以成功。夫自州而县而乡都官而保，寸寸而较之，夫岂易事？其势不容不自乡都官始，此皆豪家大姓实为之。昔者，官吏精明，监察严而稽考密，乡都有所惮，不容其私；今也不然，州局无可专委之官，胥徒皆少年无赖之辈，豪家大姓先生慢心，厘改在其手，步算在其手，造籍在其手，虽亲戚故旧之产，犹不容不隐，况纠正其自产哉。怀私得便，平日并吞之心，反因是以售其奸。况守令更易靡常，识见不同，规模屡易，贫弱长受困苦，而赋税卒不得其实。（王柏《鲁斋集》卷二十《宋故太府寺丞知建昌军王公行状》）

从王梦得的上言可以了解，问题关键在于乡都官。担任这类职务的都是地方上的豪家大姓，他们本身拥有众多田产，正是最想要逃避二税的人家；对他们来说，情况是上则州县督责不严，下则有亲戚故旧要赖之以协助，前者为乡都官的营私舞弊敞开了大门，后者则与乡都官本身的利益需要同是导致推排不实的力量。州县所以会督责不严，原因在于州衙临时设置有以"局"为称的机构（有如前述宝祐年间赵与𦶞在平江府，为推行修明经界所设的"修明局"之类），以之推动推排事务，在州县官员各有自身繁忙业务的情况下，只能以兼带的身份任事于局中，不可能全心尽力于推排，于是实务的执行落于被王梦得称之为"少年无赖"的胥吏手中，他们既无经验，又缺乏品德上的自我要求，显然不会拒绝乡都官的贿赂，甚至会主动索贿。这种情形使得乡都官可以毫无忌惮，田土隐寄、税苗飞走的弊端不仅不可能由于推排而查出，反而会变得更严重。除了乡都官的问题外，王梦得也提到州县长官由于任期的关系，常会替换，前后任的郡守、县令往往想法、做法不同（"规模屡易"），也影响到推排的执行，但他可能认为这种影响是难以避免的，并没有在这方面多发挥，不过他所说的"贫弱长受困苦，而赋税卒不得其实"，却正是富家田土隐寄，苗税飞走的结果，州县应该上缴的赋税既然因富家的逃避而征收不足，不足的部分就会摊派到其他中产或小有田产之家，由他们来承担。他这一个观察呼应了刘黻在《论经界自实疏》中所说的，"猛者务必深切于行，而宽者付之悠悠而不行"两者，都失朝廷的本意，结果是造成"贫民下户日困于抑输"。

王梦得的说法已把州县、乡都官和有田之家三层都包含在内。州县官员和胥吏属于州县这一层，乡都官本身就是一层，他们又属于有田之家中的富家，受其庇护的亲戚故旧也属于这一层。这三层的相互牵动，导致推排法的实施不仅毫无效果，反而使得赋税失陷的情况更为恶劣。至于中产和小有田产之家，则只能被动地接受前三者互相牵动的结果，承担了因赋税失陷而摊派下来的税额。

　　但是无论刘黻或王梦得，都只是一种整体性的观察，是就推排法何以无法有效推动而言，并不能因此而认为所有的富家都在隐寄田土，飞走税苗。欧阳守道的《送刘大临序》(《巽斋文集》卷七)，提供了推排法下的另一类型富家。刘大临名巽，是欧阳守道的门人。他们俩都是吉州人，欧阳守道在郡城中教学，刘巽入城从之问学。由于刘巽所居县邑要实施推排，他向欧阳守道请假，表示这件事须有数十日才能完成，等事情结束后会再来，问返乡这段时间应做什么事。从欧阳守道的回答可以得知，刘巽的家中有常产，平时向佃户岁收租课和向官府输纳二税等事，都委交干仆去办。刘巽家既雇有干仆处理收租、纳税等事，则不仅是有常产而已，而应是家境富裕，产业颇多。欧阳守道告诉刘巽，何事非学，并非只有读诗、书才算，田亩间如田土的等第、丈量亩数时的丈尺，都是心目当用之处，这段时间如果能够了解推排这件事，对自己来讲，正是一大裨益。接着欧阳守道说："吾子累世田产，想赋税皆古额，无甚欺隐漏落之弊，如其有之，从今日得一番公私分晓，乃是为良民者之幸。官若有命，宜敬听焉，勿以为厉己也。"这几句话，说明了在欧阳守道的认识里，刘巽及其家庭一向循规蹈矩，属于良民，没有隐寄田土、漏落二税这类事，因此他希望刘巽在这次推排中，依旧采取这种态度，万一发现有未登记于官府帐籍的田产，正可以借此机会将田产在公私上分清，就遵照政府的命令来处理。这些话虽然只是欧阳守道对刘巽的教导，但很可能就是本于刘巽平日的为人处世而说的。

　　最后欧阳守道说："吾子未尝经历人事，此归得了自家可矣，毋与他人；若与他人，则己所不能，必纳败阙。谨之，谨之！"在欧阳守道对刘巽这几句特意提醒的话中，"了自家可矣"和"毋与他人"的具体所指，或许应如此说，刘巽若听从了欧阳守道的指点，学会如何分辨田土的等第、丈量田亩的面积，以及其他与推排有关的事务之后，他就可以为自家处理向乡都官自实的事宜，提交乡都官所需要的资料。欧阳守道要他处理好自家的事就可以了，不要去为他人处理田土、赋税自实这件事，这是能力所不及的事，必定做不成。"未尝经历人事"或许应指刘巽一向在专心读书，涉世未深，不了解人心各异，未必人人如他一样，愿意在推排这件事上毫无欺隐，据实提供相关资料，所以欧阳守道会为他担心，叮咛他不要由于自己有了处理推排相关事务的能力以后，就热心去帮助别人，别人心中想的可能是如何隐瞒自己的田产，逃避赋税的缴纳，而非如他一样的据实呈报。欧阳守道这几句话，如果这样能解释得通，那么这几句话就可以印证有关推排法的两件事，一是推排法在乡都官处理有田之家的田产、赋税资料之前，还有田主自实这一个程序；一是当有田之家自实时，富家并非家家愿意据实呈报，据实呈报者并非没有，但更多的富家在意的是自家的利益，而非政府的财政困难，更不是税收制度的公平合理。

朝廷对于推排法施行后所发生的问题，并非不了解。度宗继位后的第一次殿试在咸淳四年（1268）十月举行，时间在林希逸《有感》诗作后的一年，刘黻、王梦得上疏的同年。策试题中有这样几句话，"推排本以平赋也，且暮吏来吾乡，并缘为奸，今或强宗巨室有不可问者矣"（不著撰人《咸淳遗事》卷下），这几句话，读来就有如前引林希逸两句诗或刘黻、王梦得疏中相关文句的改写。咸淳六年（1270）八月，又有一道诏令，"郡县行推排法，虚加寡弱户田租，害民为甚。其令各路监司询访，亟除其弊"（《宋史·度宗纪》），田租即田税，"虚加寡弱户田租"即由前引策题中的"今或强宗巨室有不可问者矣"所造成，当州县政府无法如实征收到富家的田税，为了满足朝廷规定的数额，便只有把不足之数摊派到其他税户的身上，这在刘黻和王梦得的奏疏中都曾论及。朝廷虽然了解推排法的问题所在，但是从咸淳六年（1270）的诏令看，却是对于此不仅无法达成推行原意，而且继续发布扩大问题的政令，显然已有无可奈何之感，诏令中对于推排法"虚加寡弱户田租"的问题并未提出解决的方法，只要求监司询访，但是监司询访到之后，是否又有能力解决？问题既难以解决，那么继续实施推排法的意义究竟何在？

于咸淳七年（1271）四月初上任抚州知州的黄震，约在咸淳八年（1272）四月末，写了一封信给刚上任不久的江西转运判官钟季玉，指出当时推排法难以普遍性实施的道理。钟季玉以使牒行下抚州，催行推排，黄震认为，他没有能力达成这个要求，因而具札上禀。他认为"天下事莫切于推排，亦莫难于推排"，所以莫切于推排，是因为"今大家肆兼并隐落之奸，小民被重催白撰之苦，大农匮乏，州县煎熬，皆失推排之弊也"。"白撰"指强征没有名目的税钱，"大农"则是中央政府的财库。所以莫难于推排，他举出了从南宋初年以来的三个例子，包括绍兴年间李椿年在秦桧支持下，施行经界行之不尽；朱熹施行经界于漳州，为土豪所诉而罢；以及赵与懬施行修明经界于平江府之后，"苗税飞走，反以羡闻"导致后来程元凤上任之后，"无以填纳虚增之额"。然后据第三个例子所造成的问题，讲到当时的推排，"凡经推排之处，坐此弊者十尝七八"。

他接着讲，我对此事痛心疾首，为国家思考已久，认为原因在于：

惟得明敏公正、精力未衰者为知县，而知县自行之，决可革弊。或知县不得其人，而上自朝命海行催趣，不过扰民一番，而财赋愈失陷，弊且益甚。（《黄氏日抄》卷八十四《上钟运使》）

他指出推排这件事，只有由明敏公正且年富力强的知县主动推行，才能革除弊端，而当时的情形则是由朝廷颁下全国性的命令，敦促所有的州县一律实施，这样做的结果就是不仅扰民，而且财赋失陷更多，弊端更甚。他并且举亲闻的吉州永丰县之例，"近有浙士自吉州永丰官满见访云，本县元额苗三万六千，今自推排，尽为大家隐落，仅存零数"，亦即自三万六千石减少到仅剩数千石而已，黄震据之而强调，"推排之不可轻易也如此"。推排法的成功推行，关键在于知县，黄震说明了自己和五县知县的情况，自己年长多病，五县中只有崇仁周知县能办事。因此，他原本在旧任漕司长官在任期间，都以申展来回复漕司催行推排之令；如今新约束立有程限，限满责实，他的建议是，如果一定要实施，只可约以秋收以后，责限半年，令各县任责，而依其所见，最妥当的则是只择可托的知县，渐次实施，原本行下的公牒，不妨暂时收回。

黄震的建议是否得到钟季玉的接受，如果接受，在两项建议中又是采用哪一项，均不得而知。即使黄震在这封信中，明确地表达了他不肯承担推动抚州推排的责任，他的知抚州职务并没有因此而立即有所变动，而且在咸淳七年（1271）八月，还是知抚州兼江西提举常平，到次年三月才因出任江西提刑而离开了抚州。不过在咸淳八年六月，有台臣指称"江西推排结局已久"，这样的说法不知从何而来，到四月底，属江西路的抚州尚未推行推排，即使从五月就开始执行，也不可能在六月以前就完成，更何况是

"结局已久"。但台臣如此说，应亦不至于是无因之谈，可能是另有不见于记载的史实为其依据。

总结上述讨论，说明了咸淳（1265—1274）年间的推排，不仅没有收到应有的效果，反而使得问题更加严重，原本想要解决的富家土地隐寄、苗税飞走问题，在此法施行之后更形扩大，严重的甚至有如上述吉州永丰县的例子，原本税米数额为三万六千石，实施推排法后仅余零头。这种情形使得国家已经困竭的财政得不到舒缓，中小田主所负担的税赋负担则愈来愈重，这就是南宋亡国之前的状况。因此，推排法的实施，从实施的用意来看，确如早年学者所言，侵犯了富家的既得利益，但是从实施过程与结果来看，却是富家借此机会，扩大了自家的利益。

无论如何，经界法在南宋时期的实施，仍然留下了一些比较长期的影响：

第一，土地清丈或核实，成为中央或地方政府一种经常性的工作，未必是定期，却不时会执行。以"经界"一词来讲土地的清丈或核实，在宋代以后也仍在使用，这类例证，查阅地方志即可得知；而熙宁新政中的方田均税法的"方田均税"，在后世已少见使用。

第二，登记税户土地与赋税的"砧基簿"之名，始见于南宋绍兴年间李椿年的经界法，南宋时期一直在使用，在史籍中经常可以见到，在明人所编、收录南宋晚期地方官诉讼案件判决文书的《名公书判清明集》中，可以看到当地方官在处理有关田产的纠纷时，常要使用砧基簿作为判断曲直的依据，就是经界法留下的遗产。元代、明初依旧使用砧基簿，洪武十四年（1381）以后才为黄册所取代。

第三，宋代经界后所编制的图籍中，其名称沿用至后世较久的，则是鱼鳞图，明代用来登记田籍的"鱼鳞图册"，其渊源即是南宋经界法中的鱼鳞图。在绍兴年间，李椿年推行经界法时，已可见到洪遵在上言中使用了鱼鳞细图的名称，但所指是田地的鱼鳞图或户口、住家的鱼鳞图，并不清楚。此后鱼鳞图此一名称，较早见于保甲法（或保伍法），宋孝宗乾道后期，张祖顺知衢州龙游县时，已在使用；后来又见于经界法，较早在宋光宗绍熙元年（1190）也已见于朱熹在漳州准备施行经界所公布的《晓示经界差甲头榜》中，但很可能在此之前已经有其式样，朱熹只是访寻来使用。此后在好几次经界之后，都有记载说绘制了鱼鳞图，如嘉定未末年魏豹文在婺州施行经界，章劝于宝庆、绍定间在抚州金溪县施行经界，王爔于端平年间在平江府常熟县施行经界。

保甲法（保伍法）的鱼鳞图和经界法的鱼鳞图，内容不同。前者据张龙游县所绘的鱼鳞图，是"居处向背、山川远近如指诸掌。又籍其家之长幼、姓名、年齿、生业，纤悉毕载"（《攻媿集》卷一〇四《知梅州君墓志铭》），是以家户为主。后者则如王爔于端平二年在平江府施行经界之后，"其履亩而书也，保次其号为核田簿，号模其形为鱼鳞图"，所谓"号模其形"是指田每段有编号，依其互相邻接，模绘田段的形状，其具体情形应如《名公书判清明集》卷五载人境《揩改文字》所判龚敷与游伯熙互争第四十八都第一保承字第二百八十七、二百八十八、二百八十九共三号地，人境这位地方官，据产图簿及龚、游两家干照，作了判决。"产图簿"应亦即鱼鳞图，在人境的另一篇判文《田邻侵界》中，则简称之为"图簿"。其实在李椿年推行的经界法中，砧基簿原本就要画田形垧段，声说亩步四至，"鱼鳞图"或"产图簿"可能是从砧基簿中分出来的。洪武二十年（1387）以后的鱼鳞图册，其渊源自然应是南宋经界法中的鱼鳞图，而非保甲法中的鱼鳞图。

# 第十八讲

# 其他政策、制度对新法的承袭与变化

## 一、贡举与学校

在贡举制度方面，南宋科举考试只有进士科，这是熙宁变法所确立的制度，但是进士科又分经义、诗赋两科取士，则是采取元祐（1086—1094）年间的方式。以经义来取士，仍然源于熙宁，不过《春秋》一科列入经义考试之内，则又是取法于元祐。至于殿试，则无论经义科或诗赋科均考策问，这也是熙宁（1068—1077）年间所确定的办法。经义考试时，《三经新义》也允许和其他注疏兼用，并没有禁止。秦桧当政时，科举考试曾经"阴佑王安石，而取其说"，但是也没有公然独尊王安石的著作。自从绍兴三十一年（1161）确定分进士科考试为诗赋、经义两科之后，考诗赋的士人日多，考经义的士人日少，经义在科举考试中的地位，已不能如当初王安石所期望。

和科举考试相关联的是学校教育。北宋晚期完全从学校取士的办法失败以后，南宋时期不再有这样的尝试，但是就读太学仍然有比较特殊的入仕机会。南宋太学依旧实施三舍法，必须经由考试才能升舍。太学人数最多的时候，是在宋宁宗嘉定七年（1214），总共有一千六百三十六人（其中外舍生一千四百人，内舍生二百零六人，上舍生三十人），人数不仅比不上崇宁（1102—1106）时期，也比不上元丰（1078—1085）时期。太学生在科举与仕宦方面的待遇，大体上是恢复宋神宗时代的办法，亦即上舍上等可立即任官，上舍中等可以免除礼部试，上舍下等则可以免解。地方学校已经不再实施三舍法，州学学生也不能升贡太学，但是州学升贡法的影响没有完全消失。在州学就学满一年以上，并且经过三次考试中选，曾经是参加太学补试所必须具备的资格之一，可是这项资格要求很快就取消了。尽管如此，至少在南宋中期以前，仍然屡次有官员提出复行崇宁舍法的建议，只是或未为朝廷所采纳，或虽采纳却未能持续施行。大体说来，王安石制定的科举制度和学校制度虽然沿袭下来了，他的"古之取士皆本于学校"理想已经无法实践。

南宋太学重建于临安以后，第一次招生是在绍兴十三年（1143），当时主管太学的是国子司业高闶。依据诏书，可以报考太学补试的士人，必须具有以下三项条件之一，最主要的一项是在本贯官学住学满一年，三试中选，未犯三等以上的处罚；非本贯人而在当地游学只要合于上述资格，也比同本贯学生；合于这项条件的士人，在经过州学教授的保明，申报于州，发给赴考公据，凭之以报考。单就这项条件看，可以说具有北宋崇宁年间州学升贡法的遗意，士人由州学而太学而参加政府的取士考试，政府取士的来源出自官学的培育。但是同样是士人由州学而太学，在崇宁年间是以一定的名额升贡而入；在绍兴十三年的规定里，却是要经考试，和其他具备应考资格的士人互相竞争。而且除了这一项条件之外，另有合于其他两项条件的士人得以报考，这包括第二项，未曾住学而曾经发解、品德良好的士人，也就是所谓的"得解举人"或"乡贡进士"，他们在得到州学教授的保明，取得官府所发的公据之后，也可以报考；以及第三项，不合于第一、二两项条件的士人，却在诏令颁布以前，就已经取得上述报考所需要的文件，也通融给予报考。这些士人可能曾在本贯学就读而不满一年，也可能没有就读；可能曾经考过解试而落榜，也可能从未曾考过解试。第二、三两项条件，使得报考官学士人的来源扩大了许多，于是南宋第一次太学入学考试的性质，也就离"古之取士皆本于学校"的理想愈远。

不仅如此，在三年一次的太学入学补试中，要求就读州学满一年的资格要求，也逐渐由放宽而消失。从绍兴十六年（1146）的太学补试时起，曾在州学就读满一年的报名资格要求，很可能已经放宽，只是具体的情形不很清楚；到绍兴二十一年（1151），据国子司业孙仲鳌在面对时所说，"士人愿入上庠，州县次第勘验，于贡举无违碍及非殿举屏斥之人，给据赴补，真良法也"，所强调的是有无违碍于贡举的要求，以及是否在以前的贡举考试中曾因犯过受到处罚。至于是否曾经住学满一年，已经不再是对报考太学士人所要求的条件。

不过将太学的入学考试，改为类似北宋崇宁年间的州学升贡法，也就是所谓的"舍法"，从就读州学的士人选取太学的学生，仍然一再有人提出。上述的孙仲鳌，在说完上引几句话之后，接着就表示即使这样的良法，也有弊端，他指出，一些士人并非游学而"托名游学"，或籍非本贯而"诡名冒贯"，并因此使得士人有轻离乡里、不修行检的心态。他建议将来停办太学的入学补试，仿效北宋崇宁年间的舍法，亦即州学升贡法，诏令天下的州学在招生时要严格，对在学的学生要定期考核，精察其品行、学业，于最为优异的学生中，每年或隔年遴选一二名，升入太学就读。这项建议，无异于完全恢复州学升贡法，从州学升入太学，不必再经过太学的入学补试，不过并未获得朝廷的接受。到绍兴三十年（1160），又有一位太学博士郑闻提出建议，他认为参加太学补试的士人达五六千人，是太多了，则望今后以举人在其本贯州县学住学满一年，三试中选，及不犯规受罚者，由州县报明，并给予公据，才能参加太学补试。宋人所说的"举人"，是对士人的泛称，曾参加解试而得解者或未得解者，或治举业而尚未参加解试者，均包括在内，而非专指得解举人。郑闻这项建议为朝廷所接受，在绍兴三十一年（1161）颁行。由于办法未能落实施行，有一些士人，并非州县学的学生，竟能取得地方官府的公据，报名参加太学的补试。这种情形使得郑闻的建议未能继续施行下去。这以后的太学补试办法，经历过几次变化，离崇宁州学升贡法和王安石"古之取士皆本于学校"的想法，都已渐远。不过复行舍法的建议，自郑闻以后，仍然有人继续再提。这些未能实施的建议大致可以归类成两种，一种如孙仲鳌所提，取消太学补试，以优秀的州县学生直接升入太学；另一种则如郑闻所提，太学补试仍然举行，但只限合于规定资格的州县学生参加。

何以本于崇宁州学升贡法的舍法，无论是维持原来的直升方式，或是改用以考试选取的方式，在南宋都难以施行？这有几个原因，首先是地方官学的经费有限，不足以收过多的学生。赵汝愚于绍熙三年（1192）建议取法舍法而略加修正，以地方官学选取的士人，贡至太学，在经过考试选拔后入学。朱熹对他的建议有不同的意见，曾对学生说，"为三舍之说亦未为得也。未论其他，只州郡那里得许多钱谷养他"（《朱子语类》卷一〇九《论取士》）；

在他的《学校贡举私议》(《朱文公文集》卷六十九）中说得更清楚：

> 又欲斟酌举行崇宁州县三舍之法，而使岁贡选士于太学。……然果行此，则士之求入乎州学者必众。而今州郡之学钱粮有限，将广其额则食不足，将仍其旧则其势之偏、选之艰而途之狭又将有甚于前日之解额少而无所容也。正使有以处之，然使游其间者校计得失于旦暮锱铢之间，不得宁息，是又不唯无益而损莫大焉。

他对学生所讲的"那里得许多钱谷养他"，就是《学校贡举私议》中所说，求入太学的士人必定比过去增多，可是州学的钱粮有限，如果要增广名额，则不足以养士，如果名额不增加，则选才之势必偏向少数的官学生，大多数无法进入官学的士人，中选既艰辛而路途又狭窄，将更甚于以往因解额少而身无所容于其间。这几句话，就州县学经费有限而讲的。接下来的几句话，则是另一件事，是指已进入地方官学的士人，为了争取将来岁贡选士的资格，而锱铢计较，甚至因此而有请嘱等事，甚至有更严重的行为，所以《朱子语类》卷一〇九《论取士》载朱熹对学生说，这是会兴大狱的。

回到学校经费这个问题上，自北宋仁宗时以来，因兴学而赐予地方官学田产，以所收田租用为包括养士之费在内的学校经费。所谓"养士之费"，就是学廪，官学学生在学时的生活费用由政府来提供。熙宁改革时，崇宁州学升贡法实施时期，也都如此。州学升贡法停废之后，朝廷把赐给地方官学的田产收回。南宋时的地方官学仍然有学田，但是却由地方政府或学校本身来筹措，因此各地官学的学田多寡不一，养士经费的多寡也就差别很大。除了学田之外，由于商业日渐兴盛，有些地方官学的又有房廊（货物仓库）、市地出租，刊印书籍出售，或由政府拨用盐、酒等专卖收入等，不过这些都不及学田那样常见。然而一所州学即使学田众多，其所能供应的学廪数量，也无法让这所学校接受过多的士人入学就读。所谓钱粮有限，是相对士人数量而言的。

上述所讨论到的士人数量问题，牵涉导致舍法在南宋无法施行的另一个因素，那就是士人的数量到南宋时大量增加。由于雕版印刷的推广，书价降低，买书比过去方便，加上科举考试盛行，弥封、誊录两项制度实施，使得参加考试者必须凭实力竞争，家世的影响力减少，北宋晚期已有人说"读书人人有分"。于是社会上有志读书仕进的士人数量不断增加，而且这不只是士人个人的事，还牵连到士人的家庭甚至家族的期望，一旦登科，就可以光宗耀祖。读书风气既趋兴盛，配合上从北宋到南宋的人口增殖，士人数量因之而大增。以福州为例，参加当地解试的人数在元祐五年（1090）是三千人，到绍兴九年（1139）增加到七千人，到乾道元年（1165）又增加到一万七千人，到淳熙二年（1175）再增加到二万人，可知是在成倍、数倍地增长。

在士人大幅增长的情况下，福州州学的养士人数固然日增，可是增幅甚小，而报名参加州学补试的人数增幅颇大。自元丰初年至元祐八年（1093）的十余年间，养士额自数十人增至五百人，崇宁年间施行舍法的前后，是骤升骤降，施行时达一千二百人，停罢后只有二百人，尚不及元祐八年的数额。到南宋时期，由于同时有福州州学的养士额和参加春、秋两次补试的考生人数，可以看其间的差距。绍兴九年，养士额为二百四十人，实际在学人数达五百人，也就有二百六十人是虽在学而没有学廪的；参加春、秋补试的人数约有四千人，以养士额和参加补试者的人数相比，后者是前者的十余倍，即使养士额换成实际在学人数，后者也是前者的八倍，竞争的剧烈，可想而知。到淳熙九年（1182），福州州学的养士额略增至三百人，参加春、秋补试的考生为五千人，录取五百人，也就是在养士额之外的二百人录取者，入学之后是没有学廪的，以养士额、录取名额和参加补试的人数相比，后者也分别是前者的十余倍和十倍，差距同样甚大，而且略显增长之势。

在这样的情况之下，如果让地方官学的学生享有优先进入太学的机会，进入太学后又有太学生在科举考试的一些特殊待遇，而其他较读州学者多出甚多而未能或无意就读州学的士人，去挤科举考试的窄门，岂能说是公平合理？南宋太学生在科举考试上的特殊待遇，朱熹也曾言及就是太学解额是七人取两人，这岂是一般州郡所能有？以福州而言，解额在北宋治平四年（1067）为三十一人，到南宋绍兴二十六年（1156）增至六十二人，可是参加解试的人数，在元祐五年有三千人，治平（1064—1067）年间应少于此数，而在南宋绍兴九年已增至七千人，到乾道元年更增至一万七千人，绍兴二十六年在乾道元年之前约十年，参加解试的人数大约已有一万余人，如以一万二三千人计，大约要二百人才解一人。这和太学七人解二人相比，士人所受到待遇竟如此不同。当时人认为，福州、温州是士人最多而解额最窄的州郡，其他州郡的情况虽然比福州、温州来得好，但也不可能有和太学一样，七人解二人的优势。这也就是朱熹不赞成实施舍法的另一理由，"盖入学者既有舍法之利，又有科举之利，不入学者止有科举一途，这里便是不均。利之所在，人谁不趋？"（《朱子语类》卷一○九《论取士》）而这种不公平，就南宋士人数量大增的情况看起来，就更显得不合理。

同样不合理的，是私学到南宋时已经兴盛，而三舍法选才，仅重视地方官学，而不及于私学。大多数士人都无法进入州学就读，他们要习举业，除了自修，就是在私学中继续学习。自北宋以来，私学已见于活动，到南宋更是兴盛。私学兴盛的情形，仍然以福州为例。自南宋初年以来，在福州的乡里中，一些家庭的父兄，为了子弟的教育，多成立书社，合力聘请"为众所誉，学识高，行艺全，可以师表"的教师到书社来教学，学生多至数百人，少亦数十人。教师先揭示规矩，要求学生遵守，然后才开始讲课；讲的主要是诸经，常以一岁通一经，讲诸经之外，又习经义、论、策。从讲授的内容看，可知是与当时的科举考试互相配合的。到南宋中期以后，上述书社的活动减少，有愈来愈多的教师自己开业，等待学生前来受业。这一类馆塾本已存在，只是到了南宋中期更为常见，反映了民间教育日益普及的一种趋势，在这种趋势之下，教学已经成为一种行业。

教师自己开馆，教学的内容自然有不同的层次，讲授的对象也各有不同。有教启蒙的，有教举业的，也有教举业而兼讲学的。可以牵涉州学升太学问题的，是教举业以及教举业而兼讲学两方面，这两者都与举业有关。例如生活在宋高宗、孝宗朝的林之奇，是当时的一位名师，他说自己"里居以讲学为业，乡之士子误相从游者盖数百人"，在高宗、孝宗时，福州州学实际在学人数不过是五百人，而养士额则只在二百四十人至三百人之间而已。他又说"其有知学向学，自力不懈，以是游场屋间，率一两举，其于预计偕、取科名，若寄而取之，曾无甚难者"，自然也有力学的弟子，于考场不利，困厄终身。不论在福州州城及其附近，或是各县的乡里，都可以找到一些像林之奇一样，学生人数可以有数百人，而其中有人登科的私学教师。这种情形不是只见于福州，也见于其他州郡。例如林光朝于绍兴年间在家乡兴化军"开门教授，四方之抠衣从学者岁率数百人，其取巍科、登显仕者甚众"；大约稍晚，黄云在平江府，"吴中大书会稀少，至君学蚤成，后生慕从常百余人，勤苦诱掖，一变口耳之习，其荐第有名，多君门下，他师不敢望也"。

各地既有优秀的教师，又教出努力向学的学生，因而登第，地方官学到后来甚至招收不到有志向学的学生。刘宰在开禧三年（1207）写了一封信给钱象祖，建议以复行舍法来激励地方官学学生的志气，在信中有这样几句话，如今各州的州学学田日增，学舍日辟，然而"乡校之去取无与于升沉，士子之去来无关于进取，往往有志者鲜入其间"。有志者既少有进入州学就读，那么他们在哪里习业？一个可能的去处，就是受业于地方上的私学名师。可是如果实施舍法，以私学所教导的学生，与舍法下的州学生员、太学生员待遇相比，如此不同，岂能令人心服？总之，崇宁州学升贡法在实施时已出现诸多问题，而且施行的时间也不长，南宋的现实情况，更看不出舍法有其复行的可能，复行只会引发诸多不满。源于崇宁州学升贡法的舍法，所以一直无法复行，是有其原因的。

在舍法始终无法复行的情况下，南宋太学的招生方式，先后有"混补"与"待补"。按李心传《建炎以来朝野杂记·甲集》卷十三《太学补试》：

> 太学补弟子员，故例，每三年科举后，朝廷差官锁院，凡四方举人皆得就试，取合格者补入之，谓之混补。淳熙后，朝议以就试者多，欲为之限制，乃立待补之法，诸路漕司及州军皆以解试终场人数为准，每百人取六人，许赴补试，率开院后

十日揭榜，然远方士人多不就试，则为他人取其公据代之，冒滥滋甚。庆元中，遂罢之。嘉泰二年，复行混补，就试者至三万七千余人，分六场，十八日引试云。

此书甲集序于嘉泰二年（1202），是较早见到以"混补"一词称待补法实施之前南宋太学补试方法的史料。此条说太学混补在"每三年科举后"举行，只是概括言之，实际上如前所述，太学补试也有过每年举行的时候。待补法的颁布在淳熙四年（1177），亦即在此之前所实施的太学补试方法称为混补。"待补"一词则指每逢州郡解试，从落榜者中择优取一个固定比率的士人，先是百分之三，到淳熙十年（1183）改为百分之六，称为待补太学生，等待太学举行补试时，可以赴考一次；曾得解人原本每补听试，但次年即改为各缴原省试落第公据，许赴补一次，待遇如同待补太学生。无论是待补太学生或曾得解人，在解试中的成绩都属于领先群。"待补"是指这些有资格参加太学补试的士人身份，而非太学补试的名称，所以有"待补太学生""待补国学生""待补进士"等称呼；不过到后来，"待补"一词也就包含有"由待补太学生参加的太学补试"这样的意思。

"待补"是淳熙四年待补立法时已有的称呼，至于"混补"之称，在序于嘉泰二年的《建炎以来朝野杂记·甲集》中虽非初见，但更早的记载也只能追溯到《宋会要辑稿·选举二六·铨试》载庆元二年（1196）二月二十七日吏部的上言，以及《朱子语类》卷一〇九《论取士》所载朱熹与门人的谈话。朱熹卒于庆元六年（1200），谈话中说自己"顷在朝时"所见"赵丞相"的事，从朱熹和赵汝愚的仕宦经历看，朱熹与门人的谈话应该也是在庆元（1950—1200）年间。在此之前，"混补"曾有"混试"之称，例如绍熙三年（1192）朝廷上就讨论过是否要罢除待补，复行过去所行的"混试"。无论是建议罢除待补的礼部侍郎倪思，或是参与集议的侍御史林大中等人，或是提出不同意见而主张复行舍法的吏部尚书赵汝愚等人，使用的都是"混试"一词。在他们的用法里，"混试"就是"混补"。不过以"混试"与"混补"相较，后者专指太学补试，而前者不仅用在太学入学补试，也用在其他考试；后者的意思显然更明确，后者所以能取代前者，较常见于文献之中，用来称呼具有某种特色的太学补试，原因或即在此。

"混补"的特色，应该如同"混试"。应用范围较为广泛的"混试"，意思是不同身份的考生混同考试。例如有些地方的解试，就常会有土著和流寓者一起考试的混试；太学的公试，也有内舍生和外舍生通同混试的情形。依此一考试特色来看混补，以绍兴十三年的太学补试来说，依据高闶建议而颁布的补试方法，虽然报考资格按规定以住本贯学满一年、三试中选、不曾犯第三等以上罚的地方官学学生为主，但是曾得解人也可以报名，又通融让一些已抵行都或已上路的不曾住本贯学之人参加，应属混补。以后报考资格放宽，不再要求考生必须曾住地方官学，也不要求是否曾经得解，更明显属于混补。在淳熙四年待补法实施之前，历次太学补试大多属于混补，但是也有几次例外。如乾道五年（1169）的太学补试，只限当年省试落第人和曾得解人参加，资格有明显的"得解"单一限制，并非混补；淳熙二年赵雄依仿绍兴三十一年旧令，建议结合舍法和补试，考生来源只是单一的地方官学学生，亦非混补。

太学入学考试施行混补，等于是没有特殊的资格限制，报考的士人众多。因此每到考试，太学所在的都城临安，就涌入了许多自全国各地来参加考试的人，以及他们的随行者，连带造成许多问题。于是朝廷想对报考人数加以限制，淳熙二年依赵雄的建议，将考生来源限制为地方官学学生，应该就是想要解决此一问题的一次尝试，但是显然难以为其他来源的士人所接受，原因应就如同前文所论舍法无法于南宋实施的原因。于是在淳熙四年有待补法的制订，由于待补法是以解试成绩为基准，让曾得解人和未曾得解人而解试成绩居于前列者，都有机会参加太学补试，于是人数得以限制，也兼顾到各种来源的士人，因而能够成为此后施行至南宋末年的一项制度。不过在嘉熙（1237—1240）年间以前，偶尔也会施行混补，有官员在嘉定（1208—1224）年间讲，这是出自皇帝的特恩，让更多的士人可以报考太学补试。到嘉熙元年（1237），下诏废罢待补，以后一律参加混补，从次年，亦即嘉熙二年（1238）开始，混补就经常举行。嘉熙四年（1240），吴潜曾建议恢复待补，虽然待补之名要到淳祐九年（1249）才又再见于记载，但其恢复的时间无法确定，此后的情况是待补、混补两者并存。这种变化的详细背景，仍有待了解。

# 二、市易法

市易法在建炎二年（1228）废罢，只保留抵当库，但是由于财政上的需要，免行钱随即复征，各地的市易务也跟着设立。免行钱复征的时间不长，自绍兴十一年至二十五年（1141—1155），但是征收的范围远比以前广泛，不限于京师，而是遍及全国各级城市，甚至深入到乡村小店，许多没有行役负担的小商人也必须缴纳。所以当时免行钱的征收已经完全失去免行之意，而成为一种苛捐杂税。市易务恢复设立始于绍兴五年（1135），次年下令"诸路常平司于管下客旅会聚州军，权置市易务，候事平日罢"，也就是全面复设。当时市易务也以转贩大宗物资作为获取利润的途径，例如茶、盐，都是市易务运销的商品。市易务后来又称平准务，并且朝廷在绍兴二十七年（1157）制定平准务官员的奖惩办法，以收息的多寡作为标准，可见仍然延续了北宋时期市易法实施时所表现的财利特色。一直到宋孝宗淳熙五年（1178），仍然有诏令淮东、淮西总领所各置市易库一所的记载。以后市易务或平准务演变的详情，已不得而知。

至于地方设置抵当库的制度，则沿用到南宋末年，始终没有废止。南宋初期，各路常平司都设有抵当库，所收息钱是政府的财源之一。总制钱的各项来源之中，有一项是抵当库椿四分息钱，应该是指抵当库所收息钱以四分椿留作总制钱。由于抵当库取息方便，利于增辟财源，所以其他政府机构也纷纷设置，不仅行政、军事机构如此，甚至连学校也有设立抵当库的。除了抵当库之外，南宋城市中又有其他名称的官营机构，如惠军典库、激赏解库、抵质库、便民典库等等，也都是经营抵押借贷的机构。有时一处城市之内，就有好几所这类机构，例如在景定（1260—1264）年间及其以前的南宋晚期，沿江重镇建康府至少就有隶属于建康府的淮士典库、隶属于沿江制置司的两所抵当库及一所惠军典库、隶属于江东安抚司军需库的抵当库、隶属于江东转运司的典库、隶属于建康府养济院宋兴寺的质库、隶属于转运司实济院的赈惠库，一直到咸淳（1265—1274）年间，沿江制置司新设的平籴仓，仍附设有助籴库，贷借收息以助籴。这一类官设抵当库对于客人的贷借，不仅供给了一般民众日常生活的需求，也有助于商人用于商业资本的周转。例如上述江东安抚司军需库的抵当库，就是将钱本借给猪、羊牙户，使他们可以先代猪、羊商人购买所需的商品。这种情形应非只见于这所抵当库。抵当取息已经成为南宋城市中一项重要的官营事业，而渊源则出自熙宁年间的市易法。

## 三、农田水利法

南宋政府也继续推动农田水利的开发。在地方上，这项职责依然隶属于提举常平司，而由郡通判和县丞负责执行。从熙宁年间以来，常平钱谷用作兴修水利的经费，南宋的常平免役令则规定"诸兴修农田水利而募被灾饥流民充役者，其工直粮食以常平钱谷给"，仍然沿袭熙宁以来的办法。南宋各地疏浚河道、兴辟水塘，常动用常平钱谷作经费。具体的例子如绍兴元年（1131）太平州诸县兴修圩岸及借贷人户种粮，就是从宣州的义仓、常平米内取拨一万石给太平州，等将来圩田收成之后拨还；绍兴府会稽县德政乡的农田一万二千亩，在乾道七年（1171）蒙受水患，影响到农作物的生产，到次年开耕时，为疏泄积水，向府中借常平米三千缗、义仓米三千石，以之赈济农民，并运用他们的人力，开浚已经损坏堙塞后浦，让积水可以疏泄。南宋的常平钱谷和义仓米常有互相挪用的情形，所以常平仓和义仓又常合称为常平义仓。

但是常平钱谷常被挪用到其他方面，而州县的财政困难，连呈缴给上级政府的税款有时候都发生问题，更难有多余的钱用于水利建设，有心的地方官往往要设法另辟财源，或者撙节开支，或者鼓励民间的富家来分摊，才有能力从事这方面的工作。至于比较大规模的水利建设，则常要依赖中央政府支拨经费补助，而又以来自内廷的补助为多。南宋的财政比北宋更加集权中央，地方赋入绝大部分上供京师，所以中央储存的财物要比地方充裕，而在中央的财库中，内廷所能支配的又要比户部所能支配的来得充裕。当地方政府水利建设经费不足而需要中央补助时，常由内廷直接支拨经费到地方。例如绍兴二十八年（1158）平江府开浚常熟县塘浦的经费来源，钱是得自御前激赏库支降，米就平江府拨到纲米内支取；温州在乾道二年（1166）为防潮水倒灌而兴修塘堤斗门，其经费来自内藏库支降钱二万贯；明州在淳熙三年（1176）因开浚鄞县东钱湖约用钱十万贯、米一万石，米由本州内拨给，钱则由提领南库所支会子五万贯。在上述三个例子中，御前激赏库和内藏库固然是内廷财库，左藏南库是御前激赏库更名，更名后虽改隶户部，财物移用权却在内廷，左藏南库后来又更名为左藏封桩库，同样隶属户部而财物移用权却在内廷。这三个例子，钱的部分都来自内廷财库；有两个例子有米，其中拨给平江府常熟县供塘浦之需的，是取自平江府上供给朝廷的纲米，其实就是平江府本地所收到的税米，其中也可能包含常熟县所产者在内；拨给明州鄞县供疏浚东钱湖之需，同样是明州的米，两者都可以视为出自本地的经费。也就是说这两个例子的经费来源，包括出自内廷与本州府两部分。

江浙是北宋时期推动农田水利建设的重要地区，庆历（1041—1048）年间和熙宁年间都想要在这里兴筑圩田，到政和（1086—1094）年间而大规模地在江东、浙西进行，在浙东地区也放弃了原本禁止开辟湖田的禁令。此一政策在南宋初年继续推动，这时由于财政困难，为了开辟财源，也为了安置从北方逃难南来的流民，鼓励民众自行开垦。《宋会要辑稿·食货六三·农田杂录》"绍兴三年（1133）四月二十二日"条载工部侍郎李擢言：

> 今东北之民流徙者众，东南弃田畴者多。平江有湖浸相
> 连，塍岸久废，近或十年，远或二十年，未尝有人疏导者。有

地力素薄，废为草莱，涨潦之余，常若沮洳，未尝有人耕垦
者，悉号逃田。委通判与县令同往相视，召问父老，为水所居
可以疏导若干，卑薄之地可以耕垦若干，各开具某处及顷亩多
寡，揭榜以招诱东北流徙之民，入状请射。县给种本，与免三
岁之租，仍别立租额以宽之。仍委监司覆按，除其旧额。

平江即平江府，也就是苏州，政府提供开垦资本，并且免除三年
的租税，三年之后，政府便可以有租税的收入。由于政府的鼓励，
再加上江浙地区人口增加，又是最接近全国政治中心的地区，地
价随之而上涨，垦湖为田可以获得厚利，于是豪富之家竟无限制
地侵耕湖泊，开辟成田。这样一来，使得湖水失去潴积的处所，
湖泊原有调节水量的功能丧失，水旱灾日益增多，妨碍到其他农
地的生产。

对于这种情况，南宋政府最初的办法是加强水利的整治，浚
治浙西地区数量众多的塘浦，疏导源自太湖流经苏州、秀州而入
海的松江。北宋熙宁年间郏亶兴筑圩田的计划，原本就是要在高
筑圩岸的同时，辅以深浚塘浦、松江。政和年间赵霖在浙西兴修
圩田，也是开治港浦和筑圩裹田同时进行。所以南宋从绍兴后期
以来到宋孝宗乾道、淳熙年间多次大规模的疏浚浙西地区的塘浦，
是继承熙宁新政的构想而来的。但是圩田（围田）影响水利的情
况实在太严重，所以从宋孝宗初年起，除了一面疏浚塘浦之外，
另外一方面也对有碍水利的圩田加以开掘，并且禁止继续围湖为
田。这一个阻止圩田继续扩张的政策执行得并不是很成功，有碍
水利的圩田无法全部掘除，新的圩田依然继续出现。到了宋宁宗
开禧（1205—1207）年间以后，由于连续对金、对蒙古发生战争，
财政的需求再度增大，基于圩田可以提供政府租课收入的理由，

又再允许豪势之家重新修筑圩田，政府本身也从事围裹。

## 四、义役法

役法在南宋名雇实差，只有某些特殊的人户，允许他们自己募人代役，例如居住在坊郭或别县而在好几处乡村有田产的人家，还有得解或入太学就读的士人。除了以保正、保长轮充差役外，有时又以三十家结为一甲，轮派甲头催税。以甲头催税的制度，源自青苗法。熙宁年间实施青苗法，以甲头来负责青苗钱的发放与敛收，熙宁七年（1074）以后，进一步以甲头代替户长催税。绍圣之初，也曾经采用这个办法，不过在次年即改用保长催税。南宋时期，大体上就是以甲头催税和保长催税两种办法轮流交替。轮充保正长或甲头的人家，本来应该是上户、中户，但是由于上户有些多方逃避，使得差役常落在中下户的身上，造成他们经济上很大的压力，也使民户之间为了应该由谁轮当差役而经常发生争讼。

面对这种情况，民间自己创造出来一种互助组织，以减轻差役的负担，不久之后就得到政府的支持与推广，这就是义役。义役起源于绍兴十九年（1149）婺州东阳县的民间组织，这里的长仙乡有十一户富家，有感于役职繁重，而且常易引起争讼，在一位名为汪灌的人倡议之下，大家分别提供田产，以田租的收入来补助轮当差役的人家，也就是将原来由个别人家承担的花费，化为共同负担。这一个组织，实施了近二十年后，获得当地郡守吴芾的肯定。大约同时，范成大在乾道四年（1168）出知邻近的处州，得知有这一件事情，将这一种组织推广到处州，劝谕民间仿行，并且让民众自行编排役次，命名为义役。义役在处州也组织成功，于是在乾道五年（1169）、七年（1171）范成大两次上疏朝廷，建议推广到全国各路，义役从此在各地和差役并行，由地方官劝谕民众自行组织，有些地方政府并且给予财务上的协助。义役推广之后，除了原来的方式之外，也有些地方，用筹集而来的钱、谷来募人代乡役，民户本身就不再充当差役了。宋理宗宝庆（1225—1227）年间婺州推行的义役法，可以作为一个例子，王懋德万历《金华府志》卷九《役法篇》"宝庆义役法"条：

> 　　知婺州魏豹文、王梦龙相继奏行义役，随役户田亩之数而通计之，约雇役费用之需而均率之，都各有田而不拘于烟爨，田各有助而无间于乡都，以义劝民，量其多寡，出助田产，以为役费，其不应差役小民，则不在劝率之数。又虑其事力单寡，承应不继，则拨官田及给官钱买田以助之，以各都分厘为三等，上等事力有余，无待于助，次则酌中助之，下等助之加厚。

从这段资料可以得知，义役已经成为地方官所推行的一项措施，婺州两位地方官不仅劝诱有差役义务的民户，按照他们的经济能力提供田产作基金，政府本身也支拨官田或给官钱买田来配合。田租用来作为役费的补助，而以雇役所需的费用来计算。经济能力最好的人家不补助，其次的人家酌中补助，较差的人家则给予较为优厚的补助。

　　义役所以称"义"，依据洪迈的说法，在于其"与众共之"。所谓"共之"者，是义役组织中的人户，或共同编排役次，或共享义役田产，把地方上的差役，视为大家共同的负担，设法尽量减轻这项负担。"义役"就民众来讲是"义"，却是官府的"失义"

或"不义"所导致的，也就是说，由于官府在差役上的失义或不
义，才导致了民众必须以义役来减轻执役时的负担。这样的看法，
先后见于叶适和戴埴的论述。《水心先生文集·前集》卷二十九
《跋义役》：

> 保正、长法不承引帖、催二税，今州县以例相驱，诃系鞭
> 挞，遂使差役不行，士民同苦。至预酿钱给费，逆次第其先
> 后，以应期会，名曰义役，然则有司失义甚矣。

照叶适的说法，在"以例相驱，诃系鞭挞"的情况下，最大的问
题是保正、长有钱财的负担，保正的花费多到数百千，保长的花
费多到百余千，遇有意外事，更是"费辄兼倍"，以至于执役之后
"少不破家荡产"，于是"民之患役，甚于寇雠"。叶适接着申论，
所以会如此，是由于保正、长既要应付吏人的需索，又要代未缴
的人家纳税，而这正是义役所以要"预酿钱给费，逆次第其先
后"的原因。"预酿钱给费"是为了减轻执役者的花费负担，"逆
次第其先后"则是为了轮值的公平，避免役户之间的争议。这应
该就是义役的"义"之所在。至于叶适所认为的官府"失义"之
所在，则应是官员应洁身驭吏而不能，吏人才会向执役者求贿；
官府应除民之疾苦而不能，才会发生执役者要代逃税者缴税这类
事情。

　　叶适专从现状讨论，戴埴则着重于从历史的演变来说明现状。
戴埴《鼠璞》卷下《义役》：

> 今之义役，朝臣以为便，欲通行之。予谓此法在民则为
> 义，在官则大不义。

然后他从周代讲起，一直讲到南宋。他所说的唐代以前情形姑且不论，关键是北宋熙宁以来。熙宁立雇役法，令民出钱助役，雇人执役。当时计物力轮充耆长称役法，用以收赋税；计户籍选派保正、长称保甲法，用以巡盗贼；后来废用县五等簿为依据轮充的耆长收税，改为以都保为单位，依强、中、弱分等，而由其中物力最高者派任的都保正副、大保长收税，于是雇役法和保甲法两法俱弊。到绍兴（1131—1162）年间，取雇役钱加以封桩，隶属于经、总制司，于是胥吏多无从上下其手，自此才要求保正、长代输税户欠税，追捕及官吏往来、科配、供给之费也都取办于保正、长，保正、长因而有破荡之患。在这种情形之下，"于是众鸠金买田以供役，盖出于大不得已"。民众组织义役出自大不得已，官员不能没有责任：

> 不咎官吏以非义虐正、长，乃谓率钱以饱溪壑之欲者，可通行于天下，可乎？夫力役之出庸，并于两税，继有徭役之雇钱以隶经、总司，复使率钱为义役，是三出钱而不免役，以为义，未见其义也。

由于"义役"之名出自官员的命名，"义役"的推广也出自官员的推动，所以戴埴要问："不咎官吏以非义虐正、长，乃谓率钱以饱溪壑之欲者，可通行于天下，可乎？"最后他追索从唐代以来力役改以钱取代之后，又再有役的经过，"力役之出庸，并于两税"，是唐代的事，"庸"即租、庸、调的"庸"；可是到宋代，仍然因差役对民众的困扰，而在熙宁年间行雇役法，民众出役钱之后免役，由政府雇人充役；到南宋初年，役钱在地方上封桩，改隶经、总制司，于是州县无钱雇人充役，雇役法成为名雇实差；差役有钱财的负担，于是从绍兴后期以来，又有民众组织而成的义役出现，民众共同分摊执役时的耗费。由此看来，民众已经出役钱而仍未免役。戴埴的结论是，虽名义役，可是"未见其为义也"，这是针对官员未能抓住问题的核心而有所作为来讲的，并无批评组织、主持义役的民众之意。

实际上则义役的组织者、主持者的能力、品格各有不同。有人用心在善尽己力，以减轻众人的负担，且能立下较为适当的规约，妥善行使。但并非人人皆能如此，行事不能秉持公心者固不必论，即使心存乡里，而规约未尽妥适，也不免会滋生纠纷。

从实例来看，确实有一些义役可以维持长久。例如婺州东阳县长仙乡西山的汪灌，后来才由范成大命名的义役由他"始创而纪纲之"，始于绍兴十九年（1149，己巳）。汪灌在乾道九年（1173）去世，吕祖谦为他撰写墓志铭，说"自绍兴己巳迄今几三十年，西山役讼不至于公门"，维持了二十多年。大约在嘉定（1208—1224）年间嘉兴府海盐县的陶士达，在乡里创行义役，即使在吏人意图借富室势家的力量来破坏，维持的时间仍长达十年。镇江府金坛县二十三都，在宝庆二年（1226）有蒋家兄弟子侄、邓氏兄弟、王氏兄弟、陈姓、唐姓、梁姓、袁姓等共十余人，共同组成义役，各随力舍田，设庄经营，以田产之入为役费，如有余剩，则用来购置公田，如公田收入有余剩，则将各家原初所出的田产全部归还，再有余剩，则用来设置社仓，嘉惠同都之人。义役庄成于绍定二年（1229），刘宰为之撰写《二十三都义庄记》已在绍定六年（1233），从义役组成至刘宰撰写记文，维持了也有八年之久，而且很可能继续维持下去。镇江府丹阳县人诸葛埴于端平二年（1235）去世，刘宰为之撰墓志铭，言及当其尚在时，以族人在乡里困于差役之纷争，首倡义役，"迄今二十年，纷争之端息，辑睦之风成"。

还有父子两代接续主持义役的例子，时间就更长了。徽州祁门县人方岳追述他的祖父、父亲说，平生所为，力不足而心有余，事虽微而利无穷，"义役特一事耳，邦之人士安乐无事者五六十年"，即使两人去世已久，乡人仍然思之而不能忘，因而筑方长者祠堂以表彰。从长达五六十年来看，应是两人接续主持义役，才能这么久，在洪焱祖所撰的方岳传中，也说到其父钦祖，乡人称为方长者，"主维义役积年"。从这篇传记看，方钦祖的去世，应在端平、嘉熙年间，上溯五六十年，则应在淳熙年间，方岳的祖父已在主持乡里的义役。父子先后主持义役的，还有庆元府余姚县的孙一元与其生父学谕公。孙一元为学谕公第三子，过继为其叔父之子，学谕公在嘉熙元年（1237）已九十岁。孙一元自其十五岁丧父之后，经历习业家塾、负笈太学、通过解试，而两次未能顺利于省试中上榜，无缘登第，于是返回家中，主持家务，致力于抚助族人，兼及为惠乡里，其中一事为"益修学谕公所结义役"，并且以其节余，另外置班代执下户之役，至咸淳四年（1268）正月一日去世，享寿八十岁。自嘉熙元年至咸淳四年，已超过三十年，再加上于嘉熙元年学谕公九十岁之前主持义役的时间，可能也要长达五六十年。

更详明的事，见于南宋晚期台州黄岩县的洪洋赵氏与太平乡林氏。台州黄岩县推行义役，可以上溯到淳熙九年（1182），当时朱熹任浙东常平，巡部至黄岩，邑士童蒙正、诸葛蒸硕建请让民众自结义役，朱熹将他们的建议上奏，奉诏施行，但是各乡、都未必都能承命。嘉定四年、五年（1211—1212），知县陈汶上任后，才积极地推行于全县各乡都，劝谕民众户产多寡割田，组成义役，自相推排，自立规约。排役的方式是"随都分阔狭、役户多寡，以物力高下为应役岁月，次第排定，周而复始"，役费的来源与管理是"乃俾役户新立契约，均出田亩，都置役首，以统其纲，钱谷出入，动有绳墨，掌以主事，储以义庄"。又有"代役以供乡落之走趋""递帖以应有司之期限"者，都应该是雇募性质，前者应是当役户无法或不愿亲自应役时受募，担任代理的代役人，后者应在官府与役户之间传递文书，是原来承帖人的工作。当义役法推行至全县之后，原来官府用来排役的鼠尾簿就不再用。洪洋赵氏和太平乡林氏两家，都是在嘉定年间就已经参与过陈汶所推动的义役。不过时间久了之后，陈汶任知县时所劝设的义役有了变化，主长义役者常任私而自义役中图求私利，参与义役者也不肯循理而对义役加以挠阻，就如洪洋赵氏的兄长赵处温所说，这时义役的"义"字已名存实亡。

　　要到淳祐九年（1249），王华甫担任黄岩县知县时，才又力求义役的振兴。他到任后，对于县里自嘉定四年以来已有的义役，是因旧法而更新之，与民众相约，计产钱一百贯的田亩，才捐田一亩为义役田；又相约，若能节储义役田租的余剩，以之另外增置田产，大都及三百亩、中都及二百亩、下都及一百五十亩，而其租入足以相当于原来所捐集田产的田租数量，则退还原所捐集的义役田产。这一个办法，是针对黄震在其《台州黄岩县太平乡义役记》（《黄氏日抄》卷八十六）中所说，在王华甫上任之前的义役弊端"田连阡陌者捐助或不毫毛，仅仅及等者反困抑助"而发的，作用在于改变原来的不公平状况，而且捐出的田产将来有一天可能退还，有助于增强人们参与义役组织的意愿。王华甫治理黄岩县时的义役事迹，如前所言，至少有洪洋赵氏和太平乡林氏父子兄弟两家人值得一述。

　　洪洋赵氏有兄弟两人，兄即赵处温，未仕；弟为赵亥，宝庆二年（1226）以武举登进士第，其后曾担任过藤州知州。兄弟俩人与洪洋义役的关系，有王华甫《义庄田记》、赵处温《义庄田后序》、赵亥《义庄田跋》三文可以参考，三文均见《光绪黄岩县志》卷六《版籍·徭役》。在赵亥登第之前，洪洋已有义役，赵氏有田在役，赵亥登第之后，已有免役的身份。其他登第者往往就会退出义役，取回田产，而赵氏兄弟在商量后，不作此打算，而是另立田籍，积累田租，经二十余年，增买田产二百亩，合原田产共三百亩。这时刚好王华甫在黄岩县劝行义役，赵氏兄弟所居之都，役户共聚集义役田二百三十亩，王华甫以两主事管理其田租、经费的出入，并敦委赵处温督领。赵氏兄弟认为以己田三百亩为义役田，已足以充役费，因而将原聚自役户的义役田归还原主。赵处温并且捐废址，立义庄，订盟约与规制。义庄不只是为了钱财、谷米的保存、管理与出纳，四时序拜、行乡饮酒礼的聚会，也都在这里，反映出他们识见之远，了解到要想义役行使能顺利，就必须重视更加重要的礼仪基础。而义役成立的订盟仪式、义役行使的相关规制，则不甚苛密，表现出与人相处时的信任与尊重。从嘉定四年陈汶在黄岩县推行义役，到宝庆二年赵亥登第，有十五年；从赵亥登第到淳祐九年义庄成立，有二十余年；此后洪洋义役继续存在至少在十年以上。义庄成立后十年，社仓得以设置，社仓之储取自义庄的余剩，而未取之于役户，但是用之于乡人，这也是赵处温苦心经营义役庄得来的成果。这一年是开庆元年（1259），次年即景定元年（1260），王华甫出任知台州，以往他治理过的黄岩县，如今也在他的辖下，在前后约有两年的任职期间，他重申以往任黄岩县知县时有关义役的措施，无异于给予洪洋义役继续存在的动力，也因此，赵氏与洪洋义役的关系，不会结束于社仓成立之时。如此看来，洪洋义役从初置以来，存在的时间应在五十年以上，其间经历了兴、衰、复振等阶段，虽然由赵氏兄弟主持的时段，是在淳祐年九年复振以后的十余年，但是他们奉献于义役的用心，已见于宝庆元年赵亥登科之时。

太平乡林氏父子兄弟主要是林从周与其二子林宋卿、齐卿，其中林宋卿有太学进士的身份，亦即在他是太学生时，曾参加过为太学生办的解试得解，但是未能登第，他可能自此返回家乡，协助其父林从周治理家业。当陈汶于嘉定四、五年（1211—1212）间来到黄岩县时，由于林从周向他建议，才推行义役。陈汶所推行的义役，到后来有了弊端，到淳祐九年（1249），王华甫任黄岩县知县时，才又重振。王华甫和黄岩县民有义役的约定，据黄震其记文的说法，是"垂二十年无敢变"。景定元年（1260），王华甫出任知台州，重申过去任黄岩县知县时有关义役的约定，林宋卿这时正在主司太平乡居地都分的义役，做得最为妥整有序，因此获得王华甫的赞叹。很可能从林从周开始，就已曾主持此地的义役，经两代经验的累积，所以林宋卿能有如此的表现。到王华甫离开台州之后，林宋卿更为谨慎，办事力求妥整。其所居都分，原本役户捐集田产二百零五亩，后来已能积其余费，购置良田一百七十余亩，每亩收租二石，亩数虽不及原本捐集之数，可是租入已超过出原本所收的租米，于是尽以原来捐集的田产还给原主。林宋卿家原初捐助十亩，在与其弟齐卿商量之后，并不取回，附于新置之田，于是经费更为沛然有余。黄震为之写《台州黄岩县太平乡义役记》在咸淳四年（1268），也就是到此时，林宋卿仍在主持义役，从景定元年至咸淳四年，前后有九年之久，再加上景定元年以前林从周、林宋卿父子先后接续主持的时间，显然历时更长。如果从嘉定四、五年开始计算而不论主持者，到咸淳四年为止，此处义役的维持已有五十余年，和前述洪洋义役的时间相当，而林家对黄岩县义役的贡献，也早发端于林从周当初对知县陈汶的建议。从赵、林两家人与义役关系的历史看来，尽管义役施行之后，其间虽有兴衰，但经过整饬之后，又再复振，并且由于主持得人，使得黄岩县的洪洋义役和太平乡义役能有较长的时间存在。

尽管可以看到一些义役施行成功的例子，但是许多义役在施行过程中所出现的问题，也层出不穷。这一类问题，不断有人提出，细读这些言论，大致可以了解，破坏义役的经常性力量主要有两个来源，一个是义役内部的纠纷，另一个是胥吏的蓄意破坏。

第一个来源以朱熹所论及的处州义役为例。淳熙九年，朱熹任浙东常平，巡历到处州，上《奏义役利害状》（《朱文公文集》卷十八），所着重的就是这一个来源。奏状首先提到，先前朝廷曾依处州布衣杨权所请，有旨结立义役。按，杨权应即《建炎以来朝野记·甲集》卷八《处州义役条》所载的处州布衣，曾于淳熙八年（1181）十二月上书言义役事。当时处州知州是季翔，因诏旨而修义役事，办法是不论官户、民户或僧道户，每田百亩出田二亩为义役田，以其租入补助保正、户长，官府为之置立砧基簿，子孙不得觊觎。

朱熹继续在奏状中，讨论处州义役所存在一些弊病，并提出改善的办法。他指出，处州奉行义役至今，有四未尽善之处。其一是在役户出田充义田方面，有困贫民以资上户的情形。其二是在各都役首管收田租、排定役次方面，出纳先后之间，未免有不公之弊，将来是难施刑罚，增添词讼。其三是役次的排定有不公之弊，三五年后，贫富升降，情况与现今不同，不免会引致争讼。其四也是在排定役次方面，有上户安逸而下户赔费的情形。由于有这四未尽善之处，所以会词诉纷纭。这四未尽善之处中，最主要就是役首不公。朱熹并没有因此就否定义役的意义，或是因此而主张废罢义役，而是提出一种他认为较为妥当的实施方式，这种方式就是当时正在绍兴府山阴县施行的义役。山阴县劝谕人户各出义田，以田均给保正、户长，各有亩数，载明在砧基簿；保正、户长依旧只从本县定差，更不另外设立役首，亦不先排役次；当役之户由于有义田可以收租，自然乐于充役，也不致互相纠讦。朱熹建议朝廷将绍兴府山阴县的这一个办法颁降给处州，等到处州施行有绪，再令浙东各州仿效施行。这件事的后续演变如何，已不清楚。朱熹所说的四未尽善，都是很可能发生的事，并无问题；问题在于他认为人户虽然各出义役田均给保正、户长，却不置役首，那么义役田产是否就由官府负责管理、收支？而且保正、户长则只从本县定差，是否可能就没有弊端？如果民众所出的义田产由官府管理、收支，保正、户长也由本县定差，那么是否仍可称之为义役？

另一个来源以黄榦所论及的临江军新淦县义役为例。黄榦于嘉定五、六年（1212—1213）间，任新淦县知县，曾请求提举常平司对于破坏义役之人要加以约束。在这一篇封题为《申提举司乞约束破坏义役》（《勉斋先生黄文肃公文集》卷三十）的申状中，他首先讲到地方上差役不均的问题，及其所带来的弊害；然后就说明他到任之后，地方有民众请求实施义役，施行之后果然对官对民都有好处，于是他推广之于能承担差役者较少的狭都，公私均蒙其利。不过他接着又指出：

> 然不以为便而欲破坏之者亦多矣。乡司以羌役（按："羌役"应即"差役"）为利，解子以追催为利，案吏、贴司以缴

引为利，杖直之徒以呈比为利，今皆失之，故朝夕窥伺，惟恐
义役之不坏也。

乡司本称乡书手，原本是役职的一种，负责编修与税、役有关的
册籍，由于在县衙中工作，到后来就演变成一种吏职，名称改为
乡司，而其编造册籍的职务，包含了差役的排役在内，成为其索
取贿赂或收受规费的利源。解子负责传递交税钞给保正向人户催
税，追催指保正催税，解子借传钞的机会，往往对保正有所要索。
案吏、贴司都是在县衙中办理文书的胥吏，案吏在名额之内，贴
司是额外人手，保正催税如一再追催而仍未能催足缴出，经一再
传讯而仍未出面，就会收到限期缴纳或限期报到的文引，报到时
须缴引，报到者为求减轻刑罚，往往会对办理报到的案吏、贴司
有所贿赂，案吏、贴司也可能对报到者有所要索。杖直是行使杖
刑的胥吏，呈比则是施行杖刑前，先要比较所犯情节和法令规式，
来决定行刑的轻重，并因之而有呈比钱的规费或需索。黄榦指出，
如果施行义役，胥吏的这一类收入就都没有了，所以他们要千方
百计地破坏义役。这种情形，说明了义役的排役，如果还归官府，
未必就能使得义役没有弊端。

义役的役首不公问题，到南宋晚期仍然存在。刘克庄于淳祐四
年至六年（1244—1246）任江东提点刑狱，他有一篇书判，题为
《鄱阳县申差甲首事》（《后村先生大全集》卷一九十二）：

当职累历郡县，所在义役词讼绝少，惟此间义役之讼最
多。盖义役乃不义之役，而义册乃不义之册。或六文产、三文
产，不免于差，则役首之罪反甚于乡书手矣。帖权县：照所拟
行。如役首不公，可将其人解来，惩一戒百。

这篇判辞标题中的"甲首"，应该就是判文中的"役首"。饶州鄱阳县义役之讼最多，民众田亩的产钱不过六、三文，可能还不到一亩田，役首也要差派其当役，所以刘克庄在判辞中说，"役首之罪反甚于乡书手"。如前所言，乡书手原本也是一种役职，负责编造各种帐籍、簿册，由于主要在县衙中工作，后来演变成为胥吏。刘克庄这句话是说，义役的役首排役不公，就有如乡书手受贿而任意差派财力薄弱的人户承担差役一样，甚至更加不如，这也就是何以他又说"义役乃不义之役，而义册乃不义之册"的原因。尽管刘克庄强烈地批评鄱阳县的义役，但显然他不认为各处的义役都是如此，所以他说，自己"累历郡县，所在义役词讼绝少"，鄱阳县不过是一个特例而已；他更没有认为义役不可行，他曾说过差役法和募役法各有利害，而"义役法后出最善"，当他在宝庆（1225—1227）、绍定（1228—1233）年间知建宁府建阳县时，曾推行义役于县内都、耆的四分之一，而后来对自己知建阳县时，无法在任内使一县尽行义役，感到抱憾与自愧。

言辞比刘克庄更激烈的是吴潜，时间在宝祐五年（1257）十二月，当时他在判庆元府任内。刘克庄所讲的义役弊端，只是由役首不公所造成；吴潜讲的义役弊端，则包含有役首、胥吏相互勾结的双重因素在内。《开庆四明续志》卷七《排役·行移始末》：

　　照对国家差役之法，最为完备。缘世降俗末，人情奸狡，诡计横生，于是义役之说起焉。本所以救差役之弊，不知义役乃所以大不义，细民受害更重于差役，此天下之通患，而其患未有甚于庆元者。大抵义役必有役首，非各甲上户不能主役，奈何只知利己，更不恤人。谓如一甲之中有上户二十家，律以正差役法及倍法，自合轮流充应，却与此二十家结为一党，派及下户有勒充一月者，半月者，十日者，甚至有三日、一日、半日、八分、四分者。不知出何条令。

"正差役法"应即鼠尾流水法，依各户资产的高下，以自高而下的顺序，定各户轮差执役的先后；"倍法"即倍役法，是以受差役户的最低资产为准，役户资产较高者与之相较，倍数愈高者的歇役期愈短，受差也愈频繁。吴潜对于义役所以会有弊端，也归咎于由各甲上户充任的役首，他们"只知利己，更不恤人"，使得义役虽以"义"为名，但实际上是"大不义"。刘克庄只说饶州鄱阳县的义役，实际上是"不义之役"；而吴潜则广泛地说，"义役乃所以大不义也"，不仅"大不义"，而且这件事是"天下之通患"，只不过"其患未有甚于庆元者"。

义役的役首如何使得细民受害更重于行使差役时？吴潜的讨论，着重于役首与同甲中的其他上户，结成党派，再勾结胥吏，不依条令，逼勒资产有限的下户充役。在官员、役首、役户与细民之间，胥吏扮演了重要的角色。"县官惟胥吏之听，胥吏惟上户之听，私立甲簿，视同官司文书，小民只得俯首听命"，"间有经官陈诉者，则上户率钱贿吏，吏颐指县官，或讯或杖，或监廊或系狱，必使下民依应而后已"；若"不幸适有杀伤、烟火、盗贼及一切不测追捕之事，役首又操纵其间，随役户之嘱托，事在昨日，或移在今日，事在上半日，或移在下半日，使当役细民应办官司，支吾巡尉"。在这些情况之下，细民"数亩之田，不了货卖结折，数口之家，不了抛离分散"。从整个过程中获利的是官、吏、上户，而细民则日就穷困灭绝，强壮者流为盗贼，所以吴潜说："故所谓义役者，特专为上户躲避差使之地而已，不义孰甚焉。"从"私立甲簿，等同官府文书"这句话看，显然在此之前，庆元府的排役是由官府来负责的，所以胥吏才得以应上户的嘱使，在"官府文书"，以"私立甲簿"的方式来改变执役者的姓名，将上户承担的役期加以分割，以下户来分担原本应由上户轮充的役期。

即使吴潜批评义役的语气如此强烈，他仍然没有主张废罢义役的意思。他的办法是，为因应各地的情况不同，先榜示民户，让他们自己选择是否要更改。如果该都该甲对原来行使的方式没有意见，就仍然沿用原法。至于认为是不公平的都、甲，就依照庆元府所颁约束，将乡司（即乡书手）寄收县狱，责决配截手罪。在排役方面，则从公开具各都各甲确应充当役职的上户，不论是否为义役，都先排定七年的役次，从新的一年，即宝祐六年（1258）起，上户照规定每户充应役职一年，以次人户则许两户或三户共充应役职一年，使细民得以在七年安居田里，休养生息。排役完结诸乡的各都籍册，由府委任各县知县提督，并自府委派专官下县置局办理，每都造三本，经签押用印之后，一留府，一留县，一留都。从上述办法可知，吴潜仍然保留义役，改变的只是将重新排定役次的年限延长为七年，并且造籍册三本，分存府、县及都，有问题时可以互相对照，以防胥吏舞弊。不仅如此，当时吴潜以庆元府知府兼沿海制置大使，也曾以义役的方式，将庆元府、温州及台州沿海地区的海船，团结为义船，用来承担海防的任务。办法是由三郡各县选县邑之有财力者，主持团结。如一都岁调三舟，而有船者五六十家，则诸家自以事力厚薄，办六舟，岁发三舟，而以三舟在家营生，所得的收入充作次年修船、办杠具、招水手之用。每当沿海制置司调民船用于守定海、戍淮东及镇江府时，就从义船中调发。比起在此之前，每当调发民船时，船主苦于吏人不恤又无理要索，有很大的改善。

当吴潜在庆元府整顿义役之时，浙西的义役遭到了破坏，破坏力量的来源，有别于上述甲首不公和胥吏两者，而是来自朝廷和浙西的提举常平官员。黄震在景定元年（1260）上了一篇申状给新到任的浙西提举常平杨顼，这篇《申杨提举新到任求利便状》（《黄氏日抄》卷七十一）提到几件浙西提举常平司不妥的施政，其中之一对义役有所伤害：

> 乡民之所最苦者，役也；役户之所最利者，义役也。常平使者职在振举，扶持主张犹恐不至。顷者柄国非人，以利灭义，视羡余之多寡，为官吏之才否。时则以私昵之人，辱庚台之节，举管内义役米，类以阙役而私自收米为名，尽从而拘有之，甚者破坏其家产。

这篇申状中所言及的"庚台"，指提举常平司；义役的"阙役"，指由于各种原因，如排役不公、贫富变化等等，义役的作用已无法正常发挥，因而役职无人担任；"柄国非人"所指的柄国者，应为自宝祐六年（1258）四月至开庆元年（1259）十月间任相的丁大全。黄震此申状在论盐务问题时言及一位金提举，即宝祐五年（1257）出任浙西提举常平的金文刚，至次年十月于任上去世。金文刚出任此职时，丁大全尚未任相，所以丁大全所用的"私昵之人"，应为继金文刚之任的另一位官员，至丁大全罢相，此人应亦随之而罢，继任者为孙子秀，对丁大全向有意见。黄震所指将阙役义役米拘收，作为羡余呈献的浙西提举常平，其姓名尚待查考，此人也将浙西亭户盐本钱，作为羡余呈献。

提举浙西常平官员所以能够将阙役义役米拘收，原因可能在于浙西地区若干州县已将义役田产划入常平官产。例如平江府常熟县知县王爚，在端平（1234—1236）、嘉熙（1237—1240）间施行经界完成之后，继之以劝行义役，并将役户所捐助的义役田，划入常平产业管理；同样在端平年间，嘉兴府华亭县知县杨瑾，也在施行经界之后，劝行义役，则将役户所捐助的田产，以官钱购买，也拨入常平产业。这种情形，在浙西或许不仅常熟、华亭两县如此，也可能见于其他州县。当初义役田产所以会被划常平产业，是为了预防将来义役田产会因产业争执而引起纠纷、诉讼，或为人所侵占，不料如今却成为朝廷攫取义役阙役米之资。以成立于端平、嘉熙间的常熟县义役田来说，"曾未二十年，更革几无复遗"，时间正在宝庆、开庆（1225—1259）之间，这时原来的规制已所遗无几，但应仍有留者，为官府所掌握而归属于常平产业的义役田产，即应为其中之一。由于原有的义役规制已几无存留，所以就很可能再也无人承担役职，因而义役米粮没有开支，成为阙役米，于是浙西提举常平官员就取之为羡余，用来呈献于朝廷。

黄震在申文中继续说；

> 献羡之数目虽藉是苟充，而义役之规约悉缘是废坏，不惟乡落之民愁叹满野，与夫争纠，败坏风俗，官司文移因无隔保，无所责付，亦烦扰甚矣。夫义役民户所自结，非官司授田使之结也。义役纵阙，田犹民之田，非官司所当夺而有之也。且民户虽曰阙役，而义役在；今官司夺其役米，而义役曰（按："曰"当作"亡"）。堂堂官府，民之父母，纵不能救其义事之阙，反利其阙而忍于绝亡之，又果何以为心者耶？

义役阙米被移为羡余呈献给朝廷之后，义役规约被破坏，于是发生争纠入入役的情形，导致风俗的败坏；而官府文书也由于没有隔官、保正，无所交付，事情办理起来，增添了不少烦扰。黄震进而指出，义役即使阙役，义役田仍然是役户的田产，非官府所宜夺取。而且民户虽然阙役，然而义役犹在；如今官府夺其用以助役之米，义役因之而亡。为民父母的官府，不设法拯救其义事之阙，反而以其阙役为己利，而使之绝亡。黄震质问，官府究竟是何存心。

黄震为义役向提举常平司提出上述请求，但是并无结果。这时的宰相已非丁大全，而是先经过吴潜，然后是贾似道。宰相更换而沿袭不改，可见这件事对朝廷来讲，有其财政上实际的需要，因而不考虑其对民心的影响，以名义上虽为献羡余，实际上几近搜刮的方式，要求地方官员奉献；而历任提举浙西常平，也都无法抗拒朝廷的压力，遵依照办。前曾引述黄震记载台州黄岩县林宋卿主持义役事迹的《台州黄岩县太平乡义役记》中，言及此事。他首先约略重述在《申杨提举新到任求利便状》中讲过的一段话，并表示他的建言所得的结果是"不报"，然后就指出其间只有一位提举常平王华甫敢于有自己的作为：

> 越三年，兵部郎中会稽王（按："王"下当缺"公"字）华甫来为使者，辟余从事，余欲以告，未及，公已一己（按："己"疑当作"己"）首蠲阙役米钱八十万贯，趣尽役义役如初。一道欢呼，皆言公昔治合（按："合"当为"台"之误），结义役有成法，方相与翘目以俟。不幸役未及成，公先病卒，而阙役米之催如旧。

按，王华甫于景定三年（1262）出任浙西提举常平，至年末即于任内去世；他上任后辟黄震为主管帐司文字，而黄震撰写此篇记文则已在咸淳四年。从前引记文可知，原本只是以义役田产所收租米作为羡余上缴的阙役米，在王华甫上任浙西提举常平之前，已经扩大成为一种向税户普遍征收的杂税，以钱缴纳，称为阙役米钱。所以说是普遍征收，是由于王华甫在蠲除阙役米钱之后，"趣尽役义役如初"，要求民众都组成义役。而在王华甫去世，新任提举常平到任之后，阙役米钱的征收又恢复，延续到黄震写这篇记文的咸淳四年（1268）仍然如此，在这段时间，浙西义役受到重大的打击。不过在这年十一月，朝廷下诏行义役法，此后浙西的情况当亦随之而有所转变，只是详情如何，已不清楚。

上述情况只是浙西一路的情形，其他各路并非如此。例如在浙东，前述台州黄岩县太平乡的林宋卿，自景定元年起主持乡里的义役，直到咸淳四年仍然如此，并托人请黄震为之撰写记文；在江西，文天祥撰有《吉水县永昌乡义役序》（《文山先生全集》卷九），述其友陈君于永昌乡某都成立义役事，从其前一篇《送僧敬序》所述的相关年代看，《吉水县永昌乡义役序》大概是撰于景定二年，这年正好也是文天祥尚在家乡的时候，次年才到朝廷任职。这两个例子，显然都不受同一时期浙西义役问题的影响。

咸淳年间的义役，记载最晚而值得注意的是黄震撰于咸淳八、九年（1272—1273）间的《义役差役榜》（《黄氏日抄》卷九十七）。黄震在这篇榜文中，以提举江西常平的身份，一方面对吉州吉水县郑姓知县在处理役法事务的作为，表示欣赏，并提出建议；另一方面，则告知江西一路五十六县，究竟施行义役或差役，由各县随宜处置，提举常平司并不强制，如要办理义役，有其应先了解事项。

这篇榜文公告于各州主管役事的官衙前，希望众人都能看到。榜文首先对郑知县在排结义役之外，又排差役，认为是能够"随宜区处，各有条流"，表达了"良可嘉叹"的赞赏，又赞赏他了解"役"是官府事务最基本之处，而于此尽心，认为是"能知先务"，对其有"他复何忧"的信任。接下来黄震谈论的重点，在于义役而非差役。榜文说，"义役若成，固是胜于差役"，显然黄震对义役的评价要比差役来得高，可是又从近来的施行看，举出义役也有三弊。而这三弊，都与物力高强的主役之家用心不当有关，造成上户负担较轻而中下户负担反重的现象，甚至中下户充役之家的家产为之一空，而有利于主役之家的兼并。

黄震以主管役事的提举常平司立场，表达他的态度，认为要施行义役，一定要知县得人，所有知县都能像吉水郑知县一样，才有办法做到不扰而办，如果由监司遥度而指示办理，结果是事益扰而未必办。因此他要求各县随宜处置，针对前述义役施行的三弊，提出如办理义役，应注意三事。除这三事之外，各县可以同时参考已颇妥备的吉水县办理方法，使得役法既成而上、下户都能方便，才算是全美。最后黄震提出一项建议，这项建议既是提供给吉水县郑知县，也是提供给其他有心要办理义役的知县。这建议即是前述王华甫在台州办理义役的办法，黄震对此法的认识是，"劝谕上户各出田供长役之费，每都不过二百亩，而其费有余，即以花利余钱众买役田；众置之田既及初约之数，即以元助之田拨还元助之户"，如此役户不失原田，不费分文，而役事自有义役庄田募长役人户来办理，原役人户不知道有役事之扰。黄震希望江西一路有乡贵人士能够效法，并劝募其他人户也提供役田；又希望担任知县的好官员，能向役户进行劝募。

这篇榜文所以值得注意，有以下几点：第一，一直到南宋亡国前几年，义役仍然在地方上推行；第二，黄震以推举常平主管一路役政的身份，认为义役若能成功地组成、推行，要胜于差役；第三，但是他也充分了解义役本身的弊端何在，并且提出避免这些弊端发生应该注意的事项，而他认为最有助于义役发挥作用的新办法，则为王华甫在台州所曾使用之法；第四，他也认识到，义役虽然要胜于差役，但是不可能由长官一声令下，就在辖县普遍推行，必须要知县得人，才能推行，这和他在知抚州对经界的看法一致。

黄震充分了解义役的弊端，但是他也提出了避免这些弊端的方法，并且认为义役如能实施成功，要胜于差役，这种态度，就如同在南宋晚期而时间较早的一本谈论治县的官箴书中，作者胡太初对义役的态度。《昼帘绪论》有胡太初的端平二年（1235）序及宝祐元年（1253）跋，书中《差役篇第十》言及义役，有这样一段话：

> 行之既久，官民咸以为便。昔有持庚节者，乃独深恶义役，其说专谓利上户而不利下户，便富民而不便贫民。盖视产出财，固为均适，而平日产力鲜少、未尝充役者，乃因义役，例被敷金。及有管掌不得其人，或致侵渔盗用，又不免再行科率，故深以为民病。不知义役本美事，但止令充役人敛金聚廪，而不及未尝充役者。兼令出财户轮年掌管，万一亏折，亦有责偿之地，便为尽善，何必深恶之耶？今在在州县，多是义役，若犹未也，亦宜劝勉为之。

"持庚节者"指提举常平，由于常平司亦称仓司，所以有这样的称呼。"专谓利上户而不利下户，便富民而不便贫民。盖视产出财，固为均适，而平日产力鲜少、未尝充役者，乃因义役，例被敷金。及有管掌不得其人，或致侵渔盗用，又不免再行科率"的说法，和朱熹所说的义役"四未尽善"在内容上有类似之处，但朱熹并非"深恶义役"之人。这种说法，其实见于不少官员，只是详略不一。就本文所述，刘克庄、吴潜以及黄震都有类似的说法，但他们均未"深恶义役"，刘克庄、黄震更清楚地表达出对义役的推崇。因此，胡太初所说的"昔有持庚节者"应另有其人，并非朱熹。其实胡太初也认为义役有这些问题存在，可是又认为这些问题是可以改善的，并且提出了改善的办法，这种态度和朱熹、吴潜以及黄震都相同，至于他们所提的改善办法是否都有效，则是另一件事。也因此，胡太初会盼望尚未施行义役的州县，也能改行义役。

义役所以能够用来救差役之弊，是由于原由一户独自负担的役费，分由地方上所有的役户来共同负担，减轻了役户的经济压力。民众所出的田谷，无论用来补助执役人户，或用来募人充役，都是如此。熙宁年间王安石行募役法，让民户出役钱免役，再由政府用役钱募役，精神也在这里。所以南宋的义役法，可以说是募役法的另一种形式。熙宁募役法又有助役法之称，而义役在淳熙年间又被称为助役或助法，正显示出两者之间的相关性。只是募役法所征收的役钱，由政府来支配，而义役法的财务出纳，则由民众自己来管理，没有政府挪用经费的顾虑。如前所言，义役实施也难免有许多弊端，甚至有违背原意的情形出现；但是直到南宋晚期，《昼帘绪论》的作者胡太初仍然讲，"行之既久，官民咸以为便"，"今在在州县，多是义役，若犹未也，亦宜劝勉为之"。

# 五、社仓法

青苗法在南宋初年废罢，建炎二年（1128）经过朝廷讨论，以后"青苗敛散，永不施行"，仅常平仓偶尔仍会借贷常平钱谷给民众。不过宋孝宗乾道年间朱熹在建宁府崇安县开耀乡所创设的社仓，却具有和青苗法相同的作用。

在朱熹之前，他的同门好友魏掞之已经在绍兴二十年（1150）设仓于建宁府建阳县招贤里的长滩铺。用官府提供的常平米，贷放给灾民，以后遇到小歉则贷放，到秋成时归还，不收息，和后来朱熹所设的社仓办法不同。朱熹在《建宁府建阳县长滩社仓记》（《朱文公文集》卷七十九）中，记述魏掞之创设长滩社仓的经过，然后讲到自己于乾道五年（1169）在建宁府崇安县开耀乡五夫里设立社仓，规模大略仿效魏掞之所设，"独岁贷收息为小异"。两人既为同门好友，于是暇日时相讨论，魏掞之常批评朱熹"不当祖荆舒聚敛之余谋"，这是指朱熹取法王安石的青苗法；朱熹也担忧魏掞之的社仓所藏米粮"久储速腐，惠既狭而将不久也"，这是由于要有灾歉才贷放，而非如朱熹所设社仓一样地历年贷放，彼此"讲论余日，杯酒从容，时以相訾警而不以相诎"。

由于朱熹的声名远较魏掞之来得大，又曾在朝廷上建议推广他所设置的五夫社仓，因此后来的社仓多本于朱熹；即使如此，魏掞之经营社仓那种遇荒年才贷放而不收息的方式，也并非就完全没有发生影响。直接承受其不收息方式影响的，就是朱熹在五夫社仓经营成功之后，改变了其原本的收息二分方式，贷出的每石米在归还时只收耗米三升。至于后来许多社仓以田产的租收来维持，也不再向借贷的农民收利息，虽然不能说是直接受魏掞之的影响，却也同样具有不收息的特色。

乾道四年（1168），朱熹住在开耀乡，由于遇到饥荒，朱熹和另外一位乡居官户刘如愚一起请求府中拨常平米六百石，用来赈济乡民。这年冬天，乡民归还谷米，官府准予留置乡中，准备凶荒之用。从次年起，每年贷放，收息两分。谷米原本分别储存于民家，到乾道七年（1171）才建仓储存，称为社仓。至淳熙八年（1181），所收息米除用为建仓之费外，并已用来归还原初拨自府中的六百石常平米。十余年间，累积息米已达三千一百石，于是朱熹便将先前贷放收息的方式加以改变，此后不再收二分之息，每石只收耗米三升。据朱熹自述，他所以如此做，是"不忘吾友之遗教也"。虽然魏掞之已在乾道九年（1173）去世，但是当年两人在余暇杯酒之际讨论社仓经营方式的往事，朱熹仍然铭刻在心，并且影响到他如今的作为。

就在淳熙八年，朱熹出任提举浙东常平，奉命到浙东从事灾荒救济时，他上疏朝廷，建议将行之有效的五夫社仓办法，推广到全国各路。朱熹在奏疏中说：

> 妄意欲乞圣慈特依义役体例，行下诸路州军，晓谕人户，有愿依此置立社仓者，州县量支常平米斛，责与本乡出等人户，主执敛散，每石收息二斗，仍差本乡土居或寄居官员士人有行义者，与本县官同共出纳。收到息米十倍本米之数，即送元米还官，却将息来敛散，每石只收耗米三升。其有富家情愿出米作本者，亦从其便，息米及数，亦当拨还。如有乡土风俗不同者，更许随宜立约，申官遵守，实为久远之利。其不愿置立去处，官司不得抑勒，则亦不至骚扰。（《朱文公文集》卷十三《辛丑延和奏札四》）

可知朱熹所推行的社仓，是以低利贷放米谷给农民，当息米累积到相当数量之后，不再收息米，仅收少量的耗米。社仓的贷本最初由政府或地方上的富家提供，但是当息米累积到相当数量之后，就以息米作贷本，原来的贷本归还政府或富家。这显然与青苗法相同，是运用抑制高利贷的方法来扶助农民的措施。比青苗法更进一步的是当息米累积到相当数量，以息米作贷本之后，贷本就可以视为农民自己的储蓄，因为这些贷本为借贷的农民所缴纳。因此社仓法可说是透过社仓来协助农民储蓄，以解决本身的困难。

社仓和青苗法在性质上既有相同之处，而王安石有以推行新法而获得聚敛的恶名，所以当时有人讥讽朱熹的社仓为散青苗，而赏识社仓的人则斤斤于辨别社仓和青苗的差异。至于朱熹本人，不仅不否认两者之间的关系，而且从立法本意，以及程颢晚年后悔自己当初出自有激而发的过甚批评，来为青苗法辩护。他在《婺州金华县社仓记》中说：

> 凡世俗之所以病乎此者，不过以王氏之青苗为说耳。以予观于前贤之论，而以今日之事验之，则青苗者，其立法之本意，固未为不善也。但其给之也以金而不以谷，其处之也以县而不以乡，其职也之以官吏而不以乡人士君子，其行之也以聚敛亟疾之意而不以惨怛忠利之心，是以王氏能以行于一邑而不能以行于天下。子程子尝极论之，而卒不免于悔其已甚而有激也。（《朱文公文集》卷七十九）

程颢的后悔之言，是指他在元丰二年（1079）所说的"以今日之患观之，犹是自家不善从容，至如青苗，且放过，又何妨"。从记文可以看出，朱熹虽然不否认青苗法在执行上有所偏差，但也认为立法本意良善；所谓"以今日之事验之"，就是指社仓而言。这段文字清楚地说明，朱熹承认社仓和青苗法的关系。而青苗法扶助农民的精神，也因为南宋社仓的推广而得以真正发挥。

朱熹推广社仓，尽管获得朝廷的支持，但是最初响应者不多，即使在他去世之前几年的庆元二年（1196），他作《建昌军南城县吴氏社仓记》（《朱文公文集》卷八十）时，仍然感叹说，从朝廷下诏推广社仓以来，已近二十年，"江浙近郡田野之民，犹有不与知者，其能慕而从者，仅可以一二数也"。这自然只是强调之言，实际上在庆元二年以前设置社仓的例子，见于记载者要远多于此。

由于朱熹在南宋理学中的特殊地位，所以他的门人和理学同道对于社仓的推广出力很多。到宝庆（1225—1227）年间，刘宰已经说，"今社仓落落布天下，皆本于文公"；刘克庄在绍定年间也说，"文公之仓，不独建人守之，往往达于天下郡邑"，社仓显然已广布于南宋全国各地了。广布于全国的社仓，有些是由民间出资设立，也有些是由地方官推动，而由官员和乡里士人共同管理。同时也由于适应特殊环境或解决特殊难题，而发展出一些新的经营形态。

新经营形态之一，是以田产作社仓的贷本，借田租的收入而取代利息，这种情形在社仓开始推广之后不久，已经出现。孙逢吉在淳熙（1174—1189）年间知袁州萍乡县，设置社仓，在经过一段时间之后，便计划逐步购置田产，以田产而为贷本，免除纳息，认为如此做则社仓"庶几悠久，不致隳坏"。所以会有这种改变，是由于社仓对农民的借贷收息，不免会有一些人在借贷后无法偿还，导致社仓继续经营的困难，而以足够的田租收入为贷本，就可以免除借贷农民的纳息，解决了社仓难以持续经营的问题。南宋晚期广德军的社仓是一个例子。

广德军在嘉熙四年（1240）发生灾歉，这时正由康植担任知军。在荒政办理结束之后，在每乡以谷本五百担设置社仓，用朱熹的办法，贷放收息，用为将来水旱之备。可是日久弊生，利反成害。官府督促仓职，只想收足本息而不知仓职在过程中的要索扰民；仓职暗中剥削小民，只想倍称取息而不恤小民的痛苦无告；同甲人户有人流亡，邻保之人要共同分担所欠本息，逃亡者所应贷借的壳本虽本未借出，仍不断逐年增展利息。于是小民畏贷谷甚于畏科敷，而贫者竟在贷借之后逃亡；上户避仓职甚于避差役，而黠者反而攘取以供侵蠹之资。咸淳四年（1268）冬天，当时黄震正担任可以处理实务的广德军添差通判，当他检阅旧有规约，预行核实合贷人户，忽然有乡民群集申诉，乞求免于贷放，甚至说如果社仓不除，他们都会逃避至他郡。黄震这才了解广德军社仓的问题所在，针对问题，他解决的办法主要从三个方面着手：一方面是对于社仓追索息米问题的改善，此后贷放收息的办法改为常年免于贷放，荒年减息贷放，过去是息谷、支遣谷、耗谷三项合计共收二分二厘，如今暂时收一分一厘，将来免收；另一方面是设法免除乡民向来所受官府、吏卒之扰；再一方面则是请委贤寄居官为主管社仓的局官，以乡官自救乡民。黄震打算社仓贷放出去的米谷将来在收回时不收息谷、支遣谷、耗谷，那么长期下来社仓如何维持？他提出的办法也就是购置田产，经费则使用社仓过去积存下来的人户折纳谷钱，及将谷本出粜所得钱。在购得田产后，即可以田产出租所收租利来扶助社仓。由于常年积租，到荒年才赈济出贷，自然不必取息求多。

在社仓以田租收入为贷本之后，又可以见到若干社仓与举子仓、义役相结合。南宋家境困乏的农民，有时会由于无力承担丁税而"生子不举"，也称作"不举子"，亦即弃养。这种情形以福建的上四州（建宁府、南剑州、汀州、邵武军）为盛，于是在淳熙年间，福建有举子仓设立，用以补助贫家养子的费用。由于举子仓只发放而无收入，为了能够长期维持，所以就和有息米或租入的社仓结合，以社仓所入的息米或租入，用作举子仓补助贫户养子之费。例如张䜣在绍熙（1190—1194）年间于邵武军光泽县设置社仓，除以米一千二百斛充社仓贷本外，又买民田、籍应没官的僧田、民田各若干亩，岁收各三百斛，用于支持举子仓。两者之间的关系，就是举子仓依存于社仓，而两者也有连称为举子社仓的情形。南宋的义役已见于前，由于义役和社仓的运营同样以田产为基础，于是有两者相结合的情形。这一类结合，在讨论义役时已经提过，如宝庆、绍定年间，镇江府金坛县二十三都的乡民聚集田产为义庄，用为义役的经费来源，便计划如果义役田租的收入在年终有余，就用来买公田，到公田租米在供给义役之费有余时，便归还原来出于私家的田产，如果再有余，就用来经营社仓，春散秋敛，嘉惠二十三都之人，一举而成二大利，而社仓的息入，也可以用作义役的经费。这也就是刘宰在《二十三都义庄记》中所说的，"始也上户自为计，终也小民均其利；始也赖义役之赢而社仓以基，终也资社仓之息而义役以固"，就是义役与社仓结合的例子之一。

另外的一项社仓新经营形态，则是不用贷放收息的方式，而改采平粜的方式，这类社仓或称平粜仓，或称广惠仓，而其本质，则仍为社仓。首先提议设立平粜式社仓的，是陆九渊，他以其家兄陆九韶在抚州金溪县青田乡里经营社仓的经验，指出贷放性社仓必须在年丰常熟的环境中，才能维持长久，若不在这样的环境，如遇歉收，就会出现有散无敛的问题，所以应该兼置平粜仓，来补社仓之不足。以后平粜式的社仓与贷放式社仓同时并置的例子颇有一些，例如真德秀于嘉定十七年（1224）在潭州救荒，一方面在诸县广置社仓，以末等有田之人为贷放对象；同时劝谕有力之家设置义廪，对于无田的细民施加赈粜，所谓义廪，就是赈粜式的社仓。真德秀这种做法，以后也有人仿效，如隆兴府武宁县人田伦兄弟子侄等于宝祐二年（1254）分别设效法朱熹的希贤社仓和效法真德秀的希贤义廪，前者聚谷六百石为贷本，后者集纸币六万缗为籴本。咸淳七年、八年（1271—1272），黄震知抚州，金溪县民李沂先是捐粟六百石设社仓，取二分之息；接着又设平籴仓，捐良田二百亩，计租四百石，以低于时价十钱出售每年所收价钱用来增购田产，希望能增至一千亩，将以更低的价钱粜米。不过更多的社仓是仅用贷放式或仅用平籴式。在南宋晚期，社仓经营已明显发展出两种类型，或籴而不贷，或贷而不籴。对于贷放式社仓演变到贷放而不收息，再演变到平籴式社仓，王柏有这样一段观察："后之继者虑既贷而民不尽偿，则社仓之惠穷而追呼之害起，故朱先生之法一转而为魏公之法。但储于乡以备岁之不登，及其岁之小歉也，又不以贷而以籴，则魏公之法又转而为广惠之法矣。"（王柏《鲁斋集》卷七《社仓利害书》）魏公指魏掞之。

再一项社仓经营形态的演变，则是官府所扮演的角色增强，使得社仓不再纯粹是民间组织。无论魏掞之在建宁府建阳县长滩铺所设的社仓，或朱熹在建宁府崇安县五夫里所设的社仓贷本都出自官府提供常平米，已不能完全和官府没有关系。五夫社仓留下了规约，可以看到运用官府所编排的保甲组织，来处理与仓米贷放、交纳相关的一些工作，而且贷敛和财务都请官府派官员来监督。虽然如此，发动与主持之权仍出自乡里士人。朱熹上疏推广社仓，强调的是对于不愿设立者，不可以强加要求，而有意设立者，则由官府提供常平米为其仓本；朝廷的推行之诏，也说任从民便。可知朝廷最初的意愿，是由民间自行组织，官府仅对仓本提供协助。以后因响应诏书而陆续设立的社仓，有由私人设置的，也有由官府推广设置的。私人所设的社仓，其实有不少由自家提出贷本或众人凑集贷本，不必求官府提供。不过也有许多地方，社仓并非由地方人士主动设立，而是由地方官致力推动，他们先筹措好贷本，设置社仓多所，然后分别敦请乡里士人出来主持管理。因此，地方官员虽然不参与与社仓的主持管理，可是自此之后，地方官成为地方上社仓设置的一股不可忽视的力量。加以民间经营社仓，发生各种弊端，参考黄榦的《建宁社仓利病》，辅以其他记载，可以了解这些弊端的关键在于主持者的徇私，诸如纵容其自家或邻近的乡里巨室诡名借贷，数量达到数十石、上百石，可是却放纵贷借者不偿本息，侵损仓本；也有主持者借贷给自己的亲戚、佃户、干仆，这与贷而不偿的情形并无二致。这类情形，甚至可以造成社仓无法继续经营，进而在荒歉时引起饥民的动乱。地方官府面对这种状况，不得不插手社仓的管理。

所以当嘉定十七年（1215），真德秀在知潭州任内，以官米设立社仓百所，便是针对此一弊端加以改革。这些社仓，不仅贷本出自官米，而且由官府选派佐官，分任出纳，使主持的乡里士人不能独执管理之权，而且主执社仓有固定的两年任期，期满换人。真德秀的规定，使得潭州的官设社仓，管理受到官府的干预，乡里人士的参与虽仍存在，但已具有部分官营的性质。到南宋末年，官府对社仓的干预已很常见。据王柏的说法，许多社仓都已经是"领以县官，主以案吏"，而各乡主持社仓的地方人士，又非有德望之人，不仅官吏对他们无畏敬之心，反而是他们对官吏俯首听命，可见官府对社仓干预程度的严重。前述广德军社仓的种种弊端，即由此而产生。

官府干预社仓的经营既也难免弊端，社仓原本的民营性质因之而再引起重视。所以黄震在改革广德军社仓的同时，又对民营社仓寄予厚望，希望能将一切归之于民。当他在知抚州时，为金溪县李诉所设社仓撰写记文，在记文中一方面对他过去更革广德军社仓的努力，在离开后的后续情况如何，仍念念不忘；另一方面，则对抚州的社仓都是乡里所自置，表示庆幸，而他自己"何敢更以官司而预社仓之事"。然而民间社仓的经营，实有赖于主持者的用心，李诉的社仓是以一家之力经营，他自己固然能以朱文公之心为心，但是在黄震的看法里，"有治人，无治法，良法易泯，流弊难防"，他只能寄望于李诉的子孙，其心能世世有如李诉。他深切了解，李诉所订立，并请他阅读过的社仓法，无论是如何良好周详，使得这所社仓能够至今无弊，如果李诉的子孙无此用心，这所社仓也就难免如同过去许多社仓一样，因弊端丛生而不仅无法造福乡民，反而成为地方上的祸乱之源，就如同黄榦所说的建宁府崇安社仓一样。

如前所言，社仓的经营也难免发生弊端，甚至由于地方政府插手管理，和青苗法一样发生了抑配的现象。但是由于能以北宋青苗法的实施为鉴，长期看来，社仓对于农村稳定的贡献确实存在。以黄榦所说的建宁府崇安社仓和真德秀所讲的潭州长沙县社仓相并而观，即可得知。黄榦讲建宁府社仓创立之前，只要干旱逾月，建宁府的米价必定大涨，随之而来的是"大家必闭仓以俟高价，小民亦群起杀人以取其禾，闾里为之震骇，官吏困于诛捕，苟或负固难擒，必且啸聚为变"。自社仓创设之后，乡民在五六月间获得一个月米粮的贷放，一个月之后，早禾已经登场，"是以米价不至腾踊，富家无所牟利，故无闭籴之家；小民不至乏食，故无劫禾之患。二十余年，里间安帖，无复他变，盖所以阴销潜弭之者，皆社仓之力也"。而数年以来，由于社仓主事者不得其人，有冒名借贷而不偿还等事，以至于鼓动转运司予以免催，小民之善良者也因之而观望不偿还，于是"所在社仓索然一空。今岁五六月间，乡民遂失常年社仓所贷一月之食，其势不得不奔走告籴于大家"。富室大家也借机抬高米价，甚至较常年之价高达三倍而无可籴之处，"由是细民之艰食者百十群，聚于大家，以借禾为名，不可则径发其廪，又不可则杀其人而散其储"（《勉斋先生黄文肃公文集》卷十六《论建宁社仓利病书》），指出了建宁府在尚未有社仓的年代、社仓设立而正常经营的年代，以及社仓失去正常功能的年代，三者之间社会情况的差异，发现只有在社仓正常经营的年代，社会是安定的，因而指出其对于动乱的阴销潜弭作用。真德秀所讲的潭州社仓，则是嘉定十七年（1224）春天灾荒时的情形："诸处细民窘迫至甚，惟长沙县诸乡有社仓二十八所，凡二十亩以下之户皆预贷谷，赖此得充粮种，比之他县贫民，粗有所恃。某因是详加体访，乃知本县社仓创始于庆元初年，迨今二十余载，虽不能无弊，而贫民蒙利实多"（《真文忠公文集》卷十《申尚书省乞拨和籴米及回籴马谷状》），指出设有社仓的县份和没有社仓的县份，在饥荒发生时，农民的境遇全不相同；真德秀也因此动用官谷，在潭州十二县设立了一百所社仓。

黄榦从时间上比较，与真德秀空间上比较，都注意到当社仓正常经营时对乡民的帮助，以及因之而来的社会安定。因此，他们两人都不能接受因为社仓有弊端，就予以废罢，而认为应寻求改革弊端的途径，使社仓能够正常经营。黄榦在《论建宁社仓利病书》中，指出社仓之制不可以因此而废，必须要寻求革弊的方法，"若社仓之制自此而废，则嗣岁之忧，诚未艾也"，他建议朝廷应指示福建路监司，委官早行处理，"去岁之逋，必有索之之道；积年之弊，必有革之之方。使社仓之制既复，则建宁之民可安"。真德秀在《奏置十二县社仓状》（《真文忠公文集》卷十）中，也论及社仓的利病与存废，他说自从朱熹建请颁社仓法于天下之后，至今数十年间，"凡置仓之地，虽遇凶岁，人无菜色，里无嚣声，臣少时实亲睹其利，岁久法坏，每为之叹息"；尽管近年士大夫以社仓蠹弊多端，往往归咎于法，想要就法将之废罢，但他认为"抑不思古今之法曷常无弊，亦在夫维持整饬之尔"，并举常平义仓为例"侵渔移易，其害亦不一矣，然卒不可废者，以其害不能掩利故也，何独社仓必欲举而废之哉"。至于社仓行之既久之后，弊端何在？真德秀的看法同样见于《申尚书省乞拨和籴米及回籴马谷状》，"诸处社仓败坏之由，盖缘其始多是劝谕士民出本，因令管干，往往视为己物，官司亦一切付之，不加考察，且无更替之期，安得不滋弊"，接下来讲的整饬之道，则已见于前述真德秀在潭州设置社仓百所时，对于社仓管理的改革，亦即由官府来干预社仓的管理。他不仅看到了问题，也提出了改革的办法，并且付诸实施。

黄榦、真德秀这类态度，其实并非仅见，一些了解社仓法优点的官员也会有其他改进的方法。例如前述的黄震，就是其中之一。此外还有朱熹自己，他创设的五夫社仓原初收二分之息，到后来却更改为不收息；陆九渊则倡议设平粜式社仓，以补贷放式社仓的不足；还有那些想到用田产的租入为贷本以取代纳息的人；还有王柏，本身虽然没有创设或经营社仓，却能在淳祐十一年（1251）婺州发生灾荒之际，以《社仓利害书》向地方长官直陈当时各类社仓的经营由于主持非人，都已失去其本意，而对广惠社仓，亦即平粜式社仓，则特别提出建议。他指出当时的农民已非单纯务农，为了偿还欠债，维持生活，在秋成之后，往往还要负贩佣工，无论谷贵之时或谷贱之时，他们都有困扰，"昔人既有广惠之法，谷贵则损价以出之，谷贱则高价以入之，一出一入，低昂适平，其法至简，其事易行"；因此，既没有前述社仓之弊，可称良法，"自朱先生之法三转而下同于广惠者，此所谓不泥古而善继前人之志者矣"。然而他也担心，在一出一入之间，仓本有所亏折，使得官府不愿着眼于惠民，如此则仓中所储米谷，日久将化为无用的尘埃。他希望地方长官能够以爱民利物为心，不计原额之亏盈，如果认为原额能亏折，也可以暂时拨钱相助，等将来有盈余时再偿还。有关社仓的请求，何以要向地方长官提出？这也是王柏所感叹的事，如前所述，这时的社仓，在他的眼里，都已经是"领以县官，主以案吏"了。

朱熹以北宋熙宁以后青苗法施行时所发生的弊端为鉴，取法此项新法借贷收息的方式，而去除其原有的财利色彩，将社仓设于乡间，避免青苗法借贷给坊郭户的偏失，农民纳谷而不纳钱，免除青苗法造成农民在偿还本息时必须低价粜米的弊病。而社仓法本身，在施行既久，弊端出现时，人们也会考虑如何改善，或提出整饬的措施，或更改经营的方式，使之能够在适应环境的情况下，正常地发挥其济助乡民的作用。同样的用意，不同的措施，再加上社仓有比较浓厚的民间色彩，不僵固地坚守朱熹所开创的经营方式，而着重于能发挥朱熹所希望达成的作用，使得社仓自从创设以后，不仅在南宋普遍推行，也成为延续到明清的一项重要仓储制度。

总而言之，尽管南宋时人对熙宁变法已有不同的评价，此后也聚讼纷纭，直到当代，学者依然从各个不同角度去申论王安石和新法。然而不论抱持怎样的看法，都无法忽视王安石及其推动的新法对历史的长期性影响。

# 附　录

## 南宋保伍在抗御金、蒙及防治内变、走私过程中所发生的作用

# 上 篇

# 保伍在宋、金关系中所发生的作用

## 一、从建炎宋室南迁到绍兴宋、金和议

在第十六讲讨论到的南宋保伍制所起自忠义巡社，其设置正是在宋高宗即位于南京应天府才三个月，面临金兵追逼的时候。这年冬天，宋高宋移跸扬州；次年，金军在华北的扫荡暂告一段落之后，又再往南追逼，于建炎三年（1129）春天攻入扬州，宋高宗仓皇渡江，自此立国江南，而忠义巡社和保伍在宋、金战争中所显现的作用，也自此见于记载。宋高宗于建炎三年二月渡江之后，先移跸杭州，四月又进幸江宁府，同月，李光获任命为知宣州。李光认为宣州邻近行都（江宁府），于是编籍所领六县之民，使保伍相连，称为义社，从其中挑选健武之民，以土豪来统率，得保甲万余人，用来守城。不过在这年八月，宋高宗就已自建康府（江宁府于五月更名为建康府）返回临安府（杭州于七月升为临安府）。这年十一月，金军大举南侵。一路自采石渡江，攻陷建康府后，往两浙追逼宋高宗；一路自黄州渡江，攻江西各州郡，追逼

隆祐太后。这两路军队，都没有扰及宣州。也有记载说，这是由于李光致力于修守备，所以当金军南侵，各州县皆不能支的时候，金军却不敢入宣州之境。要到次年三月，金军退兵时，宋军叛将戚方率军包围宣州州城，李光所组织的保伍才有所表现。先前李光已调所治六县民兵于州城中，其中宁国县的民兵尤其壮悍，这些民兵，应即挑选自义社保伍的精拣军，由于他们的坚守，城始终未被攻破，终于等到官军来援，戚方也由于受挫于官军，而在围城二十九日之后退兵，宣州得以保全。

同在建炎三、四年（1129—1130）间的另一个例子，是明州奉化县李佾（字子列）所领导的义社。上段提到，建炎三年十一月，金军大举南侵，东路的一支自建康府趋浙西、浙东，宋高宗南逃至明州。金军于十二月攻至明州，到次年正月攻破，各县都遭焚毁，只有奉化县获得保全。原因就在于当县中其他人士都逃窜的时候，李佾挺身而出，率领称号为趫勇的奉化县义社一千一百八十四人，在建炎三年十二月到次年正月之间，三次迎击金军于奉化县北的泉口、招贤等处，金军往前推进受到阻碍。当时人认为，金军受此阻碍，有一昼夜的时间彷徨不敢进，就由于这一昼夜，使得宋高宗能够及时从明州定海县登船，航海避敌。

这期间的再一个例子，是抚州崇仁县的郭仁实（字若虚，也有记载是郭若虚，字仁实）率领乡社抗金。侵入江西的金军，有将领遣其部将四掠，郭仁实率领乡社与之战于七里岗，枭其首级。金的将领愤而亲自率军再来攻，郭仁实也再次率乡社与之战于会原岭达两昼夜，乡社略有人阵亡，郭仁实自己也牺牲，金军则丧亡无数，崇仁县境因此得以保全。这件事情应该发生在建炎三年十一月，在金军经洪州攻陷临江军或从临江军返军陷洪州时。抚州崇仁县与洪州、临江军两郡相邻，自两郡分兵攻略崇仁县颇易，这时抚州尚未降金。

　　建炎以后，至绍兴十二年（1142）以前的保伍运用情况，从叶梦得在这段时间的奏议、书信，辅以其他记载，略可了解。叶梦得自绍兴元年（1131）至绍兴十二年，前后担任过四个职务。在绍兴元年九月以前，任祠职提举西京嵩山崇福宫；绍兴元年九月至绍兴二年（1132）三月间，任江东安抚使兼知建康府、兼寿春等六州宣抚使；绍兴二年三月至绍兴八年（1138）五月间，任祠职提举临安府洞霄宫；绍兴八年五月至绍兴十二年十二月间任江东安抚制置大使兼知建康府、行宫留守。叶梦得的奏议、书信中有关保伍的言论，主要是在后两个职务任上所写，可是即使在较晚的言论中，也可以见到较早的史事。

　　在绍兴元年至十二年这段时间，宋、金之间无论是否有战争，南宋政府都没有忽视运用保伍于对金关系上。叶梦得在担任江南东路安抚制置大使任内，上了一封《奏论举行保社分守地分札子》（叶梦得《石林奏议》卷十），为了请求朝廷能够同意建康府的民众可以结成保社自卫，他举了三件事来强调此一建议的必要。第一件是自从金军南侵以来，江淮之民有逃避不及的，"自结为山寨、水寨者，多得保全"。第二件是建炎三年的金军过江，建康辖下五县，"皆被残酷，惟句容县一乡，自保赤山，并无侵害，故今户口比他县独多"。第三件是发生于绍兴元年九月至次年三月间，在他任江东安抚使兼知建康府、兼寿春等六州宣抚使时的事，建康府的民众"郡人王璞奔溃之失，无以自固，坐遭剽掠屠戮，痛入骨髓"，因而"皆愿随所居乡村，自结为保社，家出人丁，分立队伍，递相部辖，官为之籍其姓名，以待有警，则部辖人各帅其属，分地为守，以自保其室家"。叶梦得接受了他们的请求，大约得到八九万人。所谓"王璞奔溃之失"，是指王璞与陈淬、岳飞率军于建康府界的长江渡口马家渡（即马家洲渡，马家洲是江中洲），与金军作战，王璞军先南遁，导致宋军溃散，金军得以渡江并往前推进。建康府民众因此先受溃兵剽掠，当金军抵达时，由于建康府知府投降，民众未受伤害，可是当次年金军自浙东退兵北返时，路过建康府，却大肆剽掠屠戮。叶梦得以后的建康府长官，由于金军未再入侵，也就没有再致力于推动。这次叶梦得出任淮东安抚制置大使兼知建康府，再度来到建康府，当地民众向他提出了请求，希望能稍加整缉已废止的结保社旧法，再次施行。在渐次依旧法施行之后，有人批评这样做是扰民，他因此上了这份奏札，说这是当地有家产物业的主户，"自保妻子物业"，是自愿的，并非官府对他们的要求，所以没有扰民的顾虑。这件奏疏所提的三件史事，其中第三件发生在绍兴元年、二年之间，应是见于叶梦得奏疏之中，较早在绍兴年间有关保伍的事件。

自绍兴二年至绍兴八年间，涉及宋、金关系的保伍记载，仅以《建炎以来系年要录》《宋会要辑稿》两书而论，就颇有一些，尤其以绍兴四年（1134）刘豫有意南征的消息传来之后为多。这些记载大部分都在两淮，其中又有不少是山水寨，而保伍组织，则有称为义社的，有称为巡社的，有称为民社的，也有时就直接称为山寨、水寨、山水寨，有时又写得较繁，如"团结山水寨保聚"，可以理解为团结山水寨之民为保伍以保聚。自刘豫联结金人入侵，到战争结束的几个月间，又可以看到山水寨或山水寨首领建功及获奖的记事。

叶梦得对于这段时间的保伍，也有所论议。在祠职提举临安府洞霄宫任内，他上了一封《车驾亲征奏陈利害札子》（《石林奏议》卷八），此一奏札应上于刘豫南征之后五十余日，亦即绍兴四年十一月。叶梦得在奏疏中建议朝廷，"更命镇江、建康帅臣，各团结其旧尝为山寨、水寨之人，使分守其地，时出于濒江，以为大将声援"。所以镇江、建康两帅臣并称，是由于浙西安抚司于建炎三年八月移于镇江府，至绍兴五年（1135）三月才移回临安府，镇江府守臣改带沿江安抚，叶梦得上此一奏札时，浙西帅司仍在镇江府。所谓"团结其旧尝为山寨、水寨之人"，应指原居于两淮山水寨的人，如今流移过江，居于浙西路或江东路沿江各处，由两路帅司将他们团结成保伍，分守他们所在之地，时常出入于濒江，作为大将的声援。接着他又上了另一封《奏金贼移军稍前乞讲民兵水军二事札子》（同上），再论及傍江之人，"利害既切于己，往往不待驱率，私自结约，保守乡里者，所在而有，州县把隘防托及给军役之类，亦皆出于保伍，莫非民兵也"；问题在于"特无所统一，散漫杂处，而贼不知"，因此他建议"权暂命官，因以部伍团结，为之纪律，番次迭出，耀之江上，与正兵相为先后，岂不愈于望草木而示添灶乎"。这些话，可以说是对前一封札中相关部分的进一步说明。所谓"以部伍团结"，应指将民间的保伍视同军队的部伍来团结，如此则既有纪律，也有助于所委官的率领及教阅。

　　叶梦得在上任江南东路安抚制置大使之后，上了一封《奏措画防江八事状》（同书卷十一），状中提到绍兴五年、六年（1135—1136）的事，也就是在他提举临安府洞霄宫任内的事。他奏陈的八事中，第五项是"团结乡社"，状中引用了绍兴五年枢密院奏上"召募土豪、乡兵把隘"所获的圣旨，"沿江州军守臣，逐路宣抚、安抚司疾速讲究，其土豪、乡兵并先行籍定人数，以备缓急使唤；即不得因而勾集，致有搔扰"，圣旨之意，显然对"召募土豪、乡兵把隘"一事要急速推行。但是到次年六月，枢密院又奏上臣僚的上言，其中指出的，"诸路帅、宪司，夏、秋之交，不复询问有无盗贼，循例检举，于界首各立寨栅，聚集保伍，因而决挞，妨废生业"，这次所获的圣旨是"除沿海地分外，其余州县不得乱有勾集"。此一圣旨，无疑使得前引绍兴五年（1135）圣旨中的沿江州军"召募土豪、乡兵把隘"一事无法再实施。此事缘由为何，不得而知，两次枢密院的奏状和回复的圣旨，亦未见相关史籍记载，但绍兴六年（1136）的圣旨，却显然限制了叶梦得在江南东路制置大使任内，有意于沿江推动团结保伍的作为，所以他才会在这封奏状的"团结乡社"一项中，致力于辩解。

叶梦得在绍兴八年（1138）五月出任江东安抚制置大使兼知建康府，到绍兴十二年（1142）十二月改任福建路安抚使为止。这段时间，宋、金两国先是进行和议，和议虽已达成，但是在绍兴十年（1140），由于金败盟而战事又再起，到绍兴十二年二月，和议才再次达成。在叶梦得出任淮东安抚制置大使兼知建康府后，一直致力于推动团结保伍。前引他的《奏论举行保社分守地分札子》，即是他在这方面努力得较早的一封奏札。在这封奏札中，他从"后重"的观念来说明在江南东路设置保伍的必要。所谓"后"，应即前线、后方之"后"，相对于淮西是与金接战的前方，相隔大江的江南东路则是后腹，后重是用兵的根本，后腹常宿有重兵。他继续指出，目前淮西宣抚使张俊的部队虽然屯驻在建康府，但是一旦前方有军事上的警讯，张俊率军北上淮西，建康府就成为空虚之地，即是使分兵留防，也难以号令指挥。接着他举出前引建炎（1127—1130）、绍兴（1131—1162）间的三个事例，以见民众自组保社对保卫地方所能发挥的作用，用意在强调"举行保社，分守地分"的必要。在奏札的末尾，他认为此一措施若能推动成功，可以有"后重"之效，由于是民间自己组成，所以"官中初无所费，而坐有十万民兵之名"，且因此而"内可以与正兵相权，为淮西后重之计；外可借先声以威敌境，此其效不为小补”。

另一篇前引论及保伍的奏状《奏措画江防八事状》，也应该是叶梦得在绍兴八年四月上任之后，较早奏上的一篇奏状。在这封奏状中，他对第五项“团结乡社”中所引述的绍兴六年六月圣旨，另有解释，“但戒不问有无盗贼，妄乱勾集”；认为“若所当用，岂可因噎废食”。他进一步说明他所说的“团结乡社”，“今所谓团结者，非民兵之谓也，特以保伍旧法，少加损益，令自相纠率，各集强壮，推择所信服者以为首领。官为立为条约，假借名目，约见多寡之数，籍而不用，揭以示众。无事但藏其籍，有警按籍下令各守其地”。其作用在于“正兵控守之余，令弥缝其所不及；外张声势，以自保其乡里而已”。他认为民众已有过去蒙受金人寇掠的经验，强者奔走远徙，骨肉离散，弱者坐受杀戮剽掠，室庐焚荡，他们应能理解与其如此，“孰若上下相维，各奋其力，使不得犯我之为愈乎”。因此建议，“明降指挥，许令守臣预行讨论，量为措置，以图民利，上佐国势”，可是如果重蹈前引绍兴六年臣僚在上言中所说的过失，就要重加处罚。

叶梦得除了上奏朝廷之外，又致书当时的宰相秦桧，说明他对运用民间保伍来保卫乡里的构想。秦桧在绍兴八年三月与赵鼎并相，至十月独相，叶梦得写信给他，可能是在他独相之后。叶梦得在信中说：“然以兵捍疆场，乃所以为民保境土；若将帅与州郡不相关，则兵、民分为二，境土何以独济？”他再举了建炎三年王㻍军溃的例子，用以说明何以州郡守臣和民众无法置身于守卫境土之外，让军队独力承担，然后指出“今若责江淮于将帅，而使守臣表里得共为之计，犹可待不虞；若淮未能固，而必恃江以为守，则王㻍之戒不可不思”，这就是叶梦得以其过去的认识，说明如今所以要致力于推动民众自行团结保伍的原因。他再讲自己目前的措施，"惟有民间自欲团结，可使保乡里"，也在其在辖区之内，"渐已料理"（叶梦得《建康集》卷七《与秦相公论冬防书》）。他担心议者不知事情本末，所以写这封信向秦桧说明。

在叶梦得一再向朝廷及宰相说明之后，他致力于推行团结保伍应能顺利进行。绍兴八、九年（1138—1139），宋、金之间因谈和而休兵，并无战事，不过叶梦得以他在建康对敌方的了解，认为金人仍然有南侵的意图，在策略上应该"姑存和议，佯为小屈，以观其衅"（同上《又与秦相公书》）。叶梦得既认为战火有重燃的可能，他自然不会忽略沿江守备的绸缪。他绍兴八年以来推动团结保伍所获的成果，到绍兴十年、十一年（1140—1141）宋、金战争再起时，终能获得验证。

叶梦得《奏乞起发民兵把截险隘札子》《奏乞下沿江诸州聚集民兵把截要害状》及《奏乞下将帅把截滁河口宣化等处贼马来路状》（均见《石林奏议》卷十三），这三封奏状，均应上于绍兴十一年二月初。

第一篇奏状中的"张俊一军又已起发"，是这年二月初的事。当时张俊在叶梦得的敦促下，自建康府起发赴江北；屯驻于太平州的大将刘锜，则已先在这年一月统所部渡江援淮西，所以才会建康府、太平州两州隘口无兵守御。第二篇奏状中的"刘锜一军见在江北，张俊一军亦已起发，迤逦过江"，同为这年二月初的事。第三篇中的"淮西宣抚使张俊军过江，已逼逐虏人，复夺和州，王德军迤逦前去追袭"，则在此时而稍后。由于建康府、太平州两州隘口无兵守御，因此叶梦得在第一篇奏状中继续说，他自"到任以来，团结下本府五县乡兵三万六千余人，准备不测使用，及太平、池州亦曾依效团结"，本府即是建康府；接着说他已紧急行下建康府及太平州、池州，量度事势紧慢，起发已团结乡兵，各守其地分，以之为声势，"应援大军，以防贼马过渡，庶几捍外保内，以安人心，即不得乘此搔扰，别有役使"。以下请求朝廷降旨及给予首领奖赏的内容，大体同于第二篇奏状，仅在文句上略有差异。这篇奏状中所讲的团结乡兵，亦即他上任之后所团结的保伍，也就是在第二篇奏状中所讲的民兵。

在第二篇奏状中提到建康府、太平州、池州三州界至长达一千一百余里，紧要隘口而江北可之以济渡之处共有十九处，原本由刘光世、张俊、刘锜分认地分防守，如今张浚、刘锜的军队已在江北，只有刘光世的军队在池州，建康府、太平州两州的隘口没有官兵防守，因此他将原先"团结下三州民兵，准备缓急使唤，已委自州县权暂量事势缓急，聚集人丁，各于要害去处屯驻，听候朝廷指挥，才候事平，即行放散"，并请求朝廷"特降睿旨，行下逐州，仍每州委监司一员，往来提举，其各社首领仍量借名目，候有立功，保奏推恩"。状中所说的"团结民兵"，即是平时所团结的保伍，到有军事状况，用之于防守时，即成为民兵；接下来所讲的"各社首领"的"社"，应即团结保伍而成的民社、乡社、保杜或义社。此事与保伍的运用有关，前后文可以互相对证。

在第三篇奏状中，建康府的情况已经变得紧急。叶梦得从探报得知，有金军游骑两路前来，西路的一支至和州乌江县界，即可自江北车家渡径冲建康府马家渡；东路的一支至滁州全椒县界，即可自江北宣化渡径冲建康府靖安渡。另外从泗州盱眙县也有路由张店、上下瓦梁、盘城，也可以径至宣化，路程不满三百里，从上瓦梁下船，直至滁河口，也可以入江。建康府对岸，如今别无大军防备，他已经急差官员措置靖安渡、马家渡以及冈沙夹（马家洲内江）相对三处，"聚集民社，多方固守"。他又认为金人的狡计，在于在东路水陆四处乘虚冲突，由于刘锜目前在和州东关，而滁河口、宣化所属的真州，西连和州，他因此请求朝廷，北岸滁河口、宣化两处来路，及泗州盱眙以来在和州以东的地分，急速降旨处分，委将帅严切防备把截。"聚集民社"的"民社"，同于前一奏疏所讲的"各社"的"社"，是团结保伍而成的。

在上第三封奏状之后不久，叶梦得这几年来致力于团结保伍的功效，就显现出来。熊克《中兴纪事本末》卷五十五"绍兴十一年二月庚寅"条：

> 初，建康留守叶梦得团结缘江民兵数万，至是呼集，分据江津遣其子内机宜官模领数千人，守马家渡，虏果使吾叛将郦琼以轻兵来犯，觉有备，乃去。

系日在庚寅应误，因为在此"庚寅"日后，又有一"庚寅"日。又《建炎以来系年要录》卷一三九"绍兴十一年二月己丑"条：

> 资政殿大学士、江东安抚制置大使、知建康府叶梦得，团结沿江军民数万，分据江津，遣其子书写安抚司机宜文字模，将千人守马家渡。及是，宗弼、郦琼以轻兵来犯，不得渡而还。

宗弼即兀术，宋人记事又称其为乌珠，或称其为四太子；郦琼则是南宋叛将，于绍兴七年（1137）降于刘豫，刘豫为金所废之后，改附于金。后一引文的"团结沿江军民数万"句中的"军民"两字，就叶梦得的奏议来看，不如前引文的"团结缘江民兵数万"句中的"民兵"两字来得妥切，奏议只见到他在担任江南东路安抚制置大使期间，在建康府团结保伍，而未及于他团结州兵或团结禁军、厢军。如前所言，叶梦得在建康府及池州、太平州团结民众所成的保伍，到战时负担起军事任务就成为民兵。后引文述金人领兵来犯者有宗弼、郦琼，前引中文则只有郦琼一人，何以如此？在前引《奏乞下将帅把截滁河口》《宣化等处贼马来路状》中，叶梦得说他在二月五日收到探报，得知张俊的部队过江，已逼逐金人，收复和州，其属部王德的部队正往前推进，追袭北退的金军；接着说，三天之后，亦即二月八日，他又得到另一项探报，金军有游骑两支，分两路南下，有渡江的打算，他还再举出第三条可能的路线。上引《建炎以来系年要录》系宗弼、郦琼以轻兵来犯，至江边而退，是在绍兴十一年二月己丑，当月己丑日是二十日。王德在四日晨自建康府渡江，当晚即抵和州首府历阳县城壁外，深夜收复和州；乌江县在历阳县东北三十五里，以王德的行军时程看，从乌江县到江边的行军时程，最多不会超过两日，何况是"游骑"或"轻兵"，应更快速。何以游骑从和州乌江县界南下此一消息，在八日就已经得知，要到二十日，亦即八日的十二天之后，才成为事实？这两个值得细究的问题，由于偏离了本篇的保伍主题，无法在此讨论。

重要的是，这支游骑的南下，证实了叶梦得当初的考虑是妥当的。他从上任以后，重拾在绍兴元年、二年（1131—1132）间担任江东安抚大使兼知建康府时的施政，致力于团结保伍。从绍兴八年（1138）以来，三年间推动这项施政的努力，终于在这时收到了保护建康府民众生命、财产的成果。而这项成果，其实是由建康府民众在建炎年间（1127—1130）的惨痛经验换来的，团结保伍也是由他们自相团结，再由官府来编排、号令；叶梦得在第一次知建康府时，所以会采取团结保伍的措施，就是出自他们的建议，到六七年后，叶梦得再度知建康府，他们显然仍旧支持他这项施政。

## 二、从绍兴末宋、金紧张关系的再现到乾道年间的恢复和缓

绍兴和议之后，两国之间的关系曾有过几次处于紧张状态。较早的一次是绍兴三十一年（1161）的金海陵帝南侵，在这前几年，已有金将毁约的传闻，到绍兴三十年（1160），风声更紧。在这样的情势下，可以看到近边的一些官员，积极地进行保伍的组成。

绍兴二十八年（1158）十二月，御前诸军都统制兼知兴元府姚仲，奏请恢复自保丁选充的利州路义士，此制由王庶创设于绍兴元年（1131）而废除于绍兴二十一年（1151），经姚仲建议而复设之后，设置于兴元府、洋州、大安军、巴州、蓬州五郡，选自前两郡者，教习以武艺，定期教阅，用以备战守，选自其他三郡者，则以之搬运军粮，合五郡列于籍者共有二万一千七百余人。当绍兴三十一年、三十二年（1161—1162）间，金、宋两军在利州路国境一带发生战事，南宋的利州路义士参与了战事，常作官军的先锋，表现勇武善战，屡有战功，但是也因此而有重大牺牲，战后仅存六千余人，并且在乾道元年、二年（1165—1166）为当时的四川宣抚使吴璘所废，但随后即由继任的宣抚使虞允文恢复。

四川的利州路义士，是以保伍为基础而设置的民兵组织，淮南、湖北的州郡，也有设置保伍，或进而设立民兵组织的情形。绍兴二十九年至三十年（1159—1160）间，淮南西路马步军副总管兼权知庐州刘纲已在淮西组织保伍。在淮东，绍兴三十年、三十一年间，周淙先后知楚州、盱眙军，两郡均位于淮河南岸，正处于宋、金边界上，当地居民自绍兴初年以来，原本就筑有用

以自卫的山水寨，也有组织为民兵的经验，周涽为之立约束，结保伍，到金军入犯时，赖以全活的民众不可胜计。绍兴三十一年八月，战争再起的迹象已经明确，诏淮、湖郡县籍民为兵，知荆南府续朅籍民为义勇，办法是从主户有双丁之家取其一丁，每十户为甲，五甲为团，甲、团皆有长，又挑择其中的豪户为总首、副总首，每岁农隙教以武事，期间粮由官给，其后列于义勇之籍者达七八千人。

见于记载更详的，则是鄂州武昌县令薛季宣的措施，他动念于上任之后，而恰逢朝廷颁诏淮、湖诸郡籍民为兵。吕祖谦《东莱集》卷十《薛常州墓志铭》载其在武昌施行保伍的缘起：

> 县故多盗，铁冶、营田棋布，诸乡亡命奸人出没其间，所治即孙吴故宫，自古江左重地也。公念除盗上策，莫如联保甲，疆陲有事，唯素整者可不乱。乃访求河北、陕右弓箭手保甲法，及淮西刘纲《保伍要策》，讨论甚具。会有伍民之令，乃出其法行之。

他最初的动机，是武昌自来多盗，因此要籍民户为保甲来除盗，可是当时的宋、金关系日趋紧张的情势，也使得他考虑到"疆陲有事"的问题，一旦边事发生，民众也只有一向接受整齐约束者，面对战争可以不乱。由于考虑到将会面对战争，薛季宣要对保甲施加军事训练，于是他访求参考的前例，就是北宋河北、陕西的弓箭手保甲法。北宋的河北弓箭社、陕西弓箭手与教阅保甲同属乡兵，但弓箭手是居住在边陲之地的汉蕃民众。刘纲事已见前述，他以军事长官的身份兼知庐州，而组织民众为保伍，无疑也是寄望于一旦战争发生，保伍能够发挥其军事上的作用。至于薛季宣应用其所参考的往例于武昌，则在朝廷诏下之后：

> 会有伍民之令，乃出其法行之。五家为保，二保为甲，六甲为队，因地形便合为总，不以乡为限，总首、副总首领焉，官族、士族、富族皆附保，蠲其身，俾输财共（供）总之小用。诸总必有射圃，民暇则习，无夤暮之节；尽禁蒱博，独许以击刺、驰射、角胜；五日更至庭阅，其尤者劳赏之；旗志（帜）总别为色，枪仗皆中度，候望干掫；不幸死者予棺，复家三岁；诸乡皆置楼，盗发，伐鼓举烽，以相号召，瞬息遍百里；总首白事，吏毋得预；追胥兴发，一以县檄为验。

从其组织来看，由下而上，有保、甲、队、总等几层，与南宋已演变为役法的保甲组织不同；从其有习射、击刺等训练，允许携枪杖及定时教阅来看，则有如熙宁时代的教阅保，而每五日即一次教阅，远比熙宁时代教阅保仅在农闲时教阅来得密集，这自然是因应当时战争的情势与武昌的地理位置而来。除了军事训练之外，薛季宣又给予保甲以清除沟渎淤土和市区救火等实务训练，增进他们接受整齐约束的习惯，并且他致力于增强县治和江上的戍守，因而直到金军退兵，民心得以稳定。

这一次因宋、金战争而在四川、淮南、湖北成立的保伍，在隆兴和议之后仍然继续存在。四川的利州路义士，经吴璘废除之后，由虞允文在乾道三年（1167）末提议复设。复设之后的利州路义士，其规制参考了陕西弓箭手旧法及绍兴年间旧制。据虞允文的奏文，其规制值得注意者以下几点。（一）义士仍然是从保丁中拣选，依每户保丁数的多寡而拣选少壮者三丁至一丁不等。（二）

有少壮丁男充当义士的人户，可以免除家业钱二百贯的差科，若家业钱超出此数，超出的部分仍要服差役、承担科敷。（三）不再分参与作战和运载军粮两类，一律接受武艺训练，对于武艺精熟者，只在乡社自行教习，至于武艺生疏者，则在每年农隙，从十一月一日到十二月二十日，追集至安抚司教习，待精熟后还乡。（四）除兴元府、洋州外，还有兴州、大安军的义士，金州、房州的保胜军，阶州、成州、西和州、凤州的忠勇军，都依照兴元府义士的办法，一体施行。按，金州、房州的保胜军和关外四州的忠勇军，原本也都出自保甲。关外四州即阶、成、西和、凤四州，在北宋原属秦凤路，南宋改隶利州路。就第（四）点而言，这也就是范成大在淳熙三年（1176）所说，"兴、洋等州义士，并金州保胜军、关外四州忠勇军，一体异名"。此后经历开禧（1194—1224）年间的宋、金战争，绍定（1228—1233）年间的宋、蒙战争，仍然可以看到梁、洋义士（即利州路义士，"梁"指兴元府，唐代中叶以前原称梁州），在川陕战场上的活动。

淮东的山水寨保伍，在乾道四年（1168）冬天成为淮南民兵成立的来源，于其中三丁取一，每年于农隙聚教，由官府给口粮，亦称义兵；淮西的山水寨民兵，出自濠、庐、和州及无为军的民社，也同于保甲，到乾道六年（1170）才成立。所以在乾道八年（1171），淮南转运判官冯忠嘉上言教阅本路保甲民合行事件，并称之为教阅保甲，而淮东、淮西两地均包含在内。在湖北，续耆和薛季宣在任时所成立的保伍，也未在他们去任后就废坏，而是有后续的官员继续维持，甚至扩充。续耆的政绩至少可以延续到淳熙十一年（1184），保伍人数也从八千余人增至一万三千余人；薛季宣的政绩则一直到李心传写《建炎以来朝野杂记·甲集》时仍然存在，记述时间应在嘉泰二年（1202）以前。

## 三、开禧宋、金战争的前后

嘉泰二年距展开于开禧二年（1206）的开禧北伐不过四年，而在其两年后的嘉泰四年（1204）七月，朝廷已诏命诸路提刑、提举司同措置保伍法，这应是为即将来临的宋、金战争预做准备。过去留存下来的成果，可以成为这一次战前准备的基础。

举例来说，在开禧宋、金战争的期间，两淮、湖北与保伍有密切关系的山水寨、义勇所发生的作用，学者已有讨论。梁、洋义士则在开禧二年一度攻下和尚原，但两个月后又为金军收复。

同样发生在开禧战争期间，除上举事例与保伍有关外，还可得而言的，是一件记载较详的史事。这件史事的相关史实，虽然没有完全在记载中呈现，但大略情况或许可以经由推敲而得知。《山堂考索·续集》卷四十四《兵制门》记载了开禧用兵时的一些赏罚不当的事例，其中之一是"四方山之捷，总保之守山寨以胜也，招使乃冒之而加秩"，此事应与保伍有关。

"四方山之捷，总保之守山寨以胜也"，相关史事部分见于王致远《开禧德安守城录》。"总保"即两淮、湖北的保伍，所以如此称呼，可能由于其首领称总首的缘故；四方山在荆湖北路德安府城东数十里，见王致远《开禧德安守城录》。在此录中，可以看到有江海、商祈、孙全三位总首，只有商祈称四方山总首，又称为四方山义勇，则其应是四方山寨之总首，义勇即其所统率的山寨民兵。在三位总首中，以商祈见于记载最多。江海、孙全两人均曾率兵作战，江海在府城仍受金军包围时，奉命率兵出城，在攻杀金军沿河守军后回城，德安府城当时并无戍卒，只有不娴兵事的厢、禁军四百人，德安府属县民兵二千二百人，及茶商所募、土豪市兵二千人，另有招收而来的随州枣阳县溃卒二千一百余人，江海可能是城中以保伍组成的义勇民兵总首；孙全在金军往北退兵而尚未离郡境，受到乡寨民兵邀杀时，与金军作战，有所虏获，应是德安府城以北的乡寨民兵总首，他和江海两人，都应与在府城之东的四方山无关。

德安府城自开禧二年十一月起受到金军包围，至次年三月金军退师，获得保全。在这段时间，商祈与主持防守的德安府通判王允初密切联系，并且成为京湖宣抚司和德安府联系的中介。开禧三年（1207）正月五日晚，商祈及其属下，偕同京湖宣抚司所遣来的宋兴，持蜡弹往见王允初，报知宣抚司已檄派都统董世雄率军一万人前来解围。此后双方就一直互相派人传递消息，内容主要是宣抚司派军来援的相关事宜。在二月十八日，商祈派义勇蔡仲报知德安府，朝廷派来协助解围的池州统制孟思齐，已经率军抵达四方山，希望会合已先达的援军危傃、董世雄两支部队，以及商祈，合兵解围；次日，王允初即派遣龙昕报知孟思齐，令商祈为诸军向导。这时四方山寨应尚未受到金军的紧密包围，寨中的义勇民兵仍有可能在商祈率领下，出寨与来援的军队会合，所以王允初才会在得知孟思齐的意图后，告知他下这样的命令。

但情况已在演变之中。到二十二日中夜，王允初得商祈报知，危傃的部队与金军发生战斗，折损五百人，孟思齐率军往援，危傃及其余部因此得以免于覆灭。自此日之后，即不再有关于王允初和商祈互通讯息的记载。危傃率领的援军在二月九日已抵达四方山，虽然次日王允初即派人催促其聚兵于府城，但危傃部队迟迟未至，至二十一日夜，有德安府派往宣抚司的土军曾达，在回程时经过四方山，才亲见其由于东出往援，在槐里与金军缠战未决，因此而有次日孟思齐的率军前往救援。自危惊、孟思齐先后驻兵于四方山以来，金军已不可能放过四方山寨，接着由于南宋援军接续而来，即在四方山附近遭到金军的阻挡，因而导致已先抵达的危惊、孟思齐与金军的战斗，金军对四方山寨的包围必定会更加紧密。因此，后来陆续受宣抚司派遣，率军前往德安府支援的周胜、张浩、马雄、王胜等将领，无不与金军在四方山等处接战。这几支援军的人数大概都不多，只有最先受派往援德安府的董世雄，提兵万余人，却逗留不进，拥重兵、观成败于二百里外。金军在这段时间是否曾进攻四方山寨，未见记载，但在受金军包围之下，商祈仍然能够只凭山寨中为数远不及金军的义勇民兵，坚守山寨，无意撤出，且已与德安府城相互联系，并非易事。

商祈的坚守四方山寨，牵制了金军的军力，有助于在附近与金军缠战的宋军镇定应战，也有助于德安府城的解围。金军为了在四方山附近袭击陆续来援的宋军，以及包围四方山寨，必须从围攻德安府城的部队中抽出部分军力，这就减弱了围攻德安府城的力量。在二十日未时，从府城上望见金军数百人，突然进入南寨，率二千余兵而出，快速东行，过了一段时间才回来，夜晚就由曾达传回金军与危惊在槐里缠战的消息，这一天金军就没有进攻德安府城的行动。德安府城由于通判王允初主持守城事务得宜，坚守数月而未被攻陷，已使得围城的金军士气大受打击，到围城的后期，又由于陆续增援的宋军以及坚守的四方山寨对金军军力的牵制，终于无意再战，撤兵而去。

四方山在这个过程中，扮演了重要的角色。起先是德安府城与宣抚司之间联系的中介，继而又成为援军赴援德安府城的中继站，最后则与赴援的援军共同成为牵制围攻德安府城金军的力量，对于德安府城的解围，贡献甚大。而德安府城的解围，也同时就是四方山寨的解围；《山堂考索》所说的"四方山之捷"，同时也就是德安府城之捷。对于这一个成果有所贡献者甚多，自然不限于防守四方山寨的总保，不过防守四方山寨的总保确是其中之一。

至于《山堂考索》所说"召使乃冒之而加秩"中的"召使"，应指在开禧北伐时，负责湖北、京西战事的鄂州、江陵诸军都统制兼京西北路招抚使赵淳。在《宋会要辑稿》中，有他因守襄阳之功而加秩的记载，但他是否也曾由于德安府之捷或四方山之捷而加秩，则未见有其他记载可与《山堂考索》的说法互相对证。赵淳守襄阳府城的事迹见赵万年《襄阳守城录》，而书中并未涉及四方山事迹，虽言及保伍，但只是组织襄阳府城内居民之保伍，用以觉察奸细、防备火烛，而非山水寨的总保。

不过德安府也确实有赏罚不公的情形。知府李师尹遇事仓促，缺乏判断能力，且有逃遁之意；幸而通判王允初一肩承担，且善于放低姿态，在知府与属僚、军民之间调护，两人因此能和谐相处。围城以前由宣抚司派来的统辖李谊缺乏判断能力一如知府，常与王允初发生龃龉，甚至大声叱喝，人所不堪，王允初也予以包容。然而知府与统辖两人都因城围得解，而与王允初同受升秩之赏；至于士民，则要等王允初不久获得直接自德安府通判擢升为本府知府之后，才以守城多得士民之力，而屡次将他们的劳绩上报，却因朝议不同，而未能得到结果。

上述是在宋、金边区的情形，讲的是原先已有的制度所发挥的作用。至于这一次因宋、金关系紧张，为因应事先朝廷诏令而来的保伍设置，并没有留下比较详细的记载，只能在黄榦上任知汉阳军之后，所上的《汉阳条奏便民五事》(《勉斋先生黄文肃公文集》卷二十二）中，略知其组织情况。这篇奏疏的第一项是"结保伍"，其中讲到自己担任抚州临川县令时，时间是在嘉定元年、二年（1208—1209），正是在开禧用兵之后，"隅官之法未尽废"，办法是以五家为一小甲，五小甲为一大甲，四大甲为一团长；一里之内，总合数团长为一里正；一乡之内，总合数里正为一乡官；一县之地，分为四隅，一隅之内，总合数乡官为一隅官，"以察奸慝，以护乡井"。黄榦在临川期间，沿用此法，民以为便。临川的保伍组织中，"隅官""乡官"两者，均不见于前述绍兴末年续觱在荆南府、薛季宣在武昌县组织的保伍。"隅"指城外以城四门为划分，而有四隅，"隅官"之名较早见于绍兴末年，一些州县的保伍即由隅官来统率；"乡官"之名则在隆兴（1163—1164）、乾道（1165—1167）年间亦已常见，多用之于协助政府救荒。上述情况应是初见时的状况，往后隅官、乡官所参与的地方事务日多，隅官、乡官的产生方式可能并不一致。黄榦在汉阳军，取法临川的保伍组织，而用之于救灾，隅官是委请见（现）任官一人主掌，见任官不足，则委请寄居官，所谓"见任官"应指当时正在汉阳军任职的官员，所谓寄居官则是虽有官员身份，可是由于各种原因，如守丧、待阙、奉祠等，未在职任上而居住在汉阳军的官员，不论其是否为当地人。乡官则是选税户有物力者一人担任，汉阳军未设里正而设有都正，都正如同乡官，也是选税户有物力者一人担任，乡官、里正都是当地的富有人家。

黄榦上任知汉阳军是在嘉定七年（1214）十月，所以会在到任之后，在依例应奏上的便民五事奏状中，提到过去在临川的经验，是由于当时汉阳发生大旱，他要把原本在临川用之于维持地方治安的保伍法，移用于汉阳的灾荒救济之上。黄榦在奏状中没有提到此事，其实据其门人黄义勇的说法，他在临川时，到任那年，发生蝗灾，已曾亲率乡官监督保甲尽力打扑，次年蝗虫复生，又急令保甲捕捉。因此，他只是把过去在临川的经验，移用于汉阳。然而黄榦对保伍效用的发挥，不仅只限于荒政，而怀有更多的期望，他认为"维持人心，防闲变故之道，无以易此"，并且指出汉阳军所在的湖北地区，由于环境的关系，奸盗藏伏，过去金人未入境时，啸呼成群，剽劫闾里，若使"保伍之法既明，则人心素有统属，亦何至于肆行而莫之禁耶"。当保伍之法行使之后，法制素守，人心既乎，进一步则可以"因其农隙，教以武事，则伍两卒旅军师之制，可以渐复，而战攻守御之习，亦无不精，不惟不至于为寇，而又足以御寇"，因此建议朝廷，将他的意见颁下京湖制置司详议施行。

## 四、嘉定后期宋、金冲突的再起

原本啸呼群聚的奸盗，在保伍之法行使之后，既然可以"不惟不至于为寇，而又足以御寇"，那么所御之"寇"又何所指？在当时的情势之下，黄榦很可能就是指新近南迁至汴的金人。由于蒙古入侵华北，从嘉定四年（1211）开始，南宋派遣往金的使臣屡次无法抵达金的都城燕京，于是宋以漕渠干涸为理由，停止向金纳岁币。金抵挡不住蒙古的猛烈进攻，向蒙古称臣，并且在嘉定七年将都城南迁至汴，在这年七月遣使至宋，告知迁都一事。这年三月，金朝廷尚在燕京，已曾遣使至宋索取岁币，迁都至汴后，又在八月再次遣使督索。在这样的情况之下，是否要继续输纳岁币于金，在南宋朝廷上引起了争辩，是否继续输纳岁币的问题牵动了是否应继续与金交往的问题，再牵动起两国之间的和战问题，宋金两国逐步又陷入了紧张的状态。

当金遣使至宋告知迁都之事时，黄榦正在厘务的添差建康府通判任上，与一般不厘务的添差官不同，他的此一职位并非只坐领薪俸，而是可以参与事务。他在任期间，曾为治所在建康府的淮西总领胡槻写了一封奏疏，建议在两淮推行保伍。在这篇题为《代胡总领论保伍》（《勉斋先生黄文肃公文集》卷十六）的奏疏中，建议当金人迁徙之时，组织素习骑射剑戟且熟知当地山川险易的两淮之民为保伍，以防托乡井为名，到缓急之时，人自为战，就成为精兵；而且若有警急之事发生于仓促之间，当地勇悍之民，难免会趁势起而为乱，及早组织其为保伍，使之各有统属，将使之不至于轻而为盗。这篇奏疏的立论和前引黄榦知汉阳军之初所上的便民五事奏札中，论及组织湖北民众为保伍，进而训练其为兵，可以使原本容易流为盗贼之民，"不惟不至于为寇，而又足以御寇"，如出一辙。而这两篇奏札写作的时间，前后相距不过数月而已，是在相同时机下的作品。两相比对，可以认为，在后一奏疏中的"而又足以御寇"句子中的"御寇"，无疑指的应该就是抵御金人。

黄榦的建议是否获得接受，不得而知，但是据《宋史·黄榦传》的记载，他曾经有信给淮制置吏李珏，信中部分内容论及保伍，而文字有部分是摘录其《代胡总领论保伍》，此事缘由究竟如何？按黄榦治事的才识，在其知临川县时，已得到当时任江西提刑李珏的赏识。嘉定十年（1217）四月，金人犯境，两国陷入战争状态，朝廷任命李珏为江淮制置使，李珏赴任前，曾向朝廷请求以黄榦为其幕府上宾，于是朝廷先起用黄榦为知安庆府。黄榦在这年四月到任，上述他写给李珏的信，即是在到任之初写的，由此看来，嘉定七年（1214）黄榦有关组织保伍的建议，并未获得采纳，他才有再度向李珏建言的必要。可是他在上任一个月内连写了六封讨论边事的信，却都没有收到回复，于是他只有自行致力于组织保伍。

黄榦在出任知安庆府后，为即将来到的战争预做准备。为了增强防卫的能力，做了两件事，一件是兴筑城墙，一件是组织保伍。前者于此不予讨论，后者则在前引的黄榦的文集（卷三十七）中，有一篇《安庆劝谕团结保伍榜文》，劝谕民众"平日团集保伍，阅习武艺，叶心一意，共保乡闾"。在他上任这年的秋、冬，有一封回复陈宓的信（卷十三《复陈师复寺丞》），其中讲到安庆府城已经筑好，尚余城门及城的外壁尚待烧砖包砌，这时已经设置了用之于守城的壮士营，同时也从近郊二十里的保伍中，"择其强壮者籍之，有急亦可驱以守城"，显然安庆府的保伍经过黄榦几个月来的努力，已经组成。由于李珏奏辟黄榦为参议官，他在次年二月罢除知安庆府的职务，改任命为权发遣和州，并且先至制置司议事。黄榦辞免知和州，而赴制置司议事，但在不久之后，即因意见不合且受其他幕僚谮讦而辞离。嘉定十四年（1221），亦即黄榦离开安庆府三年之后，金人大举入侵，黄州、蕲州皆失守，惟独处于蕲、黄之间的安庆府得以保全。对照蕲、黄两州城破之后受祸的惨酷，安庆府民众事后为黄榦建生祠两所，分处于城北、城南。

不过筑有城壁、设置保伍，是否就一定可以使得一处城市在战争中得以保全？自然未必如此，还必须考量其他的因素。以黄州、蕲州两州来说，黄州由于相关记载较少，仅知其自北宋以来即无州城，仅略有垣壁，间为藩篱，即使到嘉定十四年金军破坏之后的嘉定、宝庆之间，仍然是城池卑浅，先后两任知州左谟、刘洙都致力于浚筑，使之高深；至于当时黄州是否有保伍组织，则未见记载。在金军围城时，黄州由于孤城无备，又乏外援，才八天就陷落，知州何大节在城陷后，出城投江而死。

蕲州则留有多的记载，嘉定十四年（1221）的事件，事后有当时在城中的赵与懬所撰《辛巳泣蕲录》，记述金军围城和城破的详情，而在城破时以自焚殉职的知州李诚之（茂钦），又有袁燮和真德秀分别为其撰写墓志铭和墓表，结合其他相关记载，可以得到较清楚的认识。叶适在写于绍熙三年（1192）的记文里，对蕲州的印象是"州无城堞，市无廛肆，屋无楼观"，这些自然都是强调之言，但是可以推知，当时蕲州即使有州城，也只是城墙低矮。到嘉定十二年（1219），李诚之出知蕲州，初上任时，即为防备金人突然长驱而入，将城壁增高加厚，俱增五尺，城壕也浚深拓广，深为二寻，广至十寻，又备楼橹，筑羊马墙。改善之后，与二十多年前叶适所见到的情形应有不同。但即使如此，比起黄榦知安庆府时所筑城高二丈的府城来说，或是较早于嘉定六年（1213）担任安丰军通判时所言，郡城城壁经摧毁后，高不及二丈，薄或四五尺来说，蕲州州城的城厚或许已胜过黄榦认为单薄的安丰军城，但城高即使已达一丈，仍然不及黄榦所说的安丰军和安庆府的郡城。至于保伍，在《辛巳泣蕲录》中，记载有"乡总首""诸乡总首"，还有几位总首的姓名，他们应该是蕲州治下各乡保伍之长，率领由保丁组成的民兵前来支援守城，或在地方上与金军周旋；又记载有蕲春县管下董应能、徐彬、徐杞、黄思明等人团结义甲二千人于北门外防扎，其中徐彬又称之为总首，义甲应即是民间自动结成的教阅保甲，"义"是公义之义，地方上较为富裕的人家，为了乡里的安宁，自动出钱出力，率领民众，组织保伍，以备在当国内的寇盗或国外的寇敌侵犯时，起而抵抗。无论政府组织的保伍，或民间组织的义甲，他们在守城的过程中，也确实能同心协力，有所贡献。只是此书作者赵与懬以当时担任蕲州司理参军权通判兼淮西制置司签厅行司公事的官员身份，也惋惜当董应能等人率义甲于州城北门外防扎，官府未能派人充其主将，与之调发应敌，以致后来四城被金军围闭，钱、米不给，终为蜂拥而来的金军所冲散。也就是由于官府一时的疏忽，而未能充分得其用。

　　蕲州自嘉定十四年二月十四日起，陆续得知金军渡淮河南侵的相关讯息，在知州的领导下，积极进行防守的准备措施；十八日，金军已围黄州，蕲州于次日得报，开始急速坚守城壁，关闭城门；二十日，金军已抵达州城外，开始围城。自金军围城至三月十六日晚，前后共二十七天。在这段时间，城中官、军、民合力防御，表现出色。即使如此，蕲州仍然为金军攻陷，原因何在？据赵与𥯤的看法，认为原因主要有二，一是率领武定军参与守城的徐辉、常用畏怯，弃城守之责于不顾，俩人在三月十四日已尝试率军逃遁，由于赵与𥯤的劝阻而未能实现，当日虽经丰厚赏赐，可是到十六日晚二更，据袁燮所撰的李茂钦墓志，两人毕竟还是再次率部以缒绳下城的方式逃遁，导致他们的守城地分无人把守，他们还教金兵如何登城，当晚金军即鱼贯而登，攻入蕲州州城，巷战至十七日晨而城陷。徐辉、常用所率的武定军，是外来的策应之师；武定军则是在开禧（1194—1224）年间招收淮西沿淮之民组成的民兵，原名雄淮军，到嘉定（1208—1224）年间才改名为武定军，并非蕲州人，所以不会像蕲州本地的民兵、保伍、义甲一样，有卫乡之心。另一个原因则是援军虽已派出，但是都迟缓不至，导致蕲州州城孤立无援，以数千军民之力，对抗为数多达五万以上甚至有说是十余万的金军。援军迟缓不进这种情形，在开禧年间德安府受围时已经出现，但是只有董世雄所领的一支军队，其他各支援军虽然未能实时抵达，却都在接近德安府城时，与金军激战，成为牵制金军的力量，如今问题已经更为严重。即使蕲州州城陷落，但在这一次守城战役中，仍然可以看到保伍、义甲所发挥的正面作用。

可是蕲州州城能够守近一个月，使得金军经过苦战才攻下，保伍、义甲却有延宕其行动的作用，同时也使得迅速攻陷黄州州城的金军不得不前来支援。于是入侵的金军无法立即进窥安庆府。当蕲州的官员们在围城之中，得知黄州已经陷落时，曾讨论到"蕲不可守，则贼必窥我安庆、无为"，"不特安庆，江面可忧"，因此坚定了他们与城共存亡的决心。到蕲州为金军攻陷时，金军已经在攻城战中消磨了士气，也颇有伤亡，不过纵然退出了蕲州，仍然未必没有接下来前往攻围安庆府城的可能，所以《宋史·贾涉传》讲"金人破黄陷蕲，安庆甚危"。当金军行至黄州黄冈县的久长镇（并非天长镇，《嘉庆备修天长县志稿》已有辨明），遇上宋军扈再兴的部队邀击。扈再兴为鄂州副都统，先前奉派越境入金，进攻唐州，在失利退师时，又奉派驰往救援蕲州，在久长镇击败金军，金军于是往北退却，返回金境，安庆府城因此免于受到攻围。嘉定十四年的蕲州攻围战，所以能够在城陷之后，仍然获得这一个成果，无疑也有保伍与义甲的贡献在内。尽管无法推知，如果安庆府继黄州、蕲州之后受到金军攻围，实际的情况会如何，但是可以认为，先前黄榦在知安庆府时的作为，使得当地民众了解，他们具有较黄州、蕲州为优的守御条件，也因此能具备较强的信心。

比黄榦在时间上稍晚，另一个重视保伍的地方长官，是在四川的虞刚简。虞刚简是四川人，仕宦经历也主要是在四川。嘉定十一年（1218）以后，由于受辟于四川制置使董居谊幕下，参与过几次对金的战役，对敌情应有相当的了解。嘉定十五年（1222），在他担任夔州路提刑兼提举常平任内，曾为其在夔州路推行保伍之法上奏。他说明近两三年来当地盗贼横行的情况，"至敢操戈，十百为群，白昼行劫，焚屋杀人，荡尽财物"，他认为弭盗之计，无出于保伍之法：

> 盖使之比联保爱，出入守望，使民相亲相恤，相友相助，平居无乖争之习，缓急有相救之义，而又有以察奸，不敢容奸。此诚成周乡井之制，实万世经久之利也。是以熙宁盛时，尝申行保甲之法，始自河北，遍及天下，所谓义勇、保社、保马，其制备详，不特为盗贼之防，又深寓民兵之意。岁久因循，偶失修复。今若略仿旧规，严切措置，则一路盗贼，自今以始，遂其可弭。（《宋会要辑稿·兵二·保甲篇》"嘉定十五年九月十六日"条）

虞刚简这一段上言，有两处可以注意。一是他所讲的保伍之法的作用，不局限于出入守望，察奸以防盗，而是认为应以民众之间的相亲相恤、相友相助为基础，先能"平居无乖争之习"，然后才可能有"缓急有相救之义"。以保伍组织来教化民众，这是熙宁（1068—1077）年间实施保甲法时所未有的说法，要到南宋张栻、朱熹等学者，才如此认为。另一则是他将保伍之法，溯源于熙宁年间的教阅保。所谓义勇即后来改称的义勇保甲，民社则如弓箭社之类，义勇保甲与弓箭社均在北方边境，保马即保马法，可以向政府领养马的，仅北方五路的保甲，亦即教阅保，也只有教阅保，保甲才可能"不特为盗贼之防，又深寓民兵之意"。他在奏言中所规划，组织分大保、小保、甲的夔州路保甲，则仅是"为盗贼之防"的家保，如何"深寓民兵之意"未见说明。这要到接下来他在利州路提刑任内推行保伍法，才能看出来。

嘉定十六年（1223），虞刚简改任利州路提刑。利州路位于宋、金边界，他一向了解，此地由于位于沿边，因此多金派遣来的谍贼，且南宋的驻军骄纵而难以军规约束。究其原因，则在于民众缺乏组织，于是实施较夔州路更为详密的保伍之法：

> 凡乡井长有小、大，正有都、副，有赀产者为团长，有干局者为提振，不数月而事济。边民器械夙备，又为放（仿）周人鼓铎旗物以辨乡邑之制，除器益备。无事则谍贼者不得作，军不得恣；有警则守望相助，戎虏知畏。盖无熙宁间刺手、遣戍、月就教阅及州县科差之劳，故人不怨而乐趋。（《鹤山先生大全文集》卷七十六《朝请大夫利州路提点刑狱主管冲佑观虞公墓志铭》）

虞刚简所策划的利州路保甲，显然可以用为民兵，他们拥有器械，无论是"无事则谍贼者不得作，军不得恣"，或是"有警则守望相助，戎虏知畏"，都可以显示出其具有军事上的镇遏作用。尽管没有熙宁年间的"月就教阅"，但是在性质上与熙宁年间的教阅保甲无异。虞刚简在任三年间，利州路团结保甲达三十九万二千余人，其中兴元府（汉中）独占五万，隆庆府（剑州）、阆州尚不在内。其后在宝庆三年（1227），蒙古曾一度入侵，四川制置使郑损从近边的沔州南奔到阆州，利州东路安抚使赵彦呐出师至沔，当时的利州路提刑集保甲之民守备，蒙古以宋有备而退兵，不继续深入。于是虞刚简在其任内的深识远虑，愈为人所敬服。

# 中　篇

# 保伍在宋、蒙关系中所发生的作用

## 一、蒙古假道宋境灭金

嘉定十五年（1222），蒙军曾短暂进入利州路的凤州，但抄掠一阵之后，很快就退出。宝庆三年（1227）的入侵，则事先曾派人递送国书，要求宋朝投拜，尽管这次蒙军也是稍入即出，但是郑损的快速退师，使得蒙军一度攻陷西和州，关外五州（原为关外四州，阶州、同庆府、凤州、西和州及嘉定元年自成州分出的天水军）都深受摧残，并且开启了后续蒙军再次入侵四川的序幕。

绍定四年（1231），蒙军再以假道灭金为理由，入侵四川北部，并且事先也投下了国书，继郑损之后担任四川制置使的桂如渊应对无策，蒙军不理会宋方的态度，挥兵进入利州路境内，在攻破关外的凤州后，一支军队往东趋迫兴元府。当时守兴元府的是知兴元府兼利州路安抚使郭正孙，有才略且富经验，可是原来戍守兴元府城的梁、洋义士已先调去分成诸关，城中的忠顺军

411

一千人，也为制置司调遣略尽，其将呼延棫也已分戍至他处。郭正孙原本誓以死守，但情势演变，他在僚属建议下，离城前往扼守米仓山，于是召回呼延棫，率领余下的忠顺军，另有召集而来的溃兵散卒，以及大批随行的民众，一同出发，至沙窝遇上蒙军，连战皆败，郭家一门八人同时遇害。沙窝之战以后，这支蒙军仍然继续攻城略地，深入到利州路与潼川府路邻接的阆州，与成都府路邻接的隆庆府，然后回师至兴元府、洋州一带，与另一支蒙军会合，往东攻掠至京西路，再出宋境，继续进行其灭金的军事行动。兴元府陷落之后，洋州也受到威胁，两州民众数十万都奔往金州，知洋州高稼移屯洋州黄金渡，收散卒、招忠义。蒙古军迫近大安军，利州大震，到成州、同庆府被屠，西和州城破，谷隘山寨、七方关的守军溃败，高稼率遗民驻兴元府之南的廉水县，召集保甲，分布间道，以保大巴山。不久之后，蒙军出宋境。这一次利州路所受到的破坏，其深其广，更甚于宝庆三年至绍定元年（1228）那一次蒙军的入侵。

在此一过程中，可以看到保伍的参与防守。应先加讨论的是梁、洋义士和忠顺军两支民兵。梁、洋义士前已言及，即利州路义士，又有兴、洋义士之称，是挑选自兴元府、洋州保伍的民兵。至于忠顺军，则是则是孟珙之父孟宗政于任荆鄂都统制兼知枣阳军时，召集来自唐、邓、蔡等州的中原遗民，发廪供粮，给田以耕，创屋与居，籍其勇壮而成，共有二万余人。后来孟珙任职京湖制置司，奉命代江海统率这支部队，以稳定军心，于绍定元年又命忠顺军家自畜马。由于忠顺军是有家庭，有住屋，且有田地可耕，是否与民众相同，组成保伍，则不得而知。无论梁、洋义士驻守兴元府城，或分戍诸关，都可以看出，这一支选自保伍的民兵，到绍定（1228—1233）年间仍然存在，而且用之于军事。

此外，高稼在西和州陷落，守谷隘山寨的民丁散走、守七方关的官军溃败之后，自洋州黄金渡移驻兴元府廉水县，为了防备蒙军越大巴山深入，也以保甲分屯间道。尽管后来蒙军入兴元府境之后，并未南下，而是往东行进，在出宋境后继续其灭金的行程，保甲的作用仍然可见。

除了梁、洋义士，保甲之外，还有选自保伍的关外忠勇军。绍定四年七月，诏令制置司、总领所等机构，对于忠勇军死义之家，并与优给，若有子才艺异众者，令赴枢密院，经审视后录用。据魏了翁所撰的郭正孙的墓志铭，蒙古军在这年三月即已进入利州路的关外，于四月破凤州；五月，蒙军以轻师自关外的凤州东趋，越武休关，迫兴元府，主力则仍留在关外攻城略地；六月，高稼已自洋州还定汉、沔，于杜家坡寻得郭正孙的遗体，敛而殡之。至于关外地区的战争，可能在七月也已告一段落，所以朝廷才会有这样一道诏令。

事后李鸣复曾有上疏，建议增加忠勇军的数额。他指出了利州路的各类土兵，在关外称忠勇，在梁、洋称义士，在金州称保胜，他们可以耕，可以攻，可以战，尤其是用之于守，由于他们有屋庐田业、妻子骨肉，心志坚定，不尽力不止，所以能效死弗去。然后李鸣复说明自己亲身的经验，他曾经为犒军而至西和州，这应该是他在郑损的四川制置使任内，担任权发遣金州兼利州路安抚司干办公事时的事。他见到的忠勇军人，是人品强毅、技艺骁勇，可是全军只有一千四百余人。他从而指出，西和州是大郡，人数却仅止于此，阶、成、凤州的情况可想而知。无论他的建议是否获得采纳，但是可以了解，由于梁、洋义士和忠勇军的参与战事，利州路几支选自保伍的民兵，在战后又得到人们的重视。

## 二、端平入洛败盟引致蒙古大举侵宋

南宋刚饱受蒙军的摧残，伤痛仍存，绍定五年（1232），由于蒙古主动提出，又决定参与两国联合灭金的军事行动。结果是金虽在端平元年（1234）初灭亡，其南迁至汴后的国土，却大部分归蒙古所有，南宋获得的只是寥寥数州。这样的结果，自非南宋所望，于是有端平入洛的军事行动，朝廷上虽有辩论，但由于宰相郑清之的支持，仍然决定出兵，而以收复已在蒙古手中的三京为目标，亦即东京开封、西京洛阳、南京应天。军事行动在同年的年中展开，而在三个月后以失败告终；不仅失败，还导致蒙军的南侵。蒙军的南侵自端平二年（1235）秋天开始，南宋的两淮、京西、湖北、四川均为其所侵入，至次年才北退。

当战事在进行时，魏了翁在端平二年十二月获任命为督视江淮军马，至次年二月此一机构结束。魏了翁处理机构结束后的事宜到四月，上了一封《缴奏奉使复命十事》（《鹤山先生大全文集》卷三十），第一项是"招纳土豪"：

> 并边诸郡，每遇虏人入寇，皆得土豪统率义丁，为官军掎（犄）角之助。只如今春，鞑踏浮光、随、信，管下如罗山、杏山诸处，率是义甲头目、牛社总首，随宜剿遏，其间又有庄农自相结集，俟虏骑入村游抄，或伏险邀击，或随后蹑袭，必有斩获。

文中的"浮光""随""信"，是指淮南西路的光州和京西路的随州、信阳军；罗山在信阳军，杏山则在光州。"义甲头目"的"义甲"，在上篇据《辛巳泣蕲录》讨论嘉定十四年（1221）的金军包围蕲州城事件时，已经提到。更早则有建宁府崇安县士人张宗说，于淳熙十年（1183）家乡为了抵御盗寇，而致力于组织义甲，他"乃因人情，倡为义甲，一家有警，则甲众毕集，盗以屏息"。这个办法，作用显然同于保伍，事见魏了翁所撰张宗说的墓志铭。张宗说自身，显然可以说就是当时建宁府崇安县义甲头目。在《辛巳泣蕲录》，蕲春县管下董应能、徐彬、徐杞、黄思明等人团结义甲二千人，于北门外防扎效力，董应能、徐彬、徐杞、黄思明等人显然也可以说是义甲头目，而徐彬又是保伍的总首。义甲和保伍的分别，应在于保伍是政府组成的，而义甲则是民众自己组成的。

　　"牛社总首"的"牛社"，应是在两淮、湖北的边区土地耕垦，在豪富之家与耕作者之间，因耕牛租赁而形成的一种民社或乡社组织。具有相同意义的此一名词，又见于有淳祐五年（1245）陈子和序的刘达可编《璧水群英待问会元》卷三十《武事门·民兵篇·名流举业》："牛社、义甲之卒。"耕牛所以需要租赁，是由于佃户或一些家境较贫的自耕农，家中未必会有耕牛，而地主或地方上的富裕之家，则养有耕牛来出租，然后可以向租牛的农民收取一份牛租。这种情形，无论在边地或内郡都存在，在淮东、淮西、湖北、京西等边地尤其明显，无论政府经营的官庄，或是民间地主的田地，耕作者所用的耕牛通常都是向政府或地主租来的。出租耕牛的豪富之家和租牛的农民，由于耕地或耕牛出租的关系，再加上有乡里之谊，当面对可能入侵的外敌时，只要豪富之家平日能善待农民，就容易有休戚与共的感情，因而结成讲武的民社或乡社，由领导的豪民任总首。这类民社或乡社，在内郡也有，平日即有武艺教习，有如教阅保甲，成为一种民间武力，最有名的是抚州金溪县陆、邓、傅三家的乡社，在建炎（1127—1130）年间政府讲求忠义巡社时即已成立，陆家的乡社在南宋中期盛一时，而邓、傅两家的乡社，则到南宋末年仍在活动。

据魏了翁的奏状，这类由土豪领导的义甲、牛社，每当蒙古入侵边郡时，都与官军配合作战，为官军犄角之助。除此之外，又有庄农自相结集的情形，对于入侵的敌军，也能颇有斩获。魏了翁并且分析了他们能够奋勇作战的原因：

> 盖以其生长边域，狎近戎虏，故习其风声，抵抗而不慑，睹其陵暴，愤激而思斗；加以知地利，得人和，有爱惜骨肉之情，有保全乡井之谊，战则自为战，守则自为守，若奖拔而倚用之，固与官军之更递往来，驱之战守者，不可同日语也。

大致说来，可以归纳为两个方面。一个是地理环境的因素，由于生长于邻接于戎敌的接境边地，所以熟悉于其习俗与作风，无惧于与之争战，而目睹其入境之后的暴行，更使得他们气愤到意欲吞食其肉而后已。另一个则是保卫家庭与乡里的因素，也就是"骨肉之情"与"乡井之谊"。这两个因素，使得他们能战能守。魏了翁因此认为，对于这些由土豪领导的边地民兵，应该奖拔而倚用，比起官军的定期更替往来，驻守边地的时间短暂，而且参与战守又非其心所欲，有如受到驱迫，不得已而来，要好得多。

然后他指出，自从京西、湖北残破之后，各处都有屯聚相保的乡民丁壮，如果不及时运用土豪之力，就他们所在之处加以结集，他们将涣然无依，他日可能会有其他的变故。接着就说明他自己在这方面的措施，以及所收到的效果：

> 臣尝委参谋官别之杰，结纳襄、随两郡土豪；寻又差官赍
> 榜文札子，前去汉上召集。近日刘廷美收复樊城，一号召之
> 顷，遂得四万人；其后廷美与其弟廷辅又以督府旗榜，于南漳
> 县老鸦山等处，招收山寨民丁、庄农，与诸处溃散官民兵，同
> 力克复襄阳。土豪之效，大略可睹。

这一段话的要点，是在运用土豪刘廷美、廷辅收复樊城、襄阳一
事。襄阳在这年二月发生兵变，守襄阳的京湖安抚制置大使赵范
逃出，襄阳府城为叛军占领。因此有魏了翁派都督府参谋官别之
杰结纳襄阳府、随州两郡及汉上土豪之事，成果即是樊城土豪刘
廷美收复樊城，及刘廷美、廷辅兄弟收复襄阳。不过襄阳、樊城
回归南宋所有，为时短暂，到这年秋天，蒙军再度入侵，两城即
投附于蒙，当蒙军攻至郢州时，刘廷美战死。

　　不仅魏了翁，端平（1234—1236）、嘉熙（1237—1240）年
间，有好几位官员上言边防事宜，也注意到土豪、义甲与保伍。
吴泳在端平二、三年（1235—1236）间上言，"京襄、两淮土豪
民兵，团聚堡寨，捍卫乡井，最为可用"（吴泳《鹤林集》卷二十
《边备札子》），"边淮之民如霍丘、固始等处土豪，闻其老小多被
杀戮，而强壮尚存者动以万计，所宜急作召集，以助兵势"（同上
《边防札子》），强调在京西、两淮地区，土豪所组织的民兵，最宜
用来捍卫乡井，可是在战争中流散，应该赶快召集，以协助作战。
文中的霍丘县在安丰军，固始县在光州，霍丘、固始也可以分别
用来称安丰军、光州，两郡均在淮西沿边。

　　杜范的上言则应已在端平三年。他先讲述了刘廷美的事迹，然

后说"边头土豪如廷美辈，尚多有之，彼其习兵戈之事，深为乡井之谋，孰不愿借朝廷威令以立功名"。他建议由各路帅臣加以号召、节制，能抚定一邑者用以领一邑，能保守一郡者用以领一郡，"使之自食其租赋，时给其糇粮，列大屯于江面以应接之，彼必能踊跃自奋，以捍却外侮"（杜范《清献集》卷七《乞招用边头土豪札子》）；这封奏疏只提到"边头土豪"，在另一封奏疏里，他提到了"边头义甲土豪"，"闻边头义甲土豪，或为虏人迫逐，奔遁流移；或为淮而（西）清野，无地居止；或为调发远戍，中道散逸。此辈素勇于战斗，非官兵比，既无所倚靠，若不为盗贼，必相率从虏，反为向道（向导）。宜急降黄降（榜）招诱，遇有智略、熟于边事之人，付以事权，委其唤集，彼必欣然来归，抚而用之，必得其力"（同上《上边面事宜》），前一封奏疏中的"边头土豪"，应即这封奏疏中的"边头义甲土豪"。这封奏疏所担心的是，对这些勇于战斗的义甲土豪，如果不召集抚用，则他们可能会归附于蒙军，或成为盗贼，在前一封奏疏中也有类似的话。这封奏疏最后建议，用颇有谋略、其名声也为淮人所服膺的王好生，来负责招抚之事。按，此人之名也见于魏了翁的《缴奏奉使复命十事》，魏了翁为防备蒙军渡江，曾用他赴长江口南北各港口，雇用海船，驶往上游，当时他在魏了翁幕下任主管机宜文字。

也有官员未提土豪，而直接讲保伍。据许应龙上奏所陈，右丞相乔行简累陈奏札，所提出的数十件建言，都十分切中事情的紧要之处，不过他还要补充两件。他所说乔行简的数十件建言中，其中有一项是"团结保伍于以捍外寇"。乔行简任右丞相的时间，是从端平二年六月至三年九月，他这项建言应是在这段时间内所上，只是原奏疏未见于记载，无法得知其详。

不谈土豪，只论保伍的，还有袁甫。袁甫在嘉熙元年（1237）

先后上了两封奏疏。一封是《奏备边四事札子》(《蒙斋集》卷六)，在第三事"处流民俾复生业"中，他说听闻"淮上之民，少长习于兵革，为国保障，其力居多。去冬敌骑奄至，西淮义勇往往愤激思斗，而任边阃者惟恐摧锋而怒敌，但知撒(撤)篱以媚之"。所谓"撤篱以媚之"的政策，就是清野。为了清野，"驱逐老弱，焚荡生聚"；加以"敌马蹂躏，腥焰熏炙，淮上之民扶老携幼，渡江而逃者，不可胜计"，形成大批流民。然而朝廷对渡江而南的江北流民，不加顾念，他们无论留在江南，或返回江北，都难以为生。袁甫认为，若不积极处理，不但外失捍敌之利，而且将内起萧墙之祸。他的建议是，应该饬令帅臣、守臣等人，对返回江北的流民加以赈恤，朝廷也应该补助他们钱粮，让他们可以恢复生业，然后"或团结乡社，以助声势；或拣刺义勇，以填阙额；或选擢材武之人，优补军职"。所谓"乡社"，前已言及，起于建炎初的忠义巡社，被视同保伍。至于"义勇"则原为荆湖的民兵，选自保伍，不过朱熹在和学生谈话时，已提到两淮荆襄义勇；端平二年，徐桌曾对宋理宗说，由沿淮之民组成的两淮义勇、忠义虽多，而正兵却甚少。可知两淮到后来也有义勇，到端平年间仍然存在；端平年间，湖北、京西义勇民兵至少在江陵府也同样继续可见，吴泳就讲到江陵府七邑，有义勇二万人。

另一封则是《奏乞团结民兵札子》(同书卷七)，专论团结民兵。他指出"西边之患，在乎兵少而力分"，他所说的"西边"，应该是指淮西、湖北、京西等路，应该尽快推行团结民兵之政，以求改善，在当前事态紧急之时，行此一政策，正是当地民心之所欲，不至于引起民怨。因此沿边州郡，举行团结民兵之政，目前已有规模的，要更精加整葺，务令缜密；未曾结集之处，宜及时严行约束，亟行措置。如能"处处有保甲，人人知固守，无柠虚疏薄之患,有周卫捍御之功,此实当今至大至急之务也"。在他的说法里,民兵是以保甲为基础组成的。他所说的保甲,也就是保伍,实际情形也是如此,无论两淮、湖北或四川利州路的民兵、义勇,当初都是以保伍为基础而成立的。吴泳、杜范、袁甫等人所论的运用土豪或团结保伍,主要都是在两淮、京湖等处。

## 三、从嘉熙到景定

嘉熙元年(1237)春天蒙军的撤退让南宋有短暂的喘息,但是几个月之后,蒙军又展开入侵,几乎是连年不断,而且是东起淮东北境、西至四川北境的利州路,全面性地入侵。后来甚至有南宋人所称的"斡腹之谋",蒙古军绕道南宋西南境外大理,先侵入广西,再进入湖南,围潭州,进一步与鄂州的蒙军会合,并分兵取道东下,让南宋必须同时面对国境南北两侧的军事压力。在两国这段长期的战争过程中,南宋朝廷借团结保伍来协助御敌的措施和言论,仍然持续不断。

从嘉熙元年到景定元年(1260),有二十余年,在金亡后已成南北对峙的南宋和蒙古,有长期且连续的战争。在这期间,南宋仍然重视保伍的运用,下文讨论其具体情形,主要依据吴潜、李曾伯两人的言行,并辅以其他资料。

嘉熙二年(1238)秋至次年春,蒙军入寇两淮。吴潜为淮东总领兼知镇江府,在战争期间上了好几封奏疏,其中有三篇言及团结两淮民众的土豪。在《奏乞选兵救合肥》(《许国公奏议》卷二)中,他讲到安丰军六安县的西山,"虽经残破,尚有头目数人,自行团结,固守其间,合而计之,不下二三万人,皆频年百战之余，坚苦忍耐之卒"，这几个头目所团结的当地民众，最初应该只是团结成保伍，到蒙军多次来攻，才成为富有战斗经验的战士。这次蒙军入侵两淮，首先就是攻庐州（合肥），结果未能攻下。

六安县西山的例子，是淮民在居住的当地，在头目的率领下团结；也有已曾团结的淮民，在首领的率领下渡江，寄寓南侧江岸。在《奏论江防五利》（同上）这封奏疏中，吴潜讲到建康府江边的一块周广一二十里的沙洲杜真沙上，聚集了许多流民，擅斫柴木、芦苇。这块沙洲虽属建康府所管，可是在其上的芦场却是镇江府知府所带的镇江府节制（军马）司所管。因此，吴潜派遣节制司官员前去查看，得知居于此沙洲上的流民共有十七寨人，共有长老少不下十余万口，强壮约一两万人，都是安丰军、濠州、真州、滁州四郡百姓，总领这十七寨流民的，是宗子赵时暆。此沙洲对岸的真州六和县界，位于江北岸的郭墅、堋塘、王峡塔等处，又有强壮五千人，其头目王瞻义扎立硬寨，遥与赵时暆相为表里。

吴潜得知实情后，亲自行文给赵时暆，旋即收到回复。赵时暆说，自己原是六合县的上户，端平三年（1236）冬天，蒙军侵犯六合，城壁总辖官以城降于蒙军，自家兄长时晓以成忠郎特差充黄州黄冈县尉，率死士苦战，不幸战死，自己则扶持母亲，突围而出，仅得生全。由于连年蒙军入寇，所以他团结乡井强壮，依据险阻，屡次与蒙军交锋，前后杀获不知其数。因担心官府反来追索他们从蒙军那里夺到的马匹，而不敢向官府报告。最近在九月间，由于探报传来蒙军将并力于淮东的消息，担心势不能敌，于是带领在家乡所团结的十七寨人渡江，在杜真沙上屯泊，不知这是节制司的芦场。为了结缚蓬庐，遮蔽风雨，不免会采斫芦场上的柴木、芦苇，实不得已；他已经遵依约束，告谕十七寨头目，督责所部，自相约束，不得侵斫，也不敢一毫生事。他又说，自己出自帝胄，每怀报国之心，不幸遭鞑贼之祸，由于从自其父、祖以来，粗有恩信于乡里，真、滁之民因而推以为首，团结聚众，如今有十万老小，一两万强壮，目前仅有三两月之粮，尚可苟活；可是万一无法返归乡里，生活将无所仰赖，他担心这十几万人中，有人会为饥寒所迫，而至于行为越出于法禁之外。沿江制置司虽然已派人向其责取流民详细名单，可是没有任何处置，听说又已行下文书，要求起发五百人策应庐州，各寨头目缘于将来生活的问题，不肯团结这支援兵。他向吴潜表示，如果能得到节制司的帮助，让十七寨人有可耕之田，无馁死之虑，愿意以之供节制司拣选，籍充民兵，以备调遣；若不愿支破钱粮请给，祈求能心存淮民之念，疾速向朝廷申报上项实情，使朝廷能有所处置。赵时晪这篇状文中所讲到的沿江制置司，这时设于建康府，长官是别之杰，以沿江制置使兼知建康府、江东安抚使，加兵部尚书兼淮西制置使，边事听便施行。

　　以上不避冗琐，详述了赵时晪给吴潜覆状的内容，原因在其有助于比较具体地了解，当时以两淮团结保伍为基础的民间自卫团体，可能是在何种情况之下形成，其领导人可能是何种出身，在何种情况之下可能从两淮过江南迁，可能会有如何的际遇。赵时晪及其所率领的十七寨老小、强壮之人，从淮东的真州六合县迁至江东的建康府，居于靠近江岸的沙洲上，其情况自非当时唯一的可能，却是唯一的一个有具体细节的案例。这一个案例，不仅有助于了解当时，也有助于了解上篇所述，南宋初年，叶梦得在上于绍兴四年（1134）十一月的《车驾亲征奏陈利害札子》中，所讲到的镇江、建康帅臣"各团结其旧尝为山寨、水寨之人，使分守其地"，何以将之解释为原居于两淮山水寨之人，如今流移过江，居于浙西路或江东路沿江各处，由两路帅司将他们团结成保伍，分守他们所在之地。上文所述赵时暒在六合县时依附险阻（"依险附险"，前一"险"字应误），以所团结民众成立十七寨，这十七寨若非依山附险，即是依水附险，应该也是山寨或水寨。

吴潜在《奏论江防五利》中，讲完赵时暒率领十七寨流民在杜真沙的情况后，向朝廷提出他的建议。他认为应从这伙流民中，选精兵万人，以杜真沙的芦场与熟田约二十万亩，每人授田二十亩，令其自行耕种；并仿京湖、两淮民兵例，分为五将，总以统制一员，就令屯驻沙上。他指出，如此可收江防五利，而又可以消弭萧墙不测之害，所谓"萧墙不测之害"，是说这伙流民起而为乱，也就是赵时暒在复吴潜状中所说的行为越出于法禁之外。最后，吴潜引用了黄榜指挥，"招军头目人，如能团集一千人，补转一官资旨命，及二千人者，补转两官资，以上等第推赏"，吴潜没有说明他引用之意，但显然是为赵时暒请求官赏。这篇奏文应上于嘉熙二年十月，《宋史·理宗纪》在这个月记载了吴潜关于此事的上言，其中提到了"宜补时暒官"。从次年春天吴潜所上的另一篇奏疏《奏论本所团到流民丁壮攻劫鞑寨屡捷置制司忌嫉兴谤等》（《许国公奏议》卷二），可以得知，吴潜先将赵时暒借补，然后朝廷又特补其为承节郎，添差浙西安抚司准备将领，镇江府驻札。

在上引吴潜于嘉熙三年（1239）春天，为辨明沿江制置司所兴谤言而上的奏疏中，不仅提到了赵时暒，也提到了原属他率领下的头目和流民。奏疏所言及的"兴谤"，是指沿江制置司无端归过于赵时暒，并因此而对吴潜有所怨怼，且以之上言于朝廷。事缘吴潜既将赵时暒借补，檄令其赴设于镇江府的淮东总领所禀议，并留之于镇江府，不再回杜真沙，另行差官往统率、团结流民，流民皆能遵守约束，未曾生事作乱。吴潜由于见到滁州为蒙军所围，江面为之震动，沿江制置司所调兵船在滁河口、菖蒲荡等处，多次为蒙军捉走操舟的兵员，烧掉船只，虽然那是建康府的界分，他不敢坐视，因此分差胆勇兵将，并在原初赵时暍所团结的流民内，选择精锐之士，不时用小舟攻劫敌寨，屡次枭得贼首，及捉到投拜户，并夺获马匹。沿江制置司因此而归罪于赵时暍，行文给镇江节制司，责问其斫得贼首，夺获马匹，不应不解送至沿江制置司，而解送至镇江节制司。其实赵时暍已任职于浙西安抚司，驻扎于镇江府，久不干预沙上之事。吴潜在奏文之后又附言，当蒙军尚未自滁州退兵时，建康府界内诸沙流民无不作乱，而以西沙的颜文焕等为最，能够安静不扰的只有杜真沙。颜文焕一直派人结约位次赵时暍的头目人，要表里相应，焚劫东杨，以至建康城外人民财物，但是获得的答复是，已经接受镇江吴侍郎的团结，不敢随从作乱，于是颜文焕等人，就仅能流毒于西沙。奏疏中所说的"投拜户"，是指蒙古破灭诸国，往往杀其父兄，而养其子弟，而称以此名；在华北，也有中原投拜户。

　　这篇奏疏，不仅提供了杜真沙的流民自从赵时暍接受吴潜安排后的情形，也说明当时自两淮渡江抵建康府，居于江边沙洲上的流民，不只杜真沙上的一伙；其他诸伙分处诸沙，也各有头目，显然在渡江以前，就曾经过团结，自有组织。他们或接受官府的调遣，或起而作过，可能就如前引赵时暍向吴潜所说的，要视官府是否提供给他们足以维生的资源而定。

　　蒙军入侵两淮，在嘉熙三年春天告一段落，这年七月，吴潜上了一篇《奏条画上流守备数事》（《许国公奏议》卷三），他在这篇奏文中的几项建议，可以清楚地见到嘉熙二年经验的影响。其中一项，讲到流民，也讲到安丰军的六安山，他指出当时内忧最急的事，就是流民，上一年江东处理失当，各郡的村墟井邑莽为焚劫之场，后来虽不得已而予以招抚，但又忿而以其过去的过错而诛杀其头目数十百人。若是当年冬天蒙军又再猖獗，这些流民必定又起骚动，如有团聚为乱之人，怎可能再加招抚。吴潜所说的这一类作乱的流民及其头目，就如前述建康府西沙的颜文焕及其所率领的流民，他们都是原在两淮，因战争而流徙至江东，居于沿江沙洲。吴潜因此认为流民与其处之江南，不如处之江北。这些年来，江北因连年战争或饥寒的民众已多，存活者已无几，可是安丰军的六安山，连接光、舒、蕲三郡，尚有数以万计的残余民众盘踞于其中，皆为坚耐百战之余，宜升六安县为六安军，择人为知军，置官司于其内，凡光、舒、蕲三郡附山之县都拨隶其下，使之自择令长，朝廷给之钱、米，用来招诱淮北流徙至淮南的民众入山。如此不仅可以壮淮西之势，塞鞑贼之冲，而又宽江南之扰。同时择淮士二人为淮南的提点刑狱和提举常平，置司于滁州、和州，他们往来于两司和安丰军之间，和安丰军的长官共同负起办理升六安县为六安军这件事的责任。

此外，还有几项建议与"团结"之政有关。如，于辰、沅、靖三郡土人中，择有志之士，散入诸蛮，以恩信结其蛮帅，若团集得数千人，亦可为缓急一助之用；于湖南、江东西、两浙东西，委其贤明监司，团结民兵，以为缓急盗贼之备；令两浙能积极任责的监司兼提举浙东、福建民船公事，使之自择土人措置团结民船，以备缓急之须；宜稍破拘碍，由浙西官司措置团结沿江沿海一带亡命剽悍之徒、兴败公私之人，以求缓急之际，有调用之利，无啸聚之患，只要任责得人，就可以有利无害。这几项团结之政，广含湖北蛮人，湖南、江东西、浙东西民众，浙东、福建民船，浙西沿江、沿海一带亡命剽悍之徒。

吴潜的这些建议，当时似未立即获得采行，但其中几项到后来见于实施。譬如将六安县升为军的建议，要点在于运用两淮边郡土豪团结地方民众保聚的力量，经理边地，甚至担任地方长官，以阻挡蒙军入侵。类似的想法，杜范在淳祐五年（1245）在相位时也曾提出。在他奏上的《相位条具十二事》中，有一项是"招土豪"，就是讲这一件事。他言及的地点，是光州（浮光）。杜范任相不过几个月就去世，他不可能亲自推行这项政策。后来获得实施的是吴潜所建议的升六安县为六安军，但时间已在景定五年（1264），而且初设时所辖仅有六安一县，在咸淳初才又领英山县，此处原为设于淳祐十年（1250）的鹰山寨，为蕲州罗田县东乡地。吴潜在嘉熙三年的这项建议，可说获得某种程度的实施，至于当时改县为军的考虑为何，任知军者究竟是文武官员或当地土豪，均已不得而知。

团集辰、沅、靖三州蛮人这一项意见，似未见于施行。不过和吴潜同时，京西湖北安抚制置副使孟珙也有关于上流备御的奏疏，同样注意到辰、沅、靖三州在防御蒙军上的重要性，并派遣杨鼎、张谦，会同三州的知州、通判，前往晓谕熟蛮，但亦应未行团结之政。到宝祐六年（1258）冬天，蒙军的斡腹之谋愈传愈响，或传言说蒙军已灭大理，进窥广西的邕州、宜州，或传言蒙军已越思州、播州，闯沅州、靖州，或传言京湖制置司以重兵在播州、靖州之间的黄平寨与蒙军接战不利。次年即开庆元年（1259），兀良合台率蒙军自大理入广西，攻静江府不克，北上湖南，转入湖北，破沅州、辰州，再直抵湖南首府潭州。刘克庄因而感叹，多年以来，只见玩习苟且，竟未能自求防御力量的增强，固根本，厚藩篱，在辰、沅、靖三州结诸蛮为强援、练土丁为劲卒，以至于有疆场之忧。

在湖南、江东西、两浙东西，委贤明监司团结民兵，当时也有其他官员言及团结民兵，但主要是在两淮，而吴潜却注意到两浙、江东、湖南，部分原因可能和他亲见并处理过两淮渡江南来的流民有关，这是处理两淮流民问题的可行方案之一。嘉熙三年（1239）以后，朝廷是否曾下令这几路监司团结民兵，虽不得而知，但是可以看到一个近似的诏令。淳祐五年（1245）五月，诏沿江、湖南、江西、湖广、两浙帅、漕司及许浦水军司共造轻捷战船千艘，置游击军壮士三万人；这年八月，又有一道密札付建康府节制司施行。札文说明，据朝廷最近已行下淮东西司制司、沿江制司、沿江副司、京湖制置大使司、湖南安抚大使司、淮西（应作淮东）招抚司、淮西安抚司、浙西兵船、太平州节制司，共招募游击军三万人。这应指前述淳祐五年五月的诏令，此事出自淳祐四年（1244）同知枢密院事赵葵的建议。札文继续说，如今陆续将已招到人数，分解往屯札之地。淳祐五年八月十二日，奉圣旨以御前策胜为名，三万人分为前、后、右、中、左、后、先锋六军，每军六千人，差统制一员。六军的驻地分别是，前军、左军屯驻镇江府，右军、中军屯驻建康府，先锋、后军屯驻池州，仍听各郡守臣节制。就在同年，陈韡在淮西制置使兼知建康府任内，选安丰军、濠州、寿春府、光州强壮二千人为游击军。他在八月回朝言事，其中一项建议是，如今兵财筑底，两淮流移将近有数十万人，在当地各有土豪，使一土豪能募二百人，则二万兵谈笑可办。这应该是陈韡个人的经验，也可见当时先锋军的重要兵源，来自两淮土豪率领的当地流民，这些流民原本是一个个经土豪团结过的自卫团体，内部有类同于保伍的组织；在编入游击军后，还要再次依照军队的组织来团结。兵源问题虽已解决，还有"兵财筑底"下的财源问题，陈韡的意见是，州郡的禁军，本来是禁卫，使之驻泊在外郡就粮而已，不分厢、禁军，都称之为郡兵，不妨除帅府之外，大、中、下郡在旧额下中各减三分之一，以所减衣服、粮草解送廪司，用来作为兵费。陈韡所以会有此一建议，必定是郡兵有未填满的缺额，才得以裁减。淳祐五年成立的游击军，会以"御前策胜"为名，必定是驻在镇江府、建康府、池州的御前诸军有缺额，游击军兵员的资给使用这些缺额原本的经费来供应，此一办法虽与陈韡的建议不同，但同样牵连到正规部队的缺额问题。

御前策胜军是一个代表性的例子。此外，自淳祐（1241—1252）至景定（1260—1264）年间，在建康府成立、重编、增补或拨隶至建康府，而由民兵组成的新军，还有好几支。这些新军，兵源主要就是来自两淮土著，或流移到沿江诸沙的淮民，设立者主要是赵葵、陈韡和马光祖三人，不过这几支新军的人数，都远不及御前策胜军。建康府以外的其他城市，也驻有由淮民组成的民兵。例如上述御前策胜军，不仅驻扎在建康府，镇江府、池州也有驻扎；而在前一年，亦即淳祐四年，镇江府已先招游击军。到淳祐十二年（1152），朝廷又再下诏于两淮、沿江各郡创置游击军。其实在前一年的十二月，京湖制置使兼知江陵府李曾伯已收到枢密院札子转知的御笔，要求两淮、沿江诸郡各立游击军，李曾伯回奏说，将于鄂州招募强壮五千人，效建康府游击军之例，立为游击水军。此外，池州即于诏旨颁布当年置游击军；浙西常州在咸淳（1265—1274）年间的沿江民兵增加了游击、忠卫二屯，其中游击军是应淳祐十二年的诏令而设，忠卫军是在景定元年（1260）孙子秀在任浙西常平兼知常州时，以新招淮军创设；平江府也有游击军，驻于吴县，不详创于何时。淳祐四年，由于淮西安抚副使王鉴的建议，招沿淮失业之人置武胜军五千人，武胜军屯驻何处，未见说明；不过李曾伯在宝祐五年（1257）任湖南安抚使兼知潭州时，潭州曾调飞虎、武胜军往戍广西。

团结浙东、福建民船和团结浙西沿江沿海亡命剽悍之徒这两项意见，同样未见立即采行。前者的重点应该在于福建，因为浙东据后来吴潜在宝祐四年（1256）的说法，是从端平（1234—1236）年间起，朝廷已要求团结温、台、庆元三郡民船，岁发一百四十只前往镇江府防守江面；到嘉熙年间，又要求团结温、台、庆元三郡民船数千只，分为十番，岁起船三百只前来庆元府定海县防隘，及分拨前去淮东、镇江戍守。因此到淳祐三年（1243），朝廷依福建安抚使项寅孙之请，令福建安抚司照沿海例，团结福州、泉州、漳州、兴化军民船，以备分番遣戍；项寅孙上言所说的"依沿海例"，就是指浙东温、台、庆元三郡之例。淳祐五年，又因赵葵之请，朝廷再次要求团结三郡海船，"三郡"应指浙东温、台、庆元三郡。次年，知庆元府兼沿海制置副使颜颐仲即依旨将当地民船团结保伍，以保护乡井。后者则在浙西未见有相关记载，直到宝祐四年至开庆元年，吴潜任沿海制置使兼判庆元府，才在浙东温、台、庆元三郡，一方面以台州漕贡进士周燮所献之策，用义船法来改进民船的团结，另一方面则出榜晓喻海寇自新，并在庆元府沿海及海中各县，团结剽悍轻捷的恶少亡命，成一支有强壮三千人的民兵，为之置立头目，部勒队伍，并分三批定时合教于郡，以备缓急之用，由于这些人如今有籍在官，此后再也无法为盗贼、贩私盐。

上述吴潜的经历主要在沿江、沿海，李曾伯自淳祐二年（1242）至景定元年间的经历，则主要是在两淮、京西、湖北、四川、湖南、广西等边区。他在淳祐二年二月出任淮东制置使兼知扬州，同年十月兼淮西制置使，至淳祐六年（1246）为言者论罢；淳祐九年（1249）起知静江府、广西经略安抚使兼广西转运使，次年改京湖安抚制置使、知江陵府兼湖广总领兼京湖屯田使；宝祐元年（1253）兼夔路策应大使，次年兼节制四川边面，随即以四川宣抚使兼京湖制置大使并进司夔州路，再改为四川宣抚使并进司重庆府，不再兼京湖制置大使；宝祐四年因辞免知福州兼福建安抚使，提举洞霄宫；次年起为湖南安抚使兼知潭州兼节治广南，又改为湖南安抚使兼广南制置使，移司静江府；宝祐六年（1258）为广南制置大使兼知静江府，景定元年（1260）五月为言者论罢。

　　在这将近二十年的时间里，李曾伯一直关注着"团结之政"，亦即团结保伍或团结民兵。如前所言，团结保伍和团结民兵之间，其实关系密切，在《宋史·兵志》中，保甲法就是记述于《乡兵篇》。淳祐五年，李曾伯以两淮制臣的身份，应诏上《淮阃奉诏言边事奏》（李曾伯《可斋杂稿》卷十七）。这篇上奏，重点在于指出蒙军已习得宋人舟师之技，因此边事以淮面、湖面为急，不过奏中也讲到高邮军守臣节制诸湖，对水寨所行的"团结之政"，进而论及楚州、高邮军、泰州三州对这项政策如何推行。他认为，将来淮东之患，必然从射阳湖开始。接着指出，淳祐二年秋天，蒙军分两路入侵，一从平河过射阳湖西，一从泰州沿海沟入，当时湖中全无兵备，战事不至于蔓延，只是幸运而已。按，平河在楚州山阳县，是用来调节运河水量的溪流，往东注入射阳湖。次年，他曾向朝廷建议专招湖兵五千，置一总管，驻于高邮军兴化县，却未成事实。后来朝廷命高邮军知军节制诸湖，"不过行团结之政，分委水寨头目，各相保聚，自为防托"，如蒙军至，则楚州、高邮军、泰州及扬州各调不多的舟师以防遏。他认为如此仅能分布控扼，使蒙军担心后背受敌，不敢径涉，未必能遏其不渡；如蒙军不从平河过湖西此路，再次采斡腹之策，从海沟透漏而入，宋军舟楫反而在敌背，岂不是一件可虑的事？然后他提出来，他在最近蒙军退走之后，询问各郡守臣及士大夫、父老所得到的几种意见，认为在经深思之后，是各有得失，实未得其良策；其中

"团结恐误民，不若听其迁避"一项，经再委派官员询问楚州、高邮军守臣之后，打算团结、迁避两说并行，"水乡之深阔，敌所不可到者，从其团结以避寇，其他令淮安（楚州）、泰州、高邮各从其境，预行告报，委责头目，遇到秋防寇至，入城迁避"，惟有此策，或许还可行。此外，楚州宝应县及湖滨，各酌量用舟师往来耀敌，以防蒙军由平河进入之路，泰州堡城一带也用官民船张耀，以防蒙军由海沟进入之路。不过他认为，如此只能为防备蒙军小入，若其大至，则地势緜亘之广，兵力敷布之难，怎能不令人深忧。从这篇奏章可以看出，李曾伯对于仍然留在淮东射阳湖一带水寨民众战力的估计，和前述吴潜、杜范对淮西安丰军六安山及邻近光、舒、蕲等州留居山寨民众战力的估计，可以说是完全不同。

李曾伯当时节制两淮，不过他没有言及淮西的情形。就有限的资料看，从嘉熙元年到淳祐十年，至少有两事值得一述。一是见于《湖北金石志》卷十二两篇碑记，刻于嘉熙元年的《潘校尉修石门题记》，及刻淳祐八年（1248）的《天台山立寨记》，这两篇碑记都见于南宋黄州麻城县北的天台山，天台山山形斗峭，可是山巅平旷如台，可田可池。清初顾炎武《天下郡国利病书》记此山有石刻二，核对其所引录略有差异的部分文字，应即上述两篇碑记。

这两篇碑记主要记载在嘉熙元年，光州为蒙军攻陷之后，当地民众流徙到黄州天台山立寨一事，《潘校尉修石门题记》所记为这群流民初到天台山立寨，在潘校尉率领下，于小台山建立石门扼守，以防蒙军进攻，蒙军数次攻此山，均为他们击退。记文有"有比光州光山县第三都水吉保操正，将所部民修开小台山石门，以防扼守小牲畜"，可知最初到天台山立寨的这股流民，来自光州光山县第三都水吉保，"操正"或许即是潘校尉之名，他们在此安身后，应在台上畜养牲畜，以供食用。所以称为"小台山"，应由于天台山上有好几处山巅平坦的台地，由此门可以登上其中较小的一处。据明代家近黄州天台山的耿定向所写《天台胜概记》，记他和其弟定力，都曾来游此山，他们所见到的天台山，共有四座山，而四山之巅的平台互有大小，并称最小的一处为"小台"；显然在南宋时，亦已有"小台山"之称。碑记末署撰此碑记者为"正总辖官潘校尉"，可知潘校尉以"正总辖官"之称，率领这股流民。潘氏所以自称"校尉"，可能由于他或因担任保伍首领，或出于进纳，曾获得无品武阶官进武校尉、进义校尉之类的官称。潘校尉所率领的这股流民，全来自光州光山县第三都水吉保，应即是以原已团结而成的保伍，有组织地往南移徙到黄州麻城县的天台山；入山立寨之后，应再次团结，才可能以所部之中的丁壮，担负起建石门、抗蒙军的任务。南宋北境边区民众因居住环境特殊，团结为保伍之事应非罕见之事，以光州为例，嘉定中期柴中行知光州时，即曾"严保伍"。

《天台山立寨记》所记，除这股流民到天台山立寨一事之外，还言及其立寨后的后续发展，记文也较《潘校尉修石门题记》为长。碑文一开始，讲到"有奋发忠赤者，欲立寨安众"，此一"奋发忠赤者"，应即《潘校尉修石门题记》的潘校尉。于是在天台山上，集众立寨。由于蒙军连月攻打，都未能接近，于是吸引光州、信阳军残存的民众，前来投靠。光州是淮西的边郡，信阳军则是荆湖北路的边郡，两郡都在端平三年为蒙军所攻破。天台山上屯集的流民达十万人之众，以山上的资源，果然均能存活。原初潘校尉带来的光山县民众，大概只居住在小盘山巅的平台，如今天台山四座山的山巅平台，应该都已住满，于是这十万众，也并入潘校尉所部，而且他们必然需要与原先抵达的光山县第三都水吉保民众，在组合后再次加以团结。次年，史嵩之视京西荆湖江西路，孟珙为京湖制置使，差官旌赏，请之率众防守淮西，并授命加职。接着几年的捍守，都能奏捷。淳祐三年（1243），在李姓知黄州任内，由于麻城县的民户已经在战后复业，命其经理麻城的九处村庄，并捍卫麻城与北边黄州、光州之间的五关。其后又获提举黄州守备的都统制杨将军等人推赏，委派其负责白石、黑石、三角山等十寨，这十寨除两寨的寨名有阙文外，其他八寨，大致上都分布在黄州黄冈、麻城、黄崎三县，及蕲州蕲水县，其中的黑石寨已在黄州与光州的交界上，而齐安寨则是孟珙在嘉熙二年（1238）于黄州州城北建立的镇淮、齐安两堡之一。这时天台山的防守部队应已团结为民兵，所以碑文有这几句话："况所都部将士，皆是随、枣、光、信、安丰之民，数载久扰，誓欲扫除"，这几处州郡，光州、安丰军在淮西，信阳军在荆湖北路，随州、枣阳军在京西路。枣阳原是随州的一县，在嘉定十二年（1219）升为军。来自这几个州郡的民众，都由于蒙军的攻掠残破，无法安居，而离开家乡，所以说"数载久扰，誓欲扫除"。可能是由这支民兵部队的若干领导人物参与，他们"聚龙兴"，"龙兴"大概是寺庙的名称，所以会在此"开龙井，造圣殿"。在这里他们共约同盟，"凡与同盟，颇立劳效，曲求妄荐，图立大功，亦可为今日之大义"，也就是说他们期求能建立驱逐蒙军于境外的功绩，使自己能以功绩受到地方军政长官的推荐，获得朝廷的奖赏。参与者认为，这是一时之盛事，因此不可不书刻记文于石碑，让后人得知参与者的姓名，才能名不没世。碑文刻于淳祐八年（1248）五月，应该就是他们互约同盟的时间。记文最后的署名有阙文，因此无法得知绝大部分参与者的官衔与姓名。不过其中有以黄陂县兼"提督光、黄诸山寨、本山驻札"的官衔，"本山驻札"的"本山"，应即天台山；至于"提督光、黄诸山寨"，是否确实管光州境内的山寨，或只是由于黑石寨位于黄州与光州的边界上，则不得而知。

吴渊是吴潜之兄，于淳祐九年出任沿江制置使、江东安抚使兼建康府知府兼行都留守、节制和州、无为军、安庆府兼三郡屯田，在任三年；初到任时，朝廷又付之以光、丰、蕲、黄之事。经理山寨主要是在淳祐九年、十年（1249—1250）间，淳祐十年四月，他即由于"备竭忠勤，山寨、耕屯，俱就规画"而受赏。《宋史·吴渊传》载吴渊置寨一事："凡创司空山、燕家山、金刚台三大寨，嵯峨山、鹰山、什子山等二十二小寨，团丁壮置军，分立队伍，星联棋布，脉络贯通，无事则耕，有警则御。"上举的司空山寨在安庆府太湖县，赵希瀞在淳祐九年、十年知江州、江西安抚，节制蕲、黄、安庆军马，对于吴渊的经理山寨有意见，"它寨改属可也，司空山一寨，虽属安庆，距江仅二百里，用溢浦事力，更累政营缮，于今九年，器械粮皆种（按："器械粮皆种"应作"器械粮种皆"）副阃供亿，亦夺付它人乎"。"距江仅二百里"的"江"，可以说是长江，但也可以说是江州，江州在长江南，安庆府在长江北岸，两郡隔长江而相望；"溢浦"即江州，"副阃"指沿江制置副使。在这段时间，沿江制置使由江东安抚使兼建康府知府担任，沿江制置副使由江西安抚使兼知江州知州担任。赵希瀞原来所兼领的淮西蕲、黄、安庆等州郡，如今都改由吴渊管辖，这些州郡的山寨也随之而改隶，他对于其他山寨的改隶自然也无可奈何，唯独对司空山寨的改隶有所抱怨，指出此寨经过好几任沿江制置副使的营缮，用的是江州的事力，器械种粮都由沿江制置副使司的财力供应，至当时已有九年，岂可取而移付于他人。他因此而辞离职位，并在朝廷提出"二阃当合"，而"以九江（江州）帅守兼升（建康府）阃参谋，就近接应"的建议，演变的结果是"二阃卒不果合，山寨仍属副阃"（《后村先生大全集》卷一五五《安抚殿撰赵公墓志铭》）。从赵希瀞所说的来看，司空山寨的存在，至少已有九年的历史。

其他有寨名的五寨，其中有四寨已确定其地点，两寨可以追溯其过去。燕家山寨在安丰军六安县，淳祐十年在安丰、蕲州、黄州、光州境内因山为寨，六安县所管以燕家山寨为总制司，下辖蕲州鹰山寨。金刚台山寨在光州固始县，嘉熙元年筑石城于山的南侧，为光州的州治所寓。嵯峨山见于这一区域记载者至少有两处，一在安庆府望山县，往北延亘到太湖县，一在黄州黄陂县，往东延亘到麻城县，但两处都没有曾经立寨的记载，究竟在何处并不清楚，但以在黄州黄陂县较可能。鹰山寨如前所言，在蕲州罗田县。什子山寨在黄州麻城县，端平三年时曾迁移县治至此。

从上述情形可知，《宋史·吴渊传》所言的吴渊"创寨"，并非三大寨、二十二小寨都是为其所"创"，其中至少有司空山寨、金刚台山寨、什子山寨三处在此之前已经存在，不过也都是因应端平以后的宋蒙战争而兴起。其他未见记载的一些小寨寨名，应该也有不少是本已建立。然而吴渊作为更值得注意之处，是他"团丁壮，置军、分立队伍，星联棋布，脉络贯通，无事则耕，有警则御"。他自山寨居民经团结而成的保伍中，挑选丁壮，再团结而为民兵，无事则耕，有警则御；而散布安丰军、蕲州、黄州、光州及安庆府的山寨之间，又互有联系，成为一个整体的防御体系，以防蒙军的入侵。

当吴渊、赵希瀞分别担任沿江制置使兼知建康府、沿江制置副使兼知江州时，李曾伯先是在淳祐九年出任知静江府、广西经略安抚使兼广西转运使，次年又改任京湖安抚制置使、知江陵府兼湖广总领兼京湖屯田使。淳祐九年是他第一次担任知静江府兼广西经略安抚使，留存的资料虽少，但是留下一篇在上任半年之后所上的《帅广条陈五事奏》(《可斋杂稿》卷十七），言及前任在广西所行的团结之政和他自己将有的作为。奏中讲到"辑约溪峒，团结民丁"是广西边防要务的一部分，前后枢府、经司已经条画曲折详尽，他能做的，不过是遵依前人之已行。就可以视之为广西篱的邕州左、右两江来说，早在"先朝"，已经对诸峒丁壮施加团结训练，到南宋"建炎初年再行抄点，结成保队"。"先朝"指北宋熙宁、元丰年间；建炎年间的"结成保队"，应是依照当时忠义巡社的组织来团结。近年又有"守臣谢子强、王雄条具边防事宜，申明经司"，湖南宪臣宋慈条画团结峒丁等事，申明枢密行府，以及广西经略安抚司的前任长官也曾从事讲画，以求能在恢复对溪峒的控制上能有所处置。"守臣谢子强、王雄"的"守臣"，应指邕州知州，谢子强在稍晚的开庆元年曾任广东经略安抚使兼知广州，任邕州知州应在淳祐九年之前；王雄则应在李曾伯上任前后担任邕州知州。在同一奏疏中，李曾伯又言及"近得邕守王雄画到地图"，两人于何时任知邕州，均未见记载；至于宋慈，则在淳祐七年至九年（1247—1249）间任湖南提刑。

然后李曾伯对羁縻溪峒和团结民丁两件要务，从实务说明其施行上的困难和可施行的限度。就前者而言，过去的做法只是一种形式上的羁縻，若稍有实际的区划，就会造成峒民的猜疑，以至于引生事端；如今官府对溪峒的羁縻，只能求其对官府的行动不为梗，谕令自保乡井，使之姑且为官府的篱落，不能恃之以巩固边防。就后者而言，他指出沿边民丁在省地者有限，而以居于溪峒者为多，但是如果要加以团结，也有易令边民之邻境产生疑愕的问题。如今要团结闲散在徭峒之民丁，号召之既难，使之自备器粮资费也非易事，必须尽得其首领之心，然后可以倚仗其丁壮之力，姑用之以壮大声势则可，未可全恃之为官府所用。

　　接着他从案牍查出，邕、宜、融三州在最近两三年间结约溪峒和团结民丁的具体情形。在辑约溪峒方面，三州各有成果，对于所结约到首领，则或遗之以银牌、盐、锦等礼物，或给之以官称名目的资帖，或与之结立盟誓，并谕之以无事则守险隘，有警则协力剿逐。在团结民丁方面，邕州在淳祐八年，曾因经略巡抚司之命，团结两江诸羁縻州溪峒丁壮，右江具到名帐共计一万零九百六十二人，左江则为二万二千六百人。宜州、融州在淳祐五年也有团结旧籍，宜州有土丁、民丁、保丁、义丁、义效、撞（獞）丁九千余人，其中以猗獞一项可用；融州有土丁、峒丁、大款丁、保丁也共九千余人，其中款丁一项可用。淳祐八年，李曾伯到任后，也曾由经略安抚司下令团结民兵，但尚未得到回申。他又指出，大抵民丁出于省地者，以家业充丁，或老弱，或冗杂，不过是备数；出于溪峒者，多习于战斗，如箭、标枪皆为其所长。上述各类民丁，团结自溪峒者有"撞（獞）丁"和"款丁"，"撞（獞）"是西南蛮族的一种，"款丁"则是指已效顺的蛮人。至于土丁、保丁、义丁、义效，则皆为省地之民，土丁和保丁其实性质相同，两广的保丁，每户选取一人，土丁则是父子兄弟皆在其数，两者都可以视同保伍；义丁同于保丁，这类保伍组织有防御盗的功能，其首领多称为隅总，文天祥家乡吉州庐陵县的保伍即为一例；至于义效，应即周去非《岭外代答》说的"广右效用"，是地方官府给予强武之民以效用之名，豪民也假借官府此名以自重，此外也可能有原为强盗、贷死、逃卒、亡命之民在其中，以之自成民兵的一支，应无保伍的性质。可以看出，由省地之民组成的广西民兵，多出自保伍。

　　最后李曾伯讲到自己对结约溪峒、团结民兵这两项工作，将要如何进一步来处理。他说自己到此未久，经朝夕考究始末之后，想要行下申明，由于邕、宜两郡守臣时有更易，难以要求他们办理；融州守臣谢图南最近却申其司，打算乘目前正是农隙，聚集民丁来教练，已经从其所请，并勉之尽心。他为了避免结约溪峒、团民丁才一有施行，就引生疑愕，不敢轻有举动，只是行下邕、宜、融三郡，依照其过去所申到经略安抚司的旧文件，若是溪峒，则谕令首领遵守成规，布恩信以示抚绥，葺险隘以为防备；若是民丁，则对其名册常加以核实，以强壮而补老弱，自闲暇以加训练。如此做来，则不至于使近年之所已行，因日久而为文具。等各州申报或发现有应加更革的事，又应随时处理；如果州郡事力不及，经略安抚司和转运司应予以通融补助。

李曾伯在奏文末尾所说，毕竟只是一种施政规划，问题是他在静江府所能继续运用的时间不多。淳祐九年（1249），李曾伯在前往静江府赴任的旅途中，于六月路过江西袁州的宜春，抵达任所应该已在七月，上这封奏疏应已在淳祐九年末，正是前文所说的农隙；次年四月上旬，他尚在静江府，到六月已抵达江陵府，接任京湖制置使。因此，他静江府的时间尚不满一年，自上此疏之后，不过四五个月便离任，没有足够的时间在羁縻溪峒、团结民丁两者的施政上有所展布。不过九年之后，也就是在宝祐六年（1258），他又由于出任广南制置大使兼知静江府而再次来到广西，仍然要面对这两个问题。那时的境况，比起第一次来时已有变化，因斡腹之谋而来的蒙军入侵，已迫在眉睫。

淳祐十年，李曾伯出任京湖安抚制置使、知江陵府兼湖广总领兼京湖屯田使，上任之后不久，上了一篇《荆阃回奏四事》（《可斋杂稿》卷十八）。在这篇奏疏里，讲到他到京湖所推行的团结之政。他谈到抚辑流徙的问题，比较两淮与京湖，两淮因频年受到兵祸的影响，避寇江南的民众仍不少，京湖则稍为安闲，民众回江北复业的民众已渐多。听闻上一年及当年春季，携老幼、驱牛畜归返旧土的边民不绝于道，远及随州、枣阳军、襄阳府、光化军的郊野，也都有人；较为近里州郡的复业之民，又由官府给之牛种，处之耕佃，听其酤贩，弛其各类杂役。这样和他任淮阃时所见到两淮的情形，或和京湖以往那种哀鸣嗷嗷的景象相比，均已大有不同。但是李曾伯担心人们因一时的安稳，而降低了对蒙军再次入侵的警觉，因此申谕诸郡，要能告诫民众，"类为保伍，无事则耕以自给，有警则收之入保所"。他表示，这样的做法看似迟钝，不可人意，实则为邦本计所切须。李曾伯虽然警觉到战争可能会发生，把民众组织为保伍，但"无事则耕以自给，有警则收之入保所"，仍然只是储粮以备万一，并未言及有事时保伍中的民众应该如何。

但是在李曾伯上于淳祐十二年（1252）初的《奏襄、樊经久五事》（《可斋杂稿》卷十九）中，却有不同的表达方式。所以会上此奏，起于前一年他受命经理襄、樊。襄阳、樊城在端平三年（1236）曾因守城的北军叛变而落于蒙古之手，蒙古以游显领襄阳、樊城事，到嘉熙二、三年（1238—1239）间，有别将刘义叛执游显降宋，南宋似未派兵驻防，但襄、樊北境上有榷场进行两国之间的贸易。淳祐十年（1250），李曾伯上任京湖安抚制置使之后，即受朝廷之命经理襄、樊。他探知蒙古目前似乎无意对两城用兵，于是在次年三四月间进行，南宋军队至此才重入两城，但襄阳在端平三年北军叛变时曾经纵火，守城南军亦乘机抢劫，此后又长达十余年无军驻守，早已荒废，因此如何经营，求其能为经久计，成为一项重要任务。经过一段时间的"披榛芜，治壁垒"，李曾伯上了这封奏疏，其中讲到屯田的必要，他认为除了使用军队之外，也可以募民耕作，官府备办农具，贷借牛、粮，开垦之初，与官课，等措置有绪，再量纳官租。官耕选委将士分任拘榷，民耕则"招募头目，团结队伍，无事则出作，有警则入保"，并许头目以开荒若干，收课若干，补转官资，以示优赏。"团结队伍"也就是团结保伍，"无事出作"的"作"即耕作，"有警则入保"的"保"即保伍之"保"，也就是返回自己的保伍之中以自保。李曾伯在襄、樊已经注意到"有警"下民众应采取的行动，和他在淳祐十年所上《荆阃回奏四事》中所说的"有警则收之入保所"相比，显得较为考虑到战争的威胁。但是他仍未要求保伍中的民众，负担起作战的任务。可以注意的是，朝廷在前一年十二月曾有诏令，要求两淮、沿江、京湖制司于江北地分及淮西山寨管内，应有官屯、民田耕种去处，并令团结队伍，随其聚落，就中择众所服者充甲头，任责结保，有警率其部，务从便宜，并且立有奖惩方式。两相对照，李曾伯在淳祐十二年推动襄、樊保伍的措施，很可能就是呼应淳祐十一年十二月的诏令而来。

在同样上于这年初的《回奏置游击军、创方田指挥》（《可斋杂稿》卷二十）所提到的荆湖江北山寨，却又显示出当时官府团结其中民众的困难。李曾伯在奏中说，京湖从端平以来，边民流散十年，生聚气力尚未回复，往年制置司不许农民远出到迫近边境之处，将他们限隔于近江的屯聚中。又恰好遇到有几年的时间，蒙军均未入侵，诸屯耕垦略有功效。近数年来，由于从事江北的经理，"边民襁负复业，散入诸山寨、水溢（按：'溢'当作'隘'）等处，随其地之所有以自食，生理可想，官司欲行结集，势如团沙，稍急迫之，即且奔窜"。何以山寨中的民众不愿接受官府的团集？同样在淳祐十二年，杜庶出任知和州之前陛辞，上二札，讲到两淮的情况，认为当时宋军对蒙军作战，在两淮已失天时、地利、人和，所以失人和，原因之一是"原野空于转徙，间有保聚山寨，又困于搜索括刷"。这种情况，或许也可能在京湖出现，当官府有意团集山寨民户，民户担心会受到官府包括滥用民力在内的"括刷"，这时就会"势如团沙"，民众甚至在官府做法急迫时"奔窜"。因此，李曾伯在回奏中讲，当时已乘饥荒发生，运用济民口食方式，用头目人起集义勇丁夫参与修筑堤防，可是尚未做到一半，仓廪已竭，如果还要再动用民力，执行御笔所指示的"浚沟洫以遏敌骑"措施时，实在力所不及，这项措施只能在官屯之地实施。

宝祐四年（1256），李曾伯正在四川宣抚使任内，在前一年的冬天，蒙军分从南、北两面入川，四川腹背交侵，到宝祐四年正月初旬，南路蒙军已渡嘉陵江北退，北路蒙军中的一支，已在正月下旬于巴州通江县的璧山拔寨，北路其他支蒙军也已退兵。李曾伯在《回宣谕并问救蜀楮缴密奏》（《可斋续稿》后卷三）中向朝廷报告，自二月二十五六日以后，已报肃清，边民俱已复业。至于往后捍御之事，他举出了八项，其中包括了集民兵、结约诸蛮。这两项事宜，他在淳祐九年、十年，于广西经略安抚使任内已曾面对。当时在四川，他虽然已任职近两年，却在这篇回奏中才见到陈述最近的成果。在集民兵方面，上一年冬天已禀告朝廷，专委制置司长官，正差官办理团集渠州、广安军诸郡强壮；而邛州、蜀州（崇庆府）、黎州、雅州、珍州、南平军等诸州皆可仿行。这些州郡，已经团结强壮的渠州、广安军在潼川府路，可以仿行的邛州、崇庆府、黎州、雅州在成都府路，珍州、南平军在夔州路。在结约诸蛮方面，泸州、叙州对境的吕告、阿永诸蛮，目前令制置司派携礼物抚犒；雅州的峒州、运那、银驴诸蛮，茂州的铁旗、外耳、烹近诸蛮，也与之填补官资，遣人赠礼，使他们肯为宋承担起捍蔽边陲的任务。按，崇庆府之北为永康军，永康军之北即茂州，也在成都府路。

李曾伯在这些州郡推行团结民兵，与宝祐三年（1255）蒙军的入侵路线或可能有关。其中渠州、广安军南境接李曾伯驻司所在的夔州路重庆府北境，南平军在重庆府的东南，珍州又在南平军的东南，邛州、崇庆府、黎州、雅州四郡均在成都府的西南，位于南宋边境，其西及西南毗邻诸蛮部。综合相关记载，进军路线应是，南路蒙军原在宝祐元年（1253）前往征灭大理，次年大理灭后，忽必烈所率的中道军及抄合，也只烈所率的东道军先返，留下兀良合台所率的西道军继续征伐未附诸夷。兀良合台于宝祐三年完成任务后，自大理与宋境之间的乌蒙蛮区入叙州，渡马湖江（即泸江上游），其中一支往北前进，至接近嘉定府的宣化县，为播州杨氏奉李曾伯之命派往的援军杨大声所败，并俘获其将领阿狸等人。另外一支从泸江南南面往东行进，至庆符县，经叙州、长宁军边界的清平洞（应即清平寨，有栖神洞），历长宁军、泸州，至南平军，再进入重庆府抄掠，然后渡嘉陵江至合州，与北路蒙军会合。北路蒙军又兵分三路，一路自利州的宝峰入，至阆州，一路自兴元府的米仓山入，至渠州，又一路于利州渡白水江向西，稍后自利州入的两支均至顺庆府（果州），沿嘉陵江两岸而下，与自渠州入的一路会合于合州，再会合南路蒙军之后退兵。

可以看出，先办理团结民兵的渠州，即是北路自米仓山入的一支蒙军所至之处，广安军在渠州之南，两郡有渠江相连，渠江再南流至合州与嘉陵江相会合。这支蒙军入自兴元府与巴州交界之处的米仓山，其进军路线可以推知的是，至巴州通川县的璧山，沿璧山与县治之间的诺水（宕水）而下；诺水在巴州南境注入巴江，巴江即渠江上游，自巴江入达州后后即改称渠江。蒙军自巴州入达州后，即沿渠江而下至渠州，自渠州再沿江而入广安军，至合州，与经顺庆府，沿嘉陵江而下的另两支蒙军相会合。这两支蒙军的进军路线也可以推知，一支从利州、阆州交界的宝峰入阆州，自阆州即可沿嘉陵江（在阆州境称阆江）而下，经顺庆府至合州，另一支从利州渡白水江，沿白水江而下，白水江至利州昭化县注入嘉陵江，流经崇庆府（剑州），再经阆州、顺庆府而至合州。三支蒙军会合于合州，北退时应是自米仓山入与自利州入的蒙军分路而退。这三支蒙军的行军路线，兴元府米仓山、巴州、渠州、合州、利州宝峰、阆州、顺庆府均见于记载。

其他可以依仿而行的各郡，则与南路蒙军的行军路线有关。蒙军入宋境后，至流经叙州、泸州的泸江（上游称马湖江），掠重庆府、掠合州，均见于记载。从乌蒙至重庆府的进军路线，可以推知的是，入叙州，经长宁军、泸州，然后可以自泸州直接进入重庆府，也可以经南平军而入重庆府，或自南平军再北上涪州而入重庆府。另有珍州，在南平军之东南，蒙军也有可能从叙州、长宁军、泸州对境的吕告、阿永等蛮地，入罗氏鬼主国，再经土著杨氏统治的播州，穿越珍州，经土著田氏统治的思州，而进入荆湖北路的沅州、靖州。经长宁军而入南平军，再北上涪州这条路线，以及经吕告蛮、阿永蛮，罗氏鬼主国、播州、思州而入沅、靖这条路线，都见于李曾伯在《边报事宜乞加备奏》（《可斋杂稿》后卷三）中的推测。

至于不在此次蒙军进军路线上的黎州、雅州、卭州、崇庆府，则黎、雅二州在此之前，原已是蒙军南征时所经之地，或在其境外，或在境内。李鸣复在淳祐四年（1244）所上的奏中，已说蒙军数年以来，曾透漏黎州以外的大渡河，又指出在上奏这一年，据茂州的申报，蒙军已从曲纳族节节透入境内，已至渭节村、风节村，十八族多已投拜。淳祐八年（1248），当时的知枢密院事陈辖从四川宣抚司的申报得知蒙军侵威、茂两州，而播州杨氏的杨文则奉宣抚使余玠之命，率军由雅州碉门出境，至雪山之外，击败南征大理的蒙军于岩州的马鞍山，并擒获敌帅秃懑于大渡河，因而中止了蒙军此次军事行动。宝祐元年（1253），蒙军往征大理时，忽必烈所率领的中道军，也曾经过位于黎州、雅州境外的满陀城，置辎重于此，然后西渡大渡河，继续南进，较多学者认为满坦城即雅州疆境上的盘陀寨，但此说仍有疑问。次年在大理灭亡之后，忽必烈先率军北返，有谍者传报消息，北返蒙军将入蜀，攻南平军、播州，以捣沅、靖，此事实际上应是忽必烈所率之军，将经宋境北返，所以在这年，太答儿（即宝祐三年率军自米仓山入巴州攻宋的希达）率蒙军攻碉门、黎、雅等城，史书虽未明言其目的，但无疑是为了护送忽必烈北返。清代及民国初年学者重编《元史》，其中有魏源《元史新编》，即说忽必烈自大理还，"遂自四川入觐于行在"（卷四《宪宗纪》），又说忽必烈由大渡河回至六盘山，"未能取道湖南也"（卷十八《大理传》），"取道湖南"应指南宋荆湖北路的沅州、靖州，在清代的湖南。结合这两项记载看，正呼应了前述在宝祐二年（1254）忽必烈率军自大理北返时，谍者所传报的消息。当蒙军自黎、雅二州北返，或自蜀境往攻黎、雅、碉门，都很可能会经过在黎、雅二州以北的邛州、崇庆府，这两郡的团集民兵，一方面是为了本身的防卫，另一方面可以增强对黎、雅二州的防卫，再一方面也有助于对其邻近其他州郡的防卫，特别是成都府。

蒙军的进军路线，也与李曾伯所推动的结约诸蛮不无关联。此一路线中的叙州、泸州，都是李曾伯进行结约诸蛮之处。至于同样进行结约诸蛮的雅州、茂州，两郡境内、境外群蛮散布，见于记载。雅州在宝祐三年以前，即曾在蒙军的行军路线上，已见前述。茂州早在淳祐四年，亦曾在蒙军往征云南（大理国之所在）的进军路线上，当地蛮族十八族多已投拜，以及淳祐八年蒙军入侵威、茂两州，也均见于前述。所以要结约诸蛮，原因即在为了防止蛮族为蒙军所用。于1972年在贵州遵义出土的《杨文神道碑》，记载了南宋晚期播州杨文生平，其作者在宝祐二年正参军席，供谘议并撰文稿，在获知前述谍者的传报后，亲作《御鞑四策》，除列举四策外，又强调"诸国唇齿相依，利害相关，平日不可各分彼此，缓急必须相为之救援"。碑文作者奉命"宣蜀阃镂此榜文"，首先公布于思州、播州，然后又遍及诸蛮，杨文将此一宣示见之于施行，"且用心结纳诸蛮部，使不为鞑用"，文中的"诸国"，所指为诸蛮部，当时的"蜀阃"则指四川宣抚使李曾伯。杨文用心结纳诸蛮部，"使不为鞑用"，应正是李曾伯的意旨。但是李曾伯在四川，对于群蛮只是采取"结纳"的措施，而未见他有如先前及后来在广西一样，将他们团结为保伍及民兵，而是运用当地土著的现成武力，如播州杨氏自组的军队。

在李曾伯于四川宣抚使任内讨论团结民兵与结纳群蛮大约两年之前，亦即在宝祐元年、二年之间，起居舍人兼侍讲牟子才上疏言蜀边事，已建议依梁、洋义士法团结民兵。所谓"梁、洋义士"，即指利州路主要取自兴元府、洋州的民兵"义士"，也称为兴、洋义士或利州路义士，其来源是挑选自保伍的保丁。所谓"梁、洋义士法"，为四川宣抚使虞允文于乾道四年（1168）正月，参考北宋陕西弓箭手法而订定，有关梁，洋义士的选取、组织、训练、优惠等办法。牟子才的奏疏，在第二项"籍义勇之士"中说，四川近边剑、阆、巴、达四郡，次边渠、蓬两郡，这六州租赋所入无几，可以在这六郡依向来梁、洋义士法，照各户的税籍高下，或一丁、或两丁、三丁，拣选为兵；蠲除其税赋，或免其家业钱三百缗；衣装、军器均令其自备。每十人为一甲，五甲为一队，五队置一正将，县置部辖，州置总辖，分层统率。每年春、秋教阅，到防秋时在各郡城中团结成甲、成队，派将统率，或担负守御郡城的任务，或听制置司调遣出戍。钱粮遇防秋守戍时才发给，到放散后仍从事耕作以自养。如此则平时无养兵之费，缓急有制敌之用。由于前一年蒙军入侵时，屯兵于米仓山之南的三会，再分兵三路，一路向利州，一向巴州、蓬州，一路向渠州、广安军，因此牟子才又建议，起六郡已籍之民，聚一大屯，坚守三会，以扼蒙军的入路。

如果比对牟子才所说的淳祐十二年和李曾伯所说的宝祐三年蒙军的入川之路，以及牟子才所建议和李曾伯所推动的团结民兵之处，可以看出两人所讲是有同有异。在同的方面，主要有三。一是牟子才所说的四川近边剑（隆庆府）、阆、巴、达四郡，次边渠、蓬两郡，应该都是淳祐十二年蒙军所经之处，牟子才虽然没有提到蒙军曾行经剑州、阆州，但是从巴州三会向利州的一路，向南行进不免会经过这两州，而这六州除蓬州外，也都是宝祐三年北路蒙军入侵时所经之处，其中巴州、阆州、渠州见于李曾伯所言，隆庆府、达州则是从两州的地理位置所作的推论。二是牟子才建议在这六郡以梁、洋义士法团结民兵，这六郡中最南的一郡渠州，也是李曾伯言及施行民兵团集之处。三是牟子才讲到，淳祐十二年蒙军从兴元府的米仓山入侵四川，先屯于米仓山南巴州的三会，再分三路进军，李曾伯也讲到宝祐三年入侵四川的北路蒙军，有一支是从米仓山入境，入境之后应即巴州，所以李曾伯又曾讲到，当宝祐四年初北路蒙军退兵时，其统帅希亮是从巴州的璧山拔寨而去。这说明了巴州是米仓山之南的一处冲要之地。

相异之处，主要也有三。一是淳祐十二年蒙军的三路军队，是在全军自兴元府越米仓山，至巴州之后才分的；而宝祐三年北路蒙军的三路军队，却有从兴元府入川和从利州入川的分别。原因应在于兴元府在蒙哥汗之前的贵由汗元年（宋淳祐六年），就已经开始经营，设置兴元行省，招徕逃散之民，授田垦殖，并屯兵驻守；而利州则要到蒙哥汗三年（宋宝祐元年）才开始修治，建城戍军，屯田积谷，欲为取蜀之计。因此淳祐十二年时只能从兴元府一地出兵，而到宝祐三年，除兴元府外，利州也成为可以发兵之处。二是牟子才结民兵的六郡，虽都见于宝祐三年北路蒙军的进军路线，但是除渠州之外，都不见于李曾伯团结民兵州郡的名单上。至于李曾伯的名单，除了渠州之外，还有一处也是北路蒙军所经的广安军，而此郡不见于牟子才所建议的团结民兵州郡名单。比较之下，似乎牟子才比较重视近边、次边之防，而李曾伯则较为重视当时四川政治核心重庆府，及其邻郡军事重心合州的保卫。三是宝祐三年的南路蒙军在抵合州之前所经之处，均未见于牟子才所言，无论是蒙军进军的路线，或团结民兵的州郡。原因自然是淳祐十二年入侵四川的蒙军者来自北面，没有从南面进入的蒙军。但是到宝祐三年，情况已不相同。蒙古已派兵在宝祐二年、三年先后灭吐蕃、大理，自大理回军时顺道入蜀北返，北路蒙军应该是前来接应。然而在南宋传闻已久的"斡腹之谋"已从传闻成为事实。李曾伯在宝祐四年离开了四川，等到两年之后，他第二次出任知静江府时，还要再次面对蒙古此一大迂回包抄战略。

　　宝祐五年正月，李曾伯奉派为湖南安抚使兼知潭州，于闰四月抵潭州上任。到任后，即奉命派兵往广西支援，在他回奏中，已说"窃惟戎夷斡腹之事，乃是宗国切身之忧"；到九月末、十月，又获报得知蒙军入侵安南；十一月，李曾伯兼节制广南，负责边防，十二月，又以湖南安抚使兼广南制置使，置司静江府；次年正月，再改为广南制置大使兼知静江府。李曾伯在三个月之内，职务的一再更换，显然是由于广西边情愈来愈紧急的缘故。

无论在潭州或在静江府，李曾伯都遵照朝廷的指示，推动团结保伍或团结民丁的工作，在静江府还要推动团结蛮丁和结约诸蛮。这一类事宜，都见于他的奏议。此外，在静江府，他的奏议内容至少还有这两项重点。一是向朝廷报告蒙军侵入安南和广西的状况，以及安南在蒙古与宋之间的依违；一是向朝廷申诉广西的缺兵、缺钱粮，请求朝廷支援。在南宋晚期缺兵、缺钱粮应该不是广西个别的问题，应该是各个边防区共有的问题，只是各区的严重性有所不同，就实际情况看来，广西也许特别严重。应该就是由于这个问题，所以当时朝廷才会期望这些地区的长官，能够将民众团结为保伍或民兵，来补充军力的不足，并借以减少军费的支出。

李曾伯在抵达潭州之后不久，就收到朝廷的指示，要他在湖南办几件事，其中之一是"团保伍"。"团保伍"应该也是较晚的一篇回奏中所说的"团结民丁"，用以为民兵的兵源。由于李曾伯在上这篇回奏时，已奉命兼节制广南，所以所回复的宣谕兼及广西之事。宣谕指示李曾伯在湖南对民兵要诱之官爵、结以恩信，又告以七甲峒丁旧曾团结，并指示广西的邕、宜两州最紧要是在民兵上用功夫。李曾伯回复以湖湘民丁如七甲等多在溪峒，只能用之于缓急保乡井，不敢轻易调动出境，若调动出境，则所用资粮的筹措会更为费力，他现今已进行团结，谕使整办；至于广西邕、宜两州民兵则不知当时是否曾有处置，广西经略印应飞既奉圣谕，必然会用心办理。不到一个月后，李曾伯在另一封回奏中再度言及七甲义兵。他说明七甲是在郴州境内，义兵不满五千人，名为峒丁，实际多是省地之民，自奉旨团结之后，已多次催促州县办理；当时印应飞想要调之戍守广西静江府，由于是调出境外，难以同意。到后来李曾伯担任广南制置大使时，在宝祐六年十二月，朝廷曾调三峒七甲二千人入广，李曾伯以不敢多耗边粮的理由，回报湖南存留；次年，即开庆元年（1259）七月，又调七甲义兵至邕州，知邕州刘雄飞也不接受其入邕，李曾伯回奏朝，并说明人多谓其难用，这支民兵也因此改调。

宝祐六年初以后，李曾伯由于以湖南安抚使兼广南制置使，离开潭州，移司静江府，然后又改任广南制置大使，关注的重心也自湖南移往广西。从李曾伯在静江府时历次上奏，可以看出当时广西面对的重要问题中，包括了缺兵、缺钱粮。由于这两项问题，难以供养自外地调来的部队，除了在广西本地招新兵之外，只有团结保伍及民兵、结约诸蛮来增强防卫的力量，而结约诸蛮的目的之一，也是团结蛮丁为民兵。

这段时间团结民兵、结约诸蛮的工作，李曾伯都可以追溯到他到广西上任之前的宝祐五年旧籍，他只是延续前任的努力。在结约诸蛮方面，他在抵达静江府上任之后不久的宝祐六年三四月间，即延续前任经略结约诸蛮的两项措施。一项是宝祐五年经略印应飞到任之后，对西邻大理国的特磨道、西通自杞的南丹州羁縻诸溪峒，都支付以银两、锦段、匹帛为犒劳。他准备依照前例而略为加厚，并且打算在犒劳之后，对诸蛮遍加抚喻，运用诸蛮分任邕州左、右两江地方上的防务，使他们在左江永平寨、右江横山寨一带建立寨栅，成为连珠寨，各以峒丁把守，而以永平、横山两寨官兵、头目总而率之，与正军相连络，使之如鹿之犄角。永平寨、横山寨是防备蒙军侵境的南边备御要地，分别在左江、右江，左江邻交趾，右江接特磨，蒙军如果入侵，必定由此二路而入。另一项是邕州横山寨买马事宜。

长久以来，南宋朝廷在邕州横山寨向诸蛮买马，马来自大理国，诸蛮购自大理再转销给宋。当时南宋朝廷停止在横山寨购买蛮马已经连续有若干年，从转销大理马中获利的诸蛮，不免怨望。在李曾伯之前的广西经略，朝廷的官员，都有人建议恢复购买，但是由于蒙古入侵大理，离南宋边境不远，不得不防。只有在印应飞之前的广西经略徐敏子，所提建议可行。他认为朝廷只当遵守买马之约，负责购马的广西经略司和邕州官府可用通融之术，灵活地办理。他提出的办法是权宜为之，遇到有蛮人有马来到横山寨则买。李曾伯之意，就是可以采用徐敏子之法。他向朝廷说明，探访得知诸蛮间中也有以马匹到横山寨来贩售，边将、商旅与之私自贸易，官府不加以禁止。若买马之路能通，不仅可以稍慰蛮人之心，也可以因之以探蒙军在蛮中的动息。如今准备在横山寨禁私自交易，有马到，则由官府买入，以盐、锦、银两与之博易，不用买马官，不用榜文公告，也不用朝廷买马银两，仅由广西经略司和邕州官府自行处置。

在团结民兵方面，他讲到徐敏子和印应飞的成果，已在这年的八月。由于有宣谕要他团结民兵，他回奏说边郡原籍具在，即当检出，据以下令州郡办理民兵练集的事宜。李曾伯又将宝祐五年前任经略徐敏子所团结、印应飞及他自己继之而核实的邕、宜、融三州民兵人数申报。其中邕州原团结到民屯丁二万一千八百八十五人，经印应飞核实后为共二万二百一十四人，李曾伯再核实后，宣化、武缘两县计二十四屯，拣到强壮者一万二百一十一人。融州原团结到土丁、保丁、款丁、峒丁共一万一百九十六人，经印应飞核实后，拣到六千二百三十六人，均是壮健人数，内中又分可以抽调融水、怀远两县所管一十九指挥壮健土丁，及安厢、乐善寨壮健峒丁，共三千四百六十一人，不可以抽调的通道寨壮健峒丁、六都壮健保丁及沿边三十七款丁，共二千七百七十五人。

宜州原团结到宜山、河池、天河、忻城、思恩五县的保伍、民兵、义效、獞兵，共一万三千四百零五人，经印应飞核实后，共七千三百八十四人，但李曾伯认为还需要再精加核实，已要求宜州施行。并且他表示，会选择、委派官员，办理训练、句教、月给、激赏等事；并且说明，广西民丁由于身体脆弱，所以其成效如何，全在于各郡郡守是否能究心于团结，律之以部伍，教之以阅习。各类民兵，大抵已见于李曾伯于淳祐九年第一次任职广西时的奏疏，只有屯丁不在其中。屯丁应即李曾伯在发布于宝祐六年的《静江劝农（己未）》中所说的"拘榷官屯，纠集民丁，以扰尔农"，是从民户中取丁壮，屯驻于官府所设的屯寨中，负担防卫的任务，要受官府的教阅，性质应有如保伍。在民丁中，至少包括保丁、保伍、土丁、屯丁在内，都具有保伍的性质。

从八月末以来，逐次有边报传来，消息不一，称蒙军分交趾、特磨、自杞三路而入广西。特磨道与自杞均西邻大理国，也就是从大理国经特磨道或自杞而入广西。到九月二十三日以后，蒙军进军路线已确定由大理经特磨入宋境；据邕州的所报，蒙军已抵横山寨的上方，也就是西北的田州奉议、上安一带。到十月，蒙军仍然停留在奉议一带，并且在此立寨，哨骑有时也到横山寨之东的老鼠隘；十一月，蒙军已经越过横山寨，渐入老鼠隘等处，并且蚕食诸溪峒，但只在奉议扎寨不动。随后哨骑进至邕州州城之东，邕州武缘县县城外也有蒙军活动；蒙军哨骑又到宾州、邕州界上的昆仑关外，其后并进入宾州境内。经邕、宜、融、钦镇抚使兼知邕州刘雄飞的力战，从十一月到十二月，蒙军才逐渐退兵。

在这段时间及事后，李曾伯多次收到要求他团结峒丁、民兵的宣谕，他也回复进行的情况。在宝祐六年十一月，宣谕指示说，"团结洞丁，最为急务；买马一事，寇退举行，但要博易之时，关

防可也"，李曾伯回奏说，团结之事，已逐次谕使刘雄飞等留意纠
合，为官军之助；买马之事，要等寇退之后才申报。从这道宣谕又
言及买马，可以得知李曾伯在上任之初所说的徐敏子的买马之策，
确实是付之实施了。开庆元年正月，又有宣谕指示"皆当日下作
急图之"的几项事务中，其中之一就是"团约蛮丁"。李曾伯的回
复是已见于近奏，要等谢济到后，专委之结集。按，谢济熟于蛮
事，在李曾伯第一次帅广时，已用他来协助搜集蛮情，所以要等
他到后，再委之办理此事。不到十天，李曾伯又收到宣谕，除了
再提蛮人当结约之外，还提到民兵、峒丁当教阅。李曾伯对前一
件事回复说，谢济目前已过衡州，已经支送钱粮，催促其来潭州，
等他到后，就会与之商榷，派往邕州，和刘雄飞谋商，令之亲出
横山寨，结集诸蛮，谢济熟于蛮事，必能办妥。对于后一件事的
回复则较详，他说明诸州民兵各有籍，广民脆弱，只能于其中选
择强壮，为数有限，宝祐五年冬天边州中也有选摘调用以助备御
的情形，他会把圣谕发下诸县，要求守臣办理；至于静江府，则已
下令诸县，责成守臣负责，拣选强壮之人，以备防秋。峒丁由于
散在诸蛮，不能与省地之民相比，只能要求他们随地自守。

此后李曾伯所收到的宣谕，仍然经常督促他致力于蛮丁的结约
和民丁的训练，李曾伯都会回复。他的回复有详有简，其中比较
详明的，是开庆元年三月初八日回复于二月一十六日传到的一道
宣谕。这道宣谕对李曾伯有如此的指示："民丁可以托里，蛮丁可
以御外。籍民丁，其责在制阃；结蛮丁，其责在郡守。皆在制阃究
心，则民丁、峒丁，皆吾兵也。"李曾伯回复说，从来讲广西边备
者，必定以民兵、峒丁为说，非仅一日。其实岭南之民脆弱，无
法像与西、北二边之民那样，人可为兵。他指出，蛮丁散在诸峒，
可以使之自为防卫；民丁之籍在诸郡，有需要时可以从其中拣择助

用，可是必定要由官军纠率，平时纵使登记了民兵的人数，临时却难以倚仗其战力。

上述是李曾伯回复中的总说，接下来他分论蛮丁和民丁。在这一个部分，蛮丁只是简略地以"令各与结约，随地备御"两句话带过，民丁显然才是重点。李曾伯在这篇回奏中所言及的民丁事务，主要是两件事。

其中一件是邕、宜、融三郡的民丁。李曾伯举出了宝祐五年印应飞差官拣择的数目，并说委派守臣更加精选，于内挑取以备秋防，但是他也提出请求，指出广民不但脆弱，而且生理瘠薄，才一调集，即废本业，建议朝廷能补助以口券，才能责求州郡办理阅集训练。

讲得更加详细的另一件事，是李曾伯本人在静江府选集民兵。他指出静江府曾经籍记居民丁口数，有八万余人；其中强壮者有限，如今修筑府城新城，合旧城周围有十里，万一有警，非军兵二万人不足以守，宝祐六年蒙军入侵广西时，静江府屯兵不满六千，想要呼集民丁协助，但人丁散在乡落，一时之间难以呼集。当时取十县税籍，效法京湖民兵之制，每税钱达四百文的人户，起丁一名，名之为义士，隶属于制置司帐下的军帅，大略仿效军制，差头目，立队伍，当农隙时，有兵事则调集，无事则从便各营生理，其合起丁之家，与免除各项杂役，税钱不及四百文的人户得免起丁。正令各县办理鸠集，置籍于经略司，可得一万人左右。惟恐创行之始，非人情所便，未必及数，也担心未必人人可用。不过虽然不能驱之而战，却尽可借之以守。往后若行之有序，也可以仿行于边郡。等开庆元年秋天籍记到人数，才敢以实数奏申。这一件事，李曾伯同向朝廷提出请求，建议仿淮西之例，每年科给钱粮三两月，有警时调用则支，无事时则不许支，并说这也是京湖义勇之例。关于静江府义士，以后李曾伯在上奏时仍多次言及。由于朝廷接受了李曾伯补助调集费用的请求，所以在四月二十七日的回奏中说，已将义士之制推广，令诸州一体施行。以义士为民兵之称，较早见于利州路的兴元府、洋州，其后也见于两淮、京湖。

至于前文所述，因熟于蛮事而为李曾伯在前一年（宝祐六年）上奏中所提及的谢济，据李曾伯上于这年（开庆元年）三月二十二日的回奏，在二月十三日已离开桂林，二十三日抵达邕州，三月三日离开邕州。在同一封回奏，李曾伯又依宣谕中指示秘密派人至大理，探求敌情实况的指示，表示将促使谢济同时负担起此一任务，差人往探知蒙军动静的实情。在四月二日的回奏中，李曾伯说明谢济已出横山寨；到四月十三日，李曾伯在回奏说明已在上奏的前一天，收到谢济在四月三日的申状，其中有蛮酋岑邈探到的大理事情，显示谢济在结连诸蛮和探察敌情两个方面都有初步的成果。此后谢济多次传回田进、郑里、谢全等人的探报，报知蒙军的动向，刘雄飞也有相关的探报传回，陆续传回的消息，显示出蒙军的活动愈来愈频繁，入侵的态势已经明显。因此李曾伯在七月下旬奏报边事已动，李曾伯并说明已令邕、宜、融、钦诸边郡精心探察、严予防备，并令刘雄飞速调兵至横山寨营备防守要务，又令谢济纠合诸峒，候镇抚司调到官军，共同把守。至八月初，蒙军入横山寨，但并未往攻邕州州城，而是另循小路入宾州、迫象州，李曾伯因此在九月初奏边事已急。至九月二十二日，蒙军突然抵达静江府城之下，李曾伯固城自守，并派兵出城，昼攻夜劫，但无法遏其深入之大势，蒙军又循小路而至湖湘，广西的战事告一段落。

李曾伯在蒙军经静江府城而进入湖湘之后，已经上疏自劾，于次年（景定元年，1260）五月，以"闭城自守，不能备御"的罪名，受到落职解官的处分。在此之前，他仍然是静江府知府，继续执行其应担负起职责，因此在这年春天出郊劝农，并发布劝农文。在这篇《静江府劝农（庚申）》中，有这样几句话："尔父老归而告谓尔子弟，劝率尔保伍，有警则荷戈以备，无事则负耒以耕。"（李曾伯《可斋续稿》卷十二）从这些话可以推知，静江府的民众在平时已组织为保伍，到有战事之警时，保伍就成为民兵的一个主要兵源，进一步从其中挑选壮健者，组织为民兵，如李曾伯所团结的义士。也就是说，保伍和民兵之间是互有关联的。李曾伯在当时所以能以几个月的时间，即在静江府组成义士军，应由于此地已有保伍组织为基础，名籍俱在，只要从其中选取合乎体格要求者就可以。这支部队尽管仍未精加训练，当景定元年九月蒙军进至静江府府城外时，无法及时派上用场；但是从李曾伯上于朝廷的奏疏可以看出，确已组成，只是李曾伯认为，这支部队才刚创制，尚未谙纪律，亦未习兵事，要等将来搜练有成，才可以用之于城守，若目前责之备战，那不过是"弃之"而已。

北上攻围潭州的蒙军，分兵攻江西，并与正在攻围鄂州的蒙军所分遣的部队会合，都城临安为之震撼，朝廷甚至因之而讨论迁都。不过在这同时，朝廷与地方也都采取一些戒备的措施，其中包括运用民兵与团结保伍。当自京湖南下的蒙军渡长江，围鄂州时，宋理宗诏问计策，曾任宰相的程元凤正提举临安府洞霄宫，手疏数事以奏，其中之一就是团结民兵，这项建议显然获得采行。开庆元年十月，朝廷首先于都城临安府团结义勇，招募新兵。信州人谢枋得登第后家居；赵葵任江东宣抚大使，节制饶州、信州、袁州、临江军、抚州、吉州、隆兴府等州郡民兵、官军。赵葵屯兵于信州，辟谢枋得为属官，令其团结民兵以捍卫饶、信、抚等州，于是获得抚州邓、傅二社壮士二千人以义兵响应，再加上在信州得的义兵，有数千人之多，经费除由赵葵提供之外，谢枋得之妻也悉以家资佥产助军，这应该已是十一月的事。抚州邓、傅二社的"社"即乡社，源起于建炎年间的忠义巡社，是以保伍为基础而组成的民兵，邓、傅二社的活动也在建炎年间就已经出现，直到南宋末年仍然活跃。

除谢枋得受命团结民兵之外，见于记载的还有瑞州人姚勉，他当时劝瑞知州教阅民兵、兴筑山寨，因而受知州的委托，负责办理。他于景定元年二月的《庚申封事》（姚勉《雪坡舍人集》卷二）中说："朝廷去年亦尝许州县结民兵、筑山寨矣，不知后来何为而遽罢。"又说："去年臣在瑞阳，守臣尝遵朝旨，委臣以教阅民兵之事，略有绪矣，但未几而报罢。"可知瑞州的组织民兵，是出自朝旨。这件事在不久之后停罢，时间可能已在这年闰十一月、十二月之间。报罢的原因，可能与围攻鄂州的蒙军开始退却，朝廷的压力减轻有关，不过据姚勉的说法，则在于官员担心民兵会演变而为盗贼。姚勉为之感慨，因为在废罢一个月之后，瑞州即受到蒙军哨骑的侵扰，知州得百十民兵的护卫，走避于一小山寨，才得以免祸。

除运用民兵之外，朝廷也尝下令州郡团结保伍。此事见于文天祥《己未上皇帝书》（《文山先生全集》卷三），己未是开庆元年。文天祥上此书于这年十一月，其中讲到这年蒙军攻鄂州，也讲到蒙军经广西，入湖南，因而危及江西的情势，他并且建议在江西置立两方镇，以救州郡之积久日轻，这也显然是对当时蒙军深入南宋堂奥的因应。接着他又建议就团结保伍以抽兵，讲到朝廷"近时以保伍为意"，"今朝廷命使以团结，州县奉旨而行移"。新立的保伍虽然为数不少，但是分散于各地，而且老弱未及拣，教阅未及施，他建议在团结已成的保伍中抽新兵，凡二十家取其一人，以备军籍，如此则一郡精兵不下一万人，行之于诸州，则一处方镇新兵不下两三万人，如此则仍然可以有所作为。文天祥的建议虽然未获采用，但是却说明了朝廷的推行保伍应在他上书之前不久，或许就在这年十月，与都城团结义勇约略同时。姚勉的《庚申封事》也言及保伍，"但不必尽取保伍以为民兵。保伍者，止为奸盗之防；民兵者，当择强壮而教"。比较文天祥和姚勉所言的相关之处，即在于"团结民兵"报罢之后，"团结保伍"依旧存在，因此可以用保伍来取代民兵，但是姚勉不以为然，认为民兵要选择强壮者担任，而且要加以教阅，特别是在武器的使用方面；保伍则未必人人健壮，也没有教阅。然而就如李曾伯在景定元年春天于静江府劝农时所说的，父老要告谕其子弟，劝勉其所率领的保伍，"有警则荷戈以备，无事则负耒以耕"，保伍平时若无教阅，到有警时岂能担负起"荷戈以备"的任务？而且就南宋过去的事例来看，到战争有可能发生时，往往也会从保伍中挑选壮健者，组成民兵。南宋的保伍的渊源，可以追溯到北宋熙宁年间的教阅保甲，平时本来就应该有教阅，问题在于平时是否已组织有保伍，可以预做准备，否则事到临头，就会如姚勉对保伍一般地怀有忧心了。

## 四、南宋亡于元朝之际

元朝在宋咸淳七年（1271）建立，在此之前三年，已将微弱了八年的战火又重新燃旺，再度展开对南宋的大规模进攻，终于导致南宋的灭亡。当南宋亡于元朝之际，保伍与民兵仍然见于活动。在民兵的活动方面，文天祥是一个代表。德祐元年（1275），元军朝临安不断前进，南宋军队无力阻挡，临安面临元军即将攻至的危机。原任知赣州的文天祥，这时获任命为江西提刑，奉诏募兵勤王，他先在赣州，结约诸豪，纠集溪峒剽悍轻生之徒，然后北上至吉州，会合诸郡民丁，结为大屯，于八月抵临安，驻兵于西湖，这时已有兵二万人；他抵达临安之后，又有杜浒率其所纠集的民兵四千人来相从。十月移屯于平江府，派兵往援正在告急的常州，而常州终究为元军攻陷。十一月，都城西北郊的独松关告急，文天祥奉调急返临安，驻军余杭县，守独松关，然而独松关未能守住。

在独松关陷落后，蒙军得以逼近临安都城，进至距之仅约三十里的皋亭山，而文天祥也在这时奉命撤回都城。在这样的情况下，文天祥和张世杰仍有运用两人所率领及诸路在都城的勤王军，共四五十万人，对元军采取进一步行动的想法。张世杰同样在临安告急之时，率军入卫，他原本担任郢州都统制，具有武将身份，和文天祥的文臣身份又有不同。他们两人的建议，为宰相陈宜中所沮，未获采行。十二月，由于陈宜中的主张，南宋朝廷与元军进行议和，下诏京城内外民兵停罢团结。次年正月，这时临安都城除张世杰于六和塔驻有重兵，文天祥建议将京城义士二十万人、城内外兵军数万人也由张世杰来统率，借背城力搏的一线之机，以战为守，但是未为张世杰所接受。接着文天祥先是获任命为浙西制置使、知临安府，他辞而不拜；继而在陈宜中遁逃之后，获任命为右丞相兼枢密使，他同样辞而不拜。随即以资政殿大学士的身份，出使元营，遭到扣留，而他长垂后世的壮烈生命火花，也自此迸放。他自江西率领到临安来的民兵，自独松关陷落后，移驻于富阳县，在他赴元营议事后，有旨遣散。

　　扣留在元营中的文天祥，被迫随南宋递降书的祈请使吴坚、贾余庆等人一同北行，途中他在真州脱逃，并自此展开他的复国行动。他辗转经温州而至福建，并联系到南行的南宋朝廷，在南剑州重开幕府，重新招募义兵，谋光复江西。这时不仅原遭遣散的旧部再来追随，也有新的力量来加入。文天祥的努力一度颇有进展，江西州郡已恢复大半，但终究不敌元军的优势兵力，各支民兵一一溃败，残余部队退至广东，文天祥则在海丰县附近的五坡为元军所执，囚送北方，结束了他的复国行动。送抵燕京后，文天祥因于狱中有三年多，始终不肯屈志事元，在至元十九年（1282）十二月，以宰执的奏请，元世祖赐之以死，因而行刑。

　　文天祥自江西带领到都城临安的两万名民兵，及后来在福建所招募到的数万名民兵，应有部分的来源与保伍有关。前已述及他原先所率领民兵，主要来自江西的赣州、吉州。赣州是他治理之地，在这里他结约诸豪，纠集溪峒剽悍轻生之徒；吉州则是他的家乡，成长于此，素所熟悉，他从赣州北上至这里，"会合诸郡民丁"。这些民丁也是得力于"诸豪杰皆应"而募得，虽说来自"诸郡"，但可能还是以吉州为主。这支民兵，吉、赣两州的一些豪家，应是其中的重要构成部分。这类豪家，在有关记载中，或称土豪，或称豪杰，或称诸豪。例如赣州的宁都县，就有连、谢、吴、唐、明、戴六姓义士参与，这六姓招募义士数千人，随文天祥北上，驻于吉州，曾引致一些官员受到唆使而散放流言。这六姓应该都是当地富裕且在地方上有影响力的人家，以六家而能招募义士数千人，其号召力可见，而文天祥在赣、吉两郡所聚集到的义兵，不过在一两万人之间而已。又如吉州庐陵县刘子俊、刘沐（或作刘洙）是堂兄弟，刘家和文天祥家同样住在富田，既是邻里，又相熟识友善，且有姻戚的关系。刘氏与文氏应是庐陵县富田的大姓，当文天祥于德祐元年（1275）于赣州兴国县开督府，起义兵，刘子俊、刘沐都自吉州南来参与，后来文天祥说，"凡江西忠义皆渊伯所号召"，渊伯是刘沐的字。这一句话，自然不能解读为文天祥麾下所有的江西忠义，都由刘沐一人号召而至，但至少其中有一部分是如此，这也需要在地方上有足够的影响力才能做到。至于"溪峒剽悍轻生之徒"，则主要来自位在赣州之西的南安军，这里溪峒散布。到文天祥逃出元军的监管，在福建重新募兵，响应者地域较广，但兵源仍应多来自江西，特别是赣州、吉州两郡。

这一类地方上的豪家大姓，经常是地方上保伍组织的领导人物。与文天祥同为吉州庐陵人的邓光荐，于宋末任礼部郎官，随端宗、卫王南航，于崖山为元军所俘，与文天祥一同囚送燕京，受文天祥之托，记载其事迹，除为文天祥撰有传记之外，又撰有《文丞相督府忠义传》，记载追随文天祥抗元而牺牲诸人。其中有南安军南安县人李梓发，"世为邑豪，主溪峒隅保"，隅保亦即保伍的一种称呼，所以如此称呼，是由于保伍之长有时称为隅官或隅总。李梓发的身份，说明了土豪与保伍领导者之间的关系。不过保伍组织，除了保伍、隅保之外，还有其他称呼，在江西至少还可以看到另外两种情形。一种是乡社，如前述抚州金溪县邓、傅二家的乡社；另一种见于文天祥上于开庆元年的《己未上皇帝书》，其中讲到文天祥家乡吉州庐陵县的情形，也就是隅总组织民丁，编排伍籍，平日习于守望，以防备寇至，隅总在一日之间，能聚集达千人或数百人。除了保伍此词的使用见于吉州和赣州之外，文天祥所举吉州庐陵县的情形，从其"隅总"或"隅官"以及"义丁"等词的使用看，实际上这类保伍较早也曾见于吉州其他各县，又见于赣州。至于"乡社"这类保伍，是否也见于吉州及赣州，由于未见到相关记载，不得其详，但也不能排除其可能存在于此。从吉州、赣州本有保伍组织的情形看，可以了解，何以当地的豪家能迅速地为文天祥募集到相当数量的民兵，实际上这些民兵，应该就是从保伍中来。

文天祥及其追随者牺牲性命，固然壮烈，但毕竟是受害于元廷或元军；而李芾借民兵、保伍之助坚守潭州，当城陷时，不仅其本身举家自尽，其宾佐至于民众，也多有随之而自尽者，则更可称之为悲壮。李芾于咸淳元年（1265）任知临安府，由于施政不接受宰相贾似道的干预，执法更不畏其权势，因而遭诬以赃罪，罢废近十年。到咸淳十年（1274）十二月，才由于鄂州为元军所攻陷，而获起用为湖南提刑。在他担任此职期间，已经下令所属各郡县运用民兵来自卫，以防盗贼扰乱；又发民兵三千人，在土豪尹奋忠率领下，应诏赴临安勤王；另外又召集民兵，聚于衡州，以之为守备，这应该是为了防备元军的入侵，而事先准备。湖南提刑置司于衡州，李芾是衡州人，在此之前，他正因官职遭到停罢而在乡里家居，有记载说，他接获任命后，"即家建台"，亦即以家为提刑司的治所，他所以会考虑到在衡州安置一支民兵，应也和衡州是湖南提刑司的治所有关。上述各项措施的完成，应已在次年，亦即德祐元年。德祐元年二月，贾似道兵败于长江中游的丁家洲（池州铜陵县东、太平州繁昌县西），与大将孙虎臣率先乘船奔逃，诸军尽皆溃走，因此罢相，李芾也因此能获得朝廷重用，出任知潭州兼湖南路安抚使。

当李芾抵达潭州，接任此一职务时，已是德祐元年七月。潭州的军队几乎已全部调出，也有记载说是这年五月，前任知州留梦炎奉调回朝，为了应二月的勤王诏，把戍兵都带走，而且席卷府库。然而在李芾到任后，元军的游骑又已进入潭境的湘阴、益阳等县，李芾在仓促之中，招募的新兵不满三千人，于是联结溪峒诸蛮为声援，并且致力于器械的修缮、刍粮的储积、湘江的江防及潭州州城壁的修补。同时也设法增强军力，有两支军队，因调动而经过潭州，李芾都奏请将之留下，协助戍守。元军在攻下江陵府之后，分军戍守常德府，以阻遏主要应在荆湖北路辰州的诸蛮东来；而以大军进入潭州，宋军无法抵御，于是元军在九月包围潭州州城。

当在围城中，李芾登上城墙，与诸将分地而守。值得注意的是，这时守城的不只是军队，还有"民老弱亦皆出结保伍助之，不令而集"，也就是老弱的民众自动结为保伍，协助守城。潭州在宝祐五年李曾伯担任知州时，即已奉诏从事团结保伍，为了因应宋末战争可能随时发生的情势，此后这项工作应该不会停顿。亦即当李芾上任时，潭州已有保伍组织在，可供其运用。何以记载只言及老弱的民众自结保伍，而不提保伍组织中的壮健之民？原因可能在于壮健者多已入卫都城，所余仅四百五十人，半皆老弱。李芾所招募到的新兵只有三千人，或许也就是由于拣选不易；另一个可能则是这几句或许不能只从字面上解释，虽然只提老弱之民，但已寓有不仅由壮健者组成的保伍出而承担军事任务，连本来不属于保伍组织的老弱之民，也自结保伍出而协助防守。无论是哪一种情形，都足以说明保伍参与了这一场惨烈的守城战。

即使受到元军猛烈的攻城，潭州城仍然支撑了三个多月，到这年除夕，元军终于登城。当元军登城陆续进入的时刻，新任衡州知州尹谷及其家人已经自焚；李芾得知，酹酒致祭。尹谷是潭州人，尚未来得及赴衡州上任，潭州已在围城之中，李芾于是礼之为参谋，共同策划备御之策。李芾及其全家、参议杨震（霆）、幕属颜应焱、陈亿孙均以各种不同的方式自尽；执行死刑的侩级沈忠，在奉李芾之令，手刃长官及其全家，并火焚其居后，还家杀其妻、子，复返火场，大恸自刎。潭州民众得知这些事，不少人举家自尽，竟至"城无虚井，缢林木者累累相比"（《宋史·李芾》）。令人好奇的是这些举家自尽的民众，是否也有不少是当时参与守城的保伍，当他们受李芾知其不可为而为之的精神感召，参与潭州城的守卫，是否也会受李芾与城俱存亡的精神感召，以举家自尽来表达对国家已经竭尽其所能？

文天祥和李芾是旧识，有十几年的友谊。两人相识应在景定二、三年间（1261—1262）李芾任知州时的吉州，重逢则在咸淳九年文天祥任湖南提刑时的衡州。当他们在衡州分别时，文天祥写了一首诗赠送给李芾，诗题讲到李芾"实寓衡，我十年前邦君也。一再见间，即分南北"，即是讲两人这一段相识与重逢的经过；诗的最后两句，"江阔人方健，月明思对君"，则以"人方健""思对君"来诉说对将来再次相逢的期望，也表达了两人之间深厚的情谊。没想在一两年之后，两人都走上同一条路，运用保伍与募集民兵，力撑南宋灭亡前的危局，虽知其不可为而仍竭尽心力为之，终仍失败；尽管先后相隔数年，方式也有不同，但两人同样以结束自己的生命，来表明对宋朝的尽忠。

# 下　篇

# 保伍用于防治变乱、走私

　　具有教阅保甲性质的南宋保伍，不仅运用在对金、对蒙古的边防上，也运用在境内，用来防备一些移动于各地的寇盗，如盐寇、茶寇、峒寇及东南沿海（浙、闽、粤）的海盗、私商等。面对这类寇盗，保伍虽然大多不足以担负起征剿的任务，但是在保卫乡井方面，却还能够发挥其作用。盐寇、茶寇是由盐、茶走私商人演变而成的，他们由聚队走私演变而为持兵器剽掠的寇盗，甚至更演变而为大股攻劫州县的部伍，扩大而成寇乱。峒寇则主要来自湖南、江西傜峒的峒民，往往因官府对峒民事务处理不当而激成寇乱，其中也杂有汉人；由于峒寇多来自湖南的郴州，所以又有郴寇之称。海盗与沿海商船走私的猖獗，到南宋才有较多的记载，这与沿海航运继远洋航运之后而兴盛有关。尽管当时的沿海走私商人并非就是海盗，但当时东南沿海的海盗，颇多就是走私商人，而且有不少是私盐商人。除了往来于沿海的海船外，远洋商船也有从事走私的。

## 一、盐寇

地方官运用保伍来防治上述几类寇盗，不妨先以活跃于闽、赣、粤边界的私盐商人来说明，这类私商也有"赣客""汀、赣盐子"等称呼。这个地区私盐活动的兴盛，自北宋已经如此，南宋中期以后愈来愈盛。主要来自汀、赣（虔）二州的私商搬运闽、粤沿海出产的食盐，返回本乡贩售。由于私盐比起官盐，价格既廉，质量又好，所以也运销到邻近各地，活动的地域往西、北及于毗邻赣州的南安军、建昌军，往南及于广东的循、梅、惠、潮等州，还有福建的漳州。其中惠州、潮州、漳州都在沿海，粤东诸郡以及福建的漳州，皆是他们购盐之所，也是他们销盐之地。上述州郡自然也会有一些民众参与盐子的活动，从而壮大了他们的声势。而在这些州郡中，受盐子活动之害最大的，则是粤东诸郡。

运用保伍来防制汀、赣盐子，在汀、赣、粤三处都有记载，而以在粤地为多。举例来说，如高禾于绍熙（1190—1194）年间任知惠州，张祖顺于庆元二、三年（1196—1197）任知梅州，均曾实施；绍定（1228—1233）年间，源起于盐子活动的"汀寇之乱"与赣客"陈三枪之乱"相继发生于福建、江西。许应龙于绍定五年（1232）出知潮州，当时陈三枪之乱正盛，广东的潮、连、循、梅、惠诸州均受其祸，许应龙除了调军防守之外，又"点集民兵，激劝隅总，谕以保乡井、守室庐、全妻子"（赵汝腾《庸斋集》卷六《资政许枢密神道碑》），这里所称的民兵，即隅总领率之下的保伍。陈三枪之乱于端平元年（1234）平定，可是在淳祐（1241—1252）年间，盐子的活动在广东境内依旧对一些州县的安全构成威胁，于是有知惠州博罗县王旦、知惠州河源县夙子与点集保伍，成功地阻止了盐子的侵犯，两人任职均在方大琮任广州经略安抚使的淳祐二年至七年（1242—1247）间，并且因此而获得方大琮为之撰写荐状，结保伍、御盐子均是两人的政绩之一。于同一期间，宋慈于淳祐三、四年（1143—1144）任广东提刑，亦曾推动实施，其成效见于后来方大琮一封写给他的信，以及一封写给郑逢辰的信中。

不过上述方大琮写给宋慈的信（《宋宝章阁直学士忠惠铁庵方公文集》卷二十一《书·宋宪慈》），含有更丰富的内容，可以从其中看到宋慈离开广东之后，出任江西提刑，同样推行保伍，却收到完全不同的效果。全信可以分成四个部分，首先是对宋慈在广东提刑任内推行保伍法加以赞誉，他说自己初至广东那一年，"潮若梅、若韶皆以汀、赣盐子搔挠告"，而宋慈随后到广东任职，"取昔人保伍法而能以精力行之，两年间岭无挠者，则公之赐为多"。

其次，他惋惜宋慈任期未满就离开了广东，"朝家何以得公更留，则智及仁守，多磨岁月，使习以揉而柔，心以革而定，既定矣，则少亦百年之安。欲定将定间，浩然拂衣去"。"使习以揉而柔，心以革而定"，应是指民众受教化之后，习性、心志的改变。

再次，然后他又讲到宋慈离开广东，改任江西提刑兼知赣州时的事，委婉地加以开导，"厥后宁都、广昌杀者六七千人，近以括丁口知之，虽曰恶种之芟者多，曷若使之定而全耶"。宁都在赣州，广昌在建昌军。这段末后说，在嘉熙四年（1240）夏天，盐贼有进入广东河源的情形，在剿、驱兼施的策略下，这股贼徒到宁都而遭到歼灭。

最后，当方大琮写这封信时，宋慈在江西提刑的职务遭罢除后，又已获擢用为广西提刑，这时的广西除了要防盗，以及防范交趾、大理、诸蛮外，还要防范传闻中蒙古的斡腹之谋。在这一部分，方大琮提到曾任知静江府兼广南经略安抚使的张栻，"条具边防，亦尝行保伍法，故府当有可稽者"，似乎是希望宋慈能去查阅府中档案，了解张栻是如何在广西施行保伍法。据张栻自己的说法，他在静江府推行保伍法，先行于静江府境内，"极得其效，非惟弭盗，亦且息讼，因渐教以相亲睦扶持之意"（《南轩集》卷二十八《与曾节禾抚干》），说明张栻不仅运用保伍于防盗，也用之于教化，这或许也就是方大琮对宋慈在广西的期许。最后，方大琮谆谆开导宋慈，"要之，吾之自防不可一日不讲，讨军实以壮爪牙，当与宽民力以固保障并行。若概以边视，则去冬刺兵三千，民已觉不堪。今邕、宜、融皆易武守，亦当恤之，以知有吾赤子，盖爱民不害其为训兵"。这是更清楚地告诉宋慈，增强边防不能只靠增加军力，还必须宽恤民众的赋税负担，才能争取到民心。

总结这封信的内容，从讨论汀、赣、粤交界地区盐子活动的角度看，可以认为其中有两个重点。第一，宋慈在广东推行保伍法成功，在江西推行保伍法却引起了盗乱，因平乱造成了赣州、建昌军有六七千人被杀死亡。第二，方大琮认为，宋慈所以会在江西推行保伍法而引起寇乱，原因在于他不了解徒有保伍法的严格约束，不足以成事，更重要的是必须以爱民为念，要对民众有所教化。上述信中的第二、三、四部分，都涉及此点。所以方大琮会惋惜宋慈未能在广东多留两年，体悟如何以教化来改变民众的习性与心志；会感叹在宁都、广昌被杀的五六千人，即使是"恶种"，又何妨事先就致力于导使他们"习以揉而柔""心以革而定"，让他们能够保全自己的生命；会期望已经就任广西提刑的宋慈，去了解张栻在广西施行保伍法的情形，并且希望他能了解，增强军力和宽恤民力是应当并行的两件事。正由于方大琮重视教化与恤民，所以他推荐惠州博罗县知县王旦和河源县知县夙子与的荐状中，除了列举两人在运用保伍来防备盐寇的功劳外，也列举了两人在教化与恤民方面的政绩。

但教化与恤民毕竟是从治民者本身的观点来说的。方大琮在另一封写给在宋慈之前担任广东提刑的林宋伟的信中，所说的话却有助于了解盐子本身的动机。方大琮对私盐活动，抱怀着宽恤之心，认为事出有因，不必完全禁绝，在信中说，"山海之利，本与众共之，官榷非得已，私贩一条路，古来不能塞，且有不容塞者"（《宋宝章阁直学士忠惠铁庵方公文集》卷二十一《书·林宪宋伟》）。何以不容塞？海盐既是应该"与众共之"的物产，民众本来就可以凭借盐的生产、运销来维持生活，只因为在官榷制度之下，他们成为私产、私销的触法者，而私销者甚至成群结队，携带武器伤人，就更不能为法所容。在广东推行保伍法，目的在防范外来的盐子在本地所造成的伤害。在方大琮为惠州博罗县知县王旦、惠州河源县知县夙子与所写的荐状中，所说的"盐子不敢过其境，至迂路以出他邑"，"盐徒每岁假道，杀伤相当，卒不得志以去"，都足以说明，其中博罗县的保丁是经过训练教阅的，河源县的保丁在荐状中未明言，但能与盐徒"杀伤相当"，自然也曾有过训练教阅的。由于是保卫乡土，所以两县民众愿接受政府编排为保伍，加以训练，甚至在与盐子交战中受伤或牺牲。但是在赣州及其毗邻州郡则不同，当地民众有不少就是以贩运私盐为生，保伍法的施行其实是针对他们而来。在刘克庄为宋慈所写的墓志铭中，说他任江西提刑时，对于当地盐子贩盐于闽、粤之境的问题，处理的方式是"鳞次保护，讯其出入"，于是奸无所容，这明显是针对本地居民而设的保伍法。过严的防范影响到贩运私盐者的生计，所以会引起他们强大的反弹。这次寇乱于淳祐五年

（1245）起于建昌军广昌县的山区，广昌县在建昌军的南境，与赣州宁都县接壤，其民俗与赣州相类，本无足异。

在汀、赣两州施行保伍法，以防范盐子的活动，在淳熙（1174—1189）年间已有广东地方官员提出建议，其事见于淳祐六年至八年（1246—1248）间知惠州的陈梦庚的上言。陈梦庚由于到任后处理赣客遭惠州民众诬诉狱案，而奏便民二事于朝，第一件就是，"惠民苦赣商之害，名为贩负，实则暴客，豪夺必空其庐，忿激多死斗争"，所以"诬诉捕系尤扰"，他建议"若如淳熙守臣吴褒之请，乞今汀、赣二州团保伍，与凭由，入出稽诸，一人有犯，同保共坐"（《竹溪鬳斋十一稿续集》卷二十二《崇禧陈吏部墓志铭》）。其中提到了淳熙年间惠州守臣吴褒的建议。吴褒任惠州知州在淳熙五年至七年（1178—1180），他的建议是否获得接受，不得而知，至于后来陈梦庚所提出的相同建议，则未获朝廷接受。不过这个办法，到嘉定（1208—1244）年间却有王柟在赣州实施。王柟于嘉定七年至八年（1214—1215）间知赣州，由于盐子狱多，于是奏请申严保伍法，出行者必须取得凭由才放行，实施之后，这一年盐子狱十减八九，但是当时的江西提刑对这个办法有意见，向朝廷诋毁王柟，使之去职。再往后见于记载的事例，就是前述宋慈任江西提刑时的例子，结果是以建昌军广昌县发生寇乱收场，动用军队才平定。其实比淳熙年间更早，在乾道七年（1171），王镇知赣州，已由于此地"多盗"，而原有的诸邑民兵是"徒扰无益"，于是改而"命五家为小保而置一柝，五小保为大保而置一鼓，各有长焉，十六保则隶都保正，许置兵器。遇盗则击柝鸣鼓，出兵器，每发辄得"（《文忠集》卷十七《朝议大夫赐紫金鱼袋王君镇墓碣》），所谓"多盗"，是否包括盐寇，则未明言。

至于汀州，见到有相关记载已经颇晚。《永乐大典》卷七千八百九十五引《临汀志》，载有胡太初在汀州重编保伍一事。当时胡太初知汀州，于开庆元年（1259）曾奏上他要求所辖各县，"选差隅总，重排保伍"之后的组织。具体而言，五家为一甲，五甲为一保，五保为一大保，五大保以上为一都，其长分别称为甲首、保长、大保长、都官，合诸都为一乡或一团，其长称乡长或团长，亦即隅总。保伍对外的防备是"设若遇警，众急递告捍防"，对内的防护则是"或有聚集，欲出外生事者，则自甲、保以上，互相觉察，以报隅总"。胡太初认为，对于保伍内想要聚集外出生事的人，已是"关防既密，跌荡良难"。可是他一方面将汀州民众外出贩售私盐，甚至进而滥行抄掠，归咎于"邻郡奸民"前来勾引，"告说某处某家富有财物，此邦之奸民借其向导，聚众而行"；另一方面又认为也有"邻郡之奸民"到汀州贩售私盐，"常十百为群，未易遏绝"，因此请求朝廷，"行下盱、赣、潮、梅诸郡，一体编排保伍，严行禁戢，则犬牙相制，皆不可越境生事"。"盱"指建昌军，由于建昌军境内有盱江流经而得此称呼。在另附的《帖请诸乡隅总规式》中，可以看到一些较详细的规定。

虽然相关记载在开庆元年才初见，但保伍在汀州应非初设，所以胡太初才会称这次编排保伍为"重排保伍"。何以胡太初在这年要重编保伍？原因可能是出自朝廷之意。在文天祥的《己未上皇帝书》（《文山先生全集》卷三）中，有这样一段话，"近时朝廷以保伍为意，官府下其事里胥"，于是"为里胥者沿门而行，执笔以抄其户口，曰官命而（尔）各为保伍也"，然后"上其籍于官，又从而垩通途之壁，取其甲分五五，而书曰保伍"。己未年即开庆元年，正是胡太初在汀州重编保伍那一年。蒙军在这年分五路攻宋，主力为三路：一路自京湖南下，渡江围鄂州；一路南入四川，攻围合州钓鱼城；另一路则自大理入广西，再入湖湘，北上攻围潭州，并分兵与围鄂蒙军所派出的部队合军，沿江而东，攻围江西州郡，都城临安为之震撼。到蒙哥汗死于钓鱼城下，各路蒙军陆续北撤，危机才解除。南宋朝廷所以下令各州郡团结保伍，应与此有关。

不过胡太初在他的说明里，所提到的问题是地方变乱，而非外敌入侵。胡太初选请地方上有才望者为隅总，由他们来编排保伍，是否会有如文天祥所说，因由里胥编排而造成形式化，不得而知；至于编排好之后，是否确实发生了作用，也未见于记载。但是至少可以看出，在汀、赣两州，对于本州居民出外贩售私盐且进而滥行抄掠，保伍组织都承担起防遏的任务。

在盐寇所造成的乱事中，保伍不仅担负起防遏守御的任务，甚至用之于平乱。炽盛于绍定二年至三年（1229—1230）的汀寇之乱，是一场影响及于福建、江西两路多处州郡的乱事。程珌是当时建宁府知府兼福建路招捕使、节制兵马，事后他的幕僚编有《平寇录》一书，记载其面对这场寇乱时的作为。包恢于当时任邵武军光泽县尉，曾参与平定乱事，在其《书平寇录后》（包恢《敝帚稿略》卷五）中的"郡将吴侯"，即程珌，"吴"应为"程"之误，参考程珌的传记与行状即可确定，又明代方志如《八闽通志》《闽书》《嘉靖建宁府志》等载宋代建宁府知府，亦均误作"吴珌"。包恢于文中所述程珌所采取的策略，是"遍选巡尉、隅总为防遏守御之备，力请兵于朝"，隅总即保伍之长；当江西、福建诸郡左翼军毕集，程珌又先按兵未动，仅以之坐镇，用以对寇盗构成威制，而"先择土豪，明示赏罚，俾之擒捕大首，或出奇兵以图之，或出义丁以取之。自大首既连连有获，凡正典刑者十二三辈，而其余党已慑服之不暇，不劳余力也"。"大首"即寇党的重要首领，土豪所率的义丁，如上所言，亦同于保伍。程珌一方面以大军坐镇，另一方面以土豪所率的义丁出击，擒捕叛党的大首，显然收到了很好的效果。包恢对程珌的做法颇为肯定，认为是不战而屈人之兵，不认同有人"徒见后来平定之若容易也，乃追咎前者申请之若张皇也"。所谓"申请之若张皇"，是指程珌向朝廷申请前来的左翼军，却又仅用之于坐镇，而不以之剿除寇盗；"徒见后来平定之若容易也"则是指后来陈韡平定这场寇乱的过程。

尽管有此功绩，但是程珌后来在其《辞免除宝文阁学士依旧宫观》，却说自己在十年前，由于"仇曹忌其成功，凿空造谤，被毒十年"（程珌《洺水集》卷二奏疏）。他因遭人造谤而请辞。于绍定三年（1230）三月以祠职归乡。程珌所说的"仇家"，据吕午在程珌行状（载程敏政《新安文献志》卷九十四下）中的说法，则是当时的福建路转运司长官。或许其中的因素不仅是个人之间的恩怨，还存在有主张招、捕并行和主张剿灭两种不同看法的冲突。当时的知福州兼福建安抚使王居安，也由于认为汀寇的出现，是盐禁的关系，应采招抚之策，治其首恶即可，其他人不必穷治，可是政策的实施屡受求取战功的军人和地方官员干扰，因而请辞归乡。在刘克庄所撰《忠肃陈观文神道碑》（《后村先生大全集》卷一四六）中，记载陈韡在出任知南剑州、提举汀邵兵甲公事、福建路兵马钤辖后，曾说："始者贼仅百计，王侍郎招而不捕，养之至千；程内翰招而不捕，养之至万。"其中的"王侍郎""程内翰"正是指王居安、程珌。而陈韡出任此职，最得福建路转运使陈汶、提举常平史弥忠的推荐。其间政策态度的差异，昭然可见。在绍定三年春天才出知邵武军的王遂，上任后也是以"除贼首外，不杀一人，捕杀贼首补官给赏，贼首出降免罪补官"为号召，向寇盗招降。他采取的政策同样是招、捕并行，可是在任时，与漕、仓两司长官都相处不好，不满一年，就因言者论其"妄自标致，邀誉沽名"而罢职。

即使有政策方向的差异，陈韡到任之后，仍然成立了由义丁组成的部队。这支部队在刘克庄所撰的陈韡神道碑和《宋季三朝政要》中，称为"峡常丁壮""峡常民兵"。"峡常"二字不可解，或许有可能是"峡阳"之误，峡阳是南剑州剑浦县境内的地名，方大琮在写给朋友的信中，曾提到这里。如果无误，则"峡阳丁壮"是陈韡在南剑州剑浦县团结丁壮为民兵，并用之于南剑州沙县紫云台之役而告捷。此外，陈韡也调四川关外民兵忠勇军前来（刘克庄所撰陈韡神道碑误为"忠虏"军），当贼寇攻破沙县之后，前往南剑州城途中，曾破之于高桥；还有邵武军光泽县民兵，曾参与讨伐邵武军建宁县贼寇巢穴之战。此外，在程珌知建宁府时期，由建阳县土豪冯庭坚所成立的保伍，后来扩大成为一支义勇部队，更是击败汀寇的重要力量。

这支部队，军号或称忠勇，或称忠武，初创于程珌知建宁府任上，历练于王遂知邵武军任上。涉及绍定汀寇事件的人物，包恢又有《冯抚属墓志铭》一文（《敝帚稿略》卷六）。这篇墓志铭记载了建宁府建阳县一位士人冯庭坚，在绍定二年接受了府中的差使，担任隅总，"籍保伍以卫其乡"，于是"捐家赀，给乡丁，日习战事，修险要"，另外又"别招义勇二百人，自办钱粮，不以累官府"。寇盗在攻破邵武军光泽县之后，即将进犯建宁府境，已经到了麻沙。这是汀州、邵武军和建宁府三郡间的冲要重地，他率领手下义丁，严阵力拒，"老幼赖以得活者甚众"，这时冯庭坚所率的这支部队，已经和寇盗发生战斗，成功地阻止寇盗进犯，展现出其战力。这支力拒寇盗的义丁部队，无疑是以冯庭坚担任隅长的保伍为基础而建立的。

当时刘纯受"本府""三司"的委托，招义丁讨贼，又差冯庭坚充其议官。"本府"应即建宁府，"三司"或许是安抚司、转

运司、提刑司等路级机构。冯庭坚在接受差派之后，亲自往建阳
县境内的唐石山，招一千人为土军，军号"忠勇"。刘纯曾以父荫
任南剑州沙县主簿，经历了几个官职，当奉调为湖北帐干时，听
说寇盗已经迫近其乡里，于是不前往湖北上任，而返回家乡，散
家财，招流散。唐石山是冯庭坚祖居之所在，他自己住在山下的
竹溪，应该是由于有家族基础和乡里关系，而且在地方上有声望，
所以招军容易。刘纯也是唐石山下的麻沙镇人，是崇安县五夫里
大族刘氏迁移往建阳县的一个分支，可是在外任官已有一段时间，
平时和家族、乡人或许较为疏离，在地方上的声望不如冯庭坚，
所以有赖于冯庭坚为其招收义勇。这时冯庭坚和刘纯所领的义丁，
应该是已合而为一，由有官位的刘纯来率领，而冯庭坚则提供助
力。寇贼在绍定三年闰二月攻破邵武军后，再次迫近建阳县，又
为刘纯和冯庭坚所率领的忠勇军所击退，战争的地点则在邵武军
邵武县的丁家桥，于是又折返邵武军，再犯光泽县。

　　当绍定三年春，新任邵武军知军王遂履任时，郡治已遭攻破，
邵武军治所在是废墟一片，王遂甚至要露天野宿。寇贼意图入侵
建宁府既遭阻挡，折返邵武，又再犯光泽；侵扰南剑州的寇贼也屡
为陈韡所败，而退入邵武，王遂面对愈加炽盛的寇盗活动。于是
他向朝廷请求，任命刘纯为军治所在邵武县知县，率领其手下的
义勇，到原来的邵武县地，设立官府，收拾散亡，这支军队也因
此而又有另一个军号"忠武"；其后邵武军建宁县知县赵纺（以）
夫，又请求将这一支义勇部队调往建宁县讨贼。比对刘克庄所撰
陈韡的神道碑、《宋史·陈韡传》、包恢所撰冯庭坚的墓志铭，以
及《嘉靖建阳县志》有关刘纯的记载，还有其他相关资料，可以
知道忠勇军（忠武军）自从成立之后，以至于随赵以夫讨贼有成，
至少参加过以下几次战役。

忠勇军成立之后，所参与讨伐汀寇的战事，主要在邵武军和汀州两郡。除了前述较早见于记载的丁家桥之战外，寇贼自建阳边境折返后，再入光泽县，忠勇军分兵前往支援光泽县的抵御，于是有下桥、牛岭之役，再次击走贼军；其后南剑州白水峒有连明者作乱，统领童德兴为其所败，寇贼进窥建宁府境，于是以忠勇军二百人守严岭。童德兴是早先朝廷派到建宁府来的御前军将领，初到时冯庭坚曾为之向导。白水峒在建宁府、邵武军和南剑州之境，严岭也应该是在三郡之间，可能是一处隘口，才能以二百人防守。这两次战役和一次驻防，均见于包恢所撰的冯庭坚墓志铭。随后由于邵武军知军王遂向朝廷请求，刘纯出任邵武军邵武县的知县，《嘉靖建阳县志》卷十有刘纯传记，载忠武军击破寇贼于汀州宁化县的潭飞礤，这里是汀寇起事之地，降汀州连（莲）城县七十二寨，惟有在邵武军的泰宁县六保未复，建宁县贼寨未平。建宁县知县赵纺（以）夫向朝廷请求移忠武军于其县，领军入建宁县的富口，以贼魁为追剿对象，与光泽县民兵及陈辇麾下的淮西军合力，得贼巢穴，于是群盗相继被捕，贼魁刘安国也为刘纯的忠武军所擒，军次建宁县梅口，受贼寨之降，同在建宁县的下瞿也有意请降，可是尚未确定，刘纯入其巢穴劝降，不幸遇害。刘纯遇难之后，这支军队继续由赵以夫率领，终于攻破下瞿，经赵以夫亲身入筋竹峒抚谕，再合各路兵力平荡，晏梦彪在投降后被杀。

以明代方志的记载和宋代史料相对证，以见其间的同异。明代方志所载刘纯入下瞿贼穴遇害之事，又见于真德秀《刘嗣忠命名说》（《真文忠公文集》卷三十三）、刘克庄《邵武军新建明伦堂记》（《后村先生大全集》卷八十九）、《工部弟墓志铭》（同书卷一五三），可以互相印证。若干明代方志载刘纯在破潭飞礤、降连城七十二寨后，即捕获晏头陀（梦彪），但此说与刘克庄所撰陈眸的神道碑不合。王遂直到刘纯遇害前均随军，其后才离任，《京口耆旧传》的编者刘宰与王遂是同乡好友，又是亲家，在书中《王遂传》，也仅载王遂任内擒获刘安国而未提晏梦彪，应从宋代的记载。陈眸的神道碑记载了破潭飞碟、连城七十二寨、破下瞿张原寨、晏梦彪归降被诛等事，却未提忠武军在其间所扮演的角色。但即使是降晏梦彪一事依从陈眸神道碑的记载，从明代地方志中的有关资料来看，也可以看出，忠武军这支最初以保伍为基础而逐步茁壮起来的义勇部队，对于汀寇之乱的平定有很大的贡献。

出自建宁府建阳县的忠勇军（忠武军），离开建阳，赴外地征讨，在汀寇之乱中并非唯一个案。如上所述，南剑州剑浦县的"峡阳丁壮"，到邻近的沙县紫云台去剿贼，不过这一支义兵后续如何，并不清楚。在邵武军北侧的光泽县也有一支民兵，参与了同郡南侧建宁县的剿贼行动，距离要稍远一些，不过这一支民兵原初如何组成，也不清楚。此外，在江西抚州金溪县，也可以看到自建炎（1127—1130）年间已经建立的邓、傅二社的乡社兵，前往外县支援。据康熙《江西通志》引《抚州景定志》（应即家坤翁修于景定年间的《临川志》）的记载，绍定三年春，汀寇入宜黄县，焚崇仁县，州城大震。江西安抚司除派游奕军往援之外，又檄邓、傅二社兵暨坊团义兵登二县城墙防备，寇贼因之而退走。金溪县邓、傅二社均起于建炎年间的忠义巡社，而忠义巡社在当时已被视同保伍；"坊""团"有如"村"，都是南宋时期若干地方对乡里民居聚落的一种称呼，坊、团义兵就有如讲乡兵或乡丁。到闰二月，寇贼又进犯金溪南境，为邓、傅二社兵驰归逐走，随后为军队所平定。这两支乡社兵，一直南宋末年仍有表现。

## 二、茶寇

又如茶寇，乾道元年（1165），由于朝廷有令，要求将保伍的枪刀尽数纳官，违反者许人陈告，依法条断罪，湖北路安抚司、提刑司长官因此上言，指出湖北路是产茶之地，贩售私茶者常结群聚众，劫财杀人，所以团结保伍，量置刀枪，请求可以依旧存留。朝廷在了解湖北保伍有使用军器的需求后，准许其不必纳官，用以"弹压盗贼，各保乡间"。湖北产茶，正是茶寇源起之处，湖北本地受其骚扰，所以所属州县要结成保伍，并且备有军器来自卫。

但是茶寇活动之地不限于湖北本地，私茶是大量向外经销。自绍兴（1131—1162）年间以来，湖南、江西以及两广都有私茶商人或茶寇活动的记载，有时可以靠地方上的保伍、民团来防御。例如知德庆府莫廷秀在乾道元年（1165）上言，指出二广诸州军兵孱弱，对于贩售私茶、盐入境的江西之民，劫杀平民，常赖称为统率的土豪，聚集其保伍来遏绝，百姓有因此而战死的。绍熙元年（1190），有臣僚指出，江西、湖南游手，每到冬天，就相率入岭，以经纪为名，出没村落，啸聚险隘，伺便剽掠，广南兵卒寡弱，恃以御盗，常借首领之力。这是由于广南之俗，随方隅为团，团有首领，凡遇有经纪剽劫的警讯，就结合附近诸团，把截界分。无论以土豪为长的保伍，或是以首领为长的团，都应该是地方上民众自己的组织，而非由政府所编排，这或许就是出自李心传在《建炎以来朝野杂记·甲集·湖南乡社》中所说，广南有些州郡也有乡社。但是当动乱扩大，非地方上的保伍或民团所能独力处理，就要动用军队来平定。而声势最盛、影响地域最广的一次茶寇活动，则是淳熙二年（1175）的赖文政之乱。

　　在这次乱事中，若干地方的保伍组织发挥了保护乡井、稳定民心的作用。例如在抚州金溪县，陆九龄受官府之邀，出来领导抚州镇乡社的都社，率领乡丁御敌。这类乡社亦即保伍，起源于建炎年间兼具家保与教阅保性质的忠义巡社，所以在陆九渊所写的《葛致政志》中，讲到抚州乡社的起源，就说"建炎间，盗贼蜂起，所在为保伍以自卫，郡每被寇，必檄以捍御。临川为寇冲，虏骑侵轶，亦尝及城下，皆赖乡社以免"（《象山先生全集》卷二十八），临川即州郡治之所在，"亦尝及城下"的"城"，指抚州州城。建炎年间忠义巡社，自下而上，有甲、队、部、社、都社，都社之长称都社正、副都社正。陆九龄受邀出而领导的都社，亦即源自此一建炎元年（1127）的规定。当时赖文政率领的茶寇自湖南入江西，已至吉州，将及于抚州，陆九龄受官府之邀后，先说服了门人的反对，然后就任，他"调度有方，备御有实"，虽然后来寇盗不至，可是"郡县倚以为重"（同上卷二十七《全州教授陆先生行状》）。另一个例子，则是赣州瑞金知县张广获得朝旌擢，授予通判并理作堂除。江西转运副使钱佃等人建议旌擢张广的理由是，他到任之后，"严立保伍，机察奸细，群盗屏迹"，茶寇自江西的兴国军行进至离瑞金不到三十里之处，而瑞金已"先事有备，民赖以安"（《宋会要辑稿·职官四八·县令》"淳熙五年四月二十二日"条）。所以能够如此，应该就是由于张广在上任后，对保伍已严加训练，事先有备御之策。

## 三、峒寇

又如峒寇，在湖南、广东交界的傜区，一向有乡社。据李心传《建炎以来系年要录·甲集》卷十八《湖南乡社》条的记载，"领之于乡之豪酋，或曰弹压，或曰缉捕，大者所统数百家，小者三、二百"，长沙（潭州）以至于连州、道州、英州（英德府）、韶州、郴州、桂阳军等州军都有。其中潭州、道州、郴州、桂阳军在湖南，英州、韶州在广东。除这些州郡外，这段记载应该尚有省略的部分，例如潭州之南的衡州，李心传记载了当时的衡州知州王琰对此事的发言，即是一例。这类乡社在郴州、桂阳军尤其多，特别是郴州的宜章县。除潭州、衡州外，上述州县多沿着五岭山区南、北两侧分布，而此区正是傜峒散布的重要地区，如郴州的宜章县、桂阳军的临武县，更被视为峒寇源起之地，称为"盗贼渊薮"。湖南的乡社，由于在淳熙七年（1180）有官员指其扰民并建议废除，当时的湖南安抚使辛弃疾曾裁减其人数，加强对其管理，但仍维持其继续存在。这类乡社，应亦同于前述江西抚州的乡社，具有保伍的性质。领导乡社的乡之豪酋，或称弹压，或称缉捕，弹压所以弹压盗贼，缉捕所以缉捕盗贼，正是针对当地包括峒寇在内猖獗的盗贼活动，而峒寇尤其是重要对象。所以辛弃疾会说其"皆杂处深山穷谷中"，他不愿意加以废除的原因，应也在此。而乡社在郴州宜章县和桂阳军尤其多，应即由于当地的峒寇活动特别盛，甚至进而扩大其活动到两地之外，因此要及早加以抑止。

除了省地中的乡社外，南宋政府也在傜峒设置有类同于保伍的组织。在湖南，此事起于嘉泰三年（1203）正月前知潭州湖南安抚使赵彦励的建议，他指出湖南九郡都与溪峒相接，峒民或因饥馑，或因雠怨，或行刦掠，不免会引致杀伤，如果州县稍失提防，又会不安于巢穴，越界生事，因此建议平时就选择为峒民所信服的土豪为总首，任弹压之责，以防事端的发生。就在同一个月，朝廷即下诏在湖南设置溪峒总首。江西也有这类组织，初置于何时不得而知，较早的记载是在嘉定初年。当起自湖南郴州的黑风峒变乱已平之后，余波未定，李大训知江西吉州龙泉县，县境与郴州相连，有青草、明坑二峒，一向桀骜。李大训召集其酋长十余人开谕，并为之"籍乡丁、明保伍，使听命隅官，又择其有信义、能帅众者为都隅官以统之，有警则互相防守，不率则更相纠察"（《勉斋集》卷三十五《李知县墓志铭》），于是取得二峒峒民的效忠，不追随邻县峒民作乱。较晚在端平（1234—1236）、嘉熙（1237—1240）间，同在江西而连接郴州的，又有南安军，境内溪峒尤其多，而峒寇之乱也不时而作。陈元晋在嘉熙元年（1237）代江西提刑李华写《赣州清平堂记》（陈元晋《渔墅类稿》卷五），述李华在端平三年（1236）平定南安军峒寇的经过，其中就提到李华规划在峒口厄塞处，屯精锐三千人，并"联结隅总，密察潜制"，使峒民"动则不得出，出则不得归"。这说明南安军溪峒中的保伍组织，在端平年间以前已经设置。湖南的总首，或是江西的隅官、都隅官或隅总，都是南宋时期保伍组织首长的称呼，而李大训在龙泉县组织峒民，更清楚地说明就是保伍。

无论是峒区中省地、傜峒，或是峒寇所经过的州县，其保伍组织在对于防范峒寇的变乱所发挥功效，都有例子可以说明。南宋的峒寇变乱，自南宋初年以后即不时发生，至南宋末年仍未止歇，文天祥在咸淳九年（1273）曾出任湖南提刑，率军平定猺獠于广西、湖南两路间的峒寇秦孟四。至于南宋时期声势最大、影响地域最广的一次，则是在嘉定二年至四年（1209—1211）间，由罗世传与李元砺共同领导的郴州黑风峒变乱，罗世传是黑风峒首，李元砺是原为士人的贼帅。这场乱事波及湖南、江西、广东三路，乱军并一度进至汀州州城三十里外的关口而受挫，福建因此免于受祸。

　　保伍组织在防范峒寇上所发挥的作用，要分从省地和徭峒两个方面看。前者如嘉定五年（1212），也就是在黑风峒变乱结束之后，朝廷接受官员的建议，对于率领义丁参与平乱的土豪、隅官之家，除了捕贼立功者已给予犒赏外，对于因讨捕而阵亡之家也给予犒赏。官员建议中所说的隅官，是保伍的首长，土豪则是乡社的首长，就如前述湖南乡社的豪酋，或是周必大在《金溪乡丁说》中所说的"金溪县大姓邓氏、傅氏各有乡丁数千"，而县里的陆氏"尤豪于一乡"（《文忠集》卷二十一）；义丁应即保伍中的保丁，或是乡社中的乡丁，当他们应政府之召，在隅官或土豪的率领下，出而护卫乡梓，甚或参与平乱时，就称之为义丁。具体的例子如包履常知吉州吉水县时，黑风峒群盗声势正盛，吉水县辖有五都，"各结义丁自卫"，知州领兵讨贼，要求县中发义丁"为掎（犄）角助"，为包履常所拒绝，他认为义丁只是为"乡井设"，无法与剧盗对垒。"各结义丁"，应该就是由隅首或土豪，奉命纠合他们所领的保丁或乡丁，"为乡井设"意即只能作为地方自卫之用，无法与战斗部队相提并论。不过吉州知州对县的要求，则代表了另外的一种态度，企图要用义丁于讨伐。

　　另一个也是乡井自卫的例子，有具体的人、事，发生在赣州。由于李元砺等聚众作乱，江西兵马钤辖司曾出榜劝谕上户充任隅官，防卫乡井，若能勠力向前，将给予奖赏，补授官资。有归朝蕃僧李福兴诱说赣州光孝寺伪僧陈法安加入湖南贼徒，招引贼徒前来，图谋结合配发在牢城军服重役的归顺人吕俊为内应，起而作乱。这项企图尚未达成，陈法安的行为受到率乡丁路过的隅官刘天祐、刘国贤怀疑，将其捕捉，经究问后说出事由，赣州再捕捉到李福兴，将其下狱查讯，确有实迹，于是予以定罪，并上报给江西兵马钤辖司。江西兵马钤辖司因此在嘉定三年（1210）二月上言，指出若非刘天祐、刘国贤查出此事，赣州将一郡生灵涂炭，建请给予两人补承节郎、充本司准备将的特殊旌赏。

　　至于傜峒中保伍组织所发挥的功效，在黑风峒变乱中未见有相关史事留存。不过在事变过后，李大训任吉州龙泉县知县，在青草、明坑二峒"籍乡丁，明保伍，使听命隅官"所收到的功效，已见于前述。更清楚的例子是在端平、嘉熙间的南安军。前文提到李华在端平年间担负平定南安军峒寇的任务时，曾策划结峒中隅总，监控叛寇。此一策略确曾实施，见于陈元晋代其写的《申省措置峒寇状》（《渔墅类稿》卷四）："见今已给格励隅总，安辑诸峒，以孤贼势。"所谓"给格"，是说发给隅总赏格，有功依格奖赏。因此在状末向朝廷请求发下告身承信郎三道、进武校尉和进勇副尉各十道，并说明"用兵之道，赏行贵速，激厉（励）战士及隅总等人，须得真命告身，有功即与书填"。陈元晋原在李华幕下，到嘉熙年间峒寇招抚已定之后，出任南安军知军，曾上《申措置南安山前事宜状》（同上），有一项言及端平年间南安军峒寇首领傅元一，所以能得六保水路诸峒之人附和，起而作乱，是由于六保水路峒丁遭到傅元一徒属的迫胁，可是即使如此，其中也有虽遭迫胁而不肯附从者，所以未必都尽无忌惮；然后举其中的隅总等人为例，说他们"实为官司臂指，虽未必尽皆忠实，要亦自有知义自爱、家温有顾惜者"。因此官府平时要固结之以恩意，有事则激劝之以赏罚，如此则"峒中动息，纤悉可闻，或使之弹压不肖，调娱间隙，或使之携间贼徒，捕斩凶渠，悦以使之，必可得力"。接着陈元晋告已在进行以恩意固结隅总的工作，同时责令他们"督察奸邪，弹压乡保"，若有峒丁生事，在萌芽之初，就先将这些生事之人的姓名申报，并加以解散；若不悔改，就结约邻近隅官、都保，将生事之人捕解；若是捍拒，则许从长处理；最后讲到隅总若能功状显著，将在官资上厚加犒赏。这段上言，不仅详细地说明了官府在溪峒中如何掌握隅总的效忠，以期能预防寇乱的发生；也可以看出当时的南安军溪峒中，有了隅官、隅总等不同层级的保伍首长。

## 四、海寇与海上走私

南宋的海盗活跃于浙东、福建与广南沿海，自南宋初年以来，已成为沿海州郡的大患。沿海州郡既是海盗源出之处，也是蒙受海盗为患之所，海舶为其所劫掠，居民生活为其所干扰。尤其是这时沿海的海上米粮运销已经兴盛，米船的遇劫尤其是一大问题，使得若干仰赖外地米粮供应的地区，顿时有乏粮之忧。在这样的情况之下，政府不得不设法解决问题。南宋政府的策略之一，即是在沿海地区组织船户之家及居民为保伍，用以防备海盗的入侵，防止盗众的扩大；更进一步则以之协助军队，合力将海盗歼灭。

组织船户之家为保伍，以加强管理，在建炎四年（1130）就已见于防治海船走私米粮到北方，用于防治海盗则始见于绍兴初年。绍兴二年（1132），据广东、福建安抚司在朝廷要求下提出建言，境内大、小桨船之家都必须籍记姓名，每三家或五家结为一保，如在出海兴贩买卖时从事劫掠，同保人可以收捉；同保人掩庇，则别保人可以告捉。所谓大、小桨船，即大、小型多桨船，亦即大、小型大棹船，这类船未必立有张帆的桅杆，不借风力航行，而以人力摇动或划动多达十余只至三四十只的橹、桨，无论风势顺逆，快速航行；但是船底较平，只能在近海及内河活动，无法航行于深海。大、小桨船在近海及内河贩运私货，甚至从事劫掠，向为官府所知，所以两路的安抚司才会有这项建议。绍兴六年（1136），廖刚在上任知漳州之后不久，接到福建路安抚司转来枢密院指挥，"海船并结为保伍，毋得擅出，必关州县"，廖刚表示——遵行，并认为此一政令，很清楚就是防止海船为盗。这道政令，要比绍兴二年的规定更进一步，连有桅张帆、趁风而航的海船，也必须结为保伍，接受管理。乾道七年（1171），范成大从知明州兼浙东沿海制置使改任知建康府，在朝辞时上奏说，为了让沿海州郡在处理海盗问题时能责任分明，已绘成海界图本；并且提出建议，先说明他在知明州任内，曾将海船户五千八百八十七户结甲，以五家为甲，一船违法，同甲都要科罪，只要捕获海贼，即依犯人船甲追究处理，然后请求朝廷下令浙东沿海制置司，要求其属下州县依照此一办法，一体施行。范成大的建议，同样是针对所有类型的海船。

组织沿海居民来防御海盗，在绍兴年间也已可见到。绍兴五年（1135），知泉州连南夫论海寇之患，认为濒海之民熟知海盗踪迹，只是以个人之力无力擒捕，应会合众力来达成，因此建议团结濒海居民，以五百人为一社，不及三百人以下附邻近之社，推勇武而有资产丰厚者为社首，其次为副社首。朝廷于是下诏给福建、广东两路帅臣，要他们团结沿海居民为社。这类民社，性质同于建炎以来的乡社，可以视同保伍。到绍兴中期，郑安恭知肇庆府，

"转运又以南恩盗属公，因伸（申）严保伍，重赏以捕贾盐者，濒海之盗遂清"（韩元吉《南涧甲乙稿》卷二十《秘阁修撰郑公墓志铭》）。肇庆府与南恩州均属广南东路，"转运"应指广南东路转运司的长官；肇庆府不濒海，濒海的是南恩州，"以南恩盗属公"，应是以郑安恭兼知南恩州，他才可能处理南恩州的海盗问题。以知肇庆府兼知南恩州，这种情形在南宋颇有其例。他在南恩州"申严保伍，重赏以捕贾盐者"，即是严格施行保伍内各家互相觉察，有罪连坐的办法，若能在保内逮捕到贩卖私盐的人，则共同获得重赏。在实施之后，"濒海之盗遂清"，说明了航入南恩州沿海的海盗，是贩卖私盐的私盐商人。

到隆兴（1163—1164）年间，朝廷连续有相关的诏令。隆兴元年（1163）三月，由于有臣僚指出，听闻明州象山、秀州华亭，常有海贼剽掠居民，朝廷因此接受了他的建议，下诏沿海诸路帅臣、监司及捕盗官设法弭盗。诏中所提示的方法之一是，"土豪大姓，使之几察觇伺，密行迹捕"，虽已注意到地方上的土豪大姓，但未特别提及保伍。在同年六月又由于有臣僚指出，沿海之盗尽是沿海之人，虽然朝廷曾令各地组成保甲防盗，但是其间有贼徒和同伙自行合组而成的保甲，彼此互相庇护。朝廷因此下诏给沿海州军，要求专委巡检、县尉，将管下各乡人户，从原有由都保正、副为首的保甲分出，重新另加编排，住处比邻的五家为一甲，内选一名为甲头，五甲结为一保，内选一名为保长，五保结为一队，内选物力高且人丁强的一家为队首，置籍登记，以利统率、弹压，从便置弓箭刀枪之类，如果遇到盗贼窃发，由队首鸣鼓集众，并力擒捕，捕获有赏。上述记载，一方面说明，朝廷先前已曾要求沿海州郡成立保甲组织，以觉察保中是否窝藏了海盗；另一方面也显示，朝廷因应臣僚所提出问题而重新编排，以队首为长的保甲组织，已与原来的都保正、副为长的保甲组织有所分别，前者专用于捕盗，且可备有弓箭、刀枪等武器，实即保伍。

类似的问题，发生在两广及福建的泉州、福州，如福州山门、潮州沙尾、惠州潹落、广州大奚山、高州硇洲等处，都是海贼停藏之所。他们得到当地民众的停藏资给，时间久后，党众渐多；并且当地民众为他们通风报信，若得知有官兵要来讨伐，就在事先告知他们，因此海盗得以出没无常，政府无从擒捕。朝廷因此接受了这位臣僚的建议，下令沿海州县严行禁止停隐贼人，以及与贼人交易，以五家互保，一家有犯，五家都要受到处罚。其中广州大奚山即今香港大屿山，是南宋海盗聚集之所，也是著名的私盐活动之处。庆元三年（1197），此地曾因缉捕私盐过于严切，而激起变乱。

直到南宋末年，团结保伍仍是地方官处理海寇入犯问题的重要措施。王序于咸淳年间摄惠州知州，惠州虽然濒海，但州治所在的嘉善县却在东江侧。自南宋初年以来，已有三十余棹的大型大棹海寇船，在海上贩运私盐，再转由十余棹的小型大棹海寇船运贩私盐至内河。船从沿海驶入广州江口，或是溯东江而航至惠州、潮州，或是溯西江而航至广西的梧州、横州，所运私盐则沿途御下给各地的停藏之家，由他们来贩售。这类大棹船，原初只是运贩私盐，到势力盛大之后，就进而行劫。王序治下的惠州濒临东江，正是贩运私盐的海寇船自广州驶入之后，首先会到的地方，可是州治无城堡，海寇骚扰引起了民众的恐慌，担心也会受到侵犯。王序面对这种情况，开浚濠堑，团结保伍，民心因而得以安定。

海澳地区陆上保伍之长，又称澳长。在周必大为郑兴裔写的神道碑中，郑兴裔在乾道七年（1171）任福建提刑，在上言中指出：

"海寇倏去忽来，调兵常无及，宜复置澳长，寇至径率民兵御之。"既称"复置"，则是原本已有，不过就所见记载，北宋仅内河港湾置有澳长，未见海湾有澳长的记载；内河港湾的澳长在南宋仍有设置，海湾设置澳长则郑兴裔的建议尚是首见。在收于郑兴裔《郑忠肃奏议遗集》卷上的《请置湾长御海寇疏》中，也未用"复置"一词。郑兴裔此一奏疏，值得注意的是他讲到澳长与保伍的关系：

> 濒海州县，各有屿澳，澳置一长，择地方之习知武艺者而任之，仍令结为保伍，旦夕训练，以追则迅，以战则克。如其无事，则尽力于农，不仰食于县官；一旦寇至，澳长径率其众御之，不使登劫。

也就是说，保伍由澳长组成，成为他率领下的部众，必要时出动阻挡海寇的登岸行劫。此一建议应为朝廷所接受，此后"澳长"一词便屡次见于闽、粤沿海的相关记载中。如淳熙九年（1182），由于枢密院言，近年多有兴化、漳、泉等州郡的逋逃者，聚集于大奚山，置大船，造兵器，搬贩私盐剽劫商旅；朝廷因此诏命广东经略司，要求晓谕大奚山民户，只许用八尺面船来采捕为生，不得增置大船，并且互相结甲，不得收容他处的逃亡者，如有这类人，澳长、民户即将他们捕捉，并解送经略司保伍之长。"结甲"应即结成保伍，澳长即保伍之长。次年，又有诏令指出，大奚山私盐大盛，要求广东帅臣遵依历年已降指挥，常切督责弹压官及澳长等，严行禁约，不得收留逃亡等人贩卖私盐。这里的弹压官，应亦由地方人士来担任，是乡社之长。此后真德秀在嘉定十年至十二年（1217—1219）间第一次知泉州，包恢在宝祐二、三年（1254—1255）间任福建提刑，在他们的奏疏中都提到澳长。

沿海民兵之长，又有守领、总首、隅总等称呼。在真德秀第一次知泉州时所上的《泉州申枢密院乞推海盗赏状》中，列举有功者，其中有同安县烈屿守领方知刚、林枋及晋江县岭兜总首王行巳，前者纠集民船三十六只、乡兵四百六十二人，后者有船四只、乡兵六十人，他们会同剿贼的左翼军所驾船五只、水军四百一十八人，追剿贼船十四只至漳州沙淘洋赶上，捕得贼首四名、贼徒一百一十七人。方知刚、林坊在此之前已曾率领丁壮，防御贼船寇犯烈屿，保全一境生灵，这次是在真德秀礼请乡官劝谕之下，参与剿贼；王行巳则是自备粮食、器械，随左翼军下海会合，捕到贼徒七名。真德秀第二次知泉州在绍定五年至六年（1232—1233），这时海盗仍然是他面对的重要问题，在他上的《申尚书省乞措置收捕海盗》中，讲到船已有一十二只在泉州海上，他已经行文给水军统领关承信与副统领高进义、小江巡检及"沿海隅总等人，整饬器甲、人船，严行把截"。

"守领"应同于"首领"，是乡社兵之长，"总首"与"隅总"则常用于称保伍之长。在包恢任福建提刑时所上的《防海寇申省状》（《敝帚稿略》·卷一）中，同时提到澳长、隅总与总首：

一、擒捕此贼，本只海澳土豪、隅总等之所能办也。……今须于各海澳去处，团结保伍，统以澳长，如有一家停藏贼徒，引接脏者，保伍并加连坐。遇有贼船者，保伍民（按："民"疑作"为"）兵、澳长为将，深防固守，使不得近岸；近则聚众擒捕，随以官军击之。

一、海各有澳，可加防守，澳各有长，可为总首，百姓各居海乡，可习水战。今广择有物力之家，且素有干略，为众所推者，贴补总首，俾之专管结集保伍，以充民兵。

从前一事项，可以得知，澳长就是隅总；从后一事项又可以得知，澳长也就是总首。方知刚、林坊能够纠集民船三十六只之多，一方面固然由于烈屿是岛屿，居民主要靠海为生，另一方面也可能由于当地的民船有"社"的组织，组织之长就称为守领。类似的例子见于福州的民船，早在绍兴十年（1140），福建转运司要征募阔一丈二尺以上海船，归于福建安抚司籍记使用，结果募得橹桨船二百只，其中一百零四只是福州的船，安抚司将这些籍记的船，全加团组，取法建炎年间的忠义巡社，设立忠义社，使自推择首领。漳州士人陈淳，可能是在嘉定七年、八年（1214—1215）胡榘任知州时，写了一封信给胡榘属下的李姓推官，讨论海盗的问题，并提出几项建议。其中一项讲到，组织境内濒海诸湾澳船户的船，随诸湾澳推举其中才力过人者来统率，由郡任命为首领，使之督率所统领的船，更新武器，习于水战。由福州和漳州的事例看来，称由民船所组成的民兵团队之长为"首领"或"守领"，可能是福建沿海州郡习用的称呼。

## 五、米粮与铜钱的走私出海

除了海盗船在东南沿海所从事的商品走私之外，还有商船私运商货到华北，甚至外洋，尤其以食米和铜钱为多。南宋食米和铜钱经由海运走私出口，学者早有研究，为学界所熟知。政府对此一现象屡有禁令，也有各种防治的办法，而设置保伍即是其中之一。

南宋政府为防治海道走私而设置保伍，早见于建炎四年（1130）。当时在金人追迫下，从浙东明州航海避敌至温州的南宋朝廷，才刚因金军退兵而自温州返回越州没有多久，就获知在金人控制下的海州、密州等地米、麦踊贵，南宋控制下淮浙沿海的通、泰、苏、秀等州，有海船民户贪图厚利，运载米粮至密州板桥镇货卖，明、越等州濒海村落，则有山东游民航海前来购买米粮，运回贩售。经由枢密院的建议，朝廷诏令福建，浙东温、台、明，浙西苏、秀，淮南通、泰等州，对于海船民户及曾作水手之人，以五家结为一保，设籍管理，不得发船前往京东，如有违反，许人捕告，犯法者则以军法处置。到绍兴五年（1135），再次为防止海船出北界而立保伍，将沿海人户五家结为一保，不许透漏舟船出北界，违反者有罚，不只所运载的货物，连家财、田产也都由政府没收。规定中没有具体举出哪些货物，但至少应该包括从建炎年间以来，见于记载，禁运北界的米粮、箭竿、缣帛、箸鳔、漆货、军用春衣绢等；此外，也可能包括自北宋太祖以来，即已禁运出界的铜钱。南宋所产的米粮，由海船私运至金贩售，甚至运销到海外，并未在绍兴五年以后止息，嘉定（1208—1244）年间以后尤其多见，但是再未见到有使用设置保伍来防治的明确记载。例如在嘉定十年、十一年（1217—1218）接连有两位臣僚上言米粮透漏出海的事，从他们的上言可以得知，浙西的顾径、华亭、海盐、青龙、江阴、镇江，淮东的通州、泰州，都是运米出海的港口，不仅运至北方金界，也运入诸蕃。一位官僚建议船上如有违禁之物，许其徒党告首，另一位则建议许人告捕，但告首者与告捕者是否与保伍有关，难以确定。可是在宋、金陆界，却有一位臣僚因襄、汉间有奸民搬贩宋所产米谷至金，而在嘉定十二年（1219）提出建议，沿边州郡，民间若有移运米谷及交易，必须由本乡总保及或邻甲保识确无出界情事，才可以通行，此项建议获得朝廷的接受。

明确说明南宋时期禁止透漏铜钱的记载，初见于绍兴三年（1133）广南东西路宣谕明橐的上言。他指出邕、钦、廉三州，与交趾海道相连，近年来有规利之徒，前往贸易金香，交趾与宋商约定，须用宋铸的小平钱购买，而且对于小平钱是许入而不许出。这种情形对宋为害甚大。按，"金香"是香料的一种；"小平钱"即宋铸的单枚、面值一文的铜钱。所以会为害甚大，自然是由于这种情形造成宋钱的流失，影响到宋财政、经济。明橐因此请求加以严禁，并且建议对于不觉察官员处罪的刑度。朝廷下诏户部、刑部立法，两部所立之法，刑度较明橐所建议者为轻。无论刑度轻重，既由朝廷立法，则禁止透漏铜钱，不会只是针对明橐所说，自邕、钦、廉三州由海路透漏至交趾而言，而应是朝廷一项具有普遍性的政策，并且包含了海、陆两疆界在内。

此后铜钱出海的问题，继续受到朝廷的注意。绍兴十一年（1141），针对福建、广东两路贩蕃与返蕃的海舶，制定由两路转运司点检有无夹带铜钱出中国界的法令。在绍兴十三年（1143）以前，已曾申严沿海铜钱出界之禁，此后且一再重申，可是一直到宋理宗时期，问题始终没有缓解。绍兴十三年，泉州有商人在夜晚以小舟载铜钱十余万缗入洋，舟重而风急，因而沉于海。这件事情反映了问题的几个方面，首先可以看出当时试图私运出海的铜钱数量之巨，仅一只小舟就载运了十余万缗，在这一年，政府铸钱也不过是十万缗。其次，夜运铜钱的小舟，是不适于航行大洋的，更不可能远航至外蕃，何以要冒险载运如此重的缗钱入洋？原因就在于真正要载运这些铜钱的海舶，为了躲避官府的检查，航出泉州港时，暂先不装载这些铜钱到船上，等航出港后，在外洋停泊，再由小舟装载铜钱，在暗夜无人注意时航行出洋，运交到"形若山岳"的海舶上。铜钱私运出海运用这种手法，是后来若干官员在奏事时所曾言及的。最后，记载说"官司知而不敢问"，何以会如此？一个可能的原因是这件事显示了泉州官府只做表面的检查工夫，没有确实地防止铜钱出界，担心会负起责任，受到处分。另一个更可能的原因则是，小舟所载铜钱，出自后来见于若干官员言论中的"权豪冒禁"，或是"寄居不论大小，凡有势力者则皆为之"，"寄居"即寄居官，是有官员的身份，由于各种原因，不在职任上而居住于当地者，这类权豪或寄居官往往汇集巨量铜钱，托交海舶，在海外诸蕃国购买中国视为珍贵的商品运回，他们以高价再转销图利，由于他们有权有势，所以地方官府会"知而不敢问"。上述以小舟夜运的例子，是为了避开出海时官府的检查，如果是泉州、广州两市舶司，或是在福州、泉州的西外、南外两宗正司，派遣海舶出洋回易，满载铜钱出航，负责巡捕的巡检、县尉，则更是不敢加以检查。

　　上述情形说明了铜钱经由海舶流出海外的严重。铜钱外流问题的讨论，从绍兴（1131—1162）年间以后，一直存在。到嘉定（1208—1244）年间以后，会子贬值的现象已经明显，有些官员认为原因之一就在于铜钱外流，由于南宋国内的铜钱短少，所以导致楮币日轻。在这种情况之下，铜钱外流问题的讨论也就愈盛。如何减缓此一问题，建言者有时会提"许同舟伙伴并诸色人告首""许人指告"这一类的意见。不过告捕者或指告者是否与保伍有关，也难以确定。以设置保伍来防治铜钱外流的问题，要到淳祐十年（1250）才有明确的记载。《宋史全文》卷三十四"淳祐十年二月乙巳"条：

　　　　都省言："铜钱泄漏，伪会充斥，奸民无所惩畏。"诏令沿海州县山隩、海岛，结为保甲，互相纠察；如有犯者及停藏家，许告，推赏，不告连坐。

诏令所说的保甲，异于南宋承担差役的保甲，而同于南宋的保伍。这道诏令的颁布，源自端平以来十年间官员们的奏言，这些官员至少在端平年间有赵立夫、吴潜，在嘉熙年间有吕午，在淳祐有刘晋之、陈求鲁、陈庆勉、包恢、牟子才，另外徐元杰则曾在写给范钟、杜范两位宰相的信中言及。都省所言"伪会充斥"的"伪会"，是指伪造的会子，"伪会充斥"使得流通于市面的会子大量增加，"铜钱泄漏"造成南宋境内的铜钱不断减少，两种因素同时并存，会子因而贬值更甚，而物价则愈益高涨。而在吴潜端平二年（1235）所上的《再论计亩纳钱疏》中，徐元杰在写于淳祐五年（1245）的《白二揆论时事书》中，都已提到这两种因素和会子贬价或物价高涨的关联，徐元杰甚至注意到"奸民争利"是"伪会莫禁"的原因。就在淳祐十年（1250）三月，吴潜以同知枢密院事兼参知政事，此一诏令颁布或许多少与他的影响力有关；至于徐元杰，则在写《白二揆论时事书》之后不过几个月，就突然去世，传闻是史嵩之派人毒杀，来不及看到诏令的颁行。

就在上引诏令颁布的次年，包恢出任广南东路转运判官，任内上了一封题为《禁铜钱申省状》的奏疏（《敝帚稿略》卷一），对于在东南沿海诸路设置保伍事宜，有所建议，除了有助于了解南宋晚期沿海保伍设置的问题外，也有助于了解当时铜钱出海的问题。大概讲来，从这封回复朝廷以漏泄铜钱利病的奏札，可以获得以下几个方面的认识。

第一，不仅是设置有市舶司，对舶货实施抽解、博买的三大贸易港明州（庆元府）、泉州、广州有铜钱漏泄的情形，浙东沿海的温州、台州也有这种情形。按，明州（庆元府）主要从事对日本、高丽的贸易，广州、泉州主要从事对南海及其以西诸蕃的贸易；台、温两州中，温州在南宋初年曾设有负责抽解、博买的市舶务，隶属于两浙市舶司，到淳熙元年（1174）尚仍存在，此后则未见记载，何时废罢不得而知；台州则未见有设置市舶务的记载。奏文指出，倭船未到庆元府之前，先到温、台海境，泊于海涯，无论富豪之家或海上之民，都已依从倭人之酷好，用铜钱与之交易，回航时，如有余货，又航驶至温、台之境，以贱价卖出。铜钱因此大量流出，严重的程度，竟达到包恢上奏那年的春天，台州州城在一日之间，忽然绝无一文小钱可用。至于在庆元府，则倭船归航时，检空官的检查只是具文，何况先前所得现钱，或是寄之于海中人家，或是埋之于海山险处，或是预先以小船搬载出海，等检查结束，海舶出洋，再前往各处搬载上船。而每年出入于庆元府的倭舶，不下四、五十艘，漏泄铜钱之多，可以想见。就如同倭国，海外东南诸蕃国也都喜爱铜钱，而且福建、广东两路的铜钱，从泉州、广州漏泄于蕃舶的可能更多。

　　第二，除了倭商、蕃商之外，还有东南沿海各路及江、淮等处，出身豪富之民的本国海商。其中有不少是假借为屯驻之所营运军需为名，也就是假借为驻军回易的名义，虽然声称出海的船舶上载有杂货，实际却一船可载铜钱数万贯文，可以易取价值十倍的蕃货回航。至于海上的中下人户，则有借由同乡或相识的关系，以铜钱付托这些豪富海商带泄之患，少或十贯，多或百贯，可以易取数倍的蕃货。再有一类人，则是由于来到泉州、广州的蕃舶，多带银来，于是竟以现钱买银，买银一两只用钱一贯文，买得之后可以赚取利润达两贯文。上述这些情形，可以说是沿海浙东、福建、广东之民，无一家、无一人不漏泄铜钱出海。

　　第三，再有，就是官府对于自身漏泄铜钱，虽知而不禁。由于驻屯水军的每月俸给，多以现钱支给，却没有发放到军兵手上，而是由州支出，就由城下大舶，载入蕃国，习以为常，恬不知怪。特别是广东水军纯支现钱，漏泄尤多，自有水军以后，数量已不知有多少，这是最大的漏泄之源。

他总结说，政府的铸冶机构一年所铸不过一十五万贯，而花费近二十文的本钱，才能铸成一文，可是漏泄的铜钱，一年是不知其达到几千百万。包恢对铜钱漏泄出海的情形，所以知道得如此清楚，是由于他自端平年间以来，曾先后担任过浙东沿海制置司干官、添差台州通判、知台州、福建提刑，其后又兼转运判官，而上这封奏疏时，正在广东转运判官的任上。

这封奏疏所提出的改善铜钱漏泄的办法，包括以下几项。

第一，恢复旧制，仍旧在嘉兴府（秀州）华亭县置市舶司，对倭舶抽解。包恢认为这样做虽然不见得能尽革旧弊，可是和在庆元府抽解相比，却大相辽绝。何以会大相辽绝，他没有说明。此项建议，可能未获采纳，因为在咸淳（1265—1274）年间以前，未见有在嘉兴府华亭县设置市舶司的记载，而直到宝祐六年（1258），庆元府仍设有市舶司。

第二，倭船所携来的货品，螺头不过供饮宴之需，板木不过供棺木之用，都可以禁绝其来，只有硫黄可供军需，仍许其博易、抽解。如此则倭舶来者必少，铜钱泄漏也就随之而少。后来朝廷实施的政策，比这一项建议还要更进一步，是完全禁绝倭船前来。禁绝倭船前来的主要原因，可能并非出自铜钱漏泄，而是出自倭船"漏舶"，亦即运来的货品逃避市舶司的抽解、博买，阅读《开庆四明续志》卷八"蠲免抽、博倭金"即可得知，这同时也防杜了铜钱的经由倭船而漏泄出海。但是此一政令，未获庆元府遵守；宝祐六年的"申严倭船入界之禁"，即是针对庆元府而发。当时曾任宰相的吴潜判庆元府，在经过他的上奏说明后，"朝廷行下，仍放倭商赴市舶务抽博"，等于取消了原来的禁令。

第三，庆元府、泉州、广州的市舶司，别置一官，专一稽察关防；并重立赏罚，施行比旧条法及赏格更增严密；对于贩海之商、沿海之民，必须详酌旧法，更为加严，如有漏泄铜钱的犯行，绝对不容免罪。各郡县的长官，也要担负起严格督责巡检、县尉巡捕的责任，视其是否能查获漏泄的铜钱，依法加以赏罚。这一部分的建议，重点在法令的增严及其执行的落实，至于是否曾为朝廷采纳并付之实施，则不清楚。

第四，最后论及严结保伍，在浙东、福建、广东三路十数郡，沿海数千里，逐州逐县将所有中下民户都严结保伍，（一）每十家为一甲，一甲之内的各家，彼此互相纠察，若一家漏泄铜钱，其他九家加以举发，随其漏泄多少科罪，如九家不加举发，彼此互相连坐。（二）十甲又为一大甲，十甲之内，互相纠察，若一甲漏泄铜钱，其他九甲加以举发，办法就有如一甲之内各家互相纠察与举发。（三）甲内绝不可以有引领牙侩等奸人容留其间，如有，以处罚铜钱漏泄人的法条来论罪。（四）甲户又应该统之以隅总，可是隅总又多互相通同，是铜钱漏泄之主，因此必须责求州县，选择公忠而为众所服，有能力担任隅总的人，才可以差充。州县应为此事特设一局，派官员专一负责。上述四点中，第一、二两点，是对于保伍组织内容与作用，具体而清楚的说明。第三点指出了在铜钱漏泄出海这个问题上，引领牙侩，亦即中介商人所发挥的作用。由于他们的介入，地方上的中下之户或是豪富之家，才得以知悉倭舶运到的商品与价格，供他们选购；豪富之家购物所付成笔的铜钱，固然会支付给他们转交；而中下之户购物所用的铜钱，大概也是靠他们逐户收取汇集，转交日倭舶。第四点中的隅总，通常出自地方上的豪富之家，所以说他们有可能就是铜钱漏泄之主，以漏泄之主来主持防止铜钱漏泄的保伍组织，其后果可想而知，包恢因此希望朝廷能提醒地方官员，选任隅总必须慎重。这一项有关保伍的建议，朝廷是否曾颁下沿海州郡，补充前一年三月有关组织保甲的诏令，亦不得而知。至于包恢自己，在其广南东路转运判官任内，或许曾为了防止铜钱漏泄出海，而将他在奏疏中所说的保伍组织、隅总选任方式及其相关事宜，付之实施，只是未见于记载。

尽管不乏建议，或许在东南沿海地区，也会有若干官员实地努力于防止铜钱漏泄，但问题继续并没有因此减缓。所以到咸淳元年（1265），朝廷仍然要"复申严钱销、漏泄之禁"。所谓"钱销"，就是使用销熔铜钱后的铜，来制作铜器；这些铜器，将会贩售于市场，赚取利润。销熔铜钱以制作器具，是一个久已存在的问题；而钱销之禁，也早已存在。到南宋嘉定（1208—1244）年间以后，由于会子贬值的问题逐渐严重，钱销铜钱的问题也就常会和铜钱漏泄的问题纠结在一起，常为言事者所提及，如在嘉定年间的袁燮，以及上文提到的吕午、刘晋之、徐元杰、陈庆勉、包恢、牟子才。不断有人提出讨论，说明在南宋晚期，这个问题一直受到重视，但也一直未能妥善解决。

# 第四编及附录参考书目

## 一、专书

王德毅:《宋代灾荒的救济政策》,台北:中国学术著作奖助委员会,1970年。

包伟民:《宋代地方财政史研究》,上海:上海古籍出版社,2001年。

李天鸣:《宋元战史》,台北:食货出版社,1988年。

李华瑞:《宋代救荒史稿》,天津:天津出版社,2014年。

胡昭曦、邹重华主编:《宋蒙(元)关系史》,成都:四川大学出版社,1992年。

陶晋生:《金海陵帝的伐宋与采石战役的考实》,台北:台湾大学文学院,1965年。

梁庚尧:《南宋的农地利用政策》,台北:台湾大学文学院,1977年。

梁庚尧:《南宋的农村经济》(新版),新北:联经出版公司,2021年。

陈世松、匡裕彻、朱清泽、李鹏贵:《宋元战争史》,成都:四川省社会科学院出版社,1988年。

黄宽重:《晚宋朝臣对国是的争议:理宗时代的和战、边防与流民》,台北:台湾大学文学院,1978年。

黄宽重:《南宋时代抗金的义军》,台北:联经出版公司,1988年。

黄宽重:《南宋地方武力:地方军与民间自卫武力的探讨》,台北:东大图书公司,2003年。

黄宽重:《政策、对策:宋代政治史探索》,台北:"中央研究院"、联经出版公司,2012年。

张文:《宋朝社会救济研究》,重庆:西南师范大学出版社,2001年。

张文:《宋朝民间慈善活动研究》,重庆:西南师范大学出版社,2005年。

漆侠:《宋代经济史》,上海:上海人民出版社,1988年。

杨宇勋:《取民与养民:南宋的财政收支与官民互动》,台北:台湾师范大学历史研究所专刊,2003年。

杨宇勋:《先公庚而后私家——宋朝赈灾措施及其官民关系》,台北:万卷楼图书股份有限公司,2013年。

刘馨珺:《南宋荆湖南路的变乱之研究》,台北:台湾大学出版委员会,1994年。

## 二、论文

王德毅:《南宋义役考》,收入氏著《宋史研究论集》,台北:台湾商务印书馆,1968年。

王德毅:《李椿年与南宋的土地经界》,《食货月刊》复刊第2卷第5期,1972年,台北。

王德毅:《南宋杂税考》,收入氏著《宋史研究论集》第2集,台北:鼎文书局,1972年。

王德毅:《南宋役法的研究》,《中国历史学会史学集刊》第6期,1974年,台北。

王曾瑜:《宋代的铜钱出口》,收入氏著《锱铢编》,保定:河北大学出版社,2006年。

王曾瑜:《宋朝的鱼鳞簿和鱼鳞图》,收入氏著《锱铢编》。

王曾瑜:《宋朝的鼠尾簿和鼠尾法》,收入氏著《锱铢编》。

田浩著、杨立华译:《行动中的知识分子与官员:中国宋代的书院与和社仓》,收入田浩(Hoyt Cleveland Tillman)著,杨立华、吴艳筹译:《宋代思想史论》,北京:社会科学文献出版社,2003年。

全汉升:《宋末的通货膨胀及其对于物价的影响》,收入氏著《中国经济史论丛》第1册,香港:新亚研究所,1972年。

朱瑞熙:《南宋福建晏梦彪起义》,收入中州书画社编:《宋史论集》,郑州:中州书画社,1983年。

李飞:《家事与国事:关于贵州遵义出土〈杨文神道碑〉的几个问题》,《四川文物》2021年第3期,2021年,成都。

李伟国:《论宋代内库的地位和作用》,收入氏著《宋代财政和文献考论》,上海:

上海古籍出版社，2007年。

李荣村：《黑风峒变乱始末——南宋中叶湘粤赣间峒民的变乱》，《"中央研究院"历史语言研究所集刊》第41本第3分，1969年，台北。

李庆新：《南宋海外贸易中的外销瓷、钱币、金属制品及其他问题：基于"南海Ⅰ号"沉船出水遗物的初步考察》，《学术月刊》44卷9期，2012年，上海。

何高济：《南宋的义役》，收入邓广铭、郦家驹等主编：《宋史研究论文集：一九八二年年会编刊》，郑州：河南人民出版社，1984年。

邱佳慧：《从社仓法的推行考察南宋金华潘氏家族发展》，《淡江史学》第25期，2013年，淡水。

高聪明：《论南宋财政岁入及其与北宋岁入之差异》，收入漆侠主编：《宋史研究论丛》第3辑，保定：河北大学出版社，1999年。

孙克宽：《元王楫使宋事补》，收入氏著《元代汉文化之活动》，台北：中华书局，1968年。

孙克宽：《南宋金元间的山东忠义军与李全》，收入氏著《蒙古汉军与汉文化研究》，台中：东海大学，1970年。

孙克宽：《元初李璮事变的分析》，收入氏著《蒙古汉军与汉文化研究》。

陶晋生：《南宋利用山水寨的防守战略》，收入氏著《宋辽金史论丛》，台北："中央研究院"、联经出版公司，2013年。

郭正忠：《南宋中央财政货币岁收考辨》，收入中国社会科学院历史研究所宋辽金元史研究室编：《宋辽金史论丛》第一辑，北京：中华书局，1985年。

郭声波：《唐宋雅州边外羁縻州部族探考》，《中国历史地理论丛》第4期，2000年，西安。

郭声波：《川西北羌族探源——唐宋岷江西山羁縻州部族研究》，《中南民族大学学报（人文社会科学版）》第22卷，2002年，武汉。

梅原郁著，郑梁生译：《宋代的左藏与内藏——君主独裁的财库》，《食货月刊》复刊第6卷第1、2期，1976年，台北。

梁庚尧：《南宋的社仓》，收入氏著《宋代社会经济史论集》，台北：允晨文化实业股份有限公司，1997年。

梁庚尧：《宋代财政的中央集权趋向》，收入《中华民国史专题论文集：第五届讨论会》，台北，2000年。

梁庚尧：《南宋温艚考——海盗活动、私盐运贩与沿海航运的发展》，《台大历史学报》第47期，2011年，台北。

梁伟基：《南宋高宗朝吕颐浩执政下的官僚群体构造特质》，《中国文化研究所学报》第46期，2006年，香港。

陈世松：《兀良合台自滇入蜀考述》，《社会科学研究》1985年第2期，1985年，成都。

张荫麟：《南宋亡国史补》，收入氏著《张荫麟先生文集》下册，台北：九思出版社，1977年。

张全明：《社仓制与青苗法比较研究刍议》，《史学月刊》1994年第1期，1994年，开封。

张维玲：《南宋的待补与待补太学生》，《中华文史论丛》第108期，2012年，上海。

黄宽重：《南宋茶商赖文政之乱》，收入氏著《宋军政与文献探索》，台北：新文丰出版公司，1990年。

黄宽重：《两淮山水寨：南宋中央对地方武力的利用与控制》，《"中央研究院"历史语言研究所集刊》第72本第4分，2001年，台北。

黄繁光：《〈名公书判清明集〉所见的南宋均役问题》，收入宋代官箴研读会编：《宋代社会与法律——〈名公书判清明集〉讨论》，台北：东大图书公司，2001年。

黄繁光：《论南宋乡都职役之特质及其影响》，《史学汇刊》11期，1981年，台北。

黄繁光：《南宋中晚期的役法实况——以〈名公书判清明集〉为考察中心》，《淡江史学》12期，2001年，淡水。

黄纯艳：《略论宋朝铜钱在海外诸国的行用》，《中州学刊》1997年第6期，1997年，郑州。

温玉玲：《宋代的铜钱走私》，《宋史座谈会成立三十周年研讨会文集》，台北：宋史座谈会，1994年。

栾成显：《鱼鳞图册起源考辨》，《中国史研究》2020年第2期，2020年，北京。